牛散大学堂

让中国的投资文化走向世界

使命丨让中国的投资文化走向世界

愿景丨打造中国A股市场完美的投资体系

目标丨让更多投资者少走弯路,有机会成为牛散

博弈牛市

吴国平 著

让更多投资者
少走弯路且有机会成为牛散

甘肃人民出版社

图书在版编目（CIP）数据

博弈牛市 / 吴国平著. -- 兰州：甘肃人民出版社，2020.12
 ISBN 978-7-226-05628-8

Ⅰ. ①博… Ⅱ. ①吴… Ⅲ. ①股票交易－基本知识 Ⅳ. ① F830.91

中国版本图书馆CIP数据核字(2021)第002918号

责任编辑：张　菁
封面设计：雷春华

博弈牛市

吴国平　著

甘肃人民出版社出版发行
(730030　兰州市读者大道568号)
北京温林源印刷有限公司印刷

开本 710毫米×1000毫米　1/16　印张 20　插页 2　字数 280千
2021年7月第1版　2021年7月第1次印刷
印数：1~4000
ISBN 978-7-226-05628-8　　定价：58.00元

"成长为王" 知己知彼，百战不殆

古人说，知己知彼，百战不殆。从初生的萌芽，到茁壮成长的大树，见证着的是成长，股市交易也不例外。对于广大投资者来说，要在股市上获利，甚至实现账户翻倍，非得下苦功去深入研究不可。中国的股票交易市场日渐成熟，在为上市公司提供资金的同时，也为各种类型的交易者提供了目不暇接的交易机会。

需要特别说明的是，本书的写作初衷是为了帮助每一个小散户"成长为王"。

感性认知阶段，解析市场资金方，辨识市场行为；

理性认知阶段，解读资金操盘法，公开多种交易模式；

悟性认知阶段，走进短线情绪面，深入了解交易的规律。

股市归根到底还是一个投资市场，一个由各种复杂人性博弈—主观策划—随机波动构成的地方，你在里面浸淫的时间越长，就越能理解什么是水无常形、兵无常态，只有不断总结，顺势而为才是制胜之道。切记不要因为自己的"一招制胜"而沾沾自喜。

如果你想从本书中学习股市交易的方法，并应用到实战中，取得比较理想的成绩，那么，就请从现在开始做到知己知彼吧！

目录

牛散大学堂的股威宇宙 ································· 1

第一章 阳包阴的艺术 ································· 5
1.1 操盘日记（2019-1-22） ····················· 5
1.2 操盘实战博弈（2019-1-22） ············· 10

第二章 一小步酝酿一大步 ······················· 17
2.1 操盘日记（2019-1-23） ··················· 17
2.2 操盘实战博弈（2019-1-23） ············· 22

第三章 再迈一小步 我是主力就随时再大步 ··· 27
3.1 操盘日记（2019-1-24） ··················· 27
3.2 操盘实战博弈（2019-1-24） ············· 34

第四章 完全按剧本在走 ························· 39
4.1 操盘日记（2019-1-25） ··················· 39
4.2 操盘实战博弈（2019-1-25） ············· 45

第五章 来看两大关键点 ························· 51
5.1 操盘日记（2019-1-28） ··················· 51
5.2 操盘实战博弈（2019-1-28） ············· 57

第六章 准备"抢钱"行动 ······················· 63
6.1 操盘日记（2019-1-29） ··················· 63

6.2 操盘实战博弈（2019-1-29） …………………………… 68

第七章 很相似 倒计时 …………………………………… 75
7.1 操盘日记（2019-1-30） ………………………………… 75
7.2 操盘实战博弈（2019-1-30） …………………………… 80

第八章 中大阳线一触即发 ……………………………… 87
8.1 操盘日记（2019-1-31） ………………………………… 87
8.2 操盘实战博弈（2019-1-31） …………………………… 93

第九章 中大阳开启博弈新牛市 ………………………… 99
9.1 操盘日记（2019-2-1） ………………………………… 99
9.2 操盘实战博弈（2019-2-1） …………………………… 106

第十章 你必须要清楚的下一个战略 …………………… 113
10.1 操盘日记（2019-2-11） ……………………………… 113
10.2 操盘实战博弈（2019-2-11） ………………………… 120

第十一章 看清两热点崛起的博弈 ……………………… 127
11.1 操盘日记（2019-2-12） ……………………………… 127
11.2 操盘实战博弈（2019-2-12） ………………………… 136

第十二章 一定要清楚的最新大思路 …………………… 143
12.1 操盘日记（2019-2-13） ……………………………… 143
12.2 操盘实战博弈（2019-2-13） ………………………… 151

第十三章 下一热点剑指何方必须清楚 ………………… 157
13.1 操盘日记（2019-2-14） ……………………………… 157
13.2 操盘实战博弈（2019-2-14） ………………………… 166

第十四章 一次难得的上车机会 ………………………… 173
14.1 操盘日记（2019-2-15） ……………………………… 173
14.2 操盘实战博弈（2019-2-15） ………………………… 180

第十五章 解读最大阳线 ………………………………… 185
15.1 操盘日记（2019-2-18） ……………………………… 185

15.2 操盘实战博弈（2019-2-18） …………………… 193

第十六章　看清动荡"十"字星本质…………………… 199
　　16.1 操盘日记（2019-2-19） …………………… 199
　　16.2 操盘实战博弈（2019-2-19） …………………… 207

第十七章　准备迎接新热点…………………… 211
　　17.1 操盘日记（2019-2-20） …………………… 211
　　17.2 操盘实战博弈（2019-2-20） …………………… 218

第十八章　一根中大阳将要再插云霄…………………… 223
　　18.1 操盘日记（2019-2-21） …………………… 223
　　18.2 操盘实战博弈（2019-2-21） …………………… 233

第十九章　中大阳线再插云霄会再掀高潮吗…………………… 239
　　19.1 操盘日记（2019-2-22） …………………… 239
　　19.2 操盘实战博弈（2019-2-22） …………………… 249

第二十章　如期蜕变带来一根大阳线…………………… 255
　　20.1 操盘日记（2019-2-25） …………………… 255
　　20.2 操盘实战博弈（2019-2-25） …………………… 265

第二十一章　牛市思维下第一次分歧就是再猛攻前奏……… 271
　　21.1 操盘日记（2019-2-26） …………………… 271
　　21.2 操盘实战博弈（2019-2-26） …………………… 280

第二十二章　仙人指路…………………… 285
　　22.1 操盘日记（2019-2-27） …………………… 285
　　22.2 操盘实战博弈（2019-2-27） …………………… 295

第二十三章　三天内再猛攻…………………… 299
　　23.1 操盘日记（2019-2-28） …………………… 299
　　23.2 操盘实战博弈（2019-2-28） …………………… 309

牛散大学堂的股威宇宙

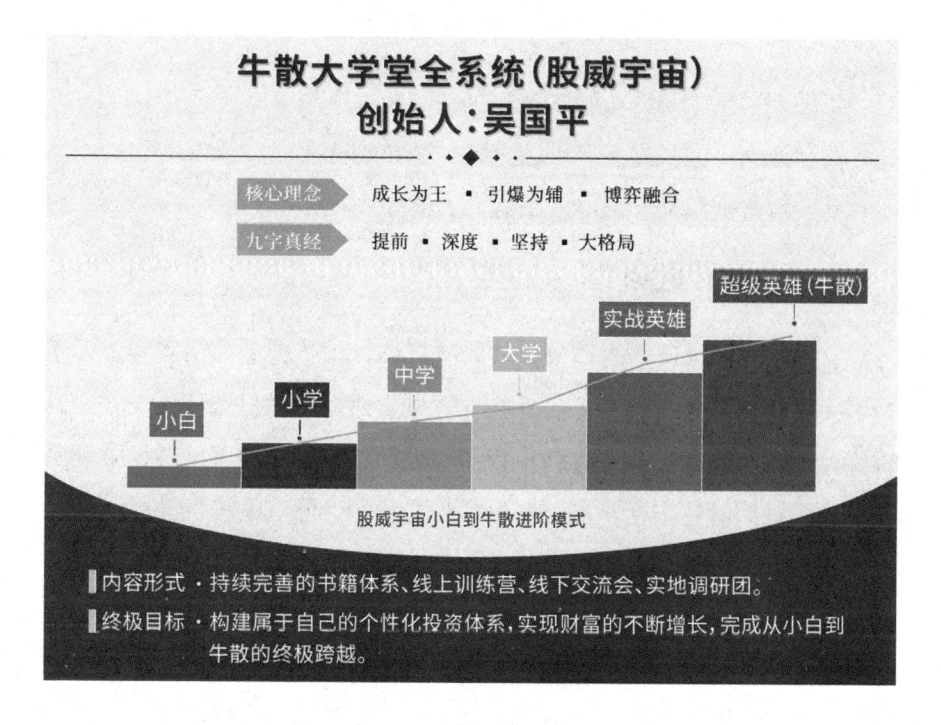

牛散大学堂全系统（股威宇宙）
创始人：吴国平

核心理念 · 成长为王 · 引爆为辅 · 博弈融合
九字真经 · 提前 · 深度 · 坚持 · 大格局

小白 → 小学 → 中学 → 大学 → 实战英雄 → 超级英雄（牛散）

股威宇宙小白到牛散进阶模式

■ 内容形式 · 持续完善的书籍体系、线上训练营、线下交流会、实地调研团。
■ 终极目标 · 构建属于自己的个性化投资体系，实现财富的不断增长，完成从小白到牛散的终极跨越。

重新定义你的操盘体系

很多人一直在寻找提升自我的系统课程，付出相当多的精力后却发现，大部分都只是一招半式，没有整体性可言。正因为自身没能全面武装自己，所以非专业投资者依旧占据大多数。

我们来了，来帮你构建交易系统，牛散大学堂的股威宇宙系统就是为你而搭建，从"小白"到"牛散"，我们来帮你逐步成长。

我们的底气在于：我们自身就是从小白一路成长起来的，也一直从业于资产管理一线，深知市场一线人群最需要什么知识和技能。基于未来中国资本市场的发展将趋于专业化和成熟化，目前普通投资者确实已经到了迫切需要提升自我的时候了。只有提升自我，才能更好地适应资本市场。我们的股威宇宙——牛散大学堂全系统，或许就是你最好的选择。

牛散大学堂全系统（股威宇宙）

牛散大学堂全系统（股威宇宙）创始人：吴国平

核心理念：成长为王　引爆为辅　博弈融合

九字真言：提前　深度　坚持　大格局

股威宇宙的构建：

1. 我们的系统由强大的分析师团队打造，团队成员风格各异但无不经验丰富且自成一派，我们不做纯理论派，而是力图打造理论与实践高度融合的精品教程。其中，我们自身实战原创内容占主导地位，并借鉴其他方面经典解读进行辅助，博采众长是我们价值观的一种补充。

2. 股威宇宙将个人交易者分为六个不同的阶段（从"小白"到"牛散"），学员或者读者可以对比自身情况快速选择自己对应的学习阶段，不同的学习阶段将有不同的书籍和线上训练课程。

3. 除了书籍体系和线上课程体系，到上市公司实地调研也是牛散大学堂股威宇宙实战的一种衍生，属于实战英雄或超级英雄课程。那里的世界会很精彩，充满乐趣惊喜，通过与上市公司管理高层的对话了解企业真实情况，真正感受什么叫功夫在市场之外。

4. 我们的系统来源于实战的经历，但不拘泥于实战经历，通过认真总结使它高于实战，一切只为帮助交易者提高自身的交易技巧和水平。

股威宇宙：从小白到牛散进阶模式

1. 小白

小白是指对交易市场有兴趣但没有任何知识和经验的交易人群。这个群体既没有实战经验，也没有理论基础，对 K 线、盘口信息等基础知识一无所知或一知半解，属于资本市场潜在参与力量。

2. 小学生

小学生是指对基本的概念有一些了解，刚入市还没经历过市场洗礼的人群。这个群体能看到盘面的基础信息，也知道基本的交易规则，但具体到成长股的概念，个股涨停背后的逻辑或者技术波浪理论等都还处于未知的状态。

3. 中学生

中学生是指对概念较为了解，对 K 线形态开始清晰，并掌握了一些技术分析方法，自我感觉还不错的人群。这个群体入市时间不长，初出茅庐、踌躇满志，开始接受市场残酷的洗礼，感受到了资本市场的一些机会和风险。

4. 大学生

大学生是指有一些自己的分析方法的人群，但分析方法总体来说零零散散，还没有形成一套完善的研判体系。另外也还不大懂如何将它们融合运用，需要更贴近市场去把握市场的本质，从而进入一个新的自我提升阶段。

5. 实战英雄

如果你已经有了实战英雄的水准，那么恭喜你，你已经开始知道如何融合运用基本面和技术分析的投资方法，对交易的心理博弈也开始有所体会。在这个阶段你需要透过反复实践感知市场的博大精深，真正理解核心理念"成长为王，引爆为辅，博弈融合"的含义，认清市场的本质，渐渐进入一个赢家的行列。

6.超级英雄（牛散）

牛散几乎代表着个人投资者的最高水准，他们的投资理念、操作风格、投资偏好各有千秋，但无一例外都是市场中极少数的大赢家，创造了一个又一个的财富增长神话。他们善于抓住市场机遇，经历过大风大浪，投资心态十分稳定，在起起落落中不断汲取养分，交易体系跟随市场不断进化。

股威宇宙特点：

系统性教学，明确的进阶模式，适合所有人群。

学习阶段、目标以及成果的量化，每个阶段，我们都会让你清楚知道你能收获什么。

实践出真知。我们会让每个阶段都有练习，实战是最好的诠释。

一线从业人员和牛散提供技术支持，读者和学员有机会与之在线上线下进行互动。

投资体系阶梯式建立，由点到面，从无招到有招再到无招。用心学习，小白终成一代牛散。

第一章　阳包阴的艺术

1.1 操盘日记（2019-1-22）

未来多方主力要阳包阴的思考

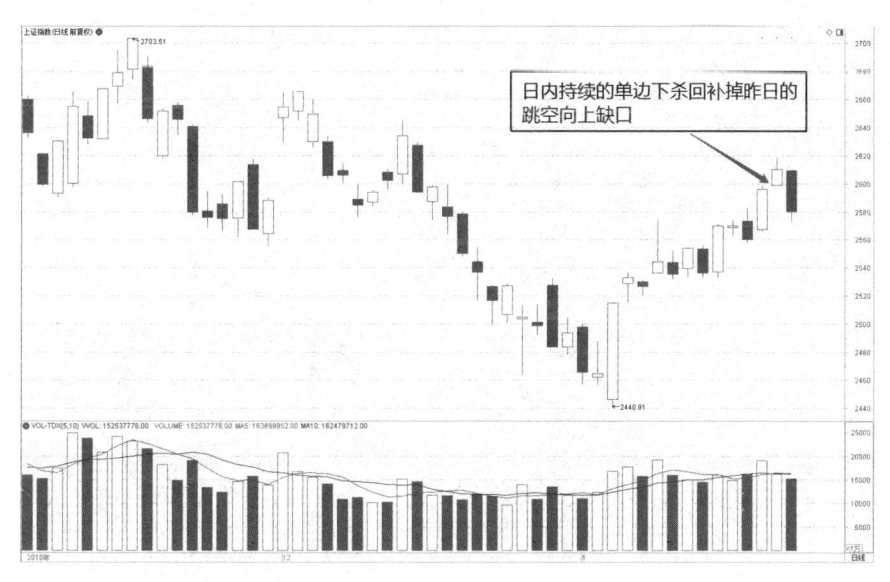

图案回顾点睛：2019 年 1 月 22 日上证指数日线图

2019 年 1 月 22 日的市场有点意思，低开，动荡，反复下杀，最终上证指数收出跌幅一个点左右的阴线。针对 1 月 21 日上证指数的向上缺口，我谈到了这一个风险隐患，只是没想到市场这么快就把昨天的跳空向上缺口回补了。跟 1 月 20 日我的思路稍不一样的是，我原来预期市场在这个位置完全有可能先冲一下，然后再来补这个缺口。没料想市场的变化比计划来得更快一些，那这背后的原因是什么呢？我们研究了一下，1月22日上证指数能够回补21日的缺口最终收跌一个点的关键原因，就是在盘中时传出了"华为事件"最新的动态，而这个新动态对市场马上起到了一个负面的影响，进而引发了盘面的动荡。

【温馨小提示】

市场很多时候会碰到一些事件上的黑天鹅，哪怕盘中都有可能，犹如这里的"华为事件"，但不管如何，我们要清楚的一点是，只要不是影响本质的东西，其最终都只是影响一时而已，保持冷静，淡然面对一切才是我们需要的态度。

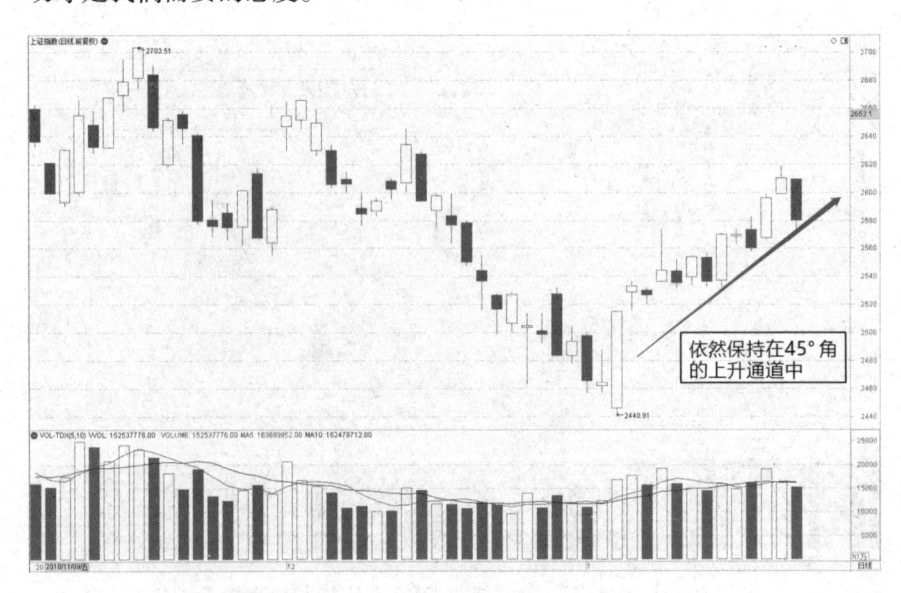

图案回顾点睛：同上图，但我们要注意图形围绕45°上行

不过可以发现很有意思的一点，哪怕1月22日上证指数跌了一个点，其实依然还是围绕着近十几个交易日45°角的上升通道在运行。换句话说，1月22日这个下跌无非是前期行情持续逼空过后的一个正常回档而已，这个我们是要有清晰认识的。其实哪怕1月22日市场有事件性

的影响，空方也只是撬开了一个缺口，在阶段性上空方依然没有占到多大的便宜，空方接下来能否持续推动行情再下一层，我们还需要观察更多的因素才能够确定。至少从目前形态来看，指数再往下杀的难度有点大。

图案回顾点睛：2019年1月22日中信建投分时图和日线图

说完空方，我们再看看多方目前有哪些底牌可以打。首先在今天市场动荡的过程中，次新股依然还是市场亮点，很显然这段时间的热点次新股已经成功被引爆，这个趋势对市场是有利的。另外一点，整个券商板块1月22日是调整的，前期引领整个券商板块上涨的中信建投波动非常大，1月22日跌幅超过5个点，这5个点一下子把前期涨停的战果回吐掉了，很显然这个下杀对于空方来说是值得欣喜的，但是对多方来说，我觉得也值得欣喜，为什么呢？因为阶段性券商龙头中信建投主动回调的幅度能达到这么多，接下来实质性一触即发的反攻动作就有可能随时上演。一旦券商板块发起反攻的话，将会给市场会带来非常重要的积极意义。我们需要关注是一旦券商发起反攻，反攻的力度有多大？因为前期中信建投曾经跌停过，但最终收复了所有的失地。接下来如果它依然还是如前期一样强势向上收复失地的话，那整个市场将继续维持45°角的上行趋势，甚至后期进一步加速的可能性也是存在的，这点我们需要接下来边走边看。

如果我是主力的话，我会想1月22日市场的这个回档确实给到了空方一定的反扑机会，但是与此同时也在消耗空方的兵力。作为多方，接下来也需要组织兵力在局部展开反攻。首先券商板块当仁不让，如果我是做多主力的话，肯定会适当的组织一点兵力在券商板块中去做一个反攻的动作。另外除了次新以外，多方还需要挖掘新的热点，因为有热点和主题，市场的人气自然就会被进一步激发。那么新热点或许就会在我强调的"四大金刚"里产生，其中非常有潜力的科技板块接下来有成为市场新崛起热点的可能性。

整体来说，1月22日市场的回档是一个正常的状况。我相信"华为事件"最终不会妨碍整个中美关系最终走向平衡的趋势。中美之间一旦达到相对平衡，最终也会给市场带来一定的积极意义。

【学习小总结】

市场动荡，一是技术上的需要，二是对空方能量的一种阶段性消耗，我们要做的事情就是找到突破点。对于多方主力来说要做的就是择机进行一个反攻，这个反攻点做得好的话，指数很有可能出现阳包阴的动作，我相信这一天不会太遥远，也就是未来几天内。

【国平回顾小感悟】

看市场和个股其实都一样，关键是看整体的趋势，小动荡最终都要服从大趋势。当时有信心说几天内市场收复失地，其实就是一种对未来信心的体现，很多时候，我们投资股票不就是要这样的信心吗？

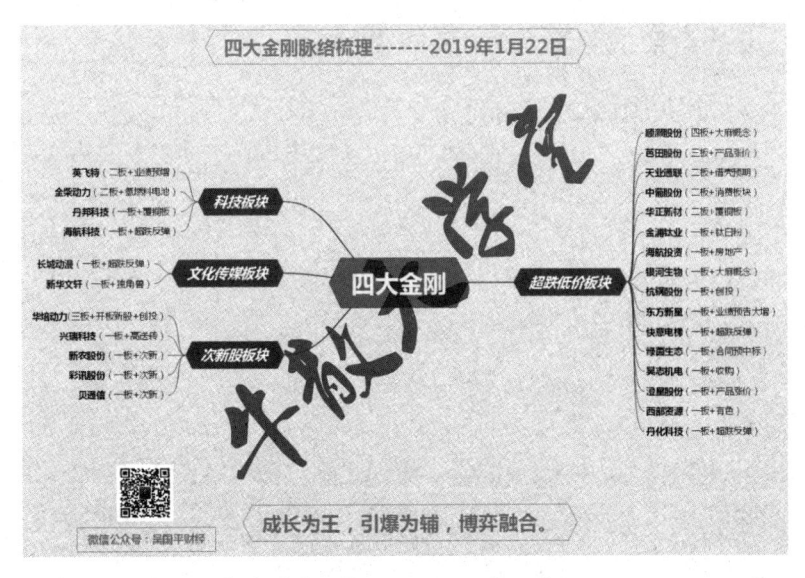

四大金刚脉络梳理——2019年1月22日

市场轮廓脉络梳理——2019年1月22日

1.2 操盘实战博弈（2019-1-22）

（1）感知中信建投的博弈：再下杀的洗礼。

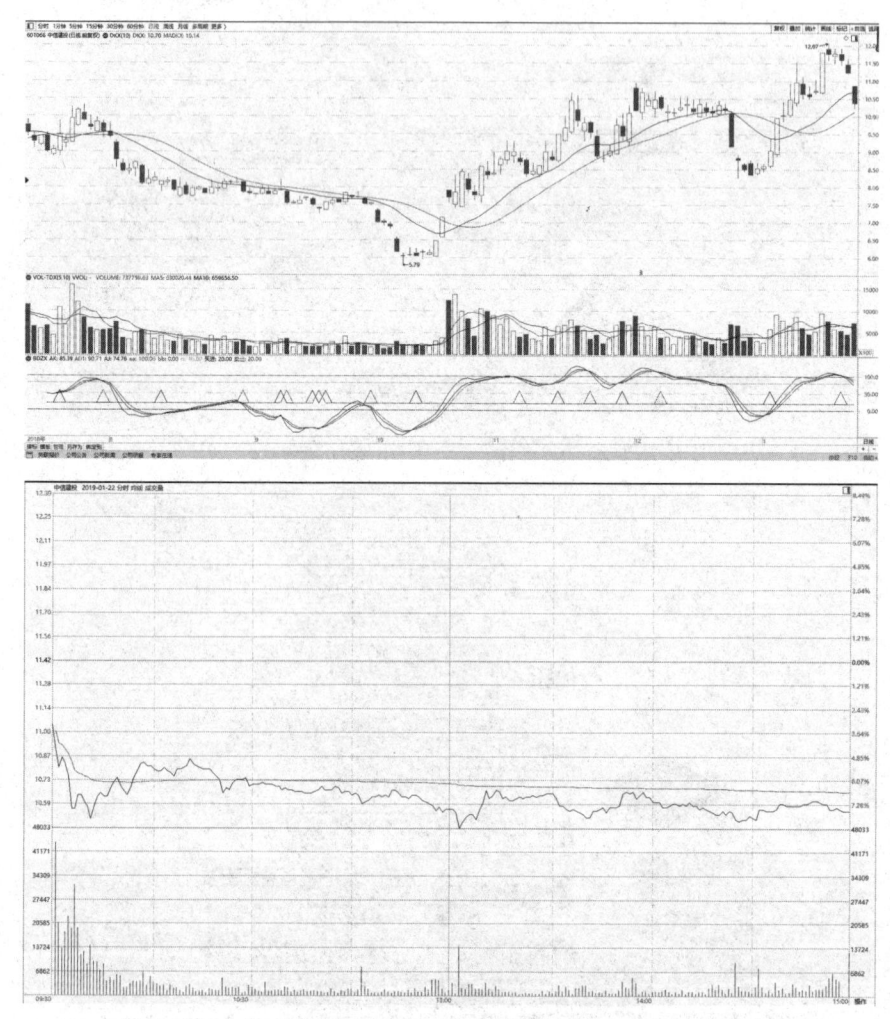

图案回顾点睛：2019 年 1 月 22 日中信建投日线和分时结合图

这里跳空向下的再反杀，跟当时市场出现调整有很大关系，毕竟前一天就比市场弱，然后市场一调整，就成为短期顺势杀跌的品种。

我们前面其实谈过的，这是短期和中期博弈的关系。中期整体已经向上，方向是基本确定的。短期无非是市场一些获利资金带来的一种动荡盘而已。

另外，记住，很多时候，大趋势形成，阶段性出现跳空向下的反杀缺口，其实正是你逐步加仓的好时机。因为，从缺口理论和趋势理论的结合来看，这缺口最终是必然回补的，所以这反杀，就是考验，接下来就是等稳定后反攻的机会了。

（2）感知东方通信的博弈：高位动荡再反攻，没涨停，短期要谨慎防范反杀。

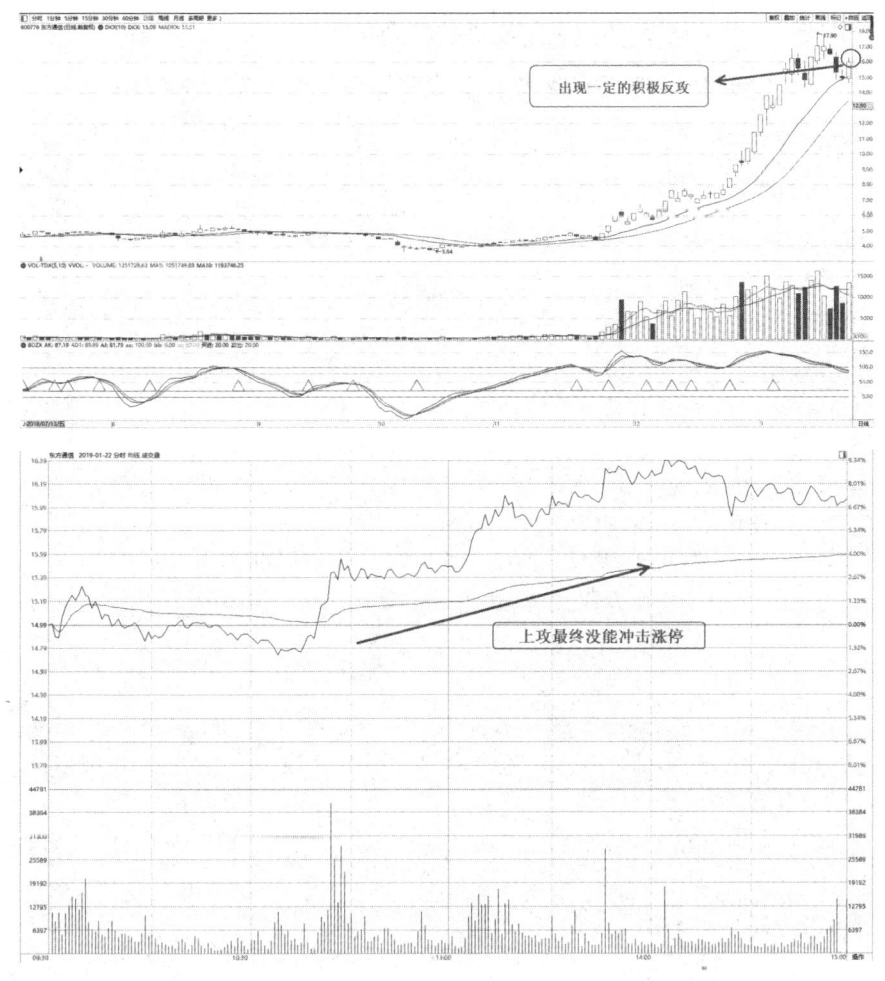

图案回顾点睛：2019年1月22日东方通信日线和分时结合图

正常而言，如果你已经是强势股，那么在相对高位动荡的过程中，真的要短期再来一波上攻的话，肯定是反攻力度越强越能说明多方的力量是充足的。这里反攻力度只要达到涨停，我们就都视为不错的力度。反之，如果没有达到涨停，只能说明多方的攻击力度还是有点犹豫，这犹豫就可能给接下来短期调整埋下伏笔。

所以，我们观察盘面，很多时候要清楚你处于哪个阶段，它的表现形式背后的意义。再强调一遍，相对高位动荡，如果反攻力度不是涨停，你都要有一定的谨慎防范短期反杀的心理预期！

（3）感知风范股份的博弈：继续弱势震荡味道背后的意图。

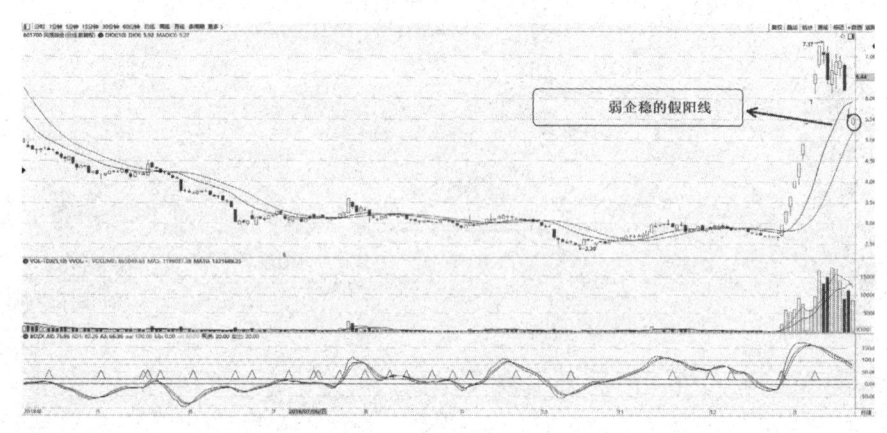

图案回顾点睛：2019 年 1 月 22 日风范股份日线图

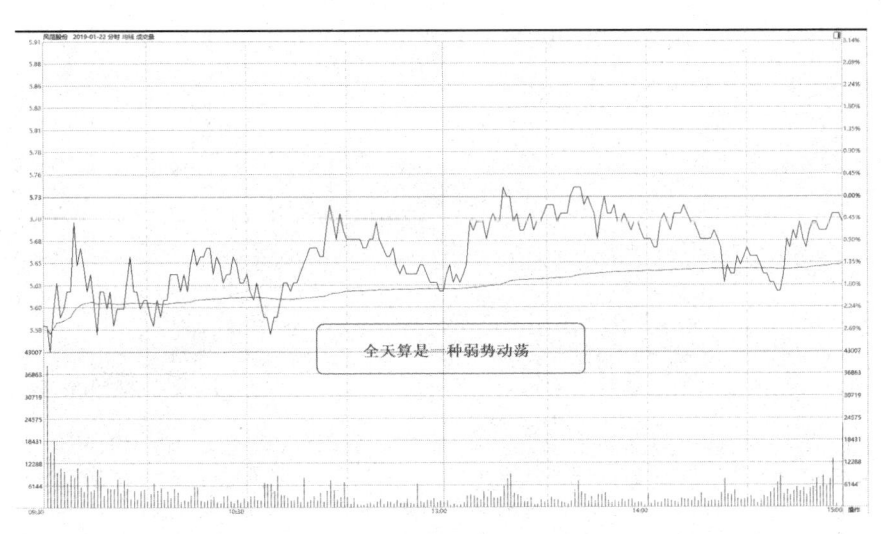

图案回顾点睛：2019年1月22日凤范股份分时图

如果中期还有机会，短期主动买点即便套住也是一种策略。

大跌后第二天弱势震荡，这是很正常的一种博弈模式。弱势，说明反攻的人暂时还不够强，如果市场不给力，是很容易再下一个台阶的。这时候可能更多要思考的不是短期问题，而是中期是否还有可能再上攻的问题。如果发现中期还有机会，那么接下来哪怕主动开始买点即便套住也是一种策略。

（4）感知新疆交建的博弈：下跌途中带上影的反攻。

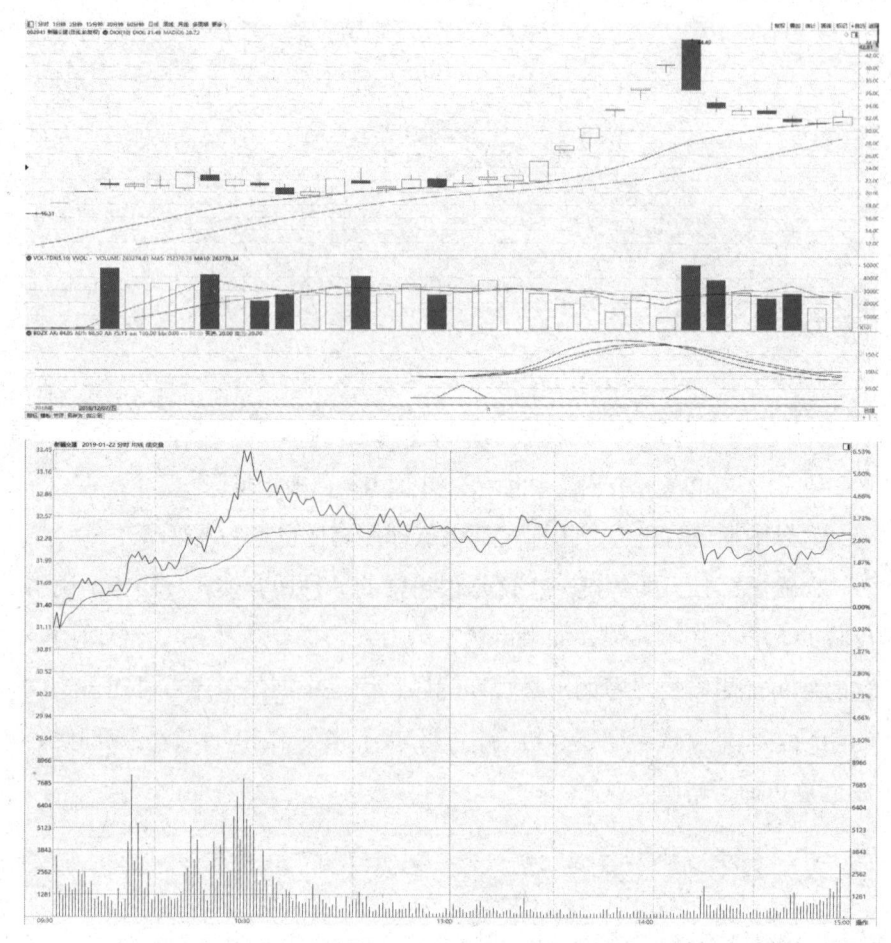

图案回顾点睛：2019年1月22日新疆交建日线和分时结合图

短期下跌趋势的扭转往往涨停才有点效果。

"跌跌不休"的过程中，突然出现一根带长上影的攻击阳线，这说明至少短期是有资金想折腾一把的。至于能折腾多久，关键还是要看后期。比如后期的反攻如果出现强势的类似涨停的走势，那么还可以看高一线，否则，没有涨停的反攻，最终可能也是昙花一现，来得快去得也快。

毕竟整体走势已经是处于一轮下跌浪潮中，要逆转格局很多时候只有涨停才能有点效果。

（5）感知粤传媒的博弈：下跌途中带上影的反攻。

图案回顾点睛：2019年1月22日粤传媒日线和分时结合图

粤传媒在2019年1月22日盘中有折腾，盘中的冲高量能显然不是特明显，这直接抑制了当日的上攻。无功而返，最终结果比较低调，虽然带有长上影，但懂得我们"长上影战法"的朋友应该知道，由于这长影的能量不大，本质上来说，这长上影的意义已经大打折扣。

想更多了解"长上影战法"的同学，可以查找"吴国平操盘论道五部曲"中《看穿盘面》一书中关于"长上影"的阐述。

第二章 一小步酝酿一大步

2.1 操盘日记（2019-1-23）

市场越稳定空方越崩溃，今天一小步酝酿一大步

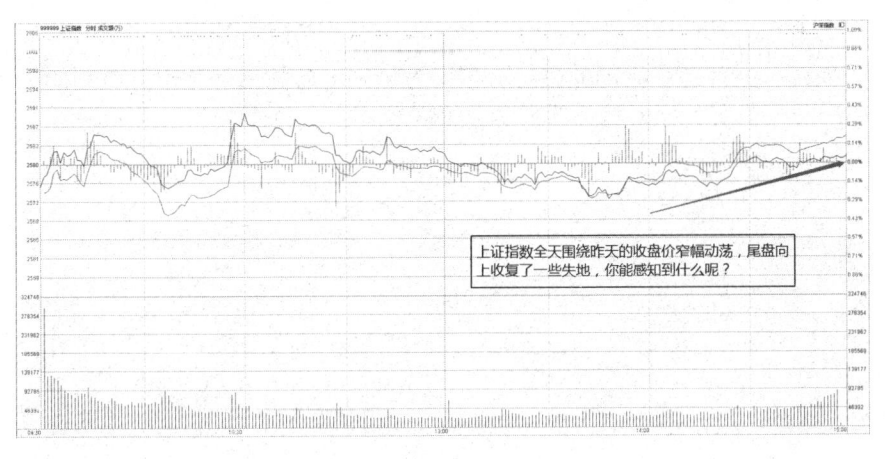

图案回顾点睛：2019年1月23日上证指数分时图

2019年1月23日的市场呈现一种冲高之后进入反复窄幅震荡的格局。1月23日上证指数围绕着1月22日的收盘价窄幅波动，很有意思的是尾盘又渐渐往上收复了一些失地。虽然1月23日没怎么涨，但是尾盘出现小幅上涨，最终整个局面呈现出一种企稳的态势。显然越是企稳越是对多方有利。相反对空方而言，越是企稳越是心慌，怎么理解呢？多方在前期已经让行情向上拓展了一定的空间，现在在这个位置试探性地消耗一些空方的力量，做一下防守和巩固，是一个很好的策略。但空

方在这个位置如果不能继续向下拓展空间的话，接下来就会出现进一步的慌乱。

这里的逻辑并不复杂，因为这两天其实空方已经被消耗了一定做空的动能，而多方现在可以出的牌显然是更多了，那么都有哪些牌可以出呢？第一张，依然是证券板块。这几天证券板块一直在反复动荡，1月23日也是如此，但有进一步企稳的迹象。

【学习重点】

接下来多方力量有多强，跟证券板块向上攻击的力度有多强是休息相关的，证券发力强度很大，那空方就尴尬了。多方发力阶段，离不开证券板块！

前期说的能够穿越市场的板块，比如说文化传媒和科技细分，它们1月23日这种蠢蠢欲动的态势对多方力量和气势的增强是十分有利的。

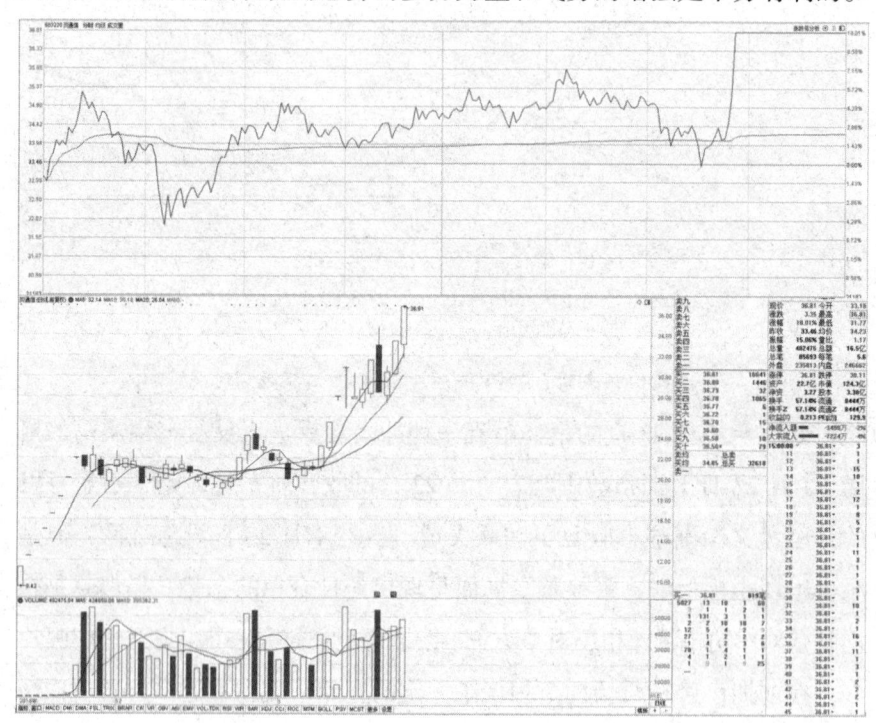

图案回顾点睛：2019年1月23日贝通信分时图和日线图

另外一点，次新股的表现依然强劲，不知道大家还记不记得，1月14日新疆交建出现天地板的时候，我说次新股里面也有逆势涨停的标的，当时我就特别指出了贝通信。

贝通信已经超越了那天涨停价基本两个板的空间，1月23日收盘价又是涨停的，这就是一种强者恒强的特征，也很好地引领了整个近端次新股的向上拓展。

远端次新股这段时间表现也很活跃，这对市场目前的主题投资也是一个比较大的鼓舞。

【学习小总结】

市场动荡时发现强者，然后找到强者恒强的机会。怎么发现？很多时候就是对比法，你看贝通信和新疆交建阶段性的对比，你就知道哪个次新股是强者，最终哪个更大概率可以做到强者恒强了。

就整体状况来看，现在游资活跃有财富效应，然后局部有一些板块也是蠢蠢欲动。另外有一些绩差股，像很多ST类个股的风险依然在释放。这是好事，释放这些风险意味着做空的力量在渐渐减弱，接下来就是要看做多的力量怎么能够在关键时刻形成合力。这股合力一是来自主题投资，要有新的主题热点进一步崛起，从而振奋市场。二是证券、银行和保险这三大板块构成的金融板块能够向上发力。"得金融者得天下"，金融板块如果能够继续强势向上拓展空间，甚至稍微拓展空间，空方就很有可能因此溃不成军。从目前的态势来看，这个情况出现的概率还是很大的。因为证券板块向上发力的概率很大，银行板块1月23日的相对强势表现也有一种蠢蠢欲动的味道，所以希望大家高度留意这方面动态对市场的影响。

【国平回顾小感悟】

关键时刻就要研究关键板块，市场既然要进一步上攻，大金融领域的证券板块无疑就是值得重视的板块，多方主力要引导市场，那也肯定会从这里着手，结合前期已经走强的中信建投，大家就可判断出，突破口或许就在中信建投。它进一步上涨，自然就带动证券板块了，这背后是有逻辑的。

　　总的来看，通过1月23日这种反复动荡之后，非常好地消化了空方进一步做空的动能，与此同时多方稳住了阵脚。1月22日我的公众号文章里面已经谈了未来几个交易日怎么有效收复1月22日的这个阴线，而1月23日已经迈出了第一步，虽然这一步只是一小步，但它是接下来迈出一大步的前兆。任何事情都是从一小步开始的，我们通过一小步去感知未来的一大步。你感知到了吗？

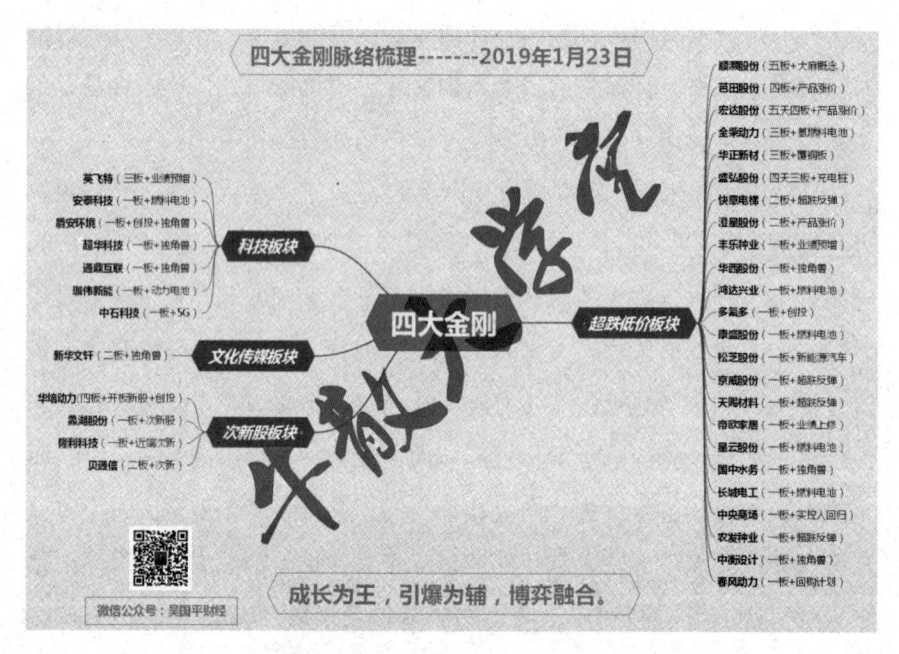

四大金刚脉络梳理——2019年1月23日

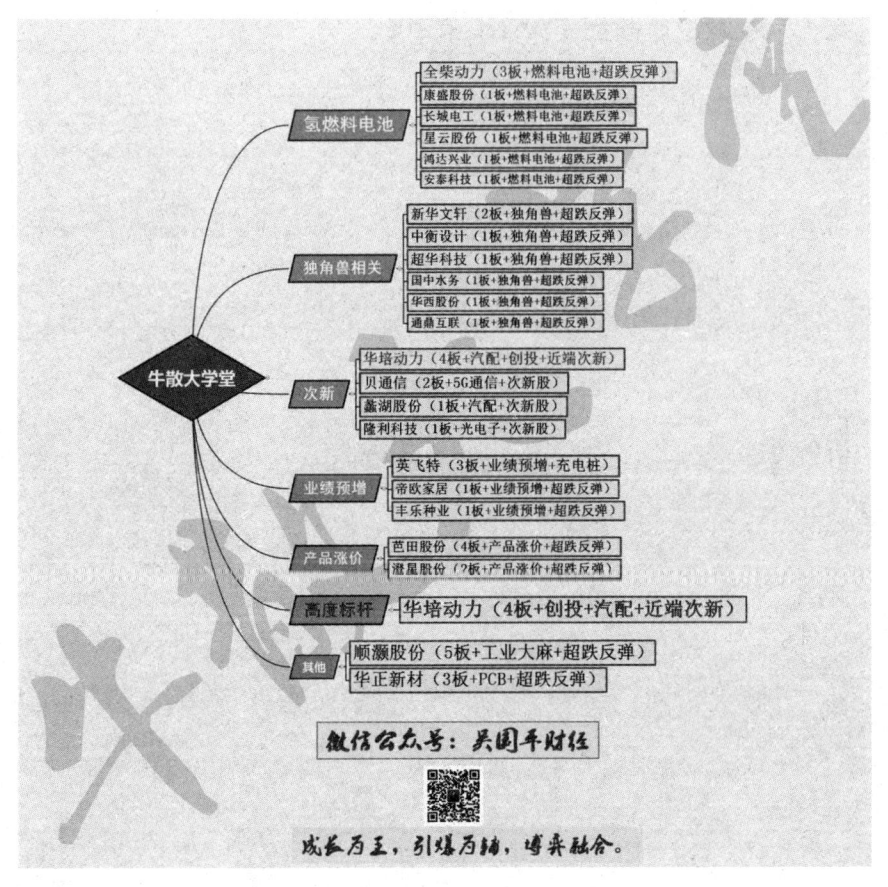

牛散大学堂

氢燃料电池
- 全柴动力（3板+燃料电池+超跌反弹）
- 康盛股份（1板+燃料电池+超跌反弹）
- 长城电工（1板+燃料电池+超跌反弹）
- 星云股份（1板+燃料电池+超跌反弹）
- 鸿达兴业（1板+燃料电池+超跌反弹）
- 安泰科技（1板+燃料电池+超跌反弹）

独角兽相关
- 新华文轩（2板+独角兽+超跌反弹）
- 中衡设计（1板+独角兽+超跌反弹）
- 超华科技（1板+独角兽+超跌反弹）
- 国中水务（1板+独角兽+超跌反弹）
- 华西股份（1板+独角兽+超跌反弹）
- 通鼎互联（1板+独角兽+超跌反弹）

次新
- 华培动力（4板+汽配+创投+近端次新）
- 贝通信（2板+5G通信+次新股）
- 芜湖股份（1板+汽配+次新股）
- 隆利科技（1板+光电子+次新股）

业绩预增
- 英飞特（3板+业绩预增+充电桩）
- 帝欧家居（1板+业绩预增+超跌反弹）
- 丰乐种业（1板+业绩预增+超跌反弹）

产品涨价
- 芭田股份（4板+产品涨价+超跌反弹）
- 潜星股份（2板+产品涨价+超跌反弹）

高度标杆
- 华培动力（4板+创投+汽配+近端次新）

其他
- 顺灏股份（5板+工业大麻+超跌反弹）
- 华正新材（3板+PCB+超跌反弹）

微信公众号：吴国平财经

成长为王，引爆为辅，博弈融合。

市场轮廓脉络梳理——2019年1月23日

2.2 操盘实战博弈（2019-1-23）

（1）感知中信建投的博弈。

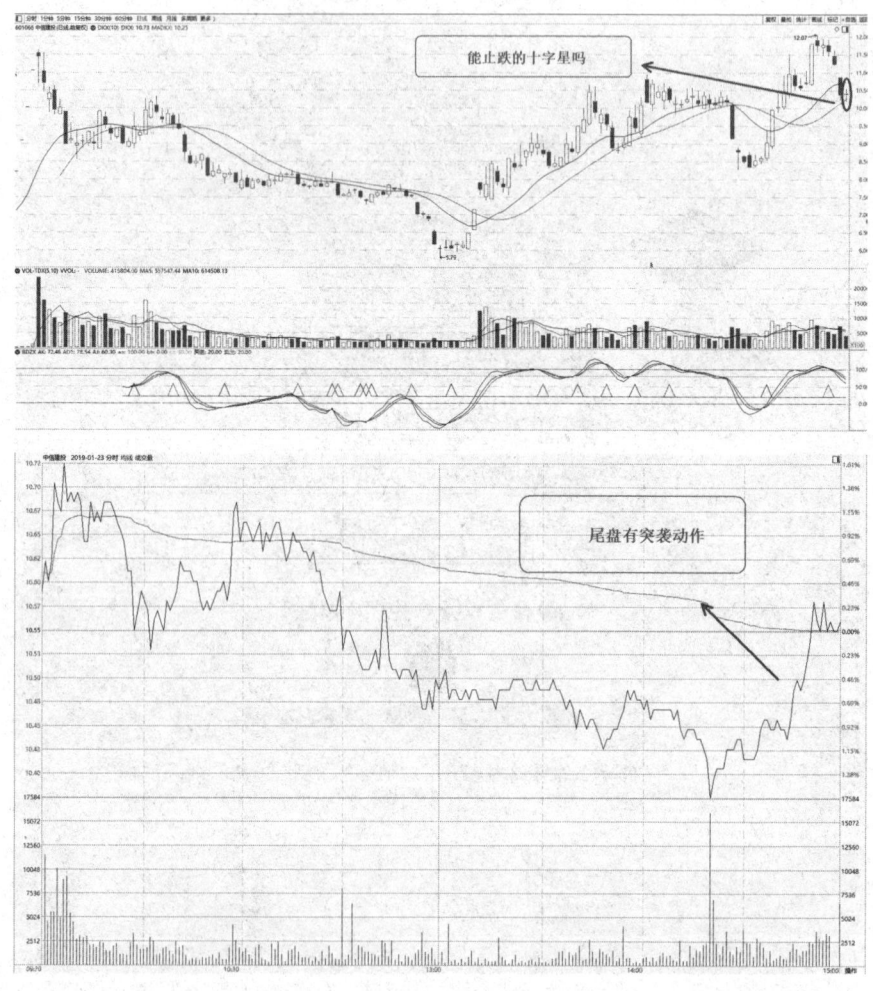

图案回顾点睛：2019年1月23日中信建投日线和分时结合图

尾盘突袭的动作，放在不同环境下有不同的意义。大的下跌浪中，日内尾盘突袭，往往是再下跌前奏。反复震荡中，日内尾盘突袭，接下来可能是突破也可能是继续反复动荡。

大的上涨浪中，日内尾盘突袭，往往就是随时再向上突破的信号。

所以，这里中信建投的波动，你就先要问自己，这日内尾盘的突袭背景是什么？结合形态和阶段性的趋势走势，很显然这里更多可理解为上涨浪中随时结束短期反复震荡格局的环境。剩下你就应该懂得运用什么具体操作策略应对了。

为什么那时候我很看好中信建投未来的上涨，其实也是透过很多细节的盘面来感知未来的，这里谈到的一点，算是其中之一了。

（2）感知东方通信的博弈。

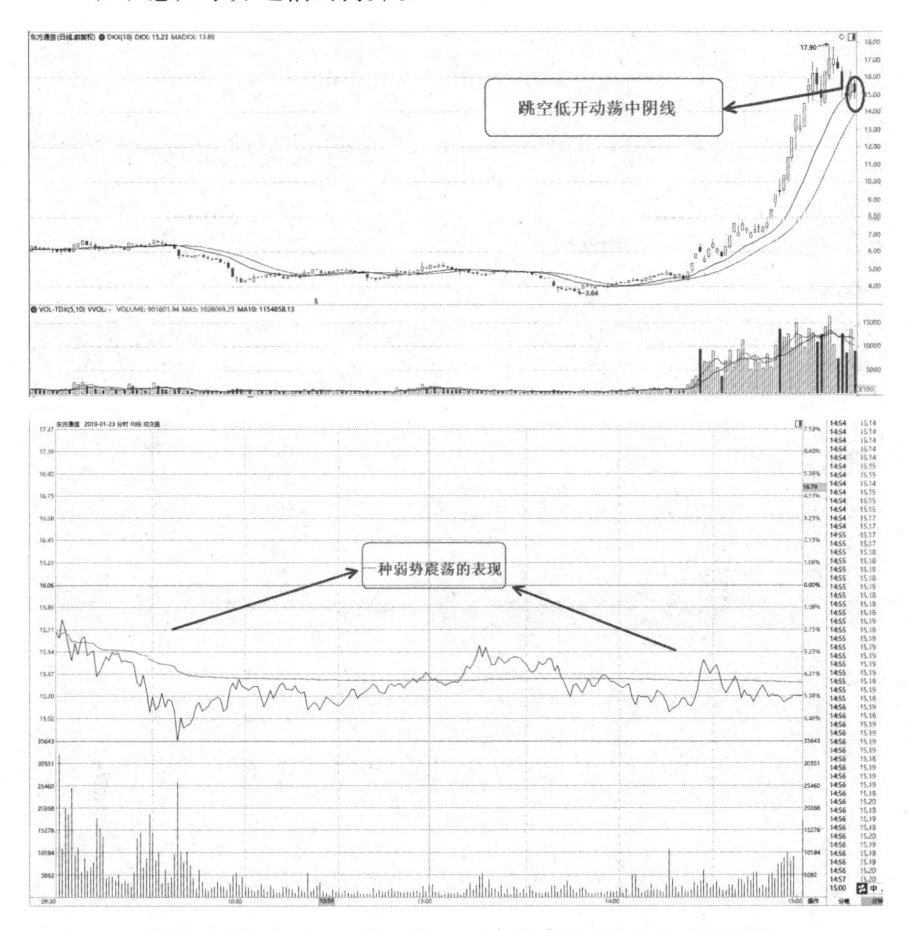

图案回顾点睛：2019年1月23日中信建投日线和分时结合图

突然跳空低开中阴线，一般而言都是会受到外力影响的。

虽然这一天看似很弱，但就整体阶段性走势来看，其依然是强势的。因此，不能因为一天的弱势动荡就否定前期的强势，要看整体。

结合整体来看，这里的动荡至少说明一点，消化筹码，等待再上涨机会。当然，这里再上涨可以随时，也可能会再杀跌，这就要结合市场灵活应对了。大格局你一定要清晰。

（3）感知风范股份的博弈。

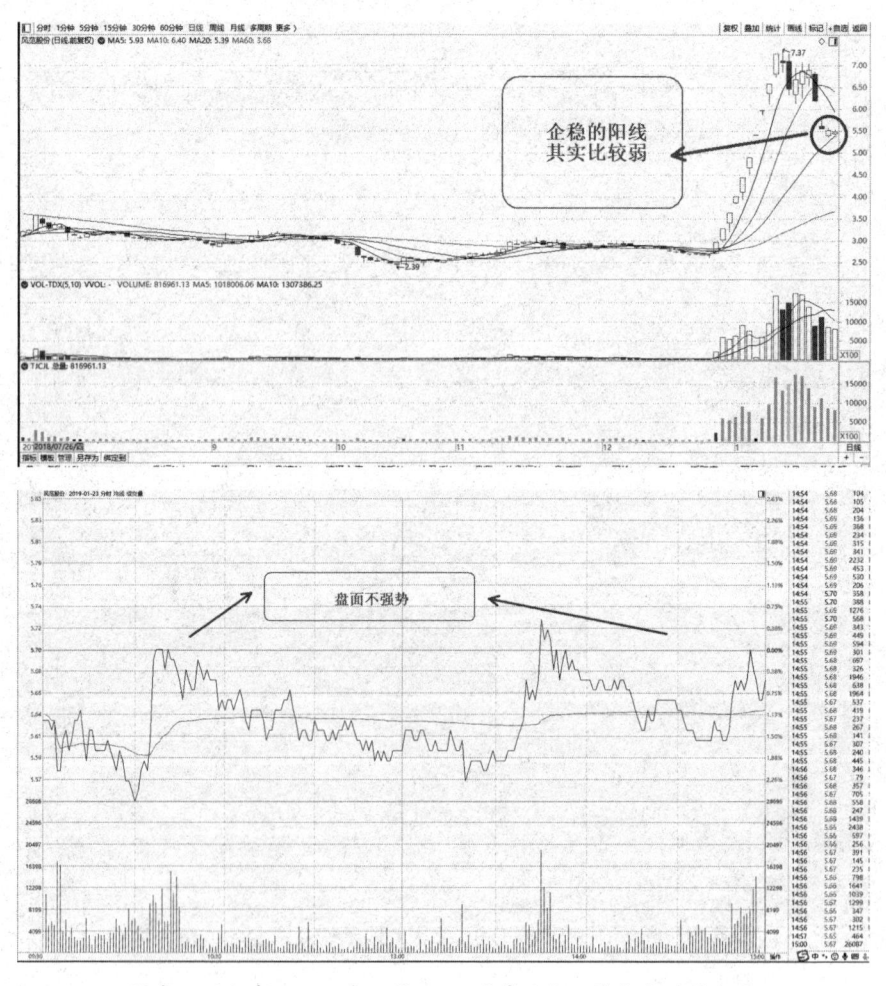

图案回顾点睛：2019年1月23日风范股份日线和分时结合图

持续杀跌中如果出现企稳的动作，肯定是好事。

什么是企稳？就是价格不再盲目下跌，稳定甚至反攻了。不过，我们要清楚的是，没有反攻的企稳，往往都是不太牢固的。很简单，本来杀跌过程心态都不稳定，价格只是稳住没反攻，那么，再稍微一下压，就很容易再把恐慌盘引诱放大出来，导致进一步下跌。所以，面对只是价格的稳定，没有反攻的企稳，我们要多一点观察，少一点躁动。

（4）感知新疆交建的博弈。

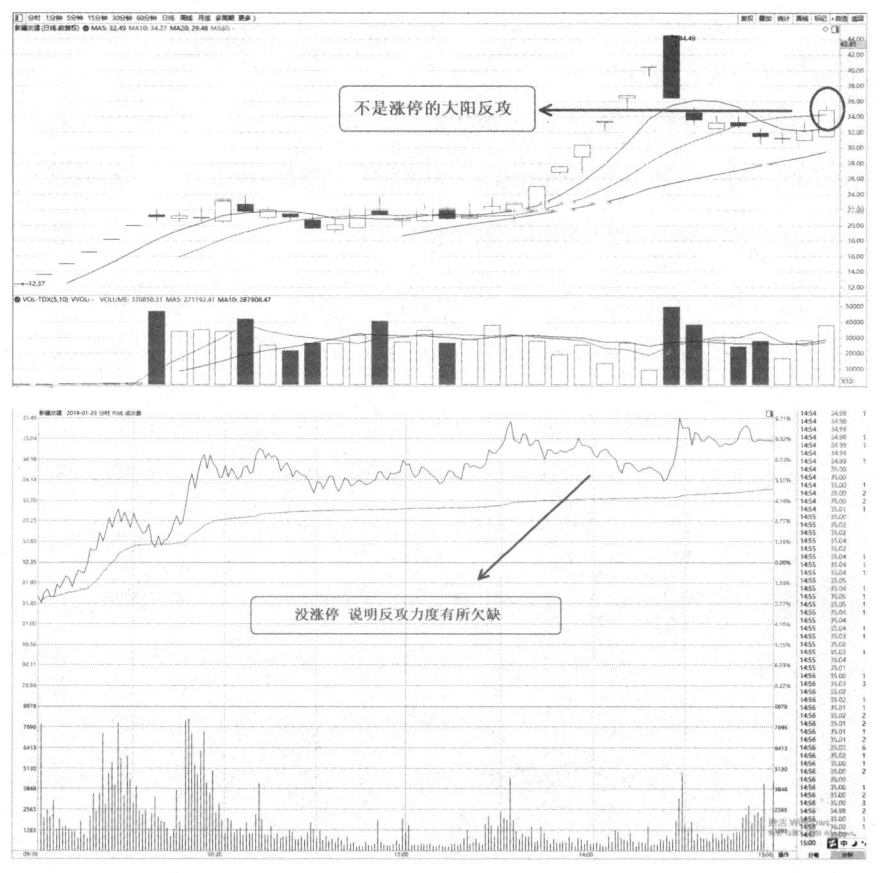

图案回顾点睛：2019年1月23日新疆交建日线和分时结合图

前面谈到，企稳我们要观察是否有反攻，而一旦企稳反攻，我们还要看是否能走远，这就要求要观察反攻力度。

是不是一环扣一环？我们参与市场博弈，就是要在每个环节上做出很多有价值的思考和总结，价值来自细节！

反攻力度，我们着重谈的是是否会有一天能涨停。

试想，本来就是短期下跌浪，要彻底扭转格局，最好的方式就是涨停，这才是最有力的一种体现。如果不是涨停的反攻，那么这反攻的含金量就会大打折扣。一旦空方反扑，可能就是延续前期的下跌态势。因此，我们就必须在这细微的力度上研究深刻，才能在关键时刻做出最清晰的判断和最正确的选择！

回到新疆交建的案例，你就知道，这一天虽然进一步反攻了，但没有涨停，你还是要多一份谨慎的，或者说，没有涨停的反攻，你准备随时做一些短线抢反攻的资金就要出来了。

第三章　再迈一小步　我是主力就随时再大步

3.1 操盘日记（2019-1-24）

小步果然再迈出，我是主力就继续大步向前

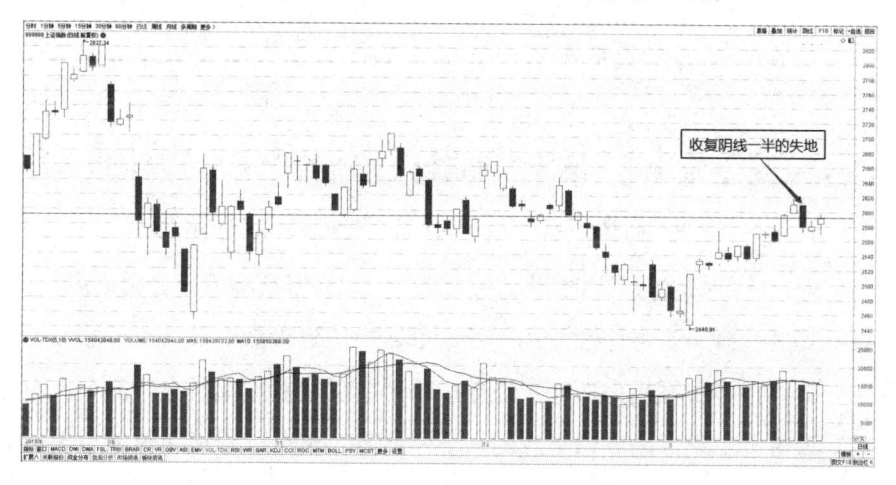

图案回顾点睛：2019年1月24日上证指数日线图

1月24日我们谈到了，在这个位置，行情越稳定空方越崩溃，1月23日的稳定就是行情迈出的一小步，慢慢就会迎来一大步。

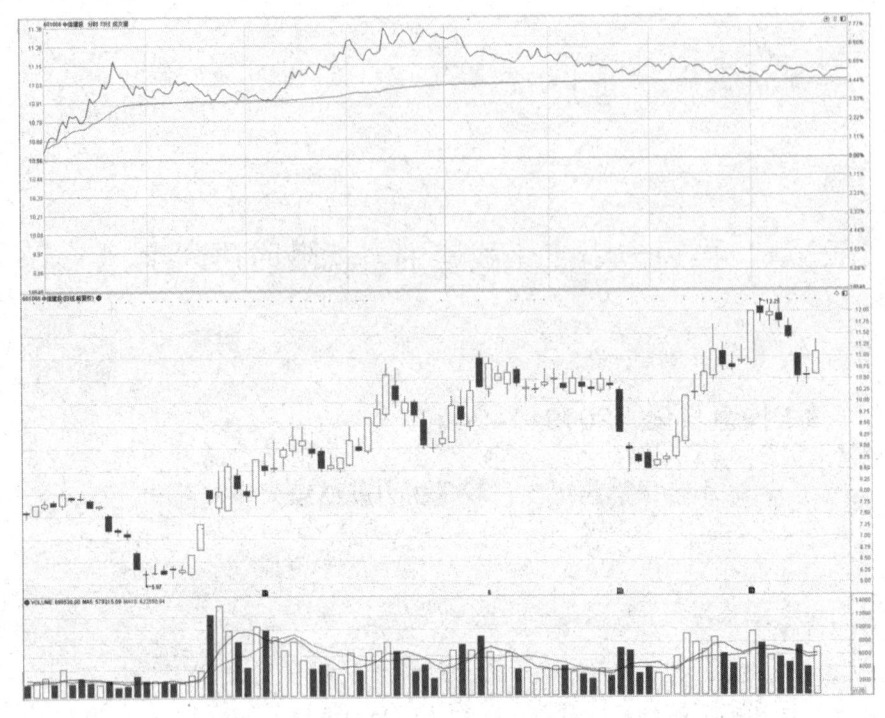

图案回顾点睛：2019年1月24日中信建投分时和日线图

1月23日我说过"得金融者得天下"，大概率证券板块会再起风云。果不其然，24日证券个股纷纷揭竿而起，中信建投盘中最高逼近涨停，还有其他很多友军应声而起，证券板块个股涨幅基本都是有两三个点左右，盘中也不乏冲高五六个点的，不一而足，整个证券板块整体呈现一种大幅冲高，动荡回落的状态。这在牛散大学堂的体系里，个股在这个位置，行情如期走出来，可以把这个行为理解为一种试探性攻击。换句话说，这个板块接下来大概率还是要继续向上攻击的。

【国平回顾小感悟】

试探性攻击其实就是一种盘面上的躁动，上攻看看盘口压力大不大，或者消解一下压力，是等机会再拿下之前的一种动作。

图案回顾点睛：2019年1月24日招商银行分时和日线图

1月23日在谈金融板块的时候也谈到了银行和保险，银行和保险个股在1月24恰恰也协同向上发力，例如招商银行继续向上拓展空间，中国平安表现也不错。如此整个市场的重心很自然地继续上移。我之前有提出"阳包阴"的问题，对此我们是谈过一些思路的，那么现在行情是不是已经不知不觉在按照我们的思路收复前期的这根阴线了？

【学习延伸突破小细节】

这根阴线的失地现在已经被收复了一大半，离最终的阳包阴就差一步。结合1月23日的行情，接下来再来一个阳包阴把失地收复的话，慢慢就会酝酿出真正的一波大行情。事实上，市场的博弈就是这样循序渐进地推进的。

我们再看看1月24日市场有什么值得空头发挥的空间。前面两天空方做空动能被消耗得比较厉害，纵观24日空方的力量无非就是能在那些有可能退市的绩差品种上发挥，这些品种对市场整体而言影响并不大，所以他们发挥的空间依然非常小。那么现在轮到多方发力了，24日多方只是试探性的往上突一突。试探性的攻击一来能够巩固阶段性的成果，二来能让空方当下非常被动，这一点是很重要的。空方本来可以借着22日的一根阴线，趁势往下杀，但现在不仅没杀到，势力反而又被多方夺回了一大半，如此空方当前的境地是非常被动的。那么，空方被动的境地也必然导致心态的恶劣，所以多方现在就差临门一脚了。

【国平回顾小感悟】

博弈，其实就在一念间。这一念，来自对市场具体内在力量厮杀的明确，看清关键品种的动态，为何这里要探讨金融板块，很简单，对市场博弈而言，"得金融者得天下"。

那么有没有可能在短期内多方进一步采取致命一击呢？我觉得可能性是很大的，我在1月23日谈到文化传媒和科技细分。2019年科技板块成了一个主角，因为国家已经确定科创板推出的大概时间了，就在二三月份左右，届时科创板就会横空出世，势不可挡。所谓科创板就是鼓励科技创新，所以1月24日相关的科技板块的很多个股纷纷涨起，像半导体芯片的士兰微等都涨停了，所以这种信号大家要去感知一下。另外一点，文化传媒1月24日表现也不错，板块内的很多个股也是选择了向上突破，如新华文轩近期出现了"三连板"，虽然24日尾盘涨停打开了。

整体来说，整个板块局部是出现了一个比较大幅度的躁动。还有一点就是我在1月23日重点谈到的次新股的龙头贝通信，1月24日依然很凶悍，高开之后反复震荡，最终还是封死了涨停，已经连续走出"三个板"。这比1月14日天地板见顶新疆交建天地板见顶的价格足足涨了30%多。

【学习小总结】

从某种意义上来说，这就是趋势的力量，龙头的力量和板块的力量。次新板块依然还是持续的活跃，对于整个行情或其他板块起到一个鼓舞的效果。

【国平回顾小感悟】

阶段性次新股贝信通龙头和天地板的新疆交建，差价为何如此大，这在本质上也是一种博弈，顺势的力量和势已去的力量对比，启发我们一定要懂得选择顺势而为！

1月24日行情走完，量变慢慢的也会促成质变，整个过程循序渐进，接下来也就会促使更多的多方进一步释放力量。当然近期涨幅较大的品种，包括刚才所说的这些个股，接下来在往上冲的时候，不可避免地会迎来动荡，但是大局已定。接下来包括证券和银行在内的大金融板块、文化传媒板块，还有"四大金刚"的其他部分，交替往上突围的话，多方的力量就会源源不绝，阳包阴就是水到渠成的事情了。问题在于阳包阴之后行情怎么走？我个人是认为阳包阴之后，多方能量还有进一步释放的空间。一旦再释放，多方的整体胜局就彻底奠定了，行情很有可能就会进入一个轮动博弈的状态。就目前而言，阳包阴还差那么一小步，我相信未来一两天应该就会展现在我们眼前，我们不妨延续当前的思路，继续跟踪并把握好阶段性的多方气势比较盛的波段期。在这个过程中，希望大家保持一个良好的心态，依然如我之前所说的，在这个历史底部区域，一定要有仓位，没有仓位的人最终会不知不觉地被市场"三振"出局，或者成为追涨杀跌的投资者。

【国平回顾小感悟】

低位一定要有仓位是核心思路，虽然那时候市场看起来不那么乐观，但其实这就是一种策略，一种在相对历史低位的最好策略，有仓位你就不会因为市场突然上涨而变成踏空者。当然，相应承担的再下跌风险其实对于总仓位而言是可以承受的风险,也就没什么可怕的。清楚当前的状况和坚定对于未来的策略在具体博弈中,是很重要的。

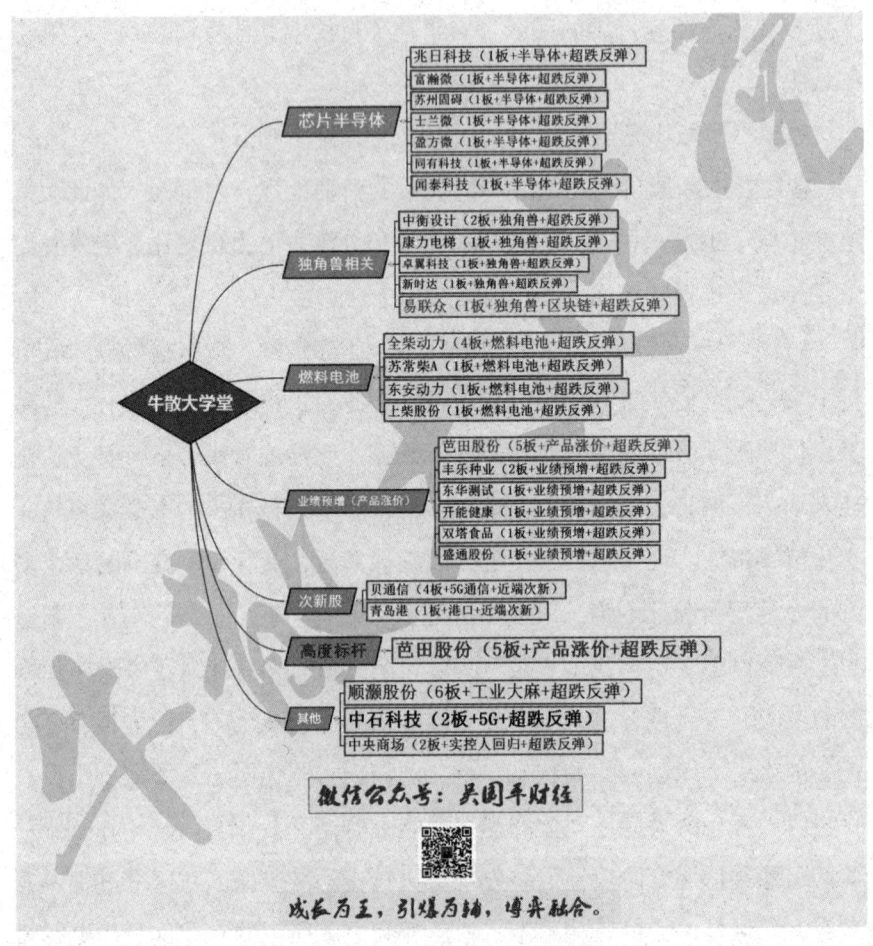

```
                    ┌─ 芯片半导体 ─┬─ 兆日科技（1板+半导体+超跌反弹）
                    │              ├─ 富瀚微（1板+半导体+超跌反弹）
                    │              ├─ 苏州固锝（1板+半导体+超跌反弹）
                    │              ├─ 士兰微（1板+半导体+超跌反弹）
                    │              ├─ 盈方微（1板+半导体+超跌反弹）
                    │              ├─ 同有科技（1板+半导体+超跌反弹）
                    │              └─ 闻泰科技（1板+半导体+超跌反弹）
                    │
                    ├─ 独角兽相关 ─┬─ 中衡设计（2板+独角兽+超跌反弹）
                    │              ├─ 康力电梯（1板+独角兽+超跌反弹）
                    │              ├─ 卓翼科技（1板+独角兽+超跌反弹）
                    │              ├─ 新时达（1板+独角兽+超跌反弹）
                    │              └─ 易联众（1板+独角兽+区块链+超跌反弹）
                    │
   ◆ 牛散大学堂 ────┼─ 燃料电池 ───┬─ 全柴动力（4板+燃料电池+超跌反弹）
                    │              ├─ 苏常柴A（1板+燃料电池+超跌反弹）
                    │              ├─ 东安动力（1板+燃料电池+超跌反弹）
                    │              └─ 上柴股份（1板+燃料电池+超跌反弹）
                    │
                    ├─业绩预增(产品涨价)┬─ 芭田股份（5板+产品涨价+超跌反弹）
                    │              ├─ 丰乐种业（2板+业绩预增+超跌反弹）
                    │              ├─ 东华测试（1板+业绩预增+超跌反弹）
                    │              ├─ 开能健康（1板+业绩预增+超跌反弹）
                    │              ├─ 双塔食品（1板+业绩预增+超跌反弹）
                    │              └─ 盛通股份（1板+业绩预增+超跌反弹）
                    │
                    ├─ 次新股 ─────┬─ 贝通信（4板+5G通信+近端次新）
                    │              └─ 青岛港（1板+港口+近端次新）
                    │
                    ├─ 高度标杆 ─── 芭田股份（5板+产品涨价+超跌反弹）
                    │
                    └─ 其他 ───────┬─ 顺灏股份（6板+工业大麻+超跌反弹）
                                   ├─ 中石科技（2板+5G+超跌反弹）
                                   └─ 中央商场（2板+实控人回归+超跌反弹）
```

微信公众号：吴周年财经

成长为主，引爆为辅，博弈融合。

市场轮廓脉络梳理——2019年1月24日

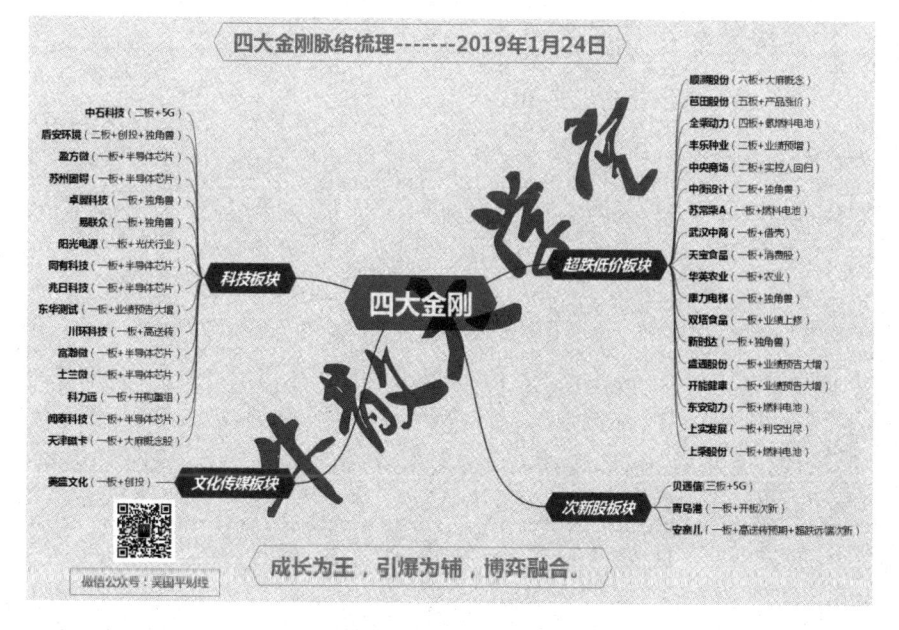

四大金刚脉络梳理——2019年1月24日

3.2 操盘实战博弈（2019-1-24）

（1）感知中信建投的博弈。

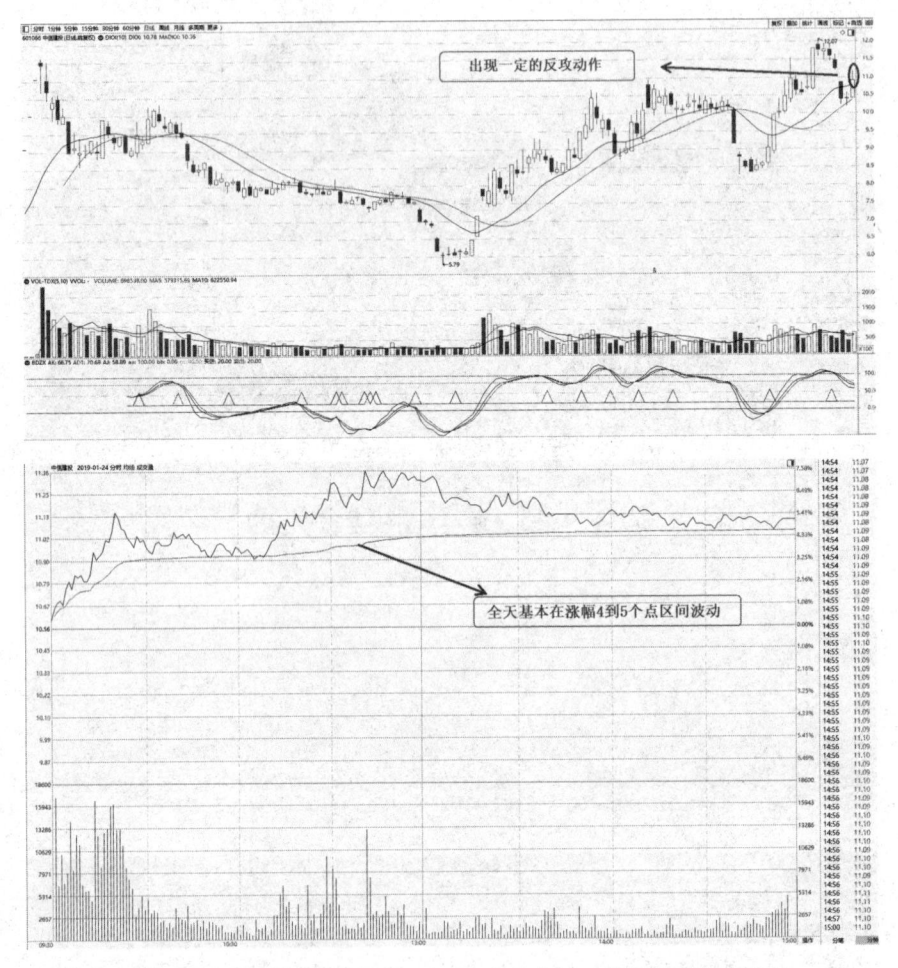

图案回顾点睛：2019年1月24日中信建投日线和分时结合图

在整体局势要向上的背景下，出现中阳线上攻，其实就是进一步确定的信号。

具体而言，此时也是进一步加仓的时机。因为一旦突破了，价格就会更高，这时候看似中阳加仓有点亏，但面对未来可能会出现突破后的更高价格，对比下，此时也是适宜的。

很多时候，我们一定要懂得对比，有对比，你才能更清晰未来的格局。

（2）感知东方通信的博弈。

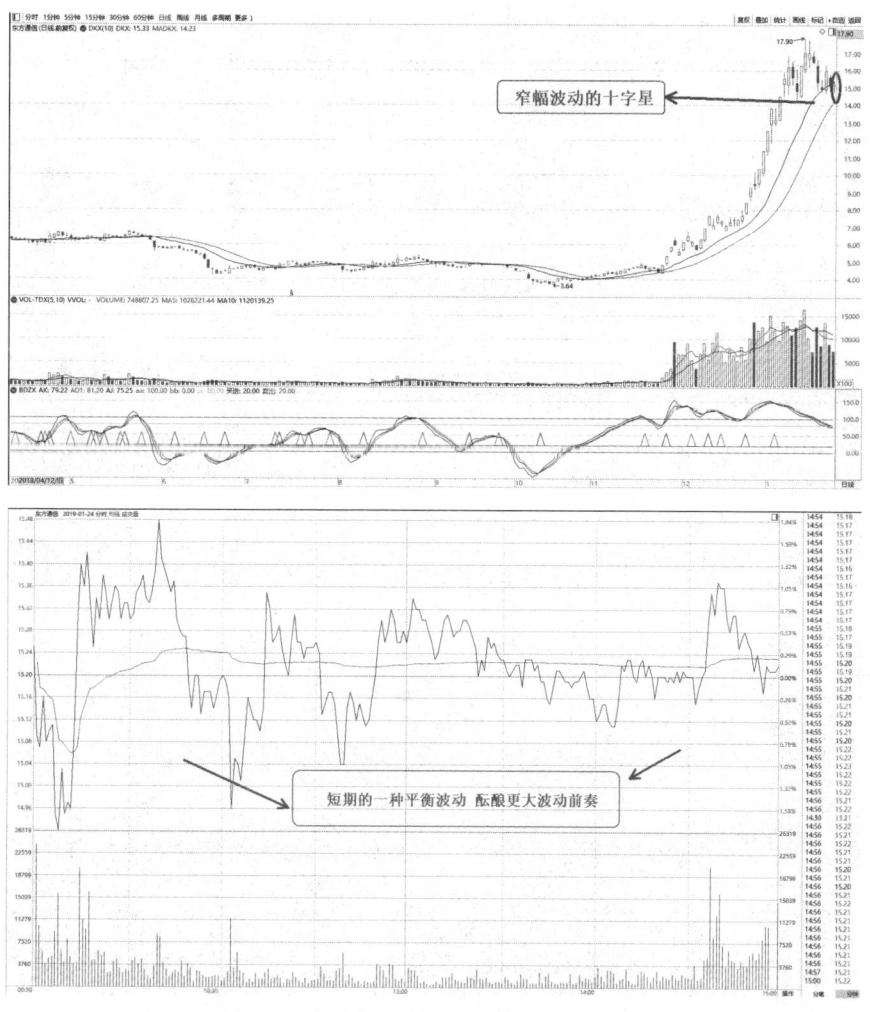

窄幅波动的十字星

图案回顾点睛：2019年1月24日东方通信日线和分时结合图

窄幅波动其实也是一种短期企稳的盘面表现，问题是接下来会如何呢？这个要看整体，然后结合具体盘面继续跟踪。

在东方通信里，整体无疑是大上升浪，具体细微波动短期能企稳，也预示着随时有机会再向上。

我们看股票波动，第一是看整体，第二才是看局部细微波动状况。看到整体上，你会踏实些，小格局稳定了，你也敢于继续持有或加仓。

（3）感知风范股份的博弈。

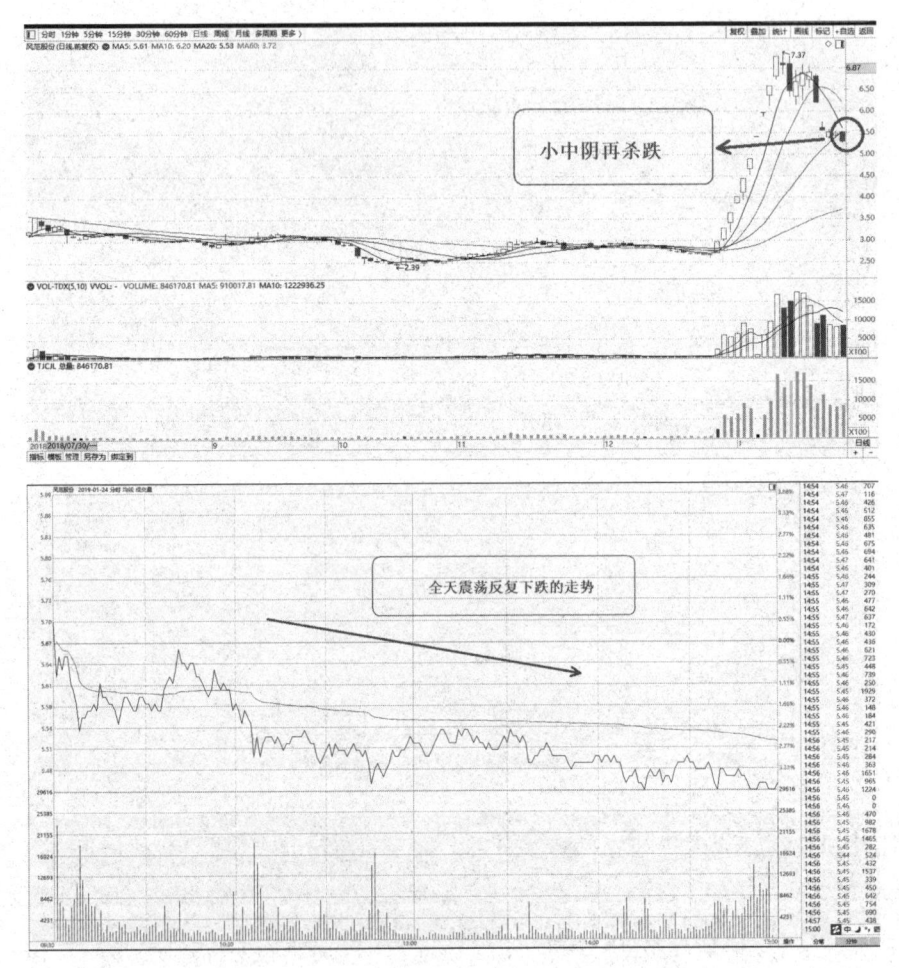

图案回顾点睛：2019年1月24日风范股份日线和分时结合图

当企稳的走势不够强的时候，再稍微压一压，就很容易出现中阴杀跌的走势。风范股份就是这样的特性。

当然，我们也要看到，整体大格局上风范股份依然是大涨后的调整，整体趋势依然还是有机会的。只是就短期而言，持续下压会让一些短期害怕的资金纷纷离场形成恐慌压盘。此时，我们要去关注的依然是接下来的企稳是否能比较强，只有比较强的时候，再出手才是比较好的抢反攻模式。记住，看不懂短期走势，欣赏也是一种选择。

（4）感知新疆交建的博弈。

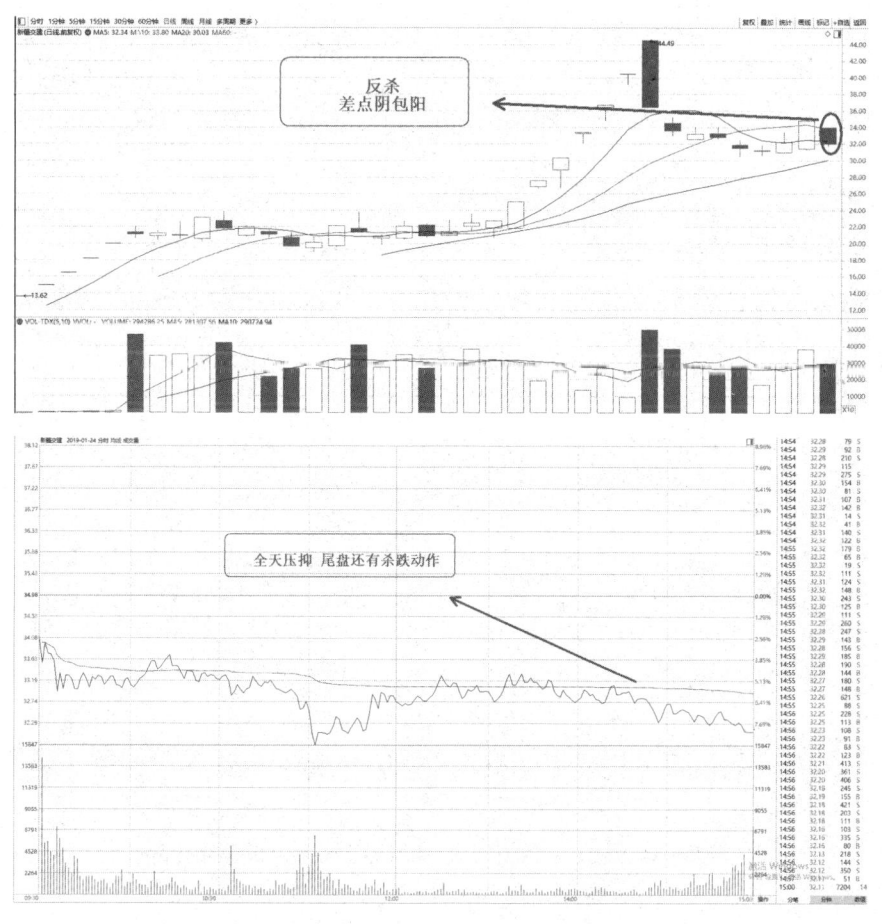

图案回顾点睛：2019年1月24日新疆交建日线和分时结合图

一根中大阳后突然一根中阴线看上去有点突然，其实如果你联系我对新疆交建前面一天的思考总结，你就会觉得这并不突然，反而是很正常的。它本来属于次新股，波动就大，前面出现过天地板，本身也说明筹码已经出现明显分散。同时，在反攻过程中，没有出现涨停，说明这力度还不够强大到足以扭转整个趋势。因此，一旦空方再次反扑，多方就很容易害怕，不经意收一根中阴线也是情理之中了。

（5）感知粤传媒的博弈。

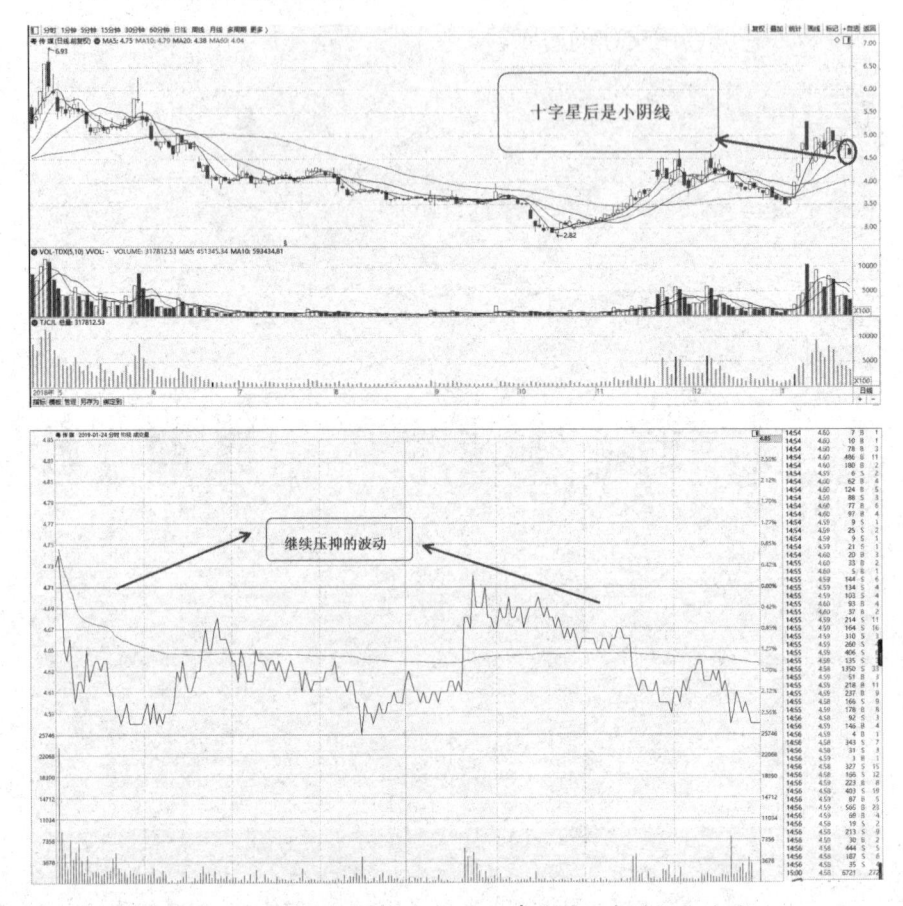

图案回顾点睛：2019年1月24日粤传媒日线图和分时图

正常而言，"十"字星本身也是一种止跌信号，而粤传媒出现"十"字星后没能止跌，反而进一步压抑。这其实已经从盘口告诉你，要小心短期进一步的压力风险。接下来进一步再杀跌也是很正常的。做股票切记教条，一旦教条就是自己害自己。我们要客观，更纯粹从博弈的角度去思考每天的波动，就会感受到市场的那种"规律"。

第四章　完全按剧本在走

4.1 操盘日记（2019-1-25）

再次站上2600点，完全按剧本走后下周关键看"轮动"

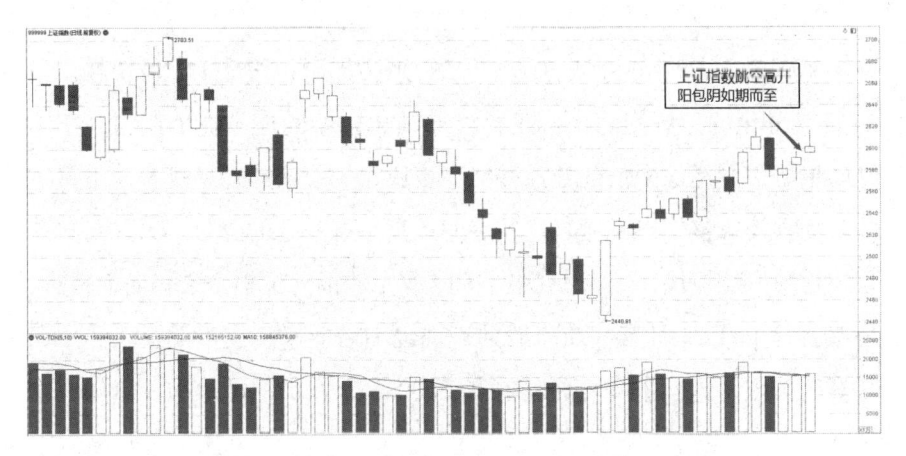

图案回顾点睛：2019年1月25日上证指数日线图

我们可以看到，1月25日的市场果然如之前所预期的样子继续向上拓展空间，而且非常精彩的是指数跳空高开迅速收复了几天前的中阴线，也就是说我们前段时间谈的阳包阴已经如期展现在我们眼前了。

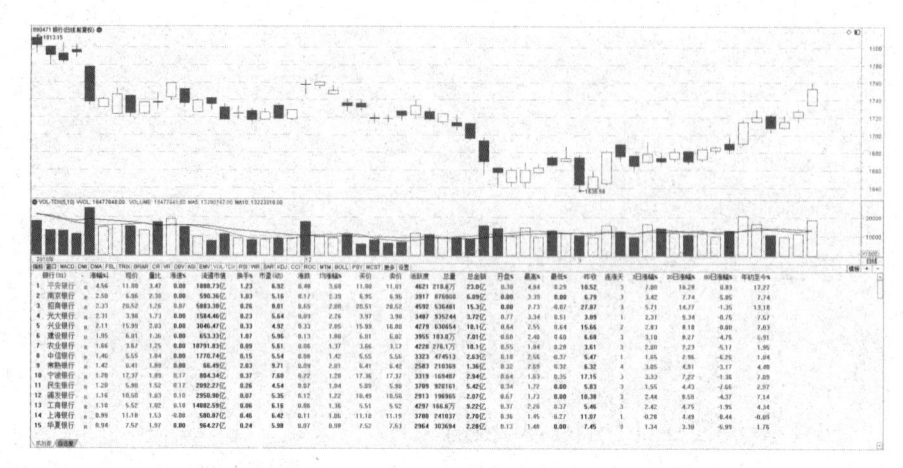

图案回顾点睛：2019 年 1 月 25 日银行板块的状况

那么发挥多方能量的地方在哪里呢？就是我这几天一直谈及的"得金融者得天下"，部分证券类个股表现很精彩，当然这个板块在 1 月 25 日是分化的，像国海证券等这样业绩比较差的证券类个股出现了大跌的走势，但是像中信证券这种强势板块龙头股依然还是稳步向上推进的。证券板块整体来说还是比较好的，只是有一定的分化。另外一点就是银行和保险板块，在继续拓展空间，有力地推动了整个市场向上推进，还有就是 1 月 25 日有些地产股的表现也不错。这些权重类板块和个股很好地把整个大盘的重心维持在了 2600 点上方。不经意的，市场再次站上了 2600 点，这个意义还是很大的。意义在于前一次上证指数站上 2600 后被打了下来，空方原以为可以乘胜追击，往下拓展空间，没想到短短三个交易日指数又重新站上了 2600 点，空方信心难免要被击垮。所以这段时间的市场博弈，无论是股票还是期货，如果是说方向没搞对的话，损失比较大。因为阶段性多方强大的力量大家是有目共睹的，行情依旧是围绕着前期的主基调持续逼空。

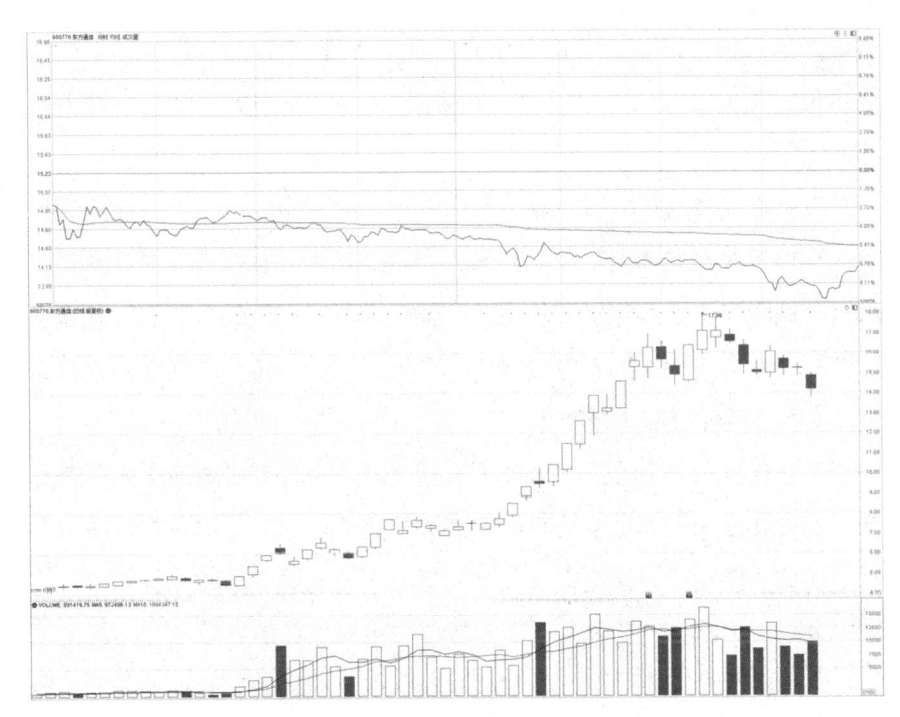

图案回顾点睛：2019 年 1 月 25 日东方通信的分时和日线结合图

当然 1 月 25 日空方也发动了一波反扑，尤其是大盘创出了这波反弹的新高之后，空方的反扑和多方的顺势做差价行为引发了尾盘冲高回落的走势，权重股的主动回调，也给股指的上行带来了一定的压力。同时，前段时间涨得很厉害的明星个股，1 月 25 日也纷纷大跌，像东方通信、通产丽星等，它们这几天趁着市场不断逼空上涨，顺势做了一个差价，盘面节节败退。

博弈正是如此，你以为它还要涨，它偏偏就不涨了，你以为它不涨了，它偏偏就涨了，这就是博弈的精彩之处。当然 1 月 25 日还有一些质地比较差的个股，我看了一下跌停榜，跌停板的个股也有一定的数量，所以 1 月 25 日空方是在奋力反扑的，我能感受到这个力量。综合这两点来看，很显然空方的力量在加大，但是对整个大盘指数而言收效甚微。换句话说，空方能量耗费了不少，但是收到的效果却一般般。对于多方来说，这天很明显顶住了这个压力，至少 1 月 25 日缺口没补，上证指数也最终站上 2600 点，这就是一种胜利，并且对空方心理上的冲击是非常大的。

那么接下来博弈的倾向取决于什么呢？我认为取决于空方会不会接下来继续拼命在局部向下拓展空间，打击市场人气，这点需要观察。当然这个过程当中要留意多方的突袭，就是这段时间跌的个股和没怎么涨的个股，看多方能不能有效组织一个攻击点，进一步瓦解空方的力量。

【学习延伸突破小细节】

市场会形成一个动荡的格局，主要原因是多方有可能为了瓦解空方的力量会在近期空方反复活跃的领域进行突袭。另一方面多方可能会在近期形成一些趋势，逼得空方节节败退的领域里面主动做一些差价，比如说金融、地产，这些都是近期多方取得绝对优势的领域。

市场不可能只涨不跌，多方持筹者有一定利润的时候，也会考虑做差价，其实 1 月 25 日的盘面已经有这种端倪，我也提醒大家注意这种动荡的风险。

当然如果接下来有一个比较振奋人心的集体性板块能够崛起的话，那市场在这个位置继续保持相对强势地向上推进依然还是大概率事件。所以下周我们要观察 1 月 25 日的跳空缺口是否会被空方反扑回补，如果迅速回补，说明空方的力量还是有一定空间的，我们要注意这个迅速回补带来的市场短期动荡的压力。反过来说，如果它不迅速回补，上证指数依然保持在 2600 点附近强势动荡，那大家要注意多方趁势进一步向上拓展空间。缺口不论是补还是不补，我个人认为在这个区域，整体的主基调已经是多方取得了胜利。

【学习小总结】

市场进入到板块轮动性的炒作，轮动的过程中一方面多方可以进一步去消耗空方的能量，另一方面也能让整个市场慢慢进入一个良性的运行格局当中，为未来市场进一步上攻打下更好的基础。

就目前整体情况来说，我个人认为随着沪指 1 月 25 日再次站上 2600 点，多方已经全取得了彻底的胜利，剩下要做的就是巩固成果，而我们要做的就是把握好接下来板块轮动过程中的机会，做好相关研究和制定好轮动的策略，潜伏到我们看好的板块里去。我再次重申，在这个位置，无论如何一定要有仓位，然后静心等待和迎接未来更多的精彩。事实上，我们的市场已经悄然进入一个越来越精彩的局面了，你感受到了吗？我们已经充分感受到了。

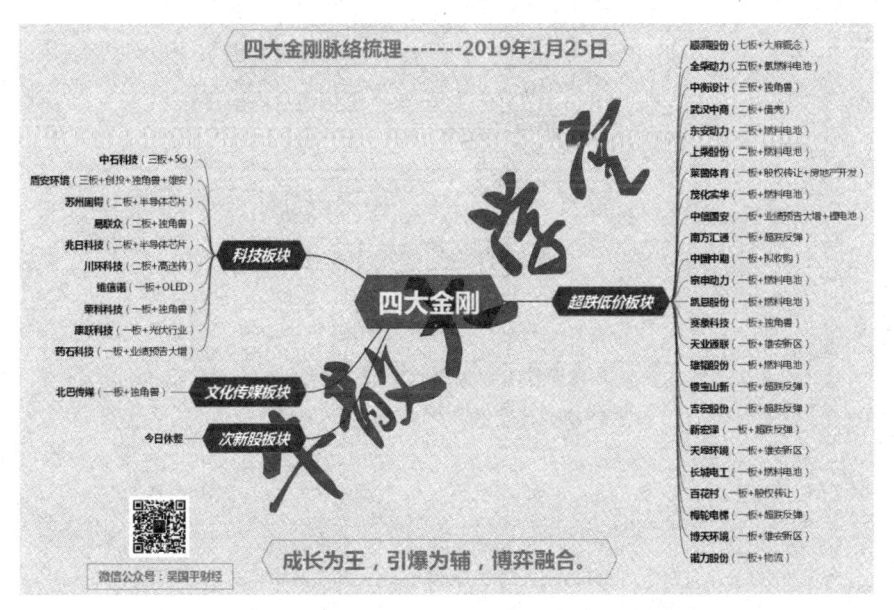

四大金刚脉络梳理——2019 年 1 月 25 日

市场轮廓脉络梳理——2019年1月24日

4.2 操盘实战博弈（2019-1-25）

（1）感知中信建投的博弈：如何看待持续上攻有一定回落。

图案回顾点睛：2019年1月25日中信建投日线和分时结合图

持续上攻时有一定回落，这种情况很多人都会视为是一种短期见到高点的盘面模式。事实上，大多数情况正相反。很多人被最后的回落影响到了对未来的判断，其实需要看的是前面那个持续上攻。

做股票，切记，一定先看整体格局，然后再研究细节。

在这里，中信建投本身已经形成要突围的态势，在向上过程中有一定动荡本来就很正常，再怎么回落也是在前一天的收盘价格上方，这也进一步可以说明，本质上它是越来越强的，接下来更多是机会而不是风险。

（2）感知东方通信的博弈：再下杀导致反攻压力减轻。

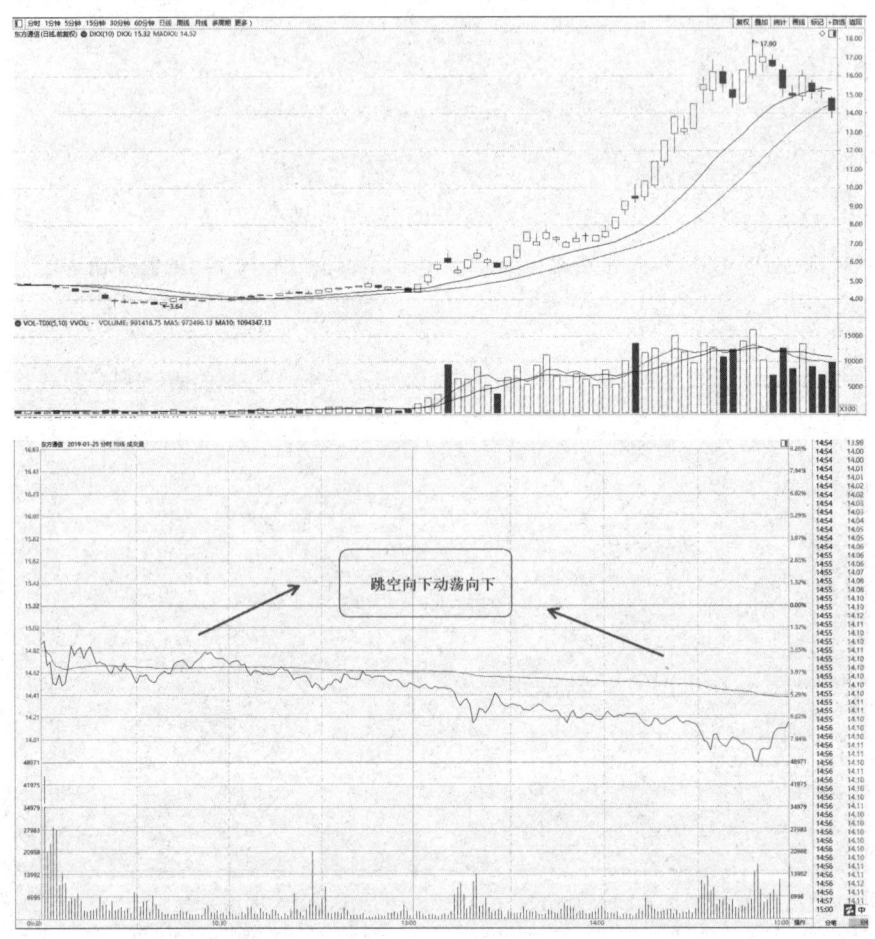

图案回顾点睛：2019年1月25日东方通信日线和分时结合图

前一天还是看上去企稳的"十"字星，25日就来个跳空向下中阴线。

博弈很多时候就是如此，不按我们以为的常理来，那么，东方通信这样的博弈格局反映了什么样的一种操盘状况呢？

其实并不复杂，第一，东方通信阶段性累积了巨大的涨幅，客观上来说有不少获利盘。第二，虽然前一天有企稳的迹象，但毕竟没有出现实质性反攻，因此这里也是可以被空方借题发挥的。

比如利用外力的影响，来个低开，对于那些喜欢短线的资金而言，这样的波动就会让他们缴械投降。换个角度想，太短线的资金出局，剩下对多方而言，反攻的压力也相应减轻了。

（3）感知风范股份的博弈：下跌时的机会就是等出来的！

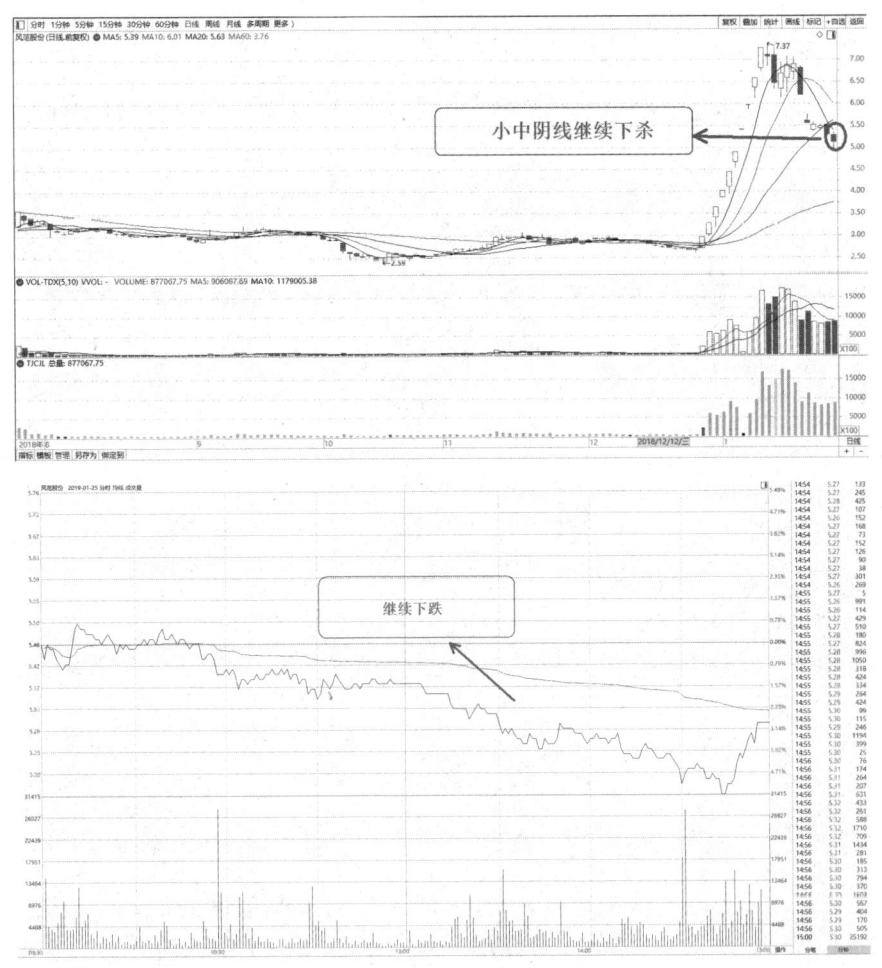

图案回顾点睛：2019年1月25日风范股份日线和分时结合图

类似这样的案例很多，其实风范股份无非是加强一下你对它的这个印象。

记住，一旦下跌开启，要博反弹，不是弱企稳时，而是看到有明显反攻动作时。

当然，这里尾盘有点反攻的味道，但就整体而言，依然需要观察，不图一时之快，更需耐心等候，很多时候，下跌时的机会就是等出来的。

（4）感知新疆交建的博弈：抢着卖让局面更恶化。

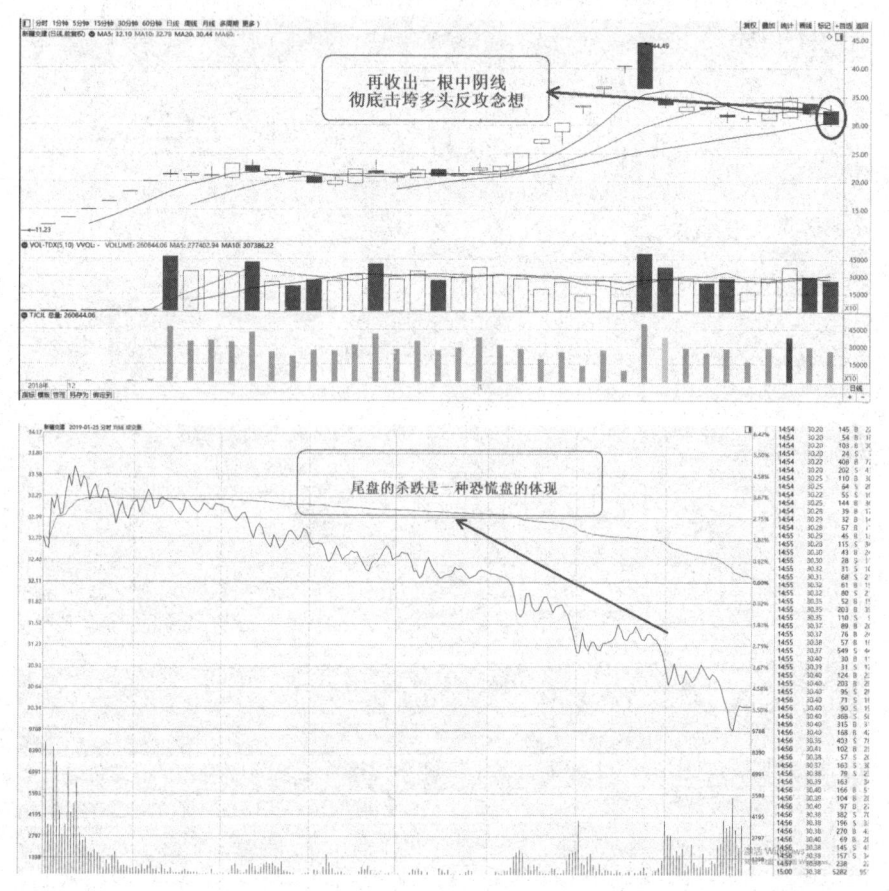

图案回顾点睛：2019 年 1 月 25 日新疆交建日线和分时结合图

前一天的中阴差不多反包中阳，其实就已经让本来的格局变得微妙起来，或者说比较危险了。早盘能抗住，无非也是一种抵抗，下午的持续杀跌，基本上让更多人认清了形式，开始抛售。

人们对股票常常就是这样，好的时候抢着买；不好的时候抢着卖。

（5）感知粤传媒的博弈：第六感你有吗？

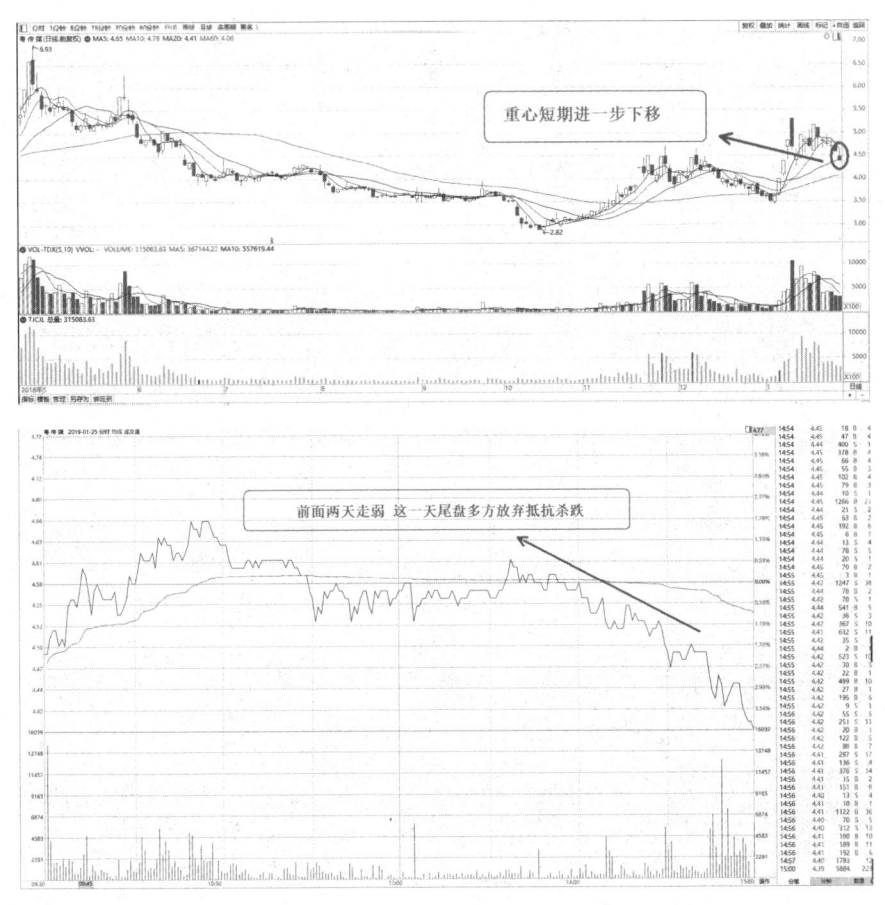

图案回顾点睛：2019年1月25日粤传媒日线和分时结合图

当图形没能形成一种比较积极的上攻走势的时候，对于场内资金而言，就是一种煎熬。为何粤传媒在这里尾盘跳水，其实就是心态的一种释放，久攻不上，那么最终也只能选择向下。

K线的博弈，其实很大程度上就是人心理的博弈，我们观察盘面，其实就是感知人心的微妙变化。当然，这里影响的因素有很多，哪怕同样的图形，在不同环境也会带来不一样的结果，但是，我们需要透过类似的图形反复去总结一些经验。那么，我们在面对类似情况的时候，你就有了一种感觉。

那个感觉，就是第六感吧。

第五章 来看两大关键点

5.1 操盘日记（2019-1-28）

继续按剧本演绎　接下来看两大关键点

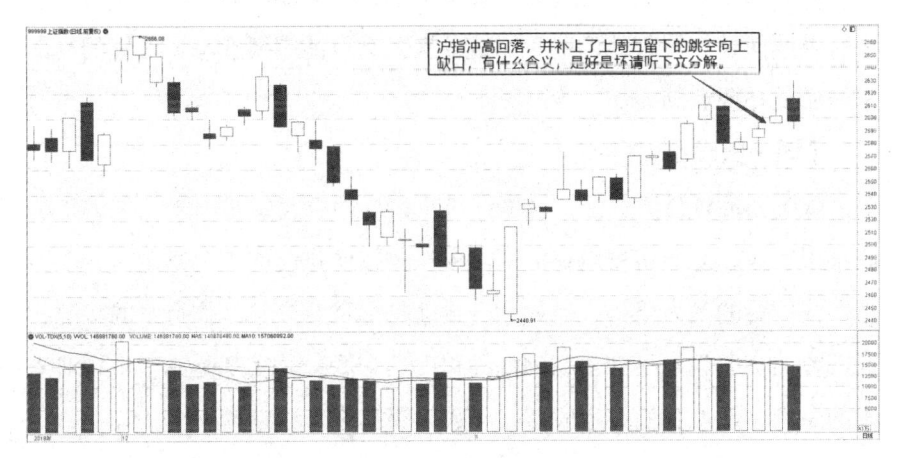

图案回顾点睛：2019年1月28日上证指数日线图

1月28日市场的博弈很精彩，高开再次刷新本次反攻的高点，然后空方反扑了一下，最终补了1月25日的跳空向上缺口、2591点处，沪指最终收在2597点附近，也就是说沪指依然在2600点附近的区域波动。对于1月28日的博弈，大家可以查看我在1月25日谈到的一些关于走势的思考，回过头来看，一切演绎是不是尽在我的剧本中呢？

看过我前面所写文章的朋友应该知道，上次我也谈到了作为多方来说，像金融板块这些近期引领市场的权重类品种，它本身获利盘不少，有做差价的需求，所以我已经提醒过大家，接下来有动荡的风险。1月28日高开脉冲上攻的引发点主要是中国证券监督管理委员会新任主席易会满上任。这件事引发了金融板块出现脉冲式上涨，但是由于获利盘比较多，所以最终出现剧烈的动荡。另外一点，我上周也谈过，除了多方主动调整外，空方依然还会围绕他目前能够发挥力量的空间去做文章，比如说业绩预减或者在爆雷的个股上面继续做空，当然这个做空对市场影响不大，对股价影响并不大，这点我上次已经谈过了。

1月28日，从跌幅榜上看，可以看到跌停板的个股还是不少的，这个现状给市场造成的心理压力依然是比较大的，空方拼命也在做这件事情。但我们也看到多方这一轮上涨中除了在固有的阵地里继续做多外，还有继续向外拓展阵地的迹象。接下来很有可能就要在空方发挥的局部里开始反扑或者突袭。

【国平回顾小感悟】

新任主席易会满上任，这事件对于市场而言肯定是大事，但沪指涨跌都很明显，说明市场内在的博弈依然是按照自己的理解坚定执行。当然，我们看的是大格局，比如大金融就是那种要突破炒作行情的状况，局部差的个股就是不知道跌到哪种程度的个股，其实都是源于市场对未来的一种预期。我们买卖股票，不就是买卖未来预期嘛！

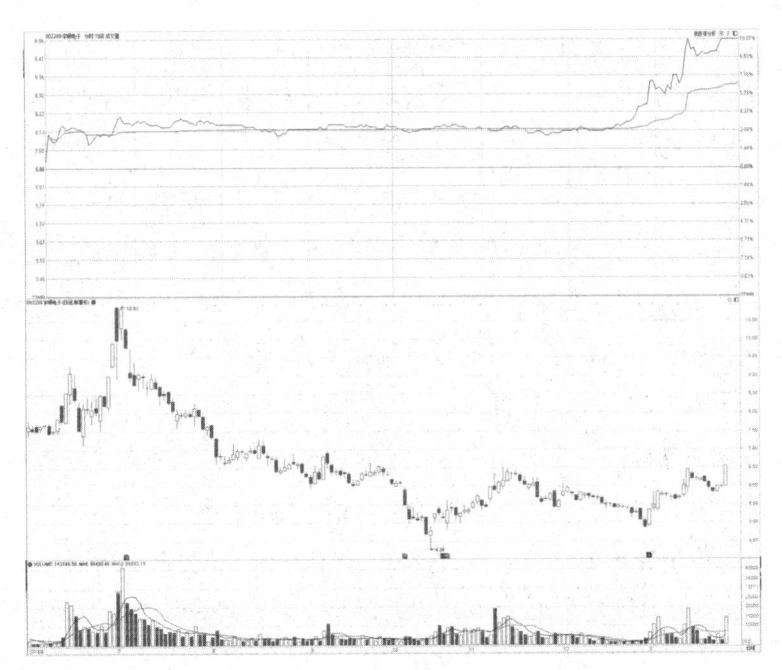

图案回顾点睛：2019年1月28日宇顺电子分时和日线图

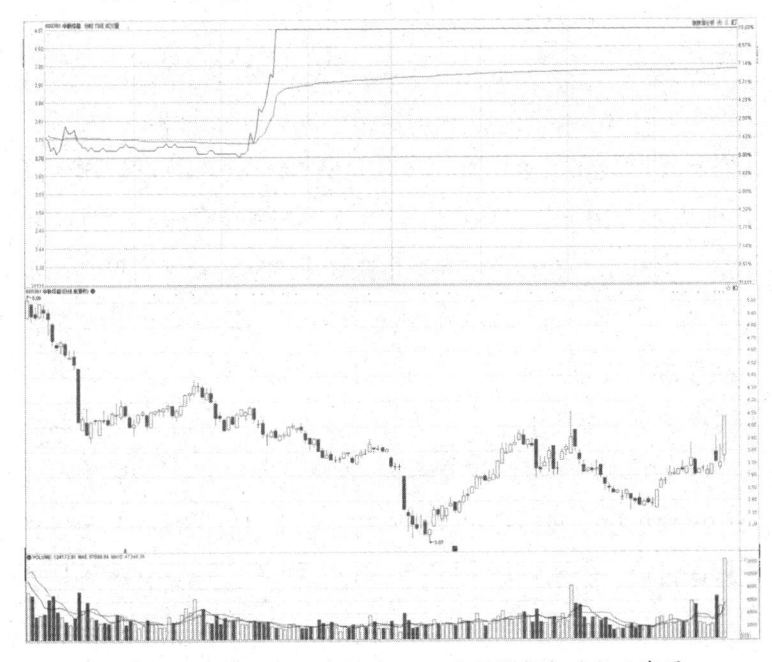

图案回顾点睛：2019年1月28日华联综超分时和日线图

2019年1月28日我欣喜地看到类似这样的个股走出来的，比如说出现涨停板的宇顺电子、华联综超和武汉中商等。可以说这些股票在前期是被空方把持的，而现在开始形成一种突围，并有形成板块效应的味道，这个板块效应就是商业连锁，或者再蔓延开来。我观察了一下，1月28日还有部分品种也有板块效应的味道，就是传媒娱乐或者说文化传媒，牛散大学堂"四大金刚"之一的品种1月28日也有不少呈现逆势上攻的状态，这都要引起我们的高度重视。我说过，在这个区域一定会有一些板块的资金去打提前量，为什么呢？很简单，这是底部区域。很多人现在憧憬接下来市场再来一个疯狂杀跌。那么请问大家一个问题，接下来谁做这个疯狂杀跌的卖方呢？没错，就是你——散户。

【温馨小提示】

很多散户认为1月是上市公司进行业绩预披露的时间，期间肯定会有上市公司曝出业绩地雷。然而，我们发现尽管这期间确实不乏业绩曝雷的公司，但却并没有把股指拉下来。很多人一开始认为整个1月会是比较惨淡的月份。事实上到目前为止，整个1月反而呈现出逆势反复震荡上扬的走势，这已经从一个侧面反映出市场在暗流涌动。

上周五我说到在这个位置，多方只要巩固好2600点，那么接下来对于空方来说，必然是在2600点多待一天就多难受一天。别看1月28日股指最终收跌了一点点，但是整体来说多方防守得非常漂亮。多方在2600点一带组织了一个比较好的巩固防守战，没有给空方太多深入的空间，相反盘中的向上冲击、反复动荡还消耗了不少空方的力量。

【国平回顾小感悟】

大事件背后往往带来局部大躁动，这是可以预见的一种情况。所以，在当时相对的低位，我们没有理由不对那些本身有躁动，形态也显现出来的品种或板块，给予积极关注，很多散户为何会输，往往就是被市场三振出局了。看本质很关键，股指的本质，市场板块和个股的本质都需要我们透过具体细微的博弈波动去感知。

接下来精彩的地方会在哪里呢？多方把 1 月 25 日的缺口补上的同时，沪指在 2600 点附近稳住了，这是好事。那么接下来我们的观察点有这么几个：

第一，1 月 28 日做差价的金融类个股，像券商、银行接下来是不是有再次向上攻击的动向。它们 1 月 28 日休息了一天，对这些强势股来说，有时候一天的休息足够影响市场，这是我们需要关注的一个点。

第二，1 月 28 日开始突袭逆市走强的品种和细分行业，接下来能否持续强势形成振奋人心的板块爆发力？

如果在未来一两天这些能展现在我们眼前的话，我敢说 1 月 28 日的高点不会是近期的高点，股指将依然呈现反复震荡上扬，不断刷新反弹高点的整体走势。所谓博弈，就是你来我往，在消耗战中慢慢把对方置于失败之地。事实上在这一轮反复震荡上行的过程中，前期 2500 点以下布局重兵的空方目前来说基本已经消耗得差不多了，现在无非需要进一步消耗 2550 点附近重兵把守的空方力量，在 2600 点反复震荡上扬的过程把他们全部消化掉。当然在这个过程中多方也会发生一些微妙的变化，这个我后面慢慢给大家分享。

从 1 月 28 日的盘面演绎来看，我分享给大家一个很重要的思考就是整个局面没有改变，而且这种动荡反而酝酿着新的突袭战，所以机会就在里面，我们不妨拭目以待，静候曾谈及的两个关键点。1 月 29 日我们依据盘面，再来思考阐述接下来市场将会如何演绎。

【国平回顾小感悟】

透过市场细微波动去感知很多未来的博弈。我为何写很多操盘日记，其实也是一种思考，一种总结。每次阶段性判断准确的时候，那感觉是特别棒的！当然，我们也在不断完善系统，我们要打造"股威宇宙"，其实就是希望用我们的思考和经验帮更多人少走弯路，更好成长。成就他人最终也成就我们自己，我们为此也在不断努力，希望大家能好好感知，好好学习，天天向上。

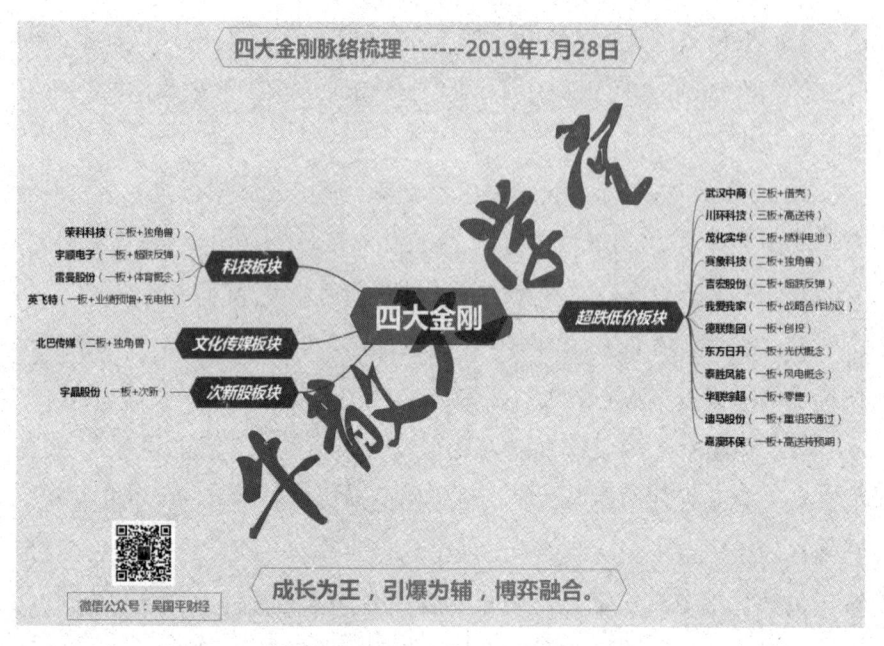

四大金刚脉络梳理——2019年1月28日

市场轮廓脉络梳理——2019年1月28日

5.2 操盘实战博弈（2019-1-28）

（1）感知中信建投的博弈：前高附近假阴线就是接下来飞起来的前奏。

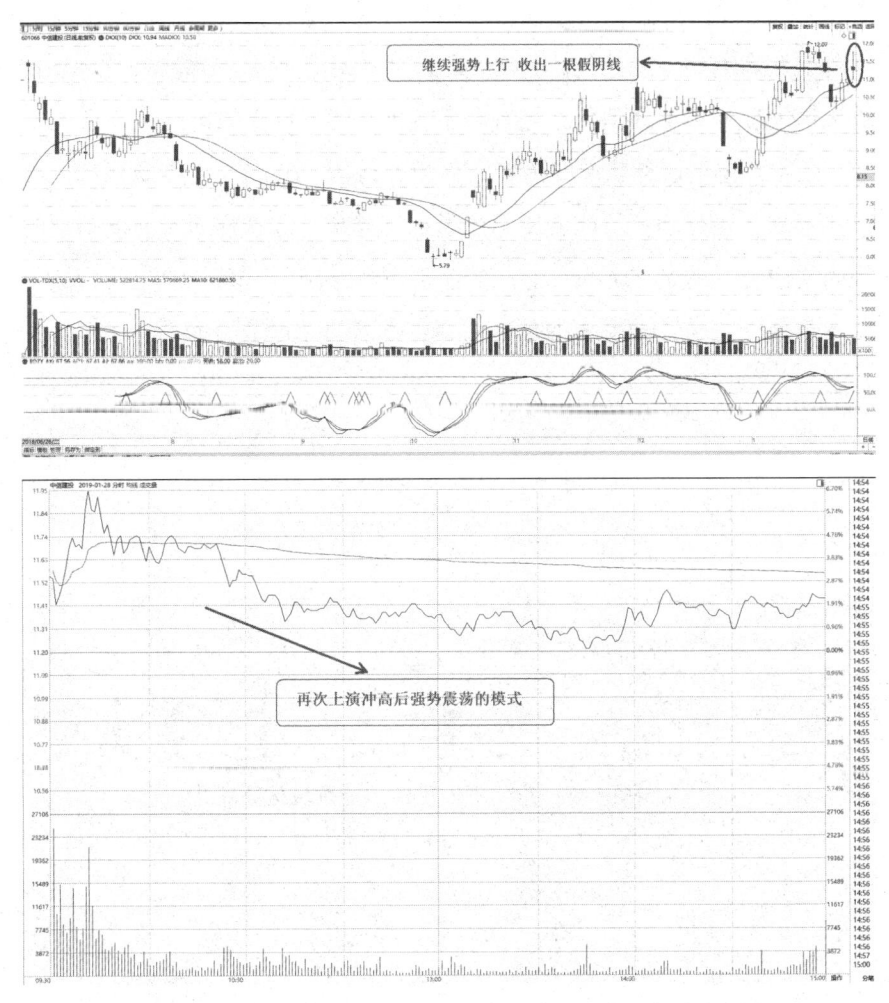

图案回顾点睛：2019年1月28日中信建投日线和分时结合图

不论怎么动荡，中信建投其实是在继续上行。这不，来了一根动荡向上的假阴线，类似"十"字星的假阴线。具体分时可以很好感知到的是，盘中是有一波明显放量的上攻，最高逼近7个点，然后反复震荡下行，尾盘略收高点，最终也是上涨 1 个多点，但对比开盘差不多上涨 3 个点的开盘价而言，收盘是比开盘价低了一个多点。因此，最终收出类似"十"字星的假阴线。

类似这样的博弈，我们要清楚的是，形成这样的波动，本质上就是面对前期高点的一种消化，毕竟最终如果要突破上去，最好是少点阻力，那么这里多一点动荡消化，是有利于接下来实质性上攻的。

记住，越是这种状况的博弈，你越要冷静，同时你也越要兴奋，因为接下来一旦突围，可能就压不住了，飞起来了。这样面对前期高位的假阴线而言，就是接下来飞起来的前奏啦！

（2）感知东方通信的博弈：这就是短期弱者恒弱的格局。

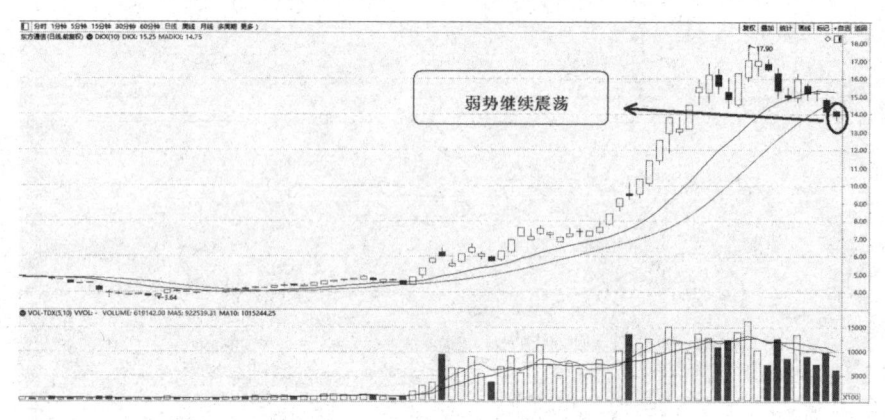

图案回顾点睛：2019 年 1 月 28 日东方通信日线图

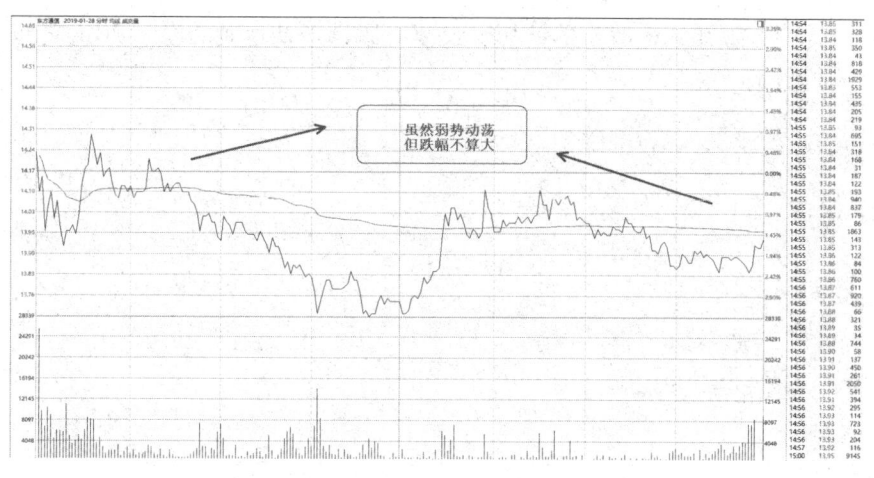

图案回顾点睛：2019年1月28日东方通信分时图

什么叫弱者恒弱，一旦弱势格局形成，短期内有时候是很难扭转的。要扭转，就要有强大的力量，所以我会说一旦短期下跌趋势形成，我们顺势的同时要留意扭转的信号，就是明显的强力反攻动作，最好是涨停反攻的动作。如果没有，那就多一分欣赏，感知里面资金短期博弈的精彩。

持续杀跌的逻辑也不复杂，就是那些前期获利盘出局和短期抄底盘割肉导致的一种合力。

下跌中我们关注的细微点就是什么时候下跌幅度变小甚至企稳，然后再结合最新的盘面制订策略。

（3）感知风范股份的博弈：反复下跌，短期达到20%～30%之间是个关键点。

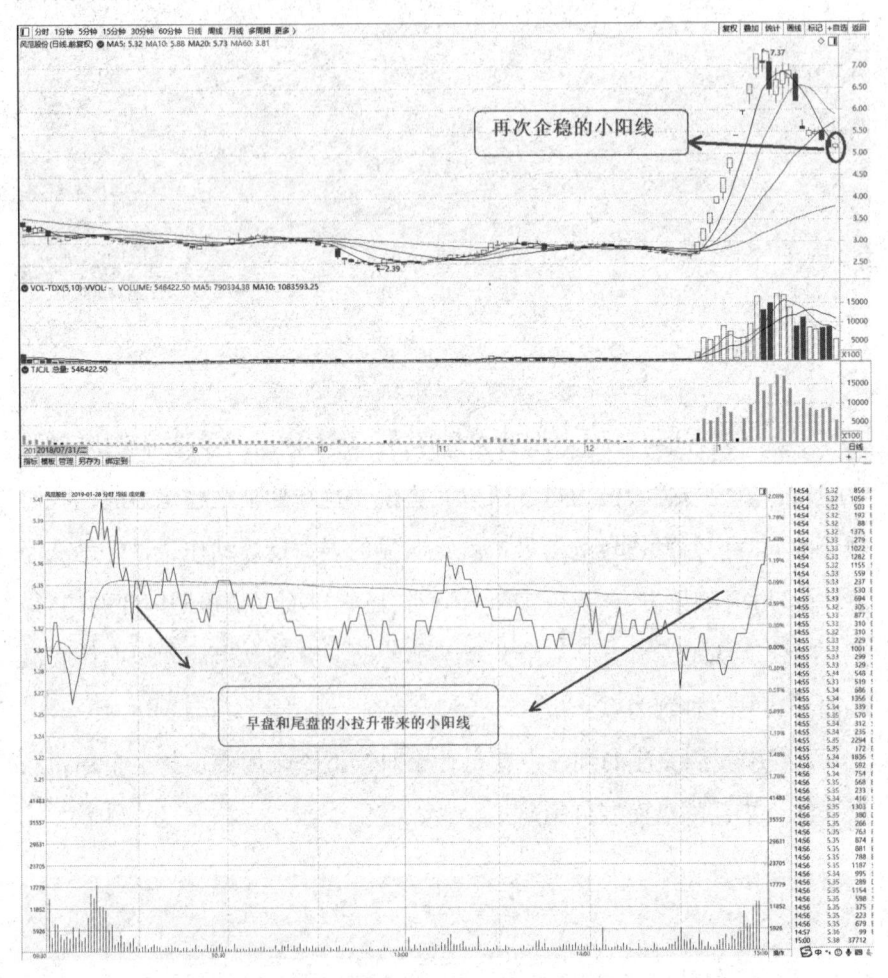

图案回顾点睛：2019年1月28日风范股份日线和分时结合图

反复下跌中往往遵循着这样的模式，杀跌—企稳—再杀跌—再企稳……何处才是真正的企稳反攻点呢？其实这一方面要观察市场大环境，同时更要观察个股本身高点下跌以来的幅度。一般而言，大环境向好，下跌幅度达到20%～30%，往往就是一个高度关注的再反攻区域。

此时，密切留意盘面细微的波动信号，一旦有强力反攻迹象，那么就要考虑操作一把了。

（4）感知新疆交建的博弈：不是所有的下跌都值得我们去寻找反攻机会的。

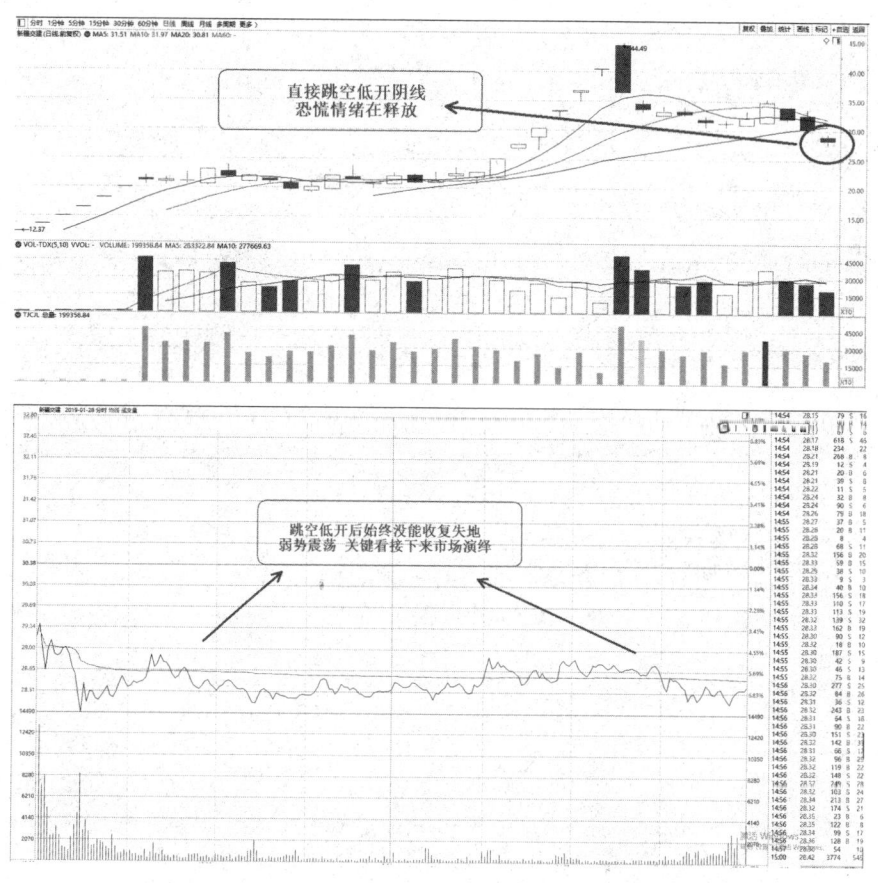

图中标注："直接跳空低开阴线 恐慌情绪在释放"

图中标注："跳空低开后始终没能收复失地 弱势震荡 关键看接下来市场演绎"

图案回顾点睛：2019年1月28日新疆交建日线和分时结合图

不是所有的下跌票都值得我们去找机会反攻。类似新疆交建这样的传统行业炒作起来的次新股，是要高度警惕的。

事实上，短期连续杀跌的模式也很凶残，比一般持续下跌的更要猛烈，这也多少反映出资金一旦选择出局的那种果断和坚决。

杀跌后弱势震荡，本身没有形成强反攻，哪怕真有反攻，这样的机会也不太值得做，多点欣赏是最好的。未来就算有反攻，更多也是投机

61

（5）感知粤传媒的博弈：这个小向上缺口要好好思考本质。

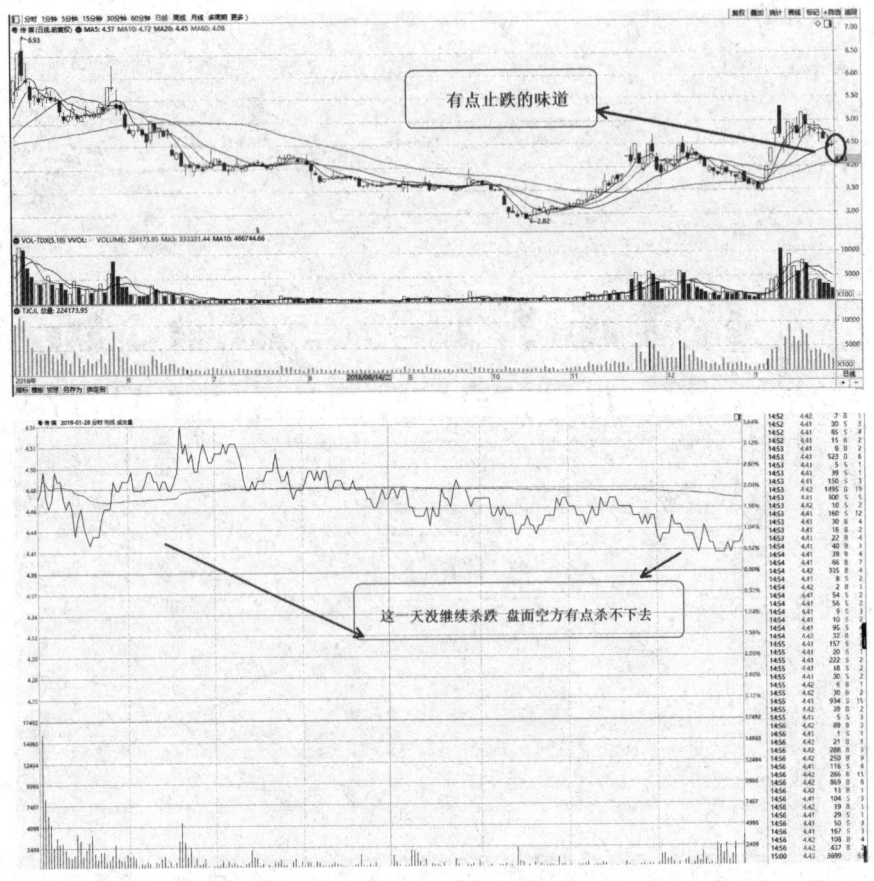

图案回顾点睛：2019年1月28日粤传媒日线和分时结合图

这位置跳空向上小缺口，是好事，不过力度小了点。同时最高的价格，也还没到20%~30%调整空间，调整不是很充分的味道。

不过市场能够这样走，至少要进一步关注，就等更大的反攻，一旦有强势反攻，就是很好的跟随点。否则，再向下，我们就等更低点再看，再向下也很正常，毕竟1个点左右的跳空向上缺口是很容易被市场回补的，而且一旦回补很容易形成杀跌态势，这些情况我们都是要预测到的。

第六章　准备"抢钱"行动

6.1 操盘日记（2019-1-29）

继续强势等再质变：准备"抢钱"行动

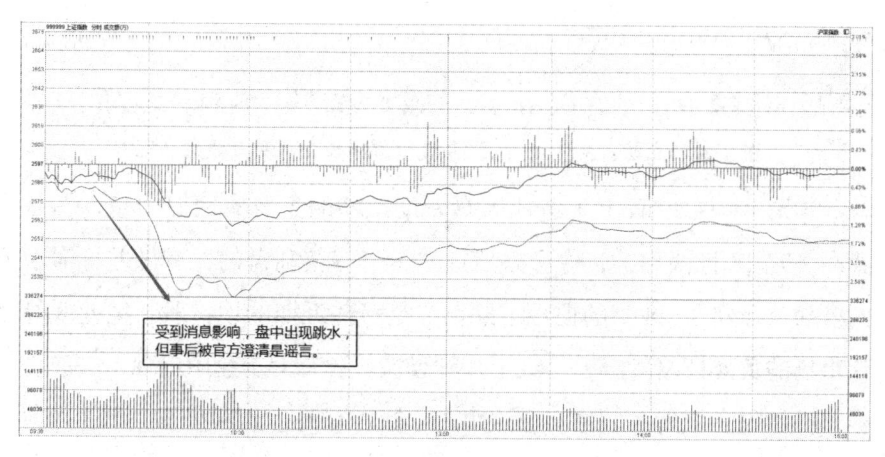

图案回顾点睛：2019 年 1 月 29 日上证指数分时图

1 月 29 日的市场依然精彩，事实上这天上证指数的收盘价跟昨天是差不多的，微跌一度，但是 1 月 29 日的博弈是非常精彩的。上证指数跌幅超过 1 个点，很多人开始恐慌，感觉多方溃不成军了。但是最终多方依然稳稳地把整个市场托到了 28 日的收盘价附近。那我们看一下 1 月 29 日多空双方的博弈点在哪里。

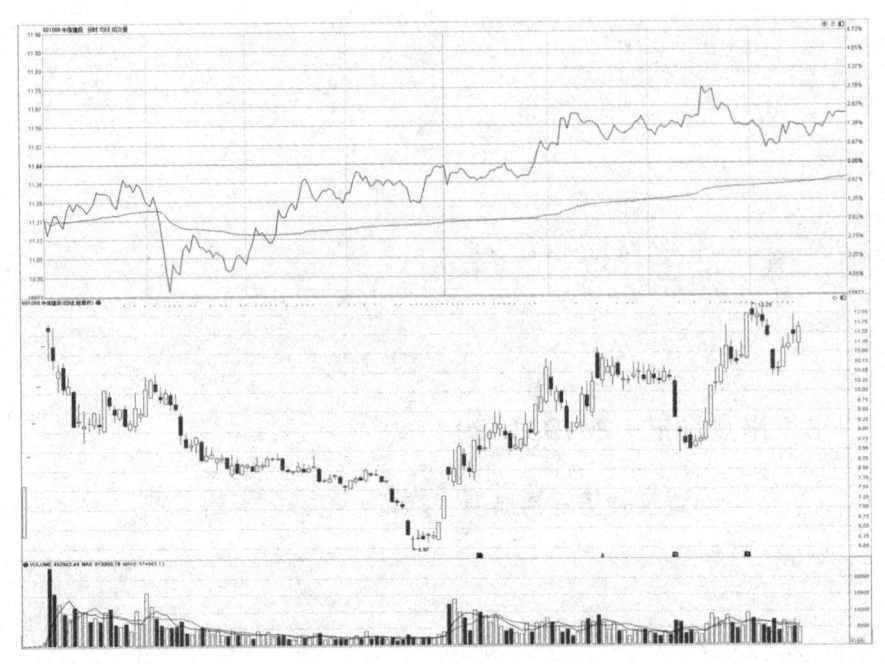

图案回顾点睛：2019年1月29日中信建投分时和日线结合图

首先，1月29日上午造成大盘一度杀跌的主要有两股力量，一是我在1月28日谈到的，像金融股这些本身有获利盘的，有做差价需求的板块，承接了28日的惯性下跌。二是一些近期的地雷股、绩差股等让市场的负面情绪发酵，导致了一种恐慌。还有上午盘中出现了一波跳水，当然收盘之后我们也知道这跟一个谣言有关，大家搜索一下新闻就知道了，后面澄清了。这三点是1月29日股指跌幅超1个点的根源，那后面是怎么转危为安的呢？这个我已经说过了，就是这些金融类的个股经历了1月28日这种调整之后，可能一天时间调整就差不多结束了。1月29日上午惯性下跌后便开始企稳，然后震荡上扬，这点我们看看券商龙头中信建投就可以感知一二。中信建投最大跌幅接近四个点，尾盘收涨两个点，目前的股价依然在历史高位附近动荡，这足以说明多方对它的把控依然是非常有力的。

【温馨小提示】

中信证券等这些龙头券商，也与中信建投类似，相对比较强势也比较稳定。还有一些银行股、地产股都是如此，它们的止跌企稳，极大地稳定了市场重心。另外，它们也让整个空方更加恐慌，为什么呢？因为这么快就止跌企稳了，这足以说明暗流涌动的力量是比较强大的。所以大家在看盘的时候，多注意盘面信号反馈！

另外，我们也看到，昨天我们说多头在一些局部领域已经发动了一定的攻击，就是一些题材股或商业股。1月28日商业板块个股依然有精彩表现，像中兴商业、南宁百货、汉商集团等，所以这个板块显然是在不断发酵，有板块效应。而且部分个股出现了一个明显的底部向上突破的状态，这个极大地推动了市场人气的回升，这个是最终能够让股指止跌回稳的关键因素。

当然我们看看1月29日跌幅榜的个股还是有蛮多的。大家有没有发现，虽然每天都有个股在释放空方力量，但是多方依然牢牢掌控着整个局面。有句话说得很好，量变最终会促使质变。在此位置，我判断，沪指在2600点附近行情继续稳定，那么空方的心理防线就会慢慢崩溃。这一点从1月29日的期权博弈就可见一斑。1月29日虽然股指没有多大涨跌，但是我们会发现期权很有意思，认购期权纷纷暴涨，认沽期权持续下跌。这说明一个什么问题呢？说明有一些资金其实已经体验到了多方力量的强大。提前在期权领域做出一些相关的动作，这种市场反应也反映了当下的局面是被多方牢牢把控的。

那么接下来市场将如何演绎呢？

我觉得第一个还是要关注一下金融板块接下来有没有可能持续向上爆发。如果有，那整个空方肯定会溃不成军。

第二点就是说近段时间跌得比较多的个股会不会出现超跌反攻，这个也是接下来的看点之一。换句话说，接下来如果这两股力量能形成一股合力，市场在这个位置肯定还会继续向上拓展空间。当然 1 月 29 日有一个不利的影响，就是有盘中跳水，留下了一个下影线。我们要持续观察接下来空方反扑的力度，如果接下来空方在这个动荡过程中施展不出什么力度，打不下去的话，接下来上攻的力度必然是比较强大的。如果空方能把市场往下再打一打，然后再反复动荡，那可能整个格局就依然是一个震荡的局面。这个时候我们就需要更多去关注板块的轮动。正如上述所说的，这一周重点就是看轮动。

【学习小总结】

市场目前依然是维持一个震荡攀升的格局。多方把控着局面，我们此时要做的事情是在分化中把握好属于自己的机会。我们在震荡市场内大部分时间属于存量博弈，多空双方博弈激烈，也正是如此，震荡行情更考验个人操盘水平。

【国平回顾小感悟】

中信建投等金融股在当时充当了一个非常重要的稳定作用，当然，如果你认可中信建投接下来要爆发一波行情的话，那就可以理解当时在这个位置为何我那么坚定看好后面市场的一个重要根源，还是前面谈到过的那句话：得金融者得天下。那时候，刚好也是我布局一些认购权证多方的时候，因为一旦趋势性机会来临，权证带来的丰厚回报也是相当诱人的。市场涨跌分化，市场衍生品工具类似权证的品种越来越多，所以玩法自然也就变得越来越有意思，而你要成为市场的赢家，无他，好好研究吃透，打好大战役！

第六章 准备"抢钱"行动

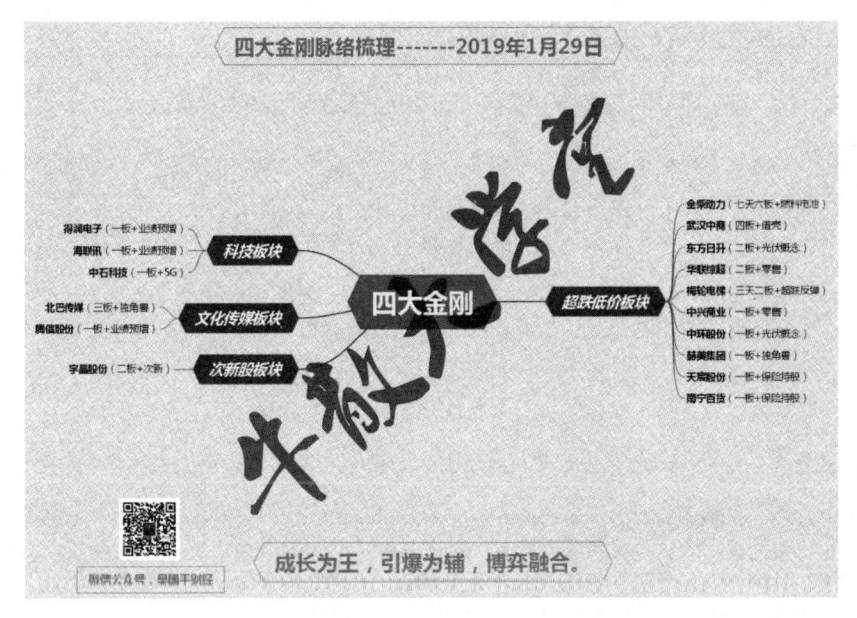

四大金刚脉络梳理——2019年1月29日

市场轮廓脉络梳理——2019年1月29日

6.2 操盘实战博弈（2019-1-29）

（1）感知中信建投的博弈：什么是强者恒强的盘面波动，你要懂细节。

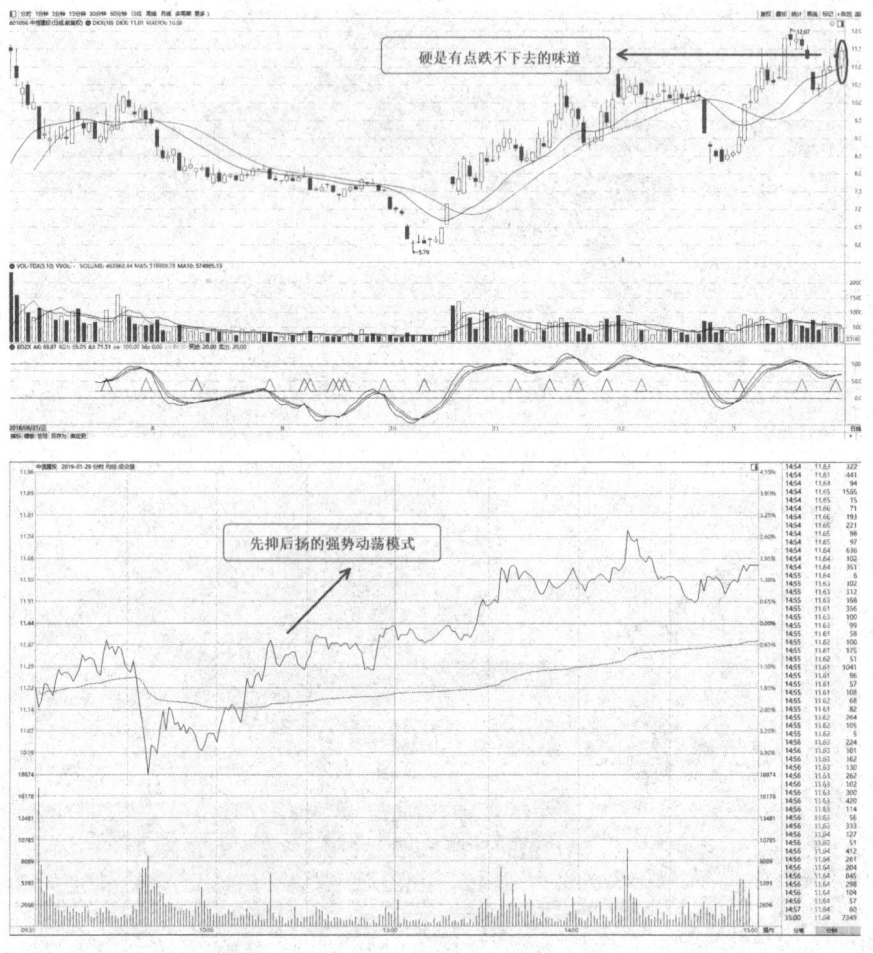

图案回顾点睛：2019年1月29日中信建投日线和分时结合图

中信建投在这里先抑后扬，这样强势的波动，等于是进一步量变，离质变更近了。大家回想一下，前期高点附近，不论是小阳推进还是假阳推进，到现在的先抑后扬继续推进，其实就是在强化一个字："强"。

要吸引更多资金参与进来，要大家看到更大的未来，就是要出现强者恒强的盘面特征。这里,大家要好好感悟和吸收,因为这里的操盘手法是非常有价值的,未来类似这样的盘面波动,如果再出现,你就要记住了。

这就是"牛"的前奏!

(2)感知东方通信的博弈:学会静候最佳的反攻时机和买点。

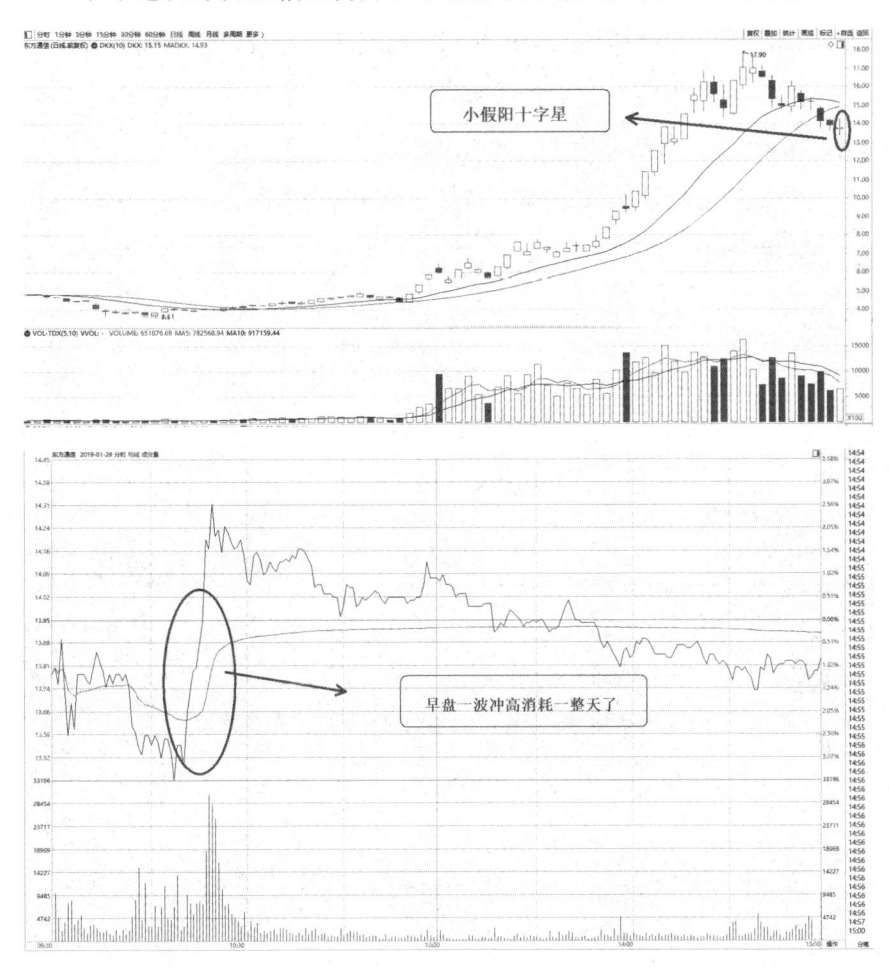

图案回顾点睛:2019年1月29日东方通信日线和分时结合图

东方通信盘中的一波拉升,很精彩,可惜没有持续性。不过,至少这波拉升是有量的,说明还是有资金在这个位置想做一把突袭。只是,市场还没太多共鸣而已。

短期下跌过程中，这样的波动是很常态的。你要懂得，目前下跌的幅度是否达到可以突袭的位置，从我前面谈到的下跌20%~30%之间是有这样的价值的。显然，目前的东方通信已经具备了这样的条件，毕竟最高到现在是达到超20%下跌幅度的。

问题又来了，何时能真正反攻呢？何时才是最好的买点呢？

我觉得最好是等，等市场哪天真的强势大反攻，最好是涨停，那么哪怕涨停买入，可能都会是好的买点和时机。

（3）感知风范股份的博弈：持续杀跌中也能观察到一些企稳信号。

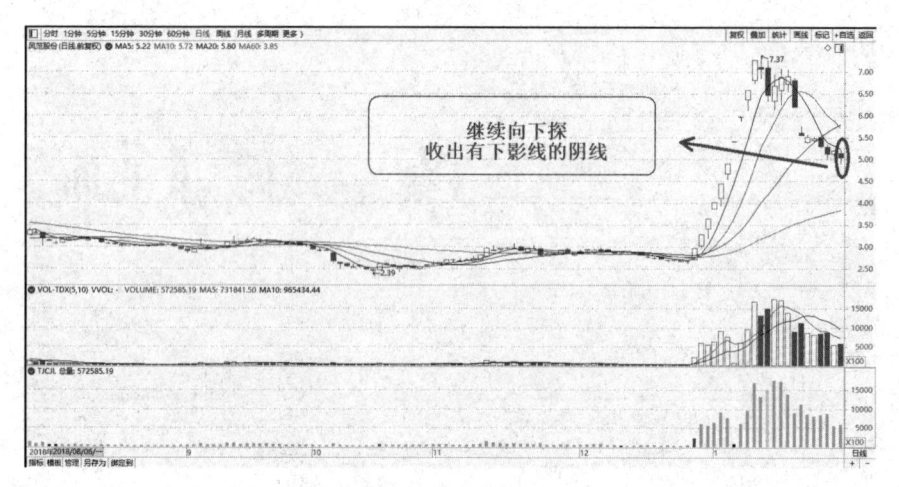

图案回顾点睛：2019年1月29日风范股份日线图

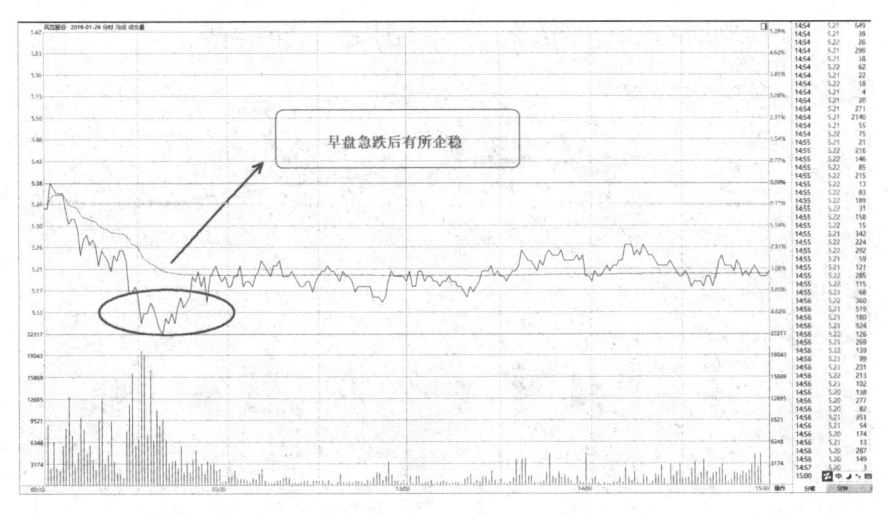

图案回顾点睛：2019 年 1 月 29 日风范股份分时图

从杀跌幅度而言，无疑已经达到 20%～30% 这区间，具有一定的反攻机会。但从持续杀跌的态势来看，也说明市场内在情绪还没起来，割肉盘和获利盘同时在涌现，此时我们要观察的就是是否具有一定可能的企稳动作。

事实上，这里有两点值得留意：第一，早盘放量杀跌；第二，杀跌后企稳波动。

有初步企稳的迹象，剩下就是留意是否哪天出现实质明显反攻了。

（4）感知新疆交建的博弈：从细节感知自救的手法。

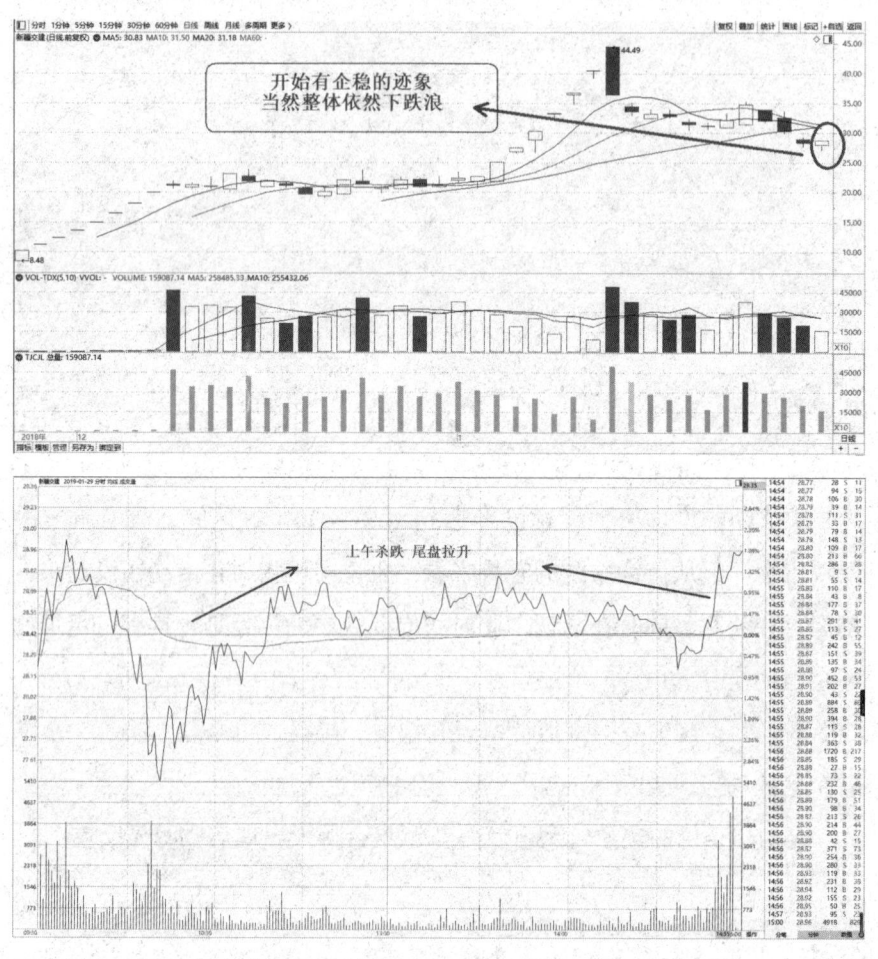

图案回顾点睛：2019年1月29日新疆交建日线和分时结合图

前面谈过，如果基本面上没有通过，那么反攻的意义是不大的。所以，哪怕有些企稳的信号，都不需要为之动心，保持淡定。不过，从技术层面来看，有些东西还是值得我们去感悟的。上午杀跌，尾盘拉升，明显的一种护盘动作，显然里面也有资金被套，想着自救呢。

（5）感知粤传媒的博弈：这里进一步跳空向下杀跌的模式我比较喜欢。

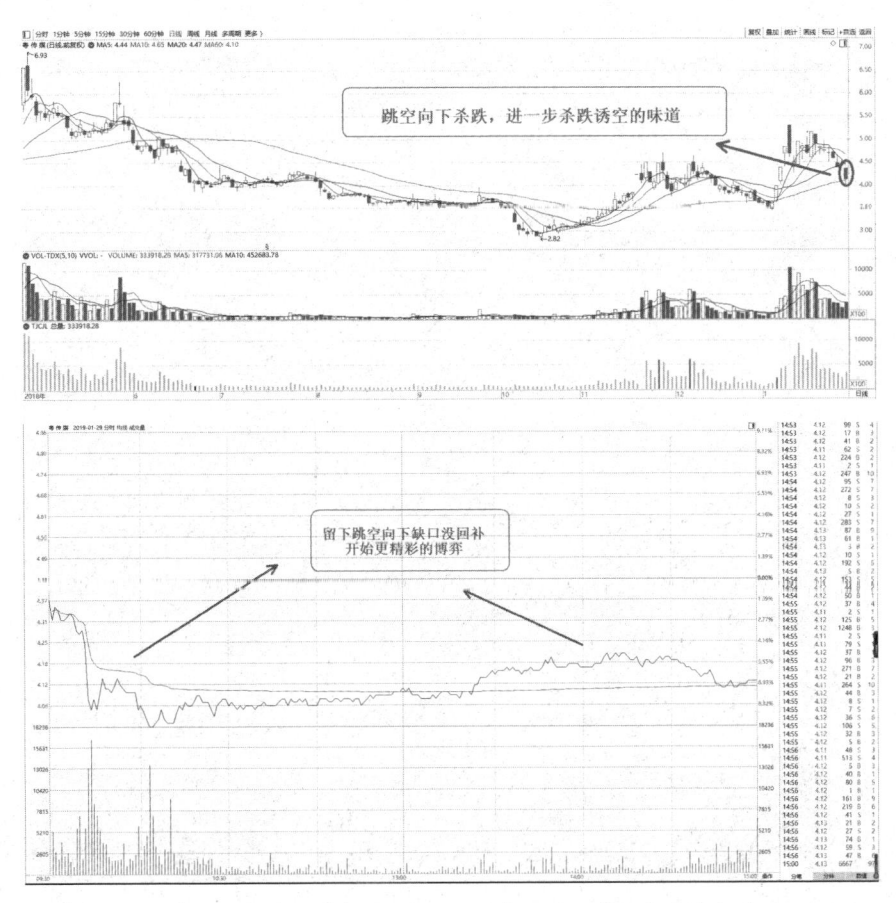

图案回顾点睛：2019年1月29日粤传媒日线和分时结合图

第一，超跌的幅度达到20%～30%，有一定的反攻价值。第二，最重要的是这种杀跌的模式。跳空向下进一步杀跌，这个技术说明恐慌情绪在扩散。有恐慌才能杀到阶段性的底。第三，杀跌后几乎就是相对稳定的横盘动荡，说明已经有一定承接盘。

类似这样的波动，如果基本面看好的话，这时候都是可以考虑开始逐步买点筹码了。

第七章 很相似 倒计时

7.1 操盘日记（2019-1-30）

与1月17日相似，突围新质变倒计时

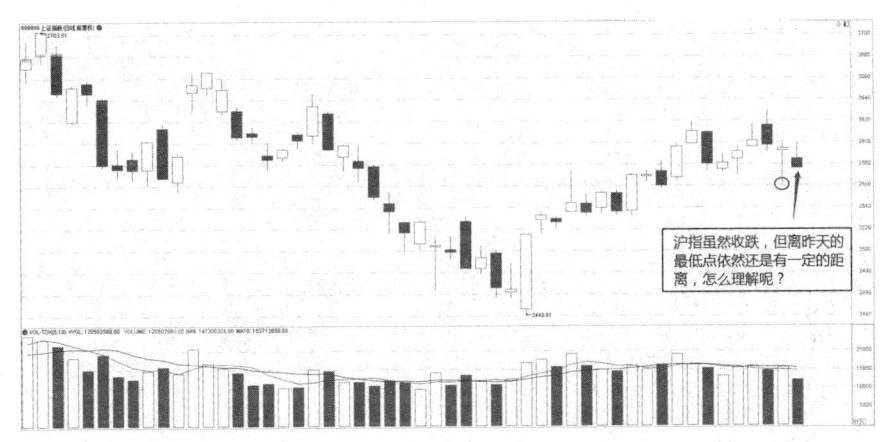

图案回顾点睛：2019年1月30日上证指数日线图

　　1月30日市场的博弈依然是非常精彩的。可以说1月30日市场走出了我1月29日所说的第二种波动，我1月29日担心股指长下影线的隐患，不排除接下来还要往下再压一压的可能。1月30日选择了继续往下压一压，最低收盘价离1月29日的下影线最低点还是有那么一点距离的。换句话说，看似1月30日跌了不少，但是事实上离1月29日的最低点还是有一定的距离，这说明1月30日空方的尾盘下压看似来势汹汹，但事实上起到的整体效果并不是很理想。如果1月30日他迅

速往下打压，打到 1 月 29 日的低点甚至刷新新低的话，那这个效果对多方来说肯定会造成相当大的压力，但实际 1 月 30 日并没有如此。

【国平回顾小感悟】

小区间动荡过程中，关注的就是细节，透过细节去感知博弈的本质。1 月 30 日上证指数日线图中，日线图虽然跌了，但并没有击穿前一天的低点，那么就有可以思考的东西了，就是一种对未来趋势的判断。反压有时候就是为了跳起来。你想，人跳远的时候，是不是需要先蹲下去呢？但这蹲下去的空间是能控制的，刻意的，这样最后一跳才有力，才能远。放在股票投资上，大家想想逻辑是不是类似呢？

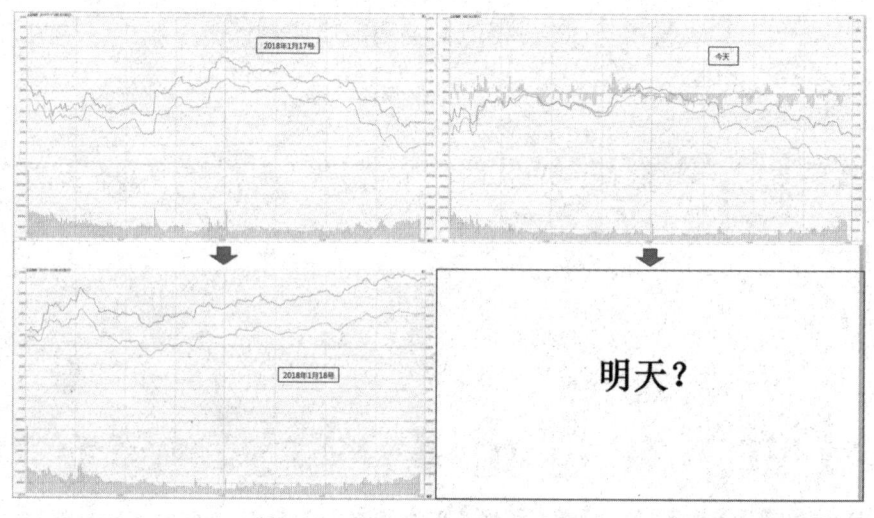

图案回顾点睛：2019 年 1 月 17 日、18 日分时图组合和 2019 年 1 月 30 日分时图

另外，我们看一下 1 月 30 日的走势是不是很像 1 月 17 日的走势。我之前谈过，凡是尾盘跳水的这种波动走势，大概率都是纸老虎。意思就是这种情况更多是空方的无奈之举，尾盘突袭的效果就如强弩之末，一旦多方反扑对空方来说是致命的。比如 1 月 17 日尾盘跳水，但 1 月 18 日就大涨一个多点，直接把空方逼到绝路，而 1 月 30 日也就有类似的地方。当然我不是说接下来市场一定会完全复制 1 月 18 日的走势。我认为接下来很可能会出现两种情况，一种是我所说的类似 1 月 18 日的迅

速向上拓展空间，这是最理想的；另外一种差一点的，市场会延续近期的一种震荡走势，多方在这里守住稳住，强势震荡，继续消耗空方的兵力。

【学习重点】

为什么会出现这样的一种波动，其实很大一部分原因是很多人都在谈业绩"地雷"。不过大家发现没有，虽然期间确实爆了很多"雷"，但是股指并没有很多人想象得那样出现崩溃式的下跌，反倒是在这个位置相对稳定。

就拿1月30日的一个"雷"来说，中国人寿，很多人说中国人寿2018年业绩是亏的，属于业绩"雷"。那么，正常来说1月30日应该要大跌，但1月30日开盘价就是最低点，最终收跌不到两个点，整体维持近期强势向上推进的格局。再看一下金融板块，包括中信建投等券商类的个股，还有部分的银行股、保险股，你会发现1月30日整体虽然是有所调整，但整体队形还是保持得非常好的，还是呈现出一种强势多方排列的队形，这个对形成接下来向上突袭发力蓄势的状态非常有利，也非常有利于市场形成实质性的突破。

那么回到现在很多人担心的这个所谓的"雷"的影响的问题上来，仔细想一想，1月30日以后你还有多少个交易日可以让你去扔"雷"呢？其实也就剩下一两天了。对于空方来说，他手上还能扔出去的筹码和"雷"已经不多，已经进入倒计时阶段了。大家想一想，当空方最终没有东西可以扔出来的时候，市场会怎么样呢？那一定就是量变促成质变，我所说的市场进一步向上攻击的凶悍场面就会展现在我们眼前。其实市场交易的本质就是一种博弈。当你觉得现在有很多理由可以向下拓展空间的时候，市场当前的运行格局实际上并没有走出崩溃式的想念，多方还是对整个局面把握得比较好。一旦市场再向上，空方的防线就彻底瓦解了。

【学习小总结】

大家要知道，这种跌势有可能是为未来的猛涨做蓄势准备，所以我们看问题一定要看整体，而不是只看当下。如果你只是看到现在的一个点上的情况，你就会觉得好像世界末日来了，但是如果你仔细深入研究一下，又会发现其实并不是你想象的那样。这就好像我曾经分析的一个案例，三聚氰胺奶粉事件被媒体曝光，这对伊利股份就是一个"雷"，但度过那个阶段回过头再来看，不经意间股价挖出了最低值，往后几年，股价足足涨了十倍多，这就是一个很典型的例子。

当然这只是其中一个案例，我虽然不能说有很多"雷"的上市公司未来也都会这样，但是我们还是要学会判断。我认为接下来一些所谓的"雷"扔完之后，慢慢也会出现新的机会。这个我会在相关线上课程上专门讲解为什么会有假"雷"？又为什么会有新机会？

【国平回顾小感悟】

这里当时就市场关注的"雷"这一点，事实上是能反映出很多当时关键的思考点。很多时候，"雷"无非是一种利空，如果不是实质性毁灭性的"雷"，这利空出尽就是投入的最好机会。股市有人说：利空出尽是利多。另外，股市本身就是博弈人性的地方，要赢，很多关键时刻，往往都要反其道而行，难就难在知行合一。这里的"雷"大家知道本质了，可是否敢于面对，敢于接受，就是最终能否取胜的关键。

对于接下来的市场博弈，我们要关注的第一个点就是本来保持良好队形的金融板块、权重板块能否再向上发力。另外就是1月18日的市场走势，或许会给你一些思考。1月18日这个走势不一定完全复制之前的，但是大家也要有这样的心理准备。第三个就是关注市场新崛起的主题热点。市场经历了这段时间的反复动荡之后，也是需要有新的主题热点来进一步刺激市场了。近期其实已经有一些苗头，比如说新零售蠢蠢欲动，当然，接下来我们需要重点留意的是还有没有更多的新热点。

整体来看，1月30日尾盘的跳水，我认为是"纸老虎"。接下来更多的精彩请拭目以待，市场慢慢会迎来新的质变。

第七章 很相似 倒计时

四大金刚脉络梳理——2019年1月30日

市场轮廓脉络梳理——2019年1月30日

7.2 操盘实战博弈（2019-1-30）

（1）感知中信建投的博弈：突破前最后洗礼的味道要记住。

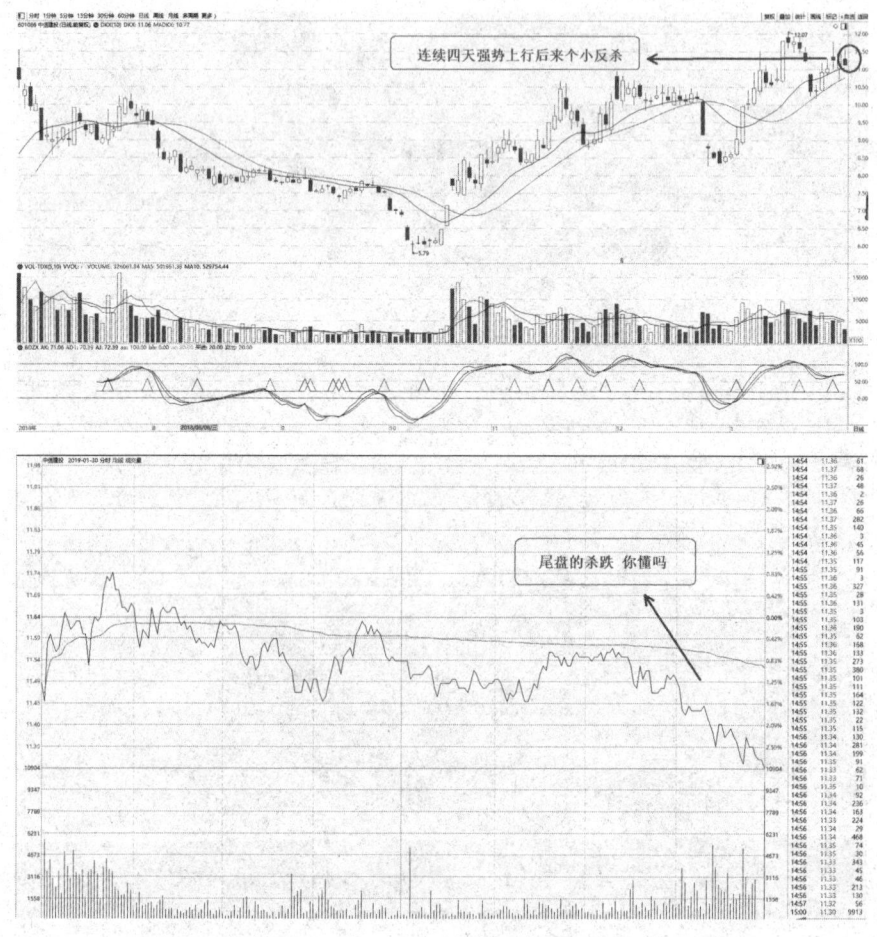

图案回顾点睛：2019年1月30日中信建投日线和分时结合图

这里中信建投前一天是先抑后扬，即将突破的味道，这里是先小扬尾盘再抑的走势，看似再次陷入动荡的僵局，实则这尾盘杀跌的幅度没有击穿1月29日低点，同时选择尾盘杀跌本身也是实力不足虚晃一枪的表现。

反复动荡后再向上，结果会如何呢？当然是加速前行，所以越是反复，没有实质杀伤力的洗牌，就越要进一步贪恋，也就是说这里就是加仓的好时机。

不过，很多人往往就是在这里被洗出局，好好感悟，好好总结吧。

（2）感知东方通信的博弈：多空博弈其实就像下棋。

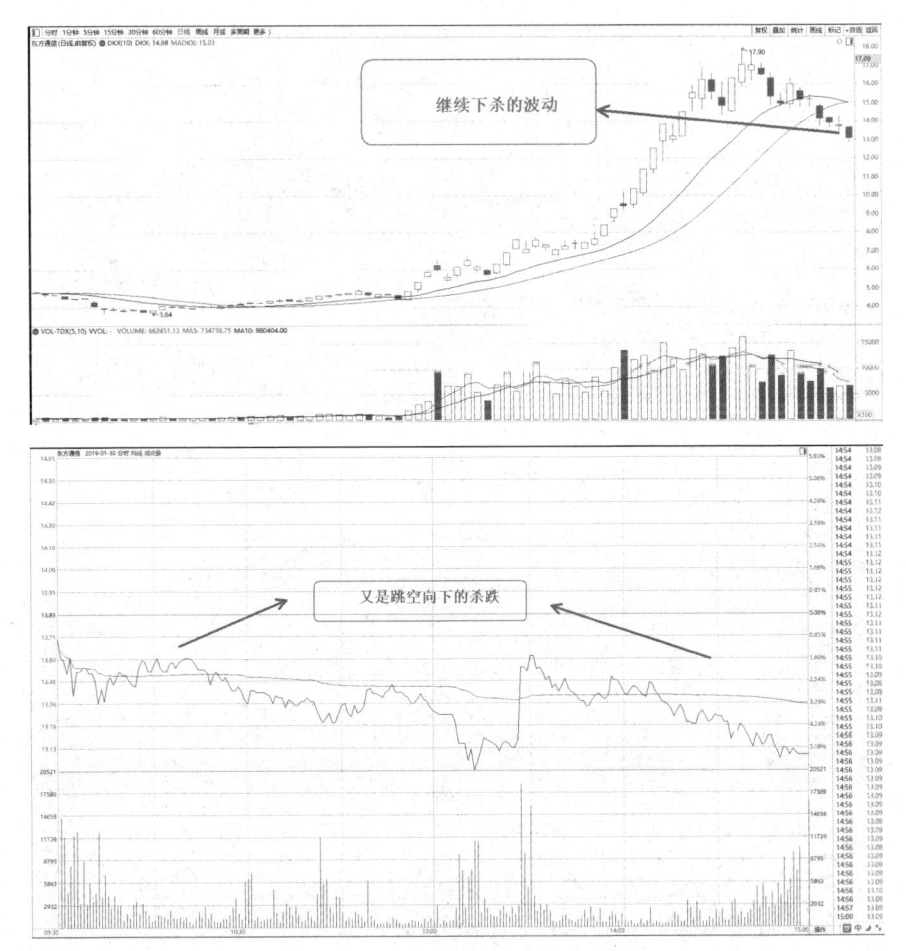

图案回顾点睛：2019年1月30日东方通信日线和分时结合图

下跌途中哪怕"十"字星了，再跳空向下杀跌，这就是一种残酷的博弈。对于多方是要清洗更多筹码和要更低筹码，对于空方则是希望杀出更多空间出来。这时关键看盘面，盘中一拉升，说明多方依然在组织战斗，尾盘杀跌没到 7 个点或跌停，说明力度不算强。空方一旦持续不了，多方稳定企稳反攻，局势就可能逆转了。多空博弈，其实就像是下棋。

（3）感知风范股份的博弈：惯性杀跌虽可怕但有策略可应对。

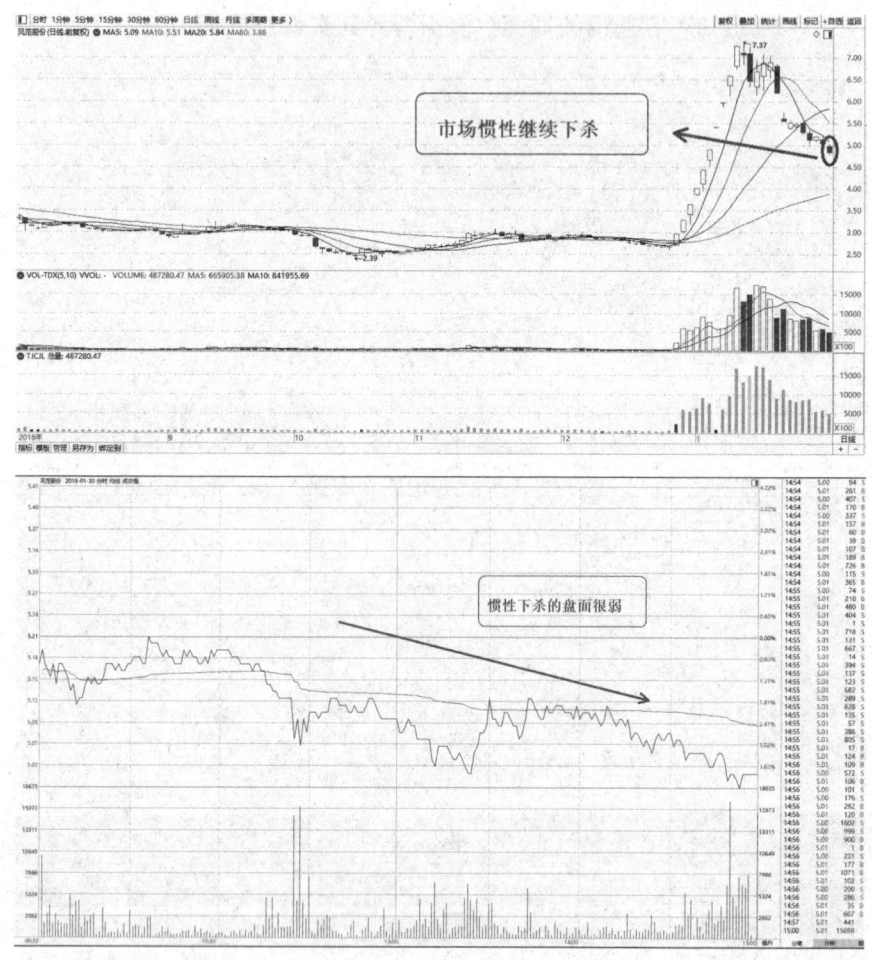

图案回顾点睛：2019 年 1 月 30 日风范股份日线和分时结合图

杀跌过程中惯性是一个可怕的东西，就是明明已经短期超跌基本到位——下跌20%～30%之间，但市场杀跌的惯性完全可以再向下杀一段，这再向下少则几个点多则十几二十点，这就会让提前抢反攻的资金受到极大考验，或者被市场再次清洗出局。抢反攻都被清洗出局，那些原来高位追进去的就更容易被进一步的杀跌击崩溃了。

此时，我们需要观察的就是个股本身下跌过程中，是否具有抵抗性的力量，最关键的是最终是否能形成企稳反攻的态势。当然，艺高人胆大，尤其那些对于基本面有极其深入的研究者，可以提前布局，哪怕承认阶段性浮亏也完全可以。

在这里，虽然惯性杀跌看上去也很弱，但事实上，至少惯性杀跌没杀成暴跌甚至跌停，其实已经说明有资金在悄然承接着，只是择机寻找反攻机会而已了。

（4）感知新疆交建的博弈：基本面较差的品种恐慌杀跌时欣赏是唯一策略。

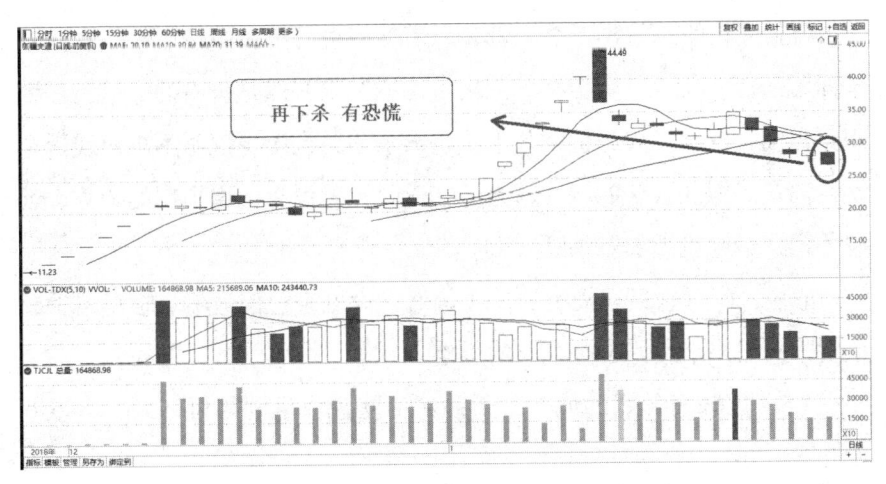

图案回顾点睛：2019 年 1 月 30 日新疆交建日线图

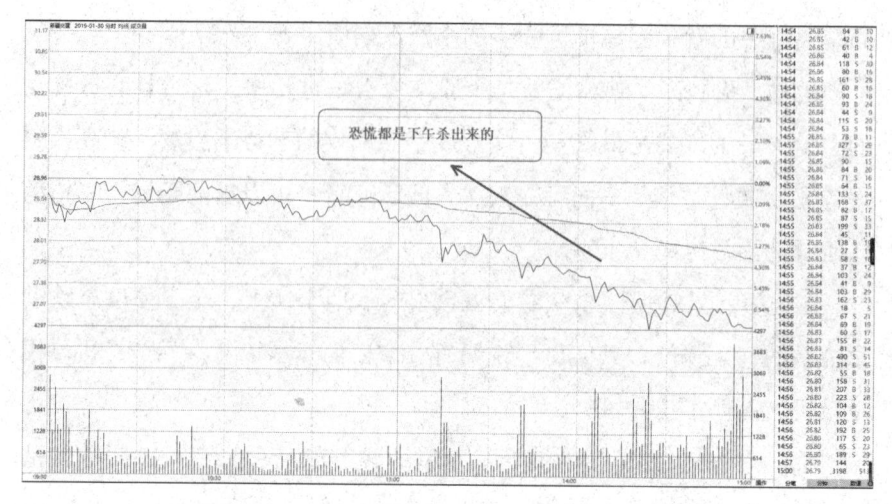

图案回顾点睛：2019 年 1 月 30 日新疆交建分时图

新疆交建此时的再下杀，带有恐慌性。很简单，企稳无效，本身基本面无法有效支撑，资金持续流出带来的结果必然是价格的下移。仔细观察盘面，就会发现恐慌都是下午杀出来的，也多少说明不少短线资金认赔离场。短线资金的特征就是越临近收盘若没有走出预期的走势，就越急躁，最终也就加剧杀跌。

记住，此时它只有投机的反攻价值，没见企稳信号不要轻易出手，欣赏下跌是当下最好也是唯一的策略。

（5）感知粤传媒的博弈：杀跌途中尾盘放量的相对好票，可以开始介入。

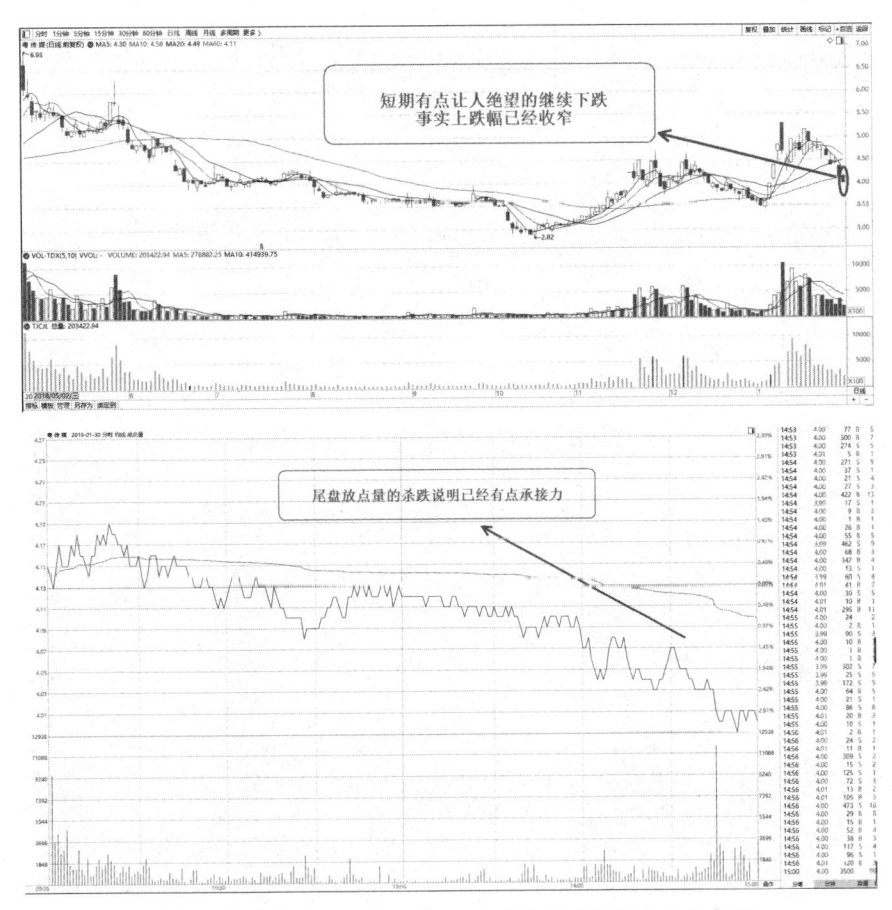

图案回顾点睛：2019年1月30日粤传媒日线和分时结合图

粤传媒，本身价格低，国企，基本面上是有亮点和支撑的，所以再杀跌其实是更需要积极留意的。短期惯性带来的杀跌，虽然让不少短期资金有绝望的味道，但此时就是否极泰来的一种征兆。

另外，杀跌过程中，如果尾盘出现进一步急速杀跌，往往也是短期随时可能见到逆转的前奏，因为尾盘再急跌且放量，本身也说明最后的恐慌盘也在释放，同时更说明市场有承接资金，是好事。

因此，如果要博反攻，哪怕战略性尾盘开始介入点，都是可以的。

第八章 中大阳线一触即发

8.1 操盘日记（2019-1-31）

抢钱倒计时，中大阳线一触即发

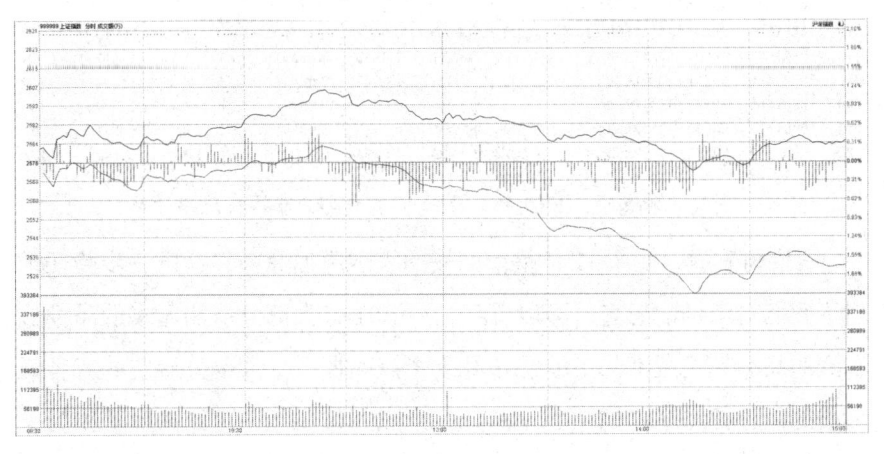

图案回顾点睛：2019年1月31日上证指数分时图走势

1月31日的市场博弈非常精彩，我在前一篇文章里提到，1月30日尾盘的下跌就是"纸老虎"，类似前期1月17日的走势，同时我也说过1月31日不一定会完全复制1月18日的情形，但是类似的走势一定会早现出来的。这一点大家打开1月31日的盘面就知道了，上午的盘面可以说非常接近1月18日的走势，只差出现一个中阳线。不过我1月30日也提醒了1月31日的情况不可能是简单复制，而更多的是会有一定的动荡。可以看到1月31日下午的盘面就出现了一个震荡回落的动作，但是最终依然是向上的。整体来说，1月31日收出了一个带长上影线的小阳线，市场继续稳住了，同时也保持住了一种阶段性蠢蠢欲动的上攻态势。

	代码	名称	涨幅%↓	现价	买价	卖价	现量	涨速%	买量	卖量
1	10001695	50ETF购2月2650	70.83	0.0041	0.0041	0.0043	2	-2.38	56	1
2	10001675	50ETF购2月2600	61.40	0.0092	0.0092	0.0093	93	0.00	52	1808
3	10001673	50ETF购2月2550	58.87	0.0197	0.0197	0.0198	601	3.14	770	64
4	10001587	50ETF购3月2650	47.15	0.0181	0.0181	0.0182	2	0.56	31	1
5	10001424	50ETF购3月2696A	45.12	0.0119	0.0117	0.0121	3	0.00	2	2
6	10001655	50ETF购2月2500	44.84	0.0365	0.0364	0.0365	1458	1.39	70	17
7	10001619	50ETF购3月2700	44.16	0.0111	0.0111	0.0112	2	0.91	98	4
8	10001654	50ETF购2月2450	38.79	0.0619	0.0619	0.0620	814	0.32	24	84
9	10001425	50ETF购3月2745A	37.74	0.0073	0.0072	0.0073	1	-2.67	2	1
10	10001423	50ETF购3月2647A	37.50	0.0187	0.0187	0.0191	1	0.00	2	31
11	10001422	50ETF购3月2598A	34.40	0.0293	0.0291	0.0293	1	0.34	1	1
12	10001653	50ETF购2月2400	34.08	0.0964	0.0964	0.0965	109	0.63	256	35
13	10001586	50ETF购3月2600	33.49	0.0279	0.0277	0.0279	24	-1.76	1	2
14	10001421	50ETF购3月2549A	32.63	0.0439	0.0440	0.0448	1	-0.45	1	1
15	10001585	50ETF购3月2550	32.33	0.0438	0.0437	0.0439	44	0.46	20	7
16	10001584	50ETF购3月2500	31.11	0.0649	0.0649	0.0650	47	1.72	11	5
17	10001420	50ETF购3月2500A	29.49	0.0641	0.0641	0.0649	6	0.31	14	1
18	10001469	50ETF购3月2794A	27.78	0.0046	0.0046	0.0048	2	2.22	4	20
19	10001419	50ETF购3月2450A	26.09	0.0899	0.0898	0.0899	1	-0.11	1	4
20	10001583	50ETF购3月2450	25.67	0.0896	0.0894	0.0896	6	-0.22	40	12

图案回顾点睛：2019年1月31日期权部分涨幅前列品种

我们再看看，1月31日整个期权的表现更加惊人，这进一步验证了当下我们对市场的思考。可以看到，1月31日大部分认购做多的品种、看涨的品种都是暴涨的，暴涨了几十个点。那么，大部分看空的或者说认沽的品种都是暴跌的，也是跌几十个点。这也从一个侧面反映出当下市场的资金其实对于后市更多是看涨的，并且这种预期在不断加强。1月31日指数虽然没有出现大涨，但是期权出现了一种暴涨的走势，就是一种信号和征兆。那么1月31日是发布业绩预告的截止日期，虽然当天也是天雷滚滚，很多财务大洗澡的公司拼命地计提商誉。关于这个以后我会做个专题学习课程，讲一讲真"雷"假"雷"。其实这段时间像人福医药这样有雷但是最终没封死跌停甚至还逆势上扬的公司是值得引起我们高度关注的，关注什么呢？关注是假"雷"的可能性，以后我们的课程里面会讲。之前我们探讨过像三聚氰胺事件的"雷"、中美贸易摩擦的"雷",当时受影响的经营状况良好的公司最终都重新涨上来了。那么这一次我可以断言,接下来那么多"雷"里面不可能全部都是真"雷",有相当一部分会是假"雷",刻意把股价做低,接下来再来一个新装上市,结果就是在最黑暗的时候拿到大量筹码,最终来一个绝地大反击。我觉得接下来很重要的一场战役会在这里。这个战役什么时候打响呢?我认为随着所有业绩预告的披露完毕,"雷"已经结束了。1月31日这个战役很可能就要打响了,一些跌得不是很深的,或者属于假"雷"的个股很有可能慢慢就会呈现一个绝地大反攻的走势。市场没有只涨不跌的情形,同样也没有只跌不涨的情况,涨涨跌跌、跌跌涨涨才是常态。

【国平回顾小感悟】

期权暴涨时我们已经布局了期权,感受到了期权的魅力,最重要的是,融合期权的博弈,对市场的理解会更透彻。很多时候,对市场的理解应该是立体全面的,关键是你有没有去做。还有对"雷"的盘面的理解,也是一种实战盘面体会,利空出尽是利多,很多道理我们都要学会在实际操作中去感知和体会。

	代码	名称	涨幅%↓	现价	涨跌	涨速%	量比	涨跌数
1	880473	保险	3.05	1637.57	48.44	0.09	1.42	6/1
2	880448	电器仪表	2.18	2145.64	45.82	0.12	1.03	17/42
3	880380	酿酒	1.88	2481.69	45.91	0.17	1.23	18/18
4	880387	家用电器	1.83	2436.75	43.83	0.01	1.31	12/30
5	880471	银行	1.72	1788.38	30.20	0.00	1.33	25/5
6	880452	电信运营	1.33	991.93	13.05	0.12	0.97	6/2
7	880472	证券	1.22	1071.88	12.88	0.13	0.88	25/16
8	880310	石油	1.06	813.25	8.55	0.11	1.11	9/19
9	880301	煤炭	0.54	548.65	2.95	0.07	0.85	12/23
10	880355	日用化工	0.18	991.42	1.74	0.27	0.82	2/7

个股行情

【学习延伸突破小细节】

接下来大家要高度关注我的思考。第一，我们都知道国家层面出手保持金融板块的强势，这符合我们这段时间的预期。板块稳扎稳打向上推进，像中信建投、中国平安、工商银行都在稳步向上推进。接下来国家层面只要保持盘面相对稳定，不要猛烈回调，整个重心就稳住了。

如果是说国家层面的力量强势一点的话，继续向上发力一下，那就一定是大阳线。不过这个还要有个前提，就是这段时间包括创业板在内的"雷"股经历洗牌之后，出现一个猛烈的反攻。我认为这个一定会出来，而这个时间点很有可能就是2月1日。接下来创业板、中小创的品种若是出现猛烈反攻，这对市场的信心会有极大提振作用，产生中阳线的可能性就加大了。另外一点，如果国家层面资金把持的金融类的、权重类的个股协同作战，中阳线甚至是大阳线就有可能会展现在我们眼前，沪指就有刷新前期高点2630的基础了。

1月31日的这种盘中冲高，主要是国家层面的资金在推动，其他的资金更多的是暗流涌动，最黑暗的时刻往往就是要到临界点了。空方把手上的"雷"扔完了，市场还是没有被打下去，这个时候多方不发动猛烈攻击，更待何时呢？只要多方稍一发力，最后结果一定是空方兵败如山倒，所以我可以断言接下来大概率会出现中大阳线，很有可能就在未来一两个交易日内产生。慢一点到春节后，快一点明天就很有可能迎来一个惊喜。所以整体来看，基本符合我们的预期，那么接下来市场到底如何演绎？请继续关注我们的思考。

如果你相信我们对市场的这种精准把握，相信我们接下来一定能够把握住未来局部的这种机会行情的话，就请积极跟我们联系。我们之前对5G的挖掘，还有对各种板块的挖掘，相信很多人是有目共睹的。一句话，更多的精彩在后头，真正的挣钱行动正在积极酝酿之中。还有记住我认为大部分的个股可以考虑持股过节。

好了，提前祝大家春节愉快，我们一齐努力，把握好 2019 年的整体大行情，谢谢！

【国平回顾小感悟】

有时我们为何能那么精准地把握短期市场的趋势，很大程度上就是我们对市场博弈的一种理解，从当时细小的事件，还有具体的一些关键品种的波动理解，以及一些资金本身的流动方向思考。当然，少不了对市场各方参与者心理的一种理解等等，最终做一个综合思考，就等于是结论。博弈的精彩就在于最终一定是一个综合结果，而不是单一的元素，希望大家打好基本功，然后好好去看看我关于博弈论的书籍内容，成长会加速的。

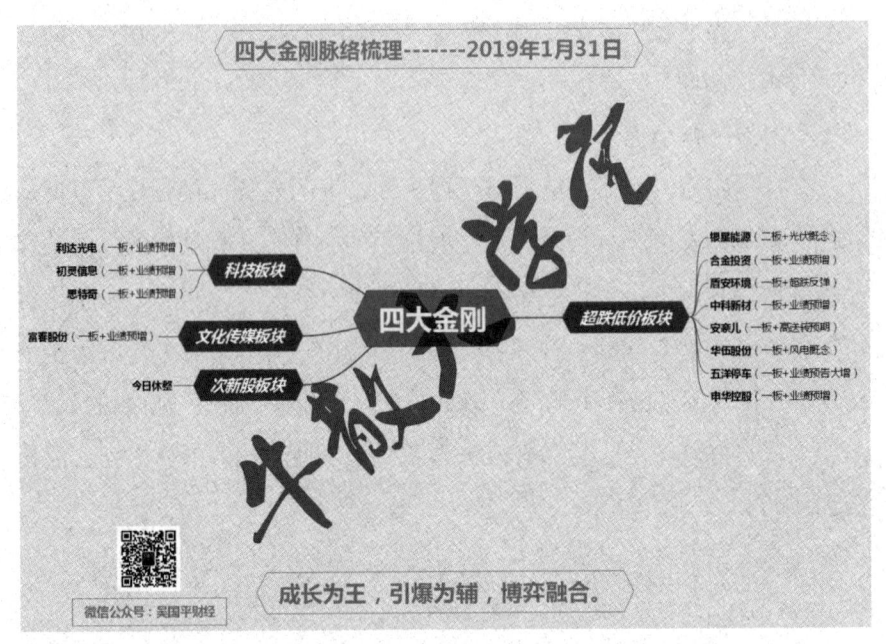

四大金刚脉络梳理——2019年1月31日

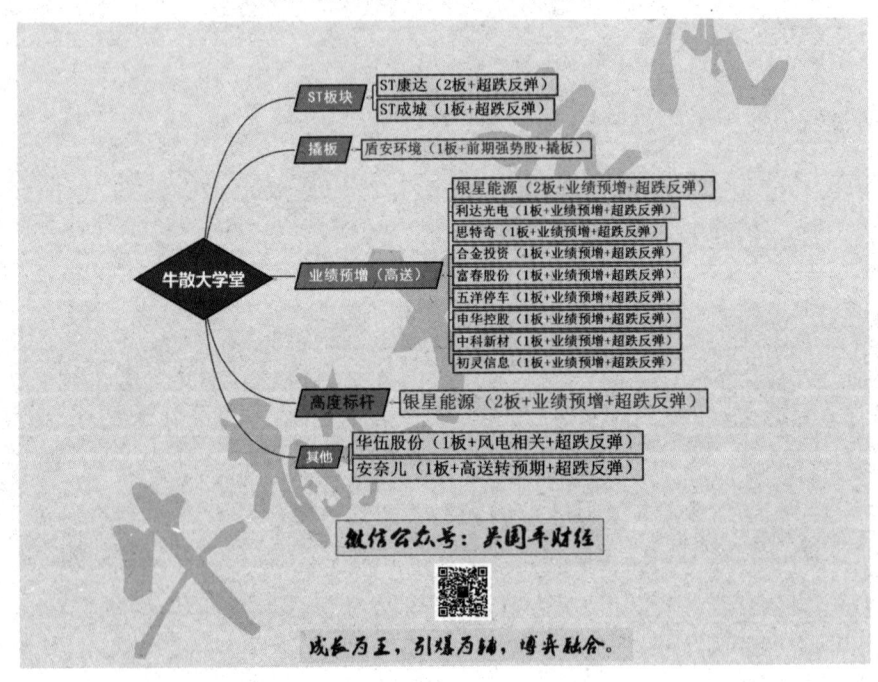

市场轮廓脉络梳理——2019年1月31日

8.2 操盘实战博弈（2019-1-31）

（1）感知中信建投的博弈：剑悄然拔出就等给以致命一击前的小动作。

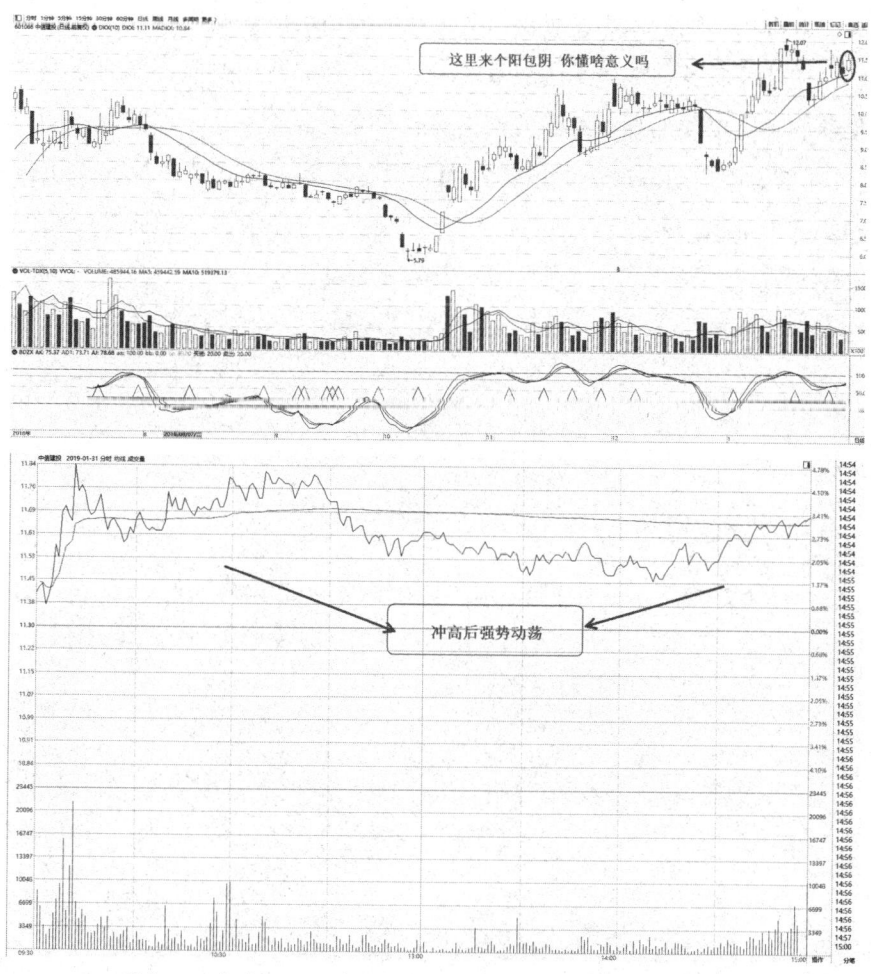

图案回顾点睛：2019 年 1 月 31 日中信建投日线和分时结合图

中信建投这里的发力虽不是实质性大突破，但你要懂得，这里再发点力，意义是很重要的。本身这里就是区间小动荡，在蓄势突破过程中，一上一下都会影响到整个局面短期的波动。这里只要稍微再上一点，那是不是离实质性突破就更近了，最重要的是，这里稍微再向上攻下，空方就会更恐慌了。

前期高点的动荡，不跌就是赢，如果还是适当小小攻击，这就有点像锋芒不经意显露出来一样，肯定是有杀伤力的，只是还没那么直接，但也犹如剑已悄然拔出，等待给对方致命一击前的小动作。

看盘时很多东西都在这细微之中，大的格局我们要懂，但细微中方见功底，所以要加强对细微波动格局的研究！

（2）感知东方通信的博弈：如果你是主要承接者那么你就是扭转趋势的力量了。

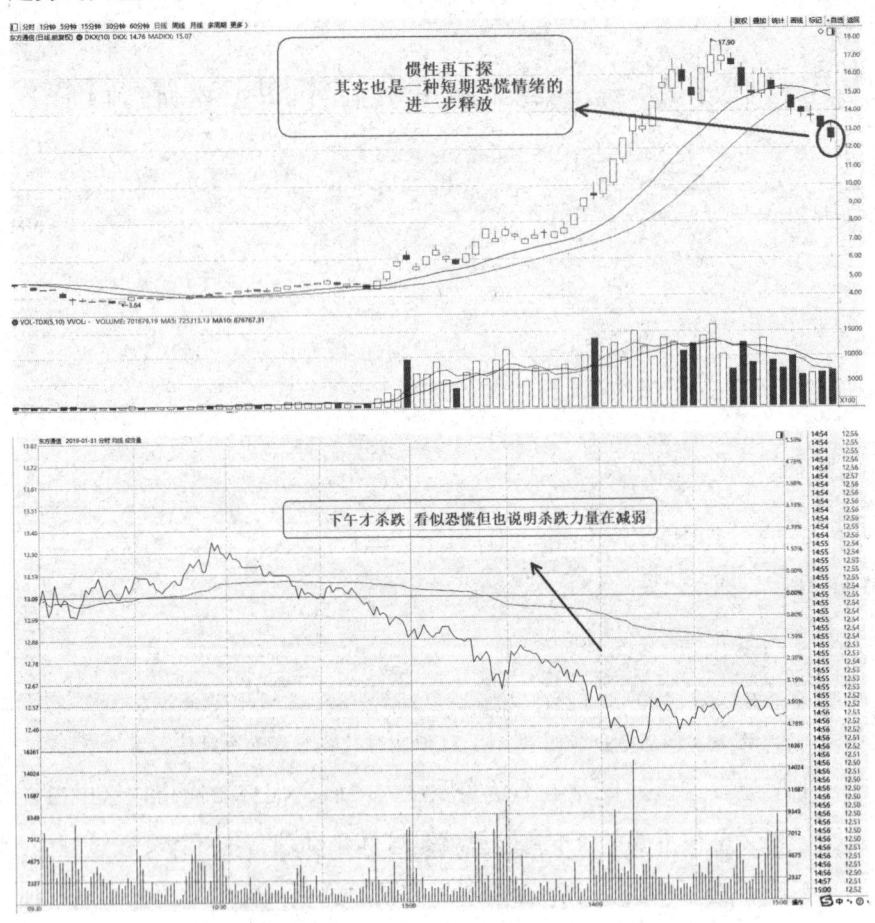

图案回顾点睛：2019年1月31日东方通信日线和分时结合图

惯性的力量是可怕的，一旦短期下跌趋势形成，多杀多，空方继续杀，自然就好似没有抵抗的下跌一样。这里，东方通信下午继续杀跌，看似没有抵抗，其实是有的。第一，有成交量，说明有承接；第二，跌幅还不算大，说明这惯性杀跌力量在减弱。剩下的是什么呢？当然是随时可能来的否极泰来。博弈中你不确定的时候，最好的方式就是等反攻出现再做确定跟随动作。

懂得综合运用各种因素做判断的，才可以在下跌惯性中参与，再说直接一些，若你就是承接盘的主要力量，无疑你是可以的，逆转趋势的力量就在你手上。

（3）感知风范股份的博弈：涨跌情绪变化带来的不同心理变化。

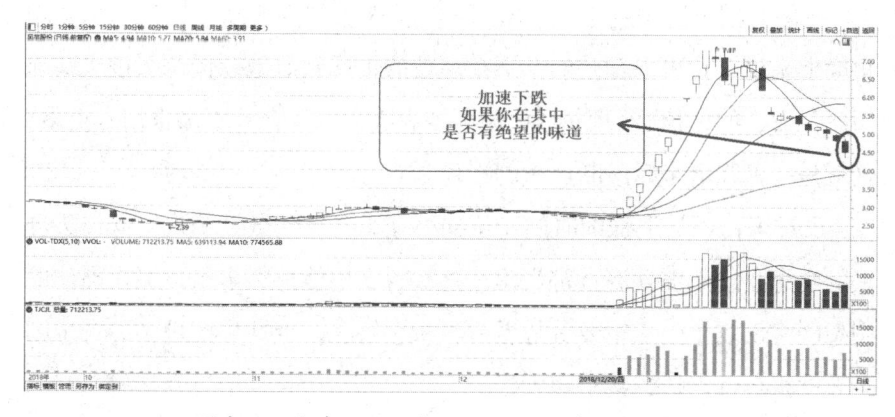

图案回顾点睛：2019年1月31日风范股份日线图

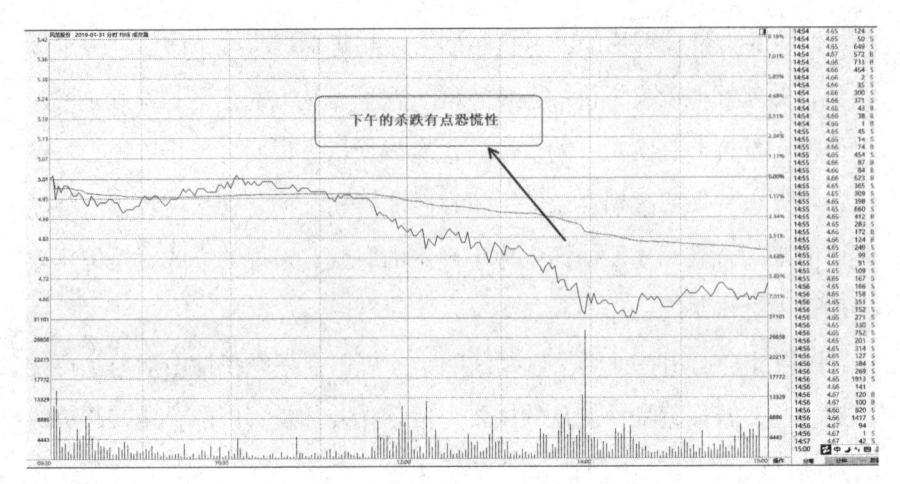

图案回顾点睛：2019年1月31日风范股份分时图

　　涨的时候可以幅度很大，所以一旦下跌，惯性杀跌。反复跌从心理角度上来说，是可以理解的。买在高位的怕回到原地；低位买进去的前面高位没出的也担心回到原点；近期抄底进去的资金亏不多也怕亏更多，这就是一种跌下来时不断放大的兴趣。

　　反过来，一旦上涨的时候，这种心理又会发生微妙变化，低位买进去的会想我既然前期高点都没出，这次肯定不能那么早出；买在高位的则想既然反攻了怎么也要等等看有没机会解套；近期抄底进去的资金则会看有机会赚点钱，甚至赚大钱。

　　情绪时时在变，围绕着图形，围绕着波动，我们心要定，知道涨跌背后的逻辑和本质，才可以很从容。

（4）感知新疆交建的博弈：学会懂得取舍。

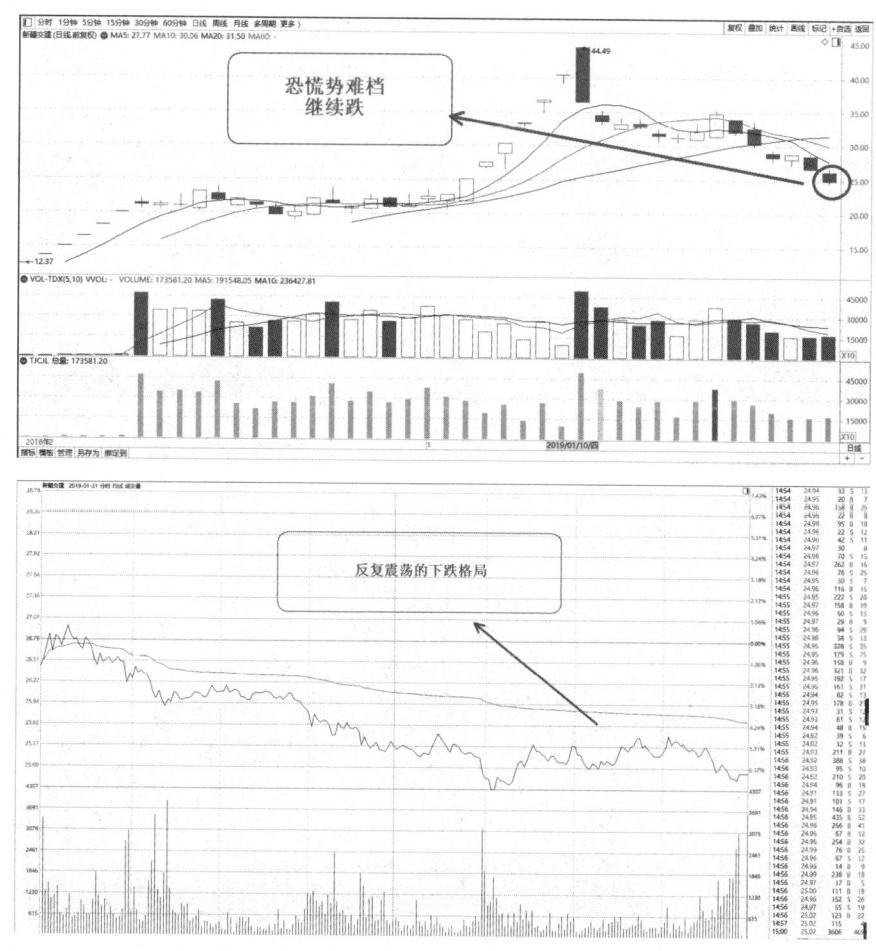

图案回顾点睛：2019年1月31日新疆交建日线和分时结合图

新疆交建惯性下跌，此时从基本面看，对其本身的价值没有太大关系。只因为是前期热点，跌多了，它的投机交易价值肯定还有。毕竟热度还在，市场还会反复的。这样的品种，就算做，也是轻仓位做做反弹就好了，别恋战，本质的东西你搞清楚就知道取舍了。

懂得舍，在资本市场的博弈中很重要。

有舍才有得，做自己熟悉的。可以重仓的一定是自己最熟悉最有把握的，否则再好，你也更多是欣赏者。这样才能让自己更从容更长久活在这个市场里。

（5）感知粤传媒的博弈：杀跌到中长期的加仓点。

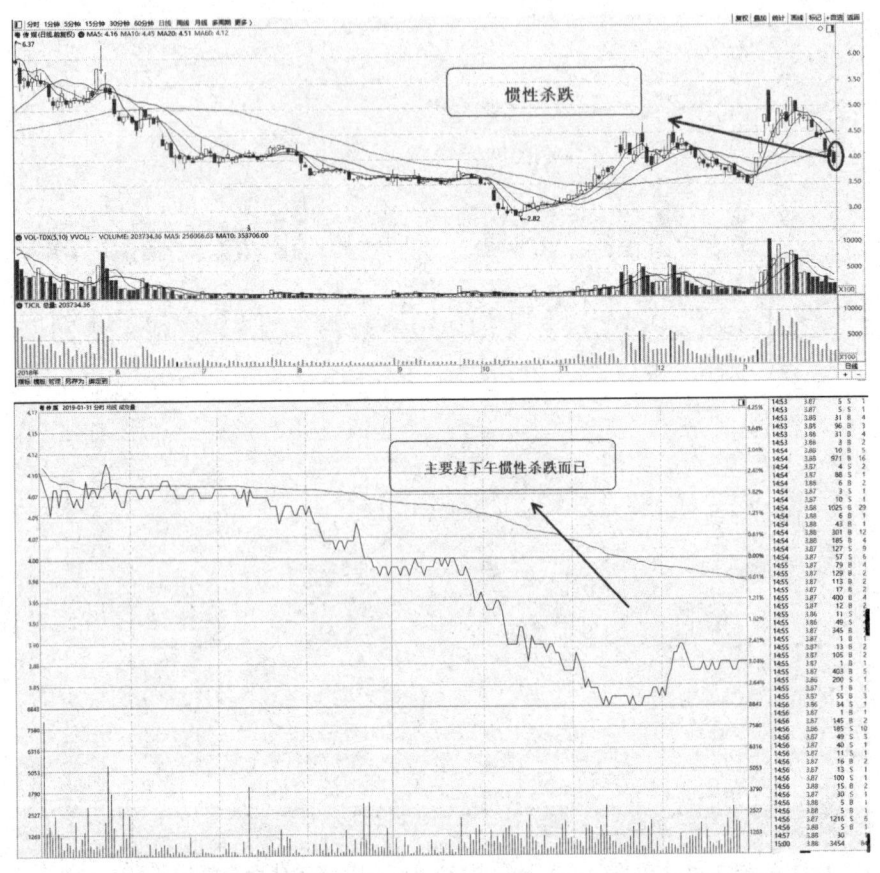

图案回顾点睛：2019年1月31日粤传媒日线和分时结合图

粤传媒差不多回到前期启动的起点位置了，这样的杀跌，对于短线资金而言，无疑是具有杀伤力的。但对于中线博弈的资金而言，尤其是看好这家公司未来中长期机会的，此时无疑也算是一个很好的加仓点。

惯性杀跌都选择在下午，多少也说明杀跌力量差不多是强弩之末了，剩下就是看怎么反攻的问题了。这里也要结合天时地利人和，如果能结合风口，那就精彩了。

第九章 中大阳开启博弈新牛市

9.1 操盘日记（2019-2-1）

神准小总结，中大阳开启博弈新牛市

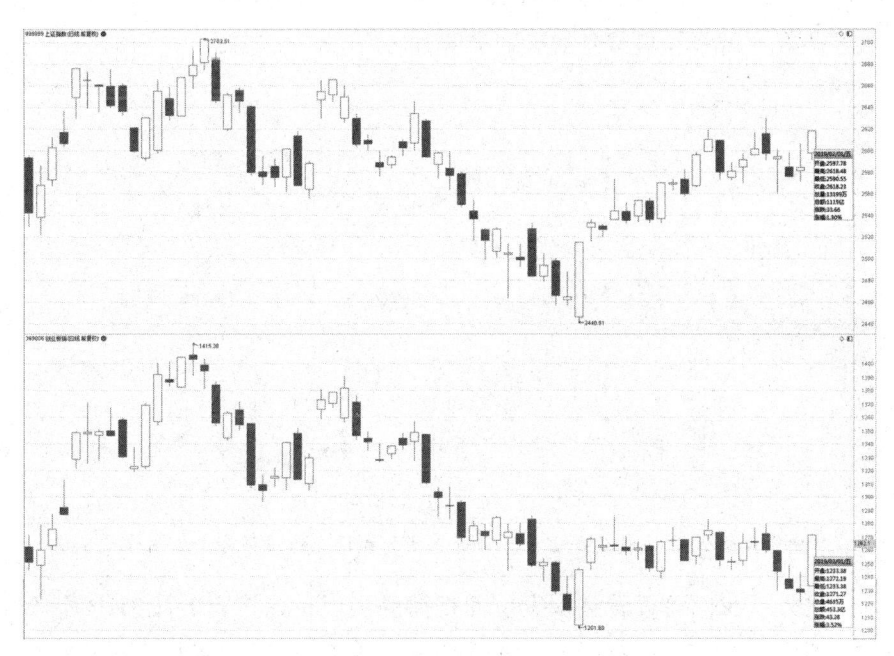

图案回顾点睛：2019年2月1日上证指数和创业板指数日线图

如果你是我的粉丝有持续关注我的文章，我相信到此刻你不得不感叹一声吴国平真神了，为什么呢？因为1月31日我就明确指出抢钱行动开始了，股指中大阳线一触即发，在我的核心逻辑里我谈到过，当空

方的"雷"没得扔的时候，多方一定会趁势发起攻击，空方也就会出现溃不成军的状况。2月1日现实的趋势就是如此，上证指数一根中阳线涨幅1.3%，创业板指数一根大阳线涨幅3.52%，接近四个点，中大阳线完美展现在大家面前。

我们看一下2月1日的整个战役就会发现很有意思。首先，已经压抑有一段时间的创业板2月1日可以说是一阳改所有，直接一个大阳线奋起，杀到整个空方溃不成军。我发现还有很多标的也出现了一种大涨的走势。我觉得创业板2月1日的大涨其实已经宣告接下来整个创业板要打响"抢钱"行动了。当然整个创业板涉及的板块和个股很多，"抢钱"行动一旦打响，局部的精彩跟局部杀跌动荡肯定是交织在一起的，所以操作方面肯定也会有一定的难度。

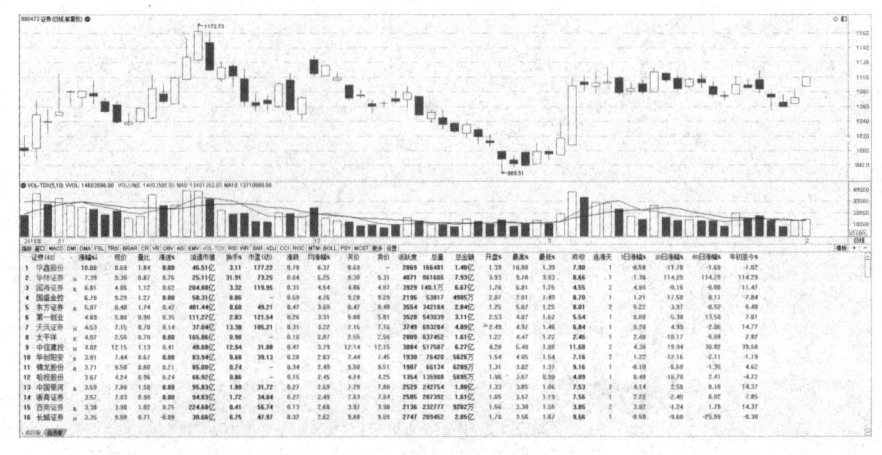

图案回顾点睛：2019年2月1日证券指数和证券板块部分个股对比图

另外，我们可以看到国家层面把持的主板正如我们1月31日所谈的一样，保持一种强势稳中求进的态势，之所以能够"进"，重点是在于证券板块发动了攻击，大家可以看看我们一直说的中信建投，2月1日盘中刷新历史新高。回顾一下之前我和大家探讨它的时候，也就是在前一段时间11月22日一根大阴线跌八个点、十元左右的时候，我进行了一些思考，大家可以去回顾一下。现在回过头来看看，是不是整个局面变得越来越清晰了，是不是跟我当时探讨的整个逻辑是完全一致的？没错，这就是多方对这些金融板元把控力度的完美体现，非常精彩。

【国平回顾小感悟】

当盘面如期走出来的时候，那种成就感是非常棒的。本质上，这得益于博弈论的很好运用，博弈越到关键时刻，越是能展现出价值出来，关键就是当时对中信建投的精准判断，而这恰恰是金融板块里证券领域的关键品种，牵一发动全身，以点带面，细微中见伟大。

【学习延伸突破小细节】

盘面要维持一个多方的趋势，从金融板块目前的整个态势来看，我们可以很确定的是这一波战役还要往纵深方向发展，也就是说别看2月1日沪指再次站上2600点，刷新了反弹的新高，让人为之一振。其实接下来还会再继续上攻，目标直指2650点、2700点甚至2800点。我说的是这一波阶段性的目标，当然具体将来怎么走，怎么去博弈，究竟能到达什么位置，在春节后我会在整个博弈论里详细跟大家探讨和分享。

不管如何，多方已经取得了阶段性的胜利，这是我们有目共睹的。那么春节后我会有更多的精彩分析呈现在大家的眼前，我为什么会定义现在是"抢钱"行动呢？这个"抢钱"行动并不只是着眼于短期几天的时间，而是要着眼于整个行情，2019年会开启一轮大家想不到的新牛市，这种新牛市会在一些板块和个股反复动荡当中呈现出来。我们跟大家分享的一些逻辑在未来的实战当中将会得到极大的应用，这些逻辑也会闪闪发光。股指不见得会像以前大牛市一样，天天大涨，新牛市出现这种状况的可能性是比较小的。当然阶段性会有逼空的走势出现，就好像2月1日一样，持续逼空之后肯定会进入一个动荡的格局当中，把握动荡当中更多的机会就在于博弈的水准了，八仙过海，各显神通。

对于未来我只是想想就兴奋，因为我很擅长博弈，我了解我的读者对这一点应该是有认识的。2019年春节过后，市场会渐渐拉开博弈"抢钱"行动的序幕，所以我希望还没有参与到我们"抢钱"行动的朋友们积极参与进来。当然这个前提是你对我要有足够的认可，我们双方能达成一个共识，在这个共识的基础上，我们再一起并肩作战，把握未来。

下面，我简单介绍一下自2019年开始到现在，我带领的整个实战团队阶段性的成果，成果还是可喜的，当然这里面也有一些不足之处。首先谈一谈期货，我粗算了一下，我的团队在1月应该是取得了1.2倍左右的收益，还是相当不错的。当然本来还可以更好，关于细节我会有一个小总结分享给大家，让大家去感知体会。

还有就是期权，我带领的这个团队也获得了两倍多接近三倍这样的收益。很多做股票的人会觉得有点惊讶，其实不用惊讶，期权本来波动就非常大，如果你抓对了机会，翻个一倍、两倍、三倍是正常的。当然这里面有技巧，也是我接下来将主讲的期货期权系列博弈课程。

最后谈一谈股票的战果，2019年开年成果也相当喜人。大家回顾的话，也能够感知到，其实2019年一开始的时候，我们提醒了东方通信阶段性高点的风险，在此之前我们也指出了东方通信暴涨过程中的重要机会。近期我们也持续把握券商、文化、科技类个股的轮动机会，这些在我之前的博弈论的思考当中已经淋漓尽致地展现出来了，所以在2019年1月我们取得了相当不错的一个成绩。当然这个收益肯定不能够跟期货、期权相比，股票没有杠杆，相对来说收益会小很多。但是我们也取得了不错的成绩，这是值得我们骄傲的一个地方。

2019年开局不错，有一个好的开始。我觉得也只是刚刚开始，之所以我在2019年提出"抢钱"行动，就是希望我们在有个好的开始的同时，继续保持和扩大战果。我希望在这个过程当中带领更多的朋友们一起参与到未来的博弈当中去。

这个"抢钱"行动将由我本人作为主帅，带领大家去博弈股票、期权和期货。我觉得2019年对我们来说将会是一个历史性的记忆，我很早之前线下活动的时候就谈过，最迟这波新牛市不会迟于2019年的3月，现在马上要迈入2月了，离3月已经很近。在这个时候，这样的开局情况下我们提出这样一个行动口号，其实就是想告诉大家，我们一切已经准备好了，要开始撸起袖子大干了。

我相信2019年中国的证券市场会迎来新的变革。事实上随着科创板的设立，各种衍生品的快速推动和发展，这一切已经告诉我们将进入一个新的世界，这个新世界是要充分市场化博弈的，对此我想想都兴奋。我过去所有的经历经验、积累、成果都将在未来博弈的过程当中得到绽放。1998年至今，我经历了几个牛熊市，说真的，什么风雨我也见过，什么风浪我也扛过，能走到今天，可以说是一个新的开始，是一个真正意义上的大蜕变的开始。

2019年，从整个市场的变化来看，我相信你们应该也感受到了未来机会很大。当然，我们需要先好好地武装自己，只有武装自己、跟对队伍，我们才能把握真正精彩的明天，这也是我创办牛散大学堂的原因。我怀揣着把更多的有价值的东西分享给大家的初衷，带领更多的朋友们走向真正的"牛散"之路。

未来我很坚定，所以我也希望愿意跟着我们一起前行的朋友们多多支持我们牛散大学堂，我等你们，节后我们一起开战！

【国平回顾小感悟】

能感受到当时的喜悦，阶段性的成果丰厚，不论是股票还是期货，甚至期权，都达到了阶段性的高度，都是有很多值得回味的地方，前行路上最重要的当然是怎么把牛散大学堂做好，结合实战，把适合中国投资者的系统体系梳理出来，分享出来，股威宇宙，就是我们未来要努力打造的体系，一起努力，创造奇迹！

四大金刚脉络梳理——2019年2月1日

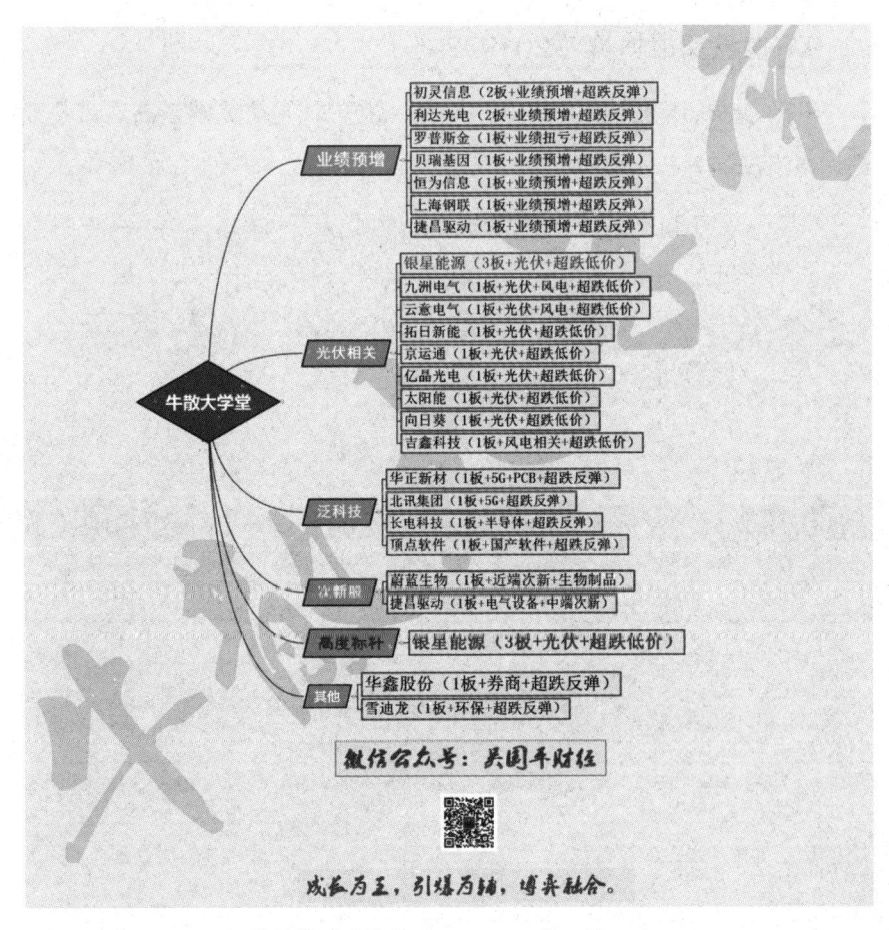

第九章 中大阳开启博弈新牛市

```
牛散大学堂
├─ 业绩预增
│   ├─ 初灵信息（2板+业绩预增+超跌反弹）
│   ├─ 利达光电（2板+业绩预增+超跌反弹）
│   ├─ 罗普斯金（1板+业绩扭亏+超跌反弹）
│   ├─ 贝瑞基因（1板+业绩预增+超跌反弹）
│   ├─ 恒为信息（1板+业绩预增+超跌反弹）
│   ├─ 上海钢联（1板+业绩预增+超跌反弹）
│   └─ 捷昌驱动（1板+业绩预增+超跌反弹）
├─ 光伏相关
│   ├─ 银星能源（3板+光伏+超跌低价）
│   ├─ 九洲电气（1板+光伏+风电+超跌低价）
│   ├─ 云意电气（1板+光伏+风电+超跌低价）
│   ├─ 拓日新能（1板+光伏+超跌低价）
│   ├─ 京运通（1板+光伏+超跌低价）
│   ├─ 亿晶光电（1板+光伏+超跌低价）
│   ├─ 太阳能（1板+光伏+超跌低价）
│   ├─ 向日葵（1板+光伏+超跌低价）
│   └─ 吉鑫科技（1板+风电相关+超跌低价）
├─ 泛科技
│   ├─ 华正新材（1板+5G+PCB+超跌反弹）
│   ├─ 北讯集团（1板+5G+超跌反弹）
│   ├─ 长电科技（1板+半导体+超跌反弹）
│   └─ 顶点软件（1板+国产软件+超跌反弹）
├─ 次新股
│   ├─ 蔚蓝生物（1板+近端次新+生物制品）
│   └─ 捷昌驱动（1板+电气设备+中端次新）
├─ 高度标补 ─ 银星能源（3板+光伏+超跌低价）
└─ 其他
    ├─ 华鑫股份（1板+券商+超跌反弹）
    └─ 雪迪龙（1板+环保+超跌反弹）
```

微信公众号：吴国平财经

成长为王，引爆为辅，博弈融合。

市场轮廓脉络梳理——2019年2月1日

9.2 操盘实战博弈（2019-2-1）

（1）感知中信建投的博弈：精彩，跳空向上动荡刷新高点就是要进一步清洗浮筹。

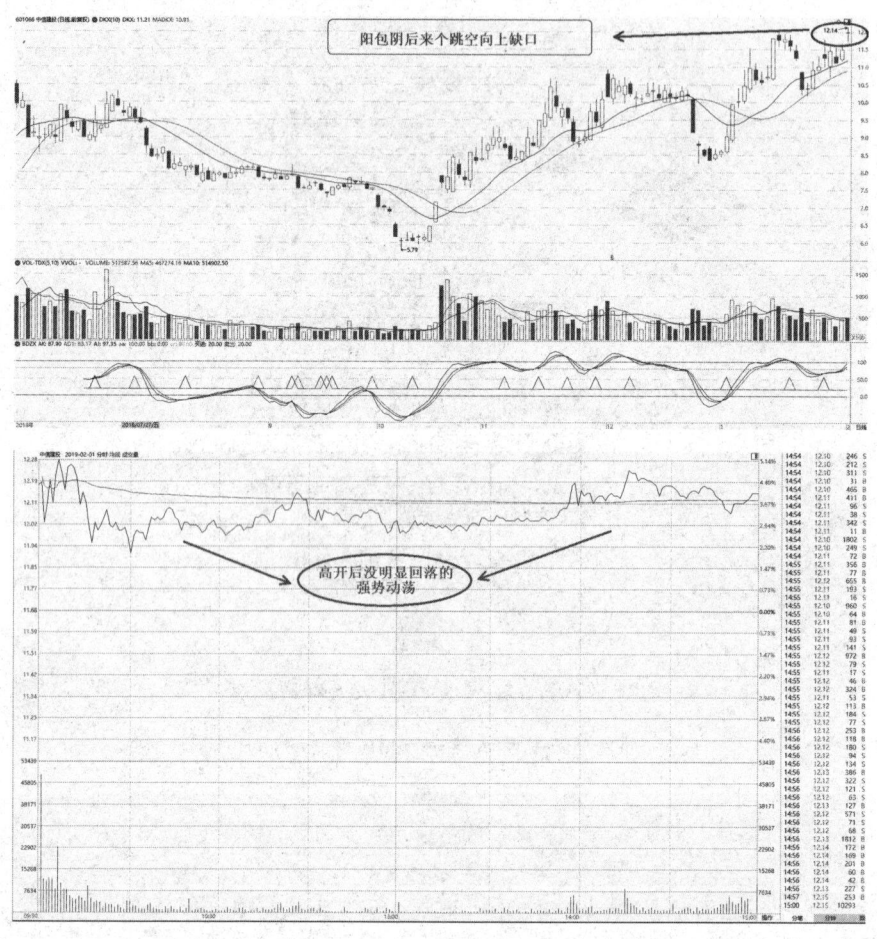

图案回顾点睛：2019年2月1日中信建投日线和分时结合图

强势震荡后再来个跳空向上、涨幅4个点左右的攻击，强者恒强的本质进一步体现出来。没有涨停，只是涨4个点左右刚好突破前面所有高点的强势动荡，本身也是一种进一步消化筹码的动作。

反复清洗干净的目的是什么？不说你也应该能感知到，就是为接下来更多的精彩，甚至不经意地为持续逼空做更多的准备。

浮动筹码越少，未来疯狂上攻的阻力就越小，合力就越大。

我们观察盘面的博弈，切记一定要从未来本质的角度思考，这样才能让我们更清晰未来！

（2）感知东方通信的博弈：符合两种条件就是反攻的前奏。

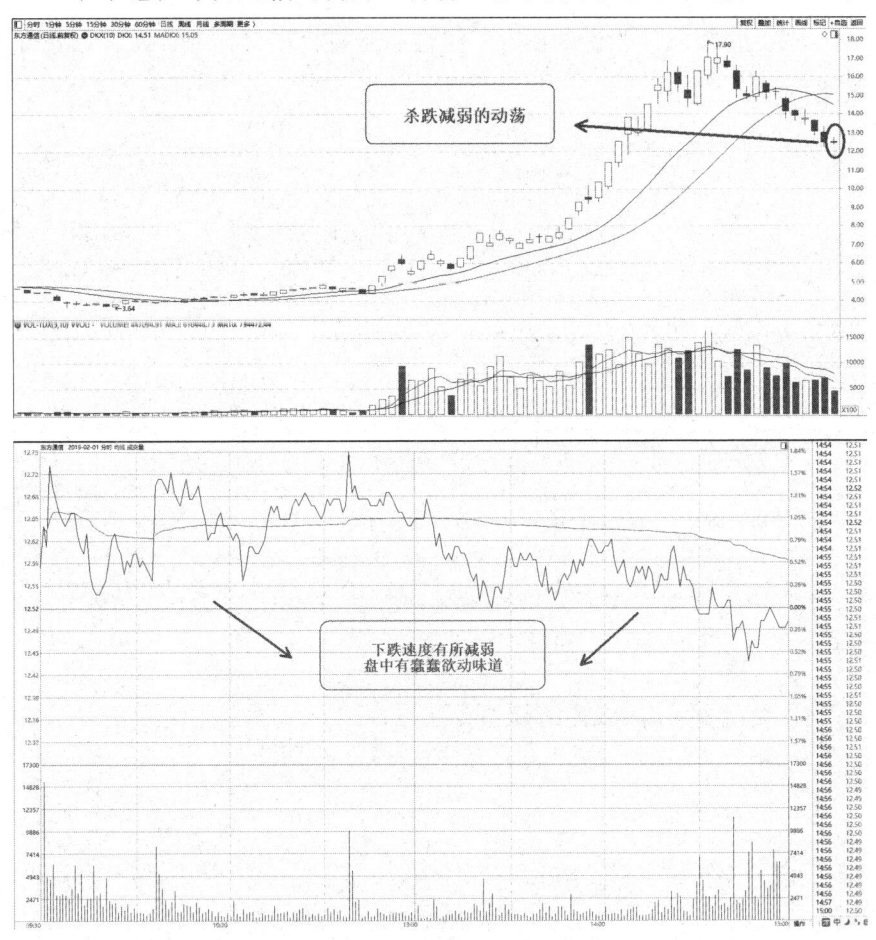

图案回顾点睛：2019年2月1日东方通信日线和分时结合图

没有只跌不涨的股票，尤其是前期刚刚很凶悍，一下子跌回起点的概率很低，很多资金都会择机做第二波。因此，短期跌幅达到20%～30%，同时结合有点跌不动的盘面特征，你就要高度关注。

当然，从稳妥的角度来说，最好等实质反攻再跟进。不过，这里的波动可以让我们更好感知一种反攻前的前奏是如何的？下跌速度减弱同时盘中不时有蠢蠢欲动的味道。

空尽自然多来，我们透过盘面一定要从细微处去感知到那种空究竟是如何尽的，然后再结合技术把握好反攻的时点，这就是我们要去做的。

（3）感知风范股份的博弈：机会总是有，就看你怎么取舍和安排策略。

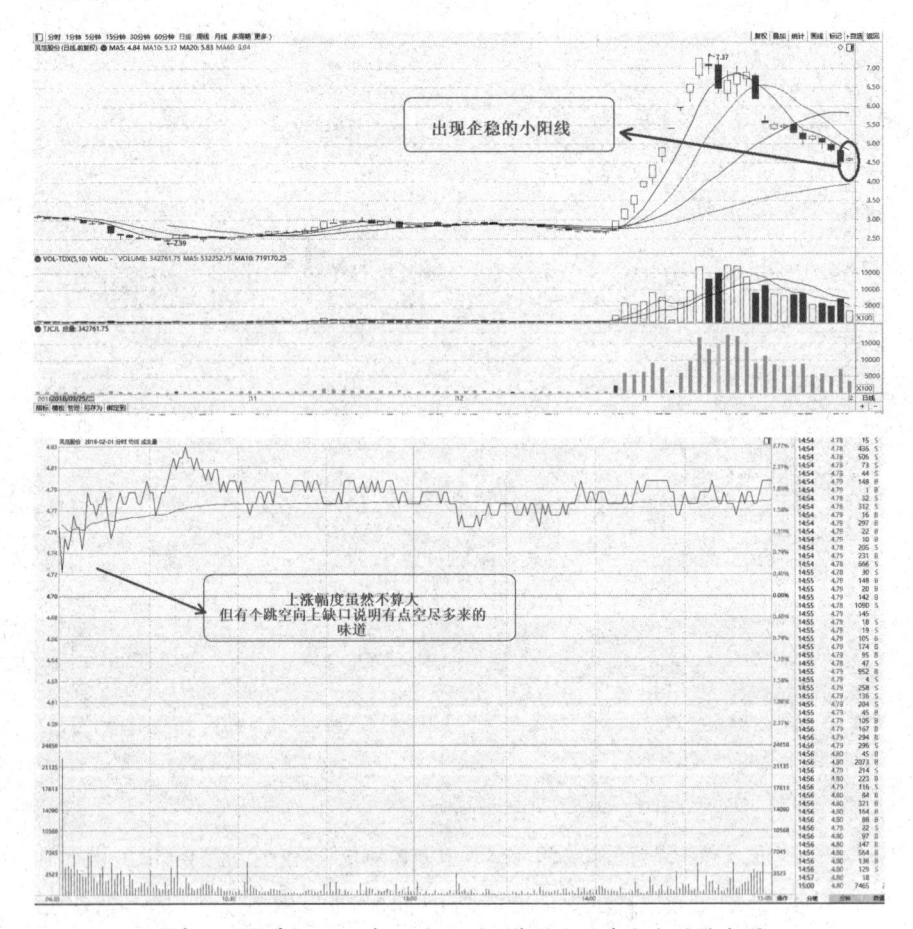

图案回顾点睛：2019年2月1日风范股份日线和分时结合图

跌多了，自然就会反弹，有一种反弹是自然反弹，没有缺口。这里的反弹，就是直接跳空缺口上，虽然反弹力度也不算大，但这模式却是一种更激进的反弹模式。哪种模式不重要，重要的是自身的基本面、跌幅以及接下来是否还有预期。

技术上肯定还有第二波的需求，短期跌幅足够，基本面至少还有亮点可预期。综合来看，这里就是有博弈空间的区域，只是你博弈多点少点的问题。

有时候，我们的选择有很多，但最终要懂得取舍，懂得分配，做好属于自己的机会，把握好自己能把握的机会，这才是王道。

（4）感知新疆交建的博弈：同等条件要懂得选择，更有基本面的反攻品种。

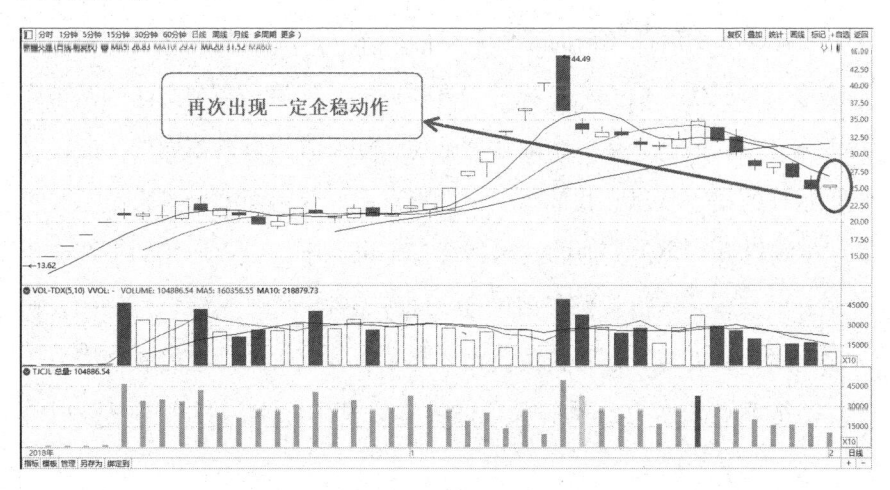

图案回顾点睛：2019年2月1日新疆交建日线图

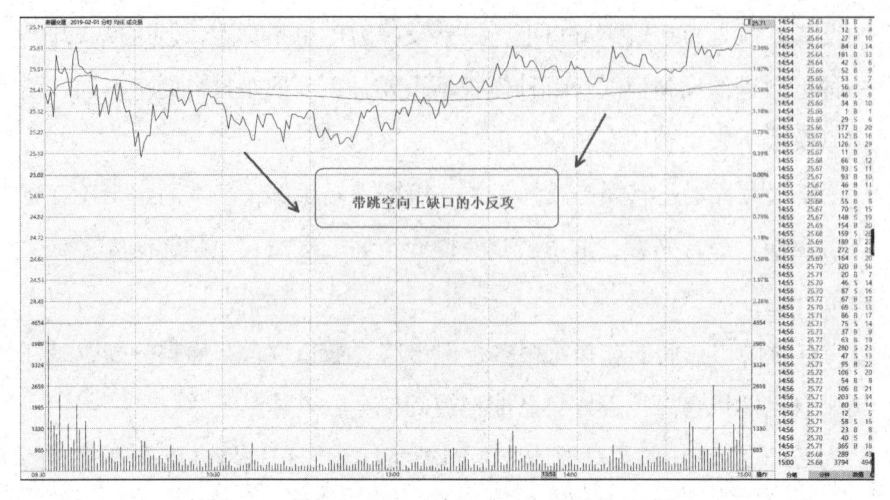

图案回顾点睛：2019年2月1日新疆交建分时图

　　我在谈案例风范股份时说到取舍的问题，这里新疆交建其实很多点都类似风范股份，但有一点我是一直强调的，那就是新疆交建的基本面没太大亮点，因此，从取舍的角度来说，如果有更好基本面的个股，又类似这样的技术状态，我们当然去选择有更好基本面的个股来做。

　　市场机会很多，类似的技术特征肯定也会不少，为何我们强调成长为王，其实就是告诉我们很多机会，同等条件，必然是成长性好的公司才是王者，或者成长性行业的公司才是王者，反攻的话也更有杀伤力。

　　结论就是技术上这里有反攻的需求，基本面上这肯定不是最好的选择。

(5)感知粤传媒的博弈：反攻品种的取舍，多点对比慢慢就容易了。

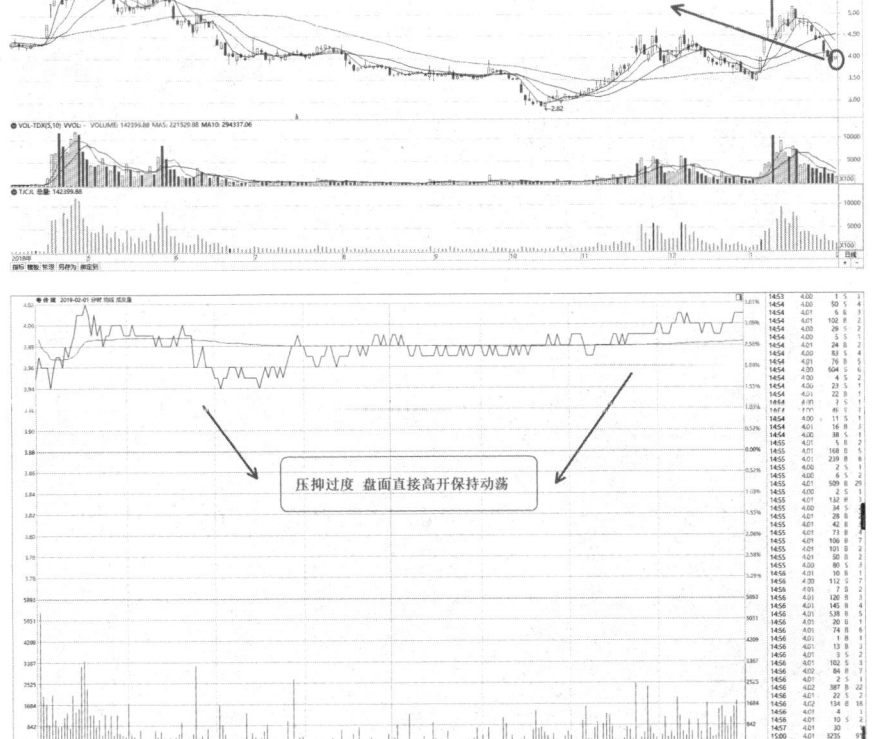

图案回顾点睛：2019年2月1日粤传媒日线和分时结合图

我在案例新疆交建谈到同等条件要优先选择基本面更好的品种。那么，在这里，粤传媒对比新疆交建，无疑就是属于基本面更好点的品种。逻辑清晰，老股，价格低，文化传媒业，这些特点已经让它更有优势。同时技术上也类似的下跌，一旦反攻图形也不错。

选择很难，但只要多点对比，慢慢就会容易了。

第十章　你必须要清楚的下一个战略

10.1 操盘日记（2019-2-11）

持续中大阳后你必须要清楚的下一个战略

名称	最新	涨跌	涨幅	总手	金额	开盘	最高
上证指数	2653.90	+35.67	+1.36%	1.55亿	1373亿	2613.17	2654.10
深证成指	7919.05	+235.05	+3.06%	2.12亿	1826亿	7695.17	7922.54
创业板指	1316.10	+44.83	+3.53%	5222万	533.4亿	1275.22	1319.18

图案回顾点睛：2019年2月11日指数涨幅对比图

2019年春节过后整个市场气势如虹，迎来了一个相当不错的开门红，复盘细看这个开门红很有意思。

首先指数开盘先是出现低开的走势，原因是整个外盘在春节期间表现并不是特别理想，所以指数先低开消化外盘的不利影响。消化完之后市场迅速承接节前的逼空走势，指数反复震荡上扬。看过我文章的朋友应该记得节前最后一篇文章的标题是"神准小总结，中大阳开启博弈新牛市"。是的，我已经明确告诉大家，现在整个市场已经悄然迎来了一个牛市的格局，当然前面有个条件——博弈。现在的牛市跟过去的牛市是有不同格局背景的，因为现在的市场跟过去相比，个股数量和整个市值层面都是不可同日而语的，整体已经提升了很多。虽然2月11日普涨，相当精彩，但也不是说没有跌的标的，跌停板上依然还是有少数个股。整体来说，多方牢牢把握了市场当前的局面，进一步扩大了整个多方的阵营，行情进一步往纵深方向发展。对于空方而言，2月11日应该是非常郁闷和崩溃的一天，尤其是有参与股指期货或者期权的朋友，2月11日做空头的话一定是损失惨重。这段时间为什么能在看似不经意中持续走出逼空向上的走势？这个深层次的原因大家一定要好好去思考，好好去感知，这是非常关键的点。

行情往往就是在不经意间走出来的，这点在我之前的文章里面已经反复强调过了。大家可以去回顾一下，在沪指两次探2400多点的时候，我说过这样的行情就犹如过去"998"行情，前面有一个低点1000点，后面"998"破了前面的这个低点，然后股指不经意涨上来的时候，很多人都是没有感觉的。我相信现在也是历史阶段性的重演，沪指从2440点到现在2653点，不知不觉已经涨了接近百分之十。对于股票而言，很多个股涨幅这段时间是有几十个点的，所以其实不知不觉整个市场已经发生了一些微妙的变化，而这个微妙的变化是建立在大范围商誉计提的背景之下的。

【学习延伸突破小细节】

整个经济形势不确定性也很强，然而市场却在相对利空的背景之下走起来了。根源就是股市买的是对未来的一个预期，而不是当下，所以一些中长期的资金对未来是充满信心的，这个才是导致阶段性出现连续逼空走势的主要原因。

【国平回顾小感悟】

持续逼空背后一定是有原因的，我们需要去找到逻辑，结合过去的历史波动就是最好的一种方式，这里结合了过去"998"那波大行情，虽然历史不会简单复制，但有些阶段性的情绪是可以复制的，这点就是我们必须要很清晰且可以在实战中加以运用的。

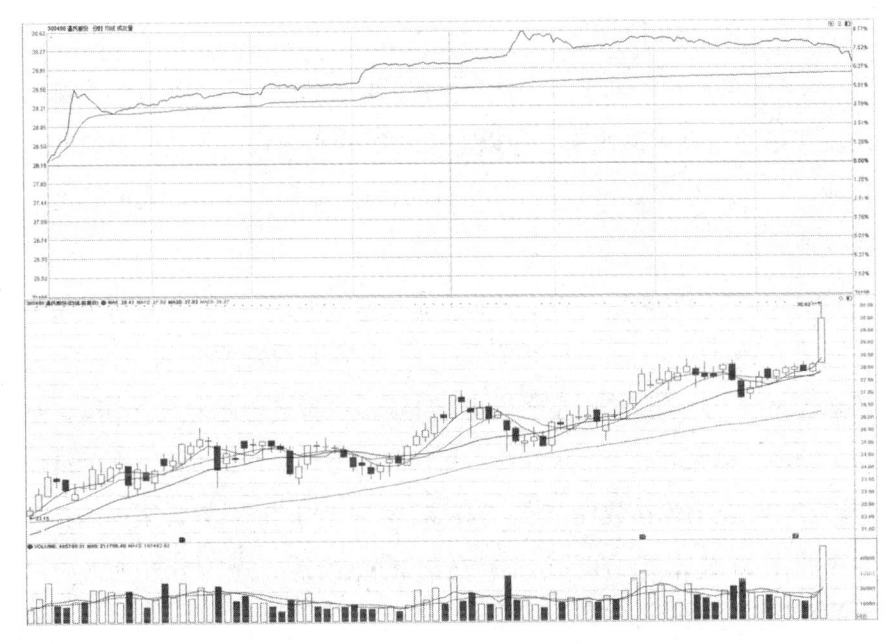

图案回顾点睛：温氏股份大阳线突破的分时和日线图

当然这里面还有资金之间的相互博弈等等因素，这个不展开来谈。那么回到2月11日的市场本身，又是一个中大阳线，上证指数涨1.36%，创业板涨3.53%，其中让人尤为惊叹的是创业板指数，压抑已久之后，出现了两根大阳线，这两天的大阳线一举把整个市场的空方打得不知所措。那么我们也可以看到，创业板的领头羊如温氏股份，因为2019年是猪年，因此猪肉概念股大涨。温氏股份在创业板里面权重比较大，2月11日也是接近涨停，这种走势直接把创业板指数也带得比较精彩，当然还有其他的像是一些科技类标的的协助。因为2019年是科创板开启之年，所以科技这个重头戏肯定少不了，2月11日就出现了集体躁动，前5G龙头东方通信涨停，新能源衍生板块也表现得很不错，宁德时代、当升科技等等都表现得很抢眼。

【学习小总结】

科创板的开启带动了未来整个科技板块溢价的提升，很显然市场已经用实际的行动展现出来。所以未来我们的主线肯定是紧紧围绕新兴产业、科技衍生产业进行，与此同时也包括那种弹性比较大的其他新兴领域。

那么中大阳线走完之后，接下来还会天天中大阳线吗？这肯定是不可能的。节前我谈到了"博弈新牛市"，也就是说持续逼空之后一定会迎来动荡，当然动荡是不是明天我不知道，但肯定会迎来这个动荡，而这个动荡，请大家有个心理准备，从目前的态势来看，市场一定会是强势动荡。毕竟上证指数现在才2650点，刚刚登上2650点，至少还有机会再冲2700点甚至更高的位置。在这个过程当中，它呈现这种格局跟之前类似，比如说可能某一天收小阴线，然后再动荡几天，然后又慢慢出现一个中阳线，过程可能就是演绎类似这样动荡向上的局面。当然在这个动荡过程当中一定会诞生真正的持续热点，而这个才是我们最需要去关注的。市场在每一个阶段都会诞生阶段性瞩目的持续板块热点，而这个板块热点就是最大的机会。让我相信从明天开始这个大机会所在的板块可能就会呈现在我们的眼前，不一定是明天，但明天这种趋势就会开始形成，类似的持续性热点会呈现出来，我们需要重点去把握。

股指现在到把空方逼入崩溃状态的点位，所以接下来大家不用太担心整个大的方向。经历了这段时间持续中大阳线，整个格局已经发生了微妙的变化，至少从惯性的角度来说，它也能够让整个市场持续走一段时间，所以我认为这个时候大家应该要安心选择板块和个股，参与好板块轮动，而不是一味地等股指再来个暴跌，或者是再跌到更低的位置。因为股指前期跌得比较惨的时候，有些人不敢参与，现在涨上来更不敢参与，其实是对这种所谓价格的贪婪，希望价格还能更低，但市场并不是按照你所期望的样子走出来的。当市场没有像你所希望的样子走出来的时候，最终的结果一定是你被市场牵着鼻子走。牵着鼻子走是什么意思呢？就是等走到一定阶段的时候，逼空到无法承受的时候，自然就会出现很多追涨杀跌的人。那些人现在不买，等涨到一定高度的时候一定会买的，那时候他们就是追涨了，一旦动荡来临，又轮到他们杀跌了。

从我过去经历"998"到"6124"的经验来看，一定会有很多人在追涨杀跌中没赚到钱，我相信这一波博弈牛市也一定也会有这样的人群。那么在这个博弈的过程当中，比如说股指博弈，还有期货博弈，也肯定会有人会被反复洗礼，前期做空的这部分人群，不管将来市场怎么走，至少他们已经阶段性宣告完败。

市场现在就是这么残酷，但是这个残酷的背后，我们一定要看到本质，我希望大家一定要学会博弈，希望大家在听我讲、看我文章、学习我课程的过程中，慢慢融入博弈的思路。我相信这会让大家把握市场的能力得到一个非常大的提升。

2019年开局到现在，如果一直有看我的文章或是听我课程的朋友们，应该很清楚我的整体思路，而这个思路到目前为止，应该是得到了完美的验证。在这个基础上，我们积极呼吁大家一定要参与进来，参与我们的"抢钱"行动，此时此刻绝对不是犹豫的时候，此时此刻就是要大跨步参与进来的时候。

我们的"抢钱"行动依然在如火如荼的进行当中，希望认可我们并愿意跟随我们把握未来牛市的朋友们，积极参与进来，越早参与进来，你的收获就会越大，这是我们对未来的一种期盼，也是一种信心。

【国平回顾小感悟】

做股票融入博弈的思维不容易，很多人就是在市场反复震荡中迷失自我的。该贪恋的时候看到的是风险，该恐惧的时候看到的是机会，市场很残酷，你不强大就要交学费，很多人却不以为然，等交了巨额学费才追悔莫及。我们的书籍，我们的课程，如果你真的愿意花时间好好去看和学的话，肯定是比瞎折腾要强大得多。不论个股和市场，都需要好好去思考，透过现象看到本质，很多关键点其实就隐藏在那蛛丝马迹里，这也是为何我们那么热衷从细微处去找东西，也引导大家多从细微处去发现问题。我们一直坚信，很多东西都是要在细微处才能见伟大的。

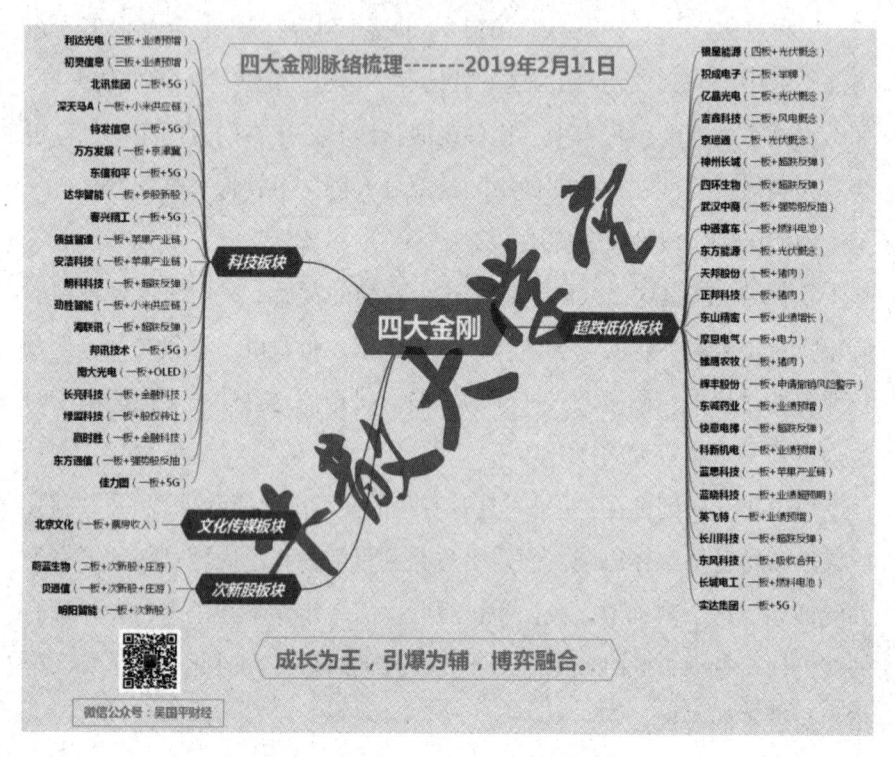

四大金刚脉络梳理——2019年2月11日

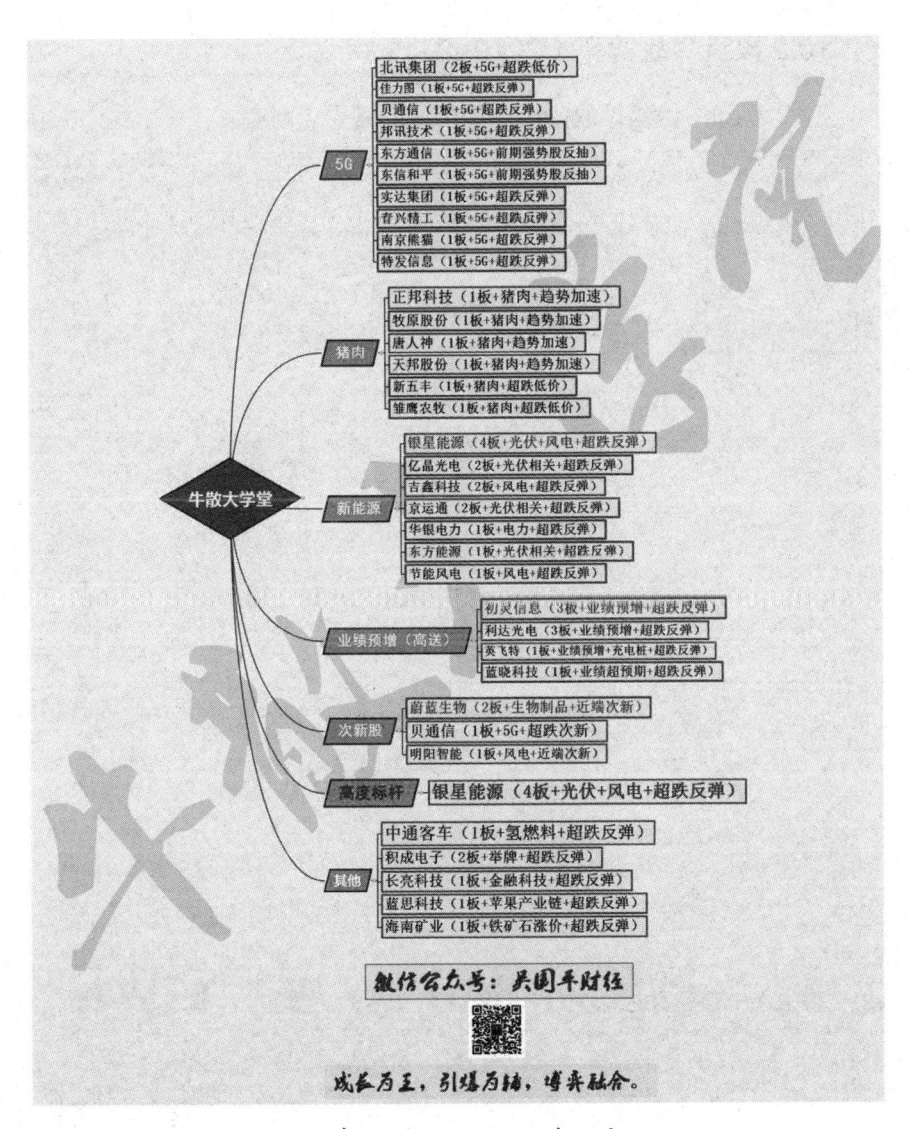

第十章 你必须要清楚的下一个战略

牛散大学堂

- **5G**
  - 北讯集团（2板+5G+超跌低价）
  - 佳力图（1板+5G+超跌反弹）
  - 贝通信（1板+5G+超跌反弹）
  - 邦讯技术（1板+5G+超跌反弹）
  - 东方通信（1板+5G+前期强势股反抽）
  - 东信和平（1板+5G+前期强势股反抽）
  - 实达集团（1板+5G+超跌反弹）
  - 春兴精工（1板+5G+超跌反弹）
  - 南京熊猫（1板+5G+超跌反弹）
  - 特发信息（1板+5G+超跌反弹）

- **猪肉**
  - 正邦科技（1板+猪肉+趋势加速）
  - 牧原股份（1板+猪肉+趋势加速）
  - 唐人神（1板+猪肉+趋势加速）
  - 天邦股份（1板+猪肉+趋势加速）
  - 新五丰（1板+猪肉+超跌低价）
  - 雏鹰农牧（1板+猪肉+超跌低价）

- **新能源**
  - 银星能源（4板+光伏+风电+超跌反弹）
  - 亿晶光电（2板+光伏相关+超跌反弹）
  - 吉鑫科技（2板+风电相关+超跌反弹）
  - 京运通（2板+光伏相关+超跌反弹）
  - 华银电力（1板+电力+超跌反弹）
  - 东方能源（1板+光伏相关+超跌反弹）
  - 节能风电（1板+风电+超跌反弹）

- **业绩预增（高送）**
  - 初灵信息（3板+业绩预增+超跌反弹）
  - 利达光电（3板+业绩预增+超跌反弹）
  - 英飞特（1板+业绩预增+充电桩+超跌反弹）
  - 蓝晓科技（1板+业绩超预期+超跌反弹）

- **次新股**
  - 蔚蓝生物（2板+生物制品+近端次新）
  - 贝通信（1板+5G+超跌次新）
  - 明阳智能（1板+风电+近端次新）

- **高度标杆**
  - 银星能源（4板+光伏+风电+超跌反弹）

- **其他**
  - 中通客车（1板+氢燃料+超跌反弹）
  - 积成电子（2板+举牌+超跌反弹）
  - 长亮科技（1板+金融科技+超跌反弹）
  - 蓝思科技（1板+苹果产业链+超跌反弹）
  - 海南矿业（1板+铁矿石涨价+超跌反弹）

微信公众号：吴国平财经

成长为主，引擎为辅，博弈融合。

市场轮廓脉络梳理——2019 年 2 月 11 日

10.2 操盘实战博弈（2019-2-11）

（1）感知中信建投的博弈：等待质变需要点耐心。

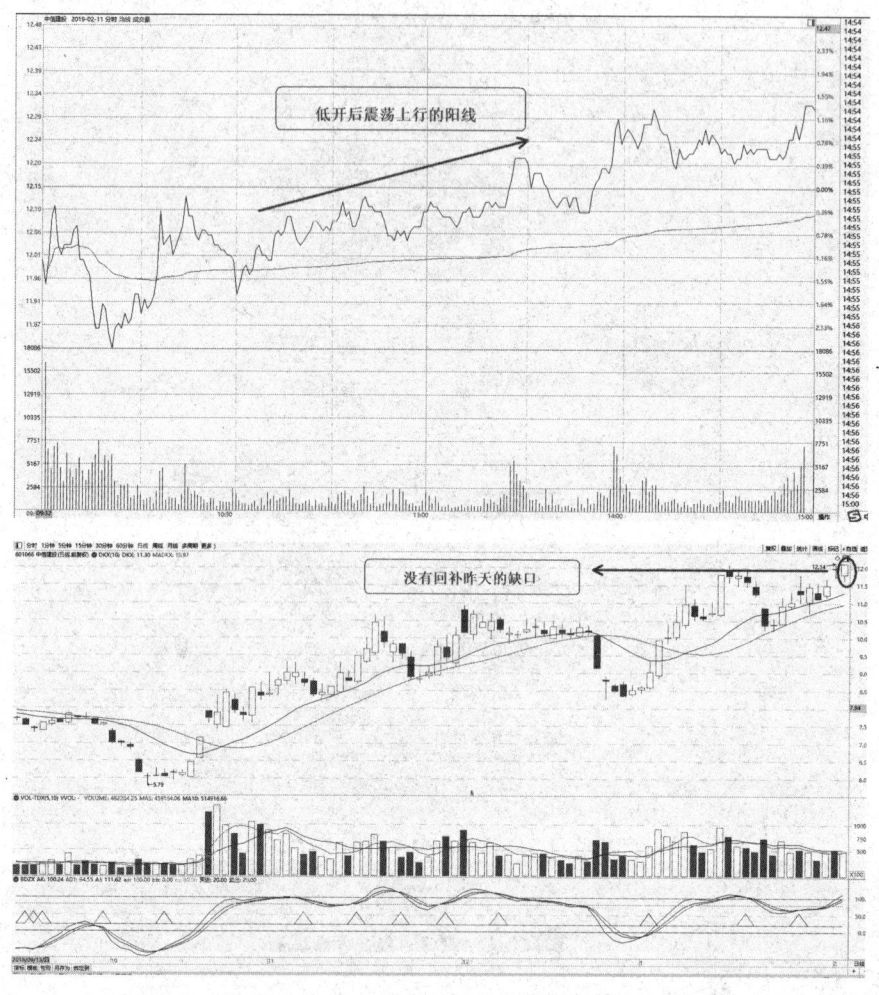

图案回顾点睛：2019年2月11日中信建投日线和分时结合图

很多事情都会经历量变到质变的过程，我们很多时候其实是在感知量变。

这里的中信建投低开后继续震荡向上，同时还没回补前一天的跳空向上缺口，这其实已经说明这里多方的能量在渐渐发酵，就等空方彻底崩溃，多方再顺势发力，形成合围走势，引爆未来。

此刻，千万不能着急，欲速则不达。你想想，如果你拿着它，天天这样走，你是郁闷还是高兴呢？很多散户会郁闷，被三振出局，如果你是懂本质的，你会高兴，因为你知道趋势很好，量变在持续，无非就是再多等点时间而已。

但是，等待的这些时间绝对是值得的。因为，我们看的是最终年化收益，而不是短期的每日收益。很多人天天折腾，一年下来，没啥收获。但有些人则很少折腾，一年下来收获多多。你会选择哪一个呢？

（2）感知东方通信的博弈：涨停反攻就是买点。

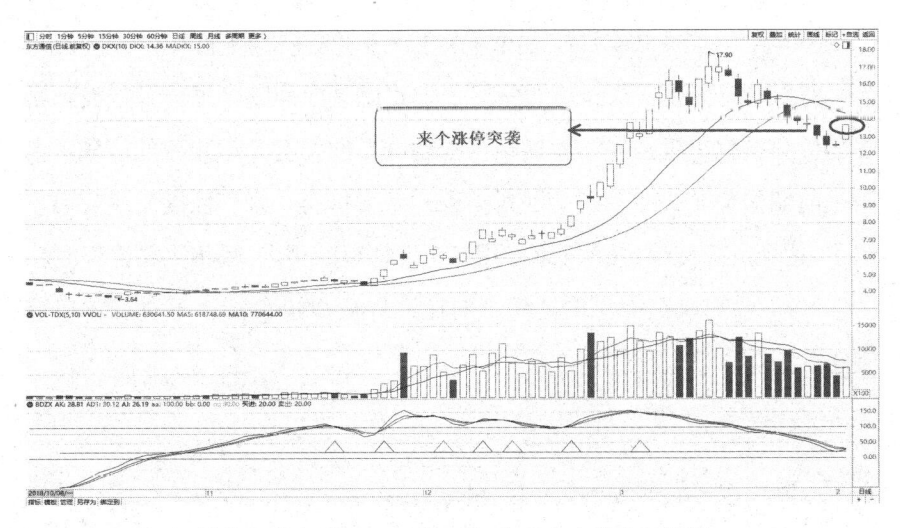

图案回顾点睛：2019年2月11日东方通信日线图

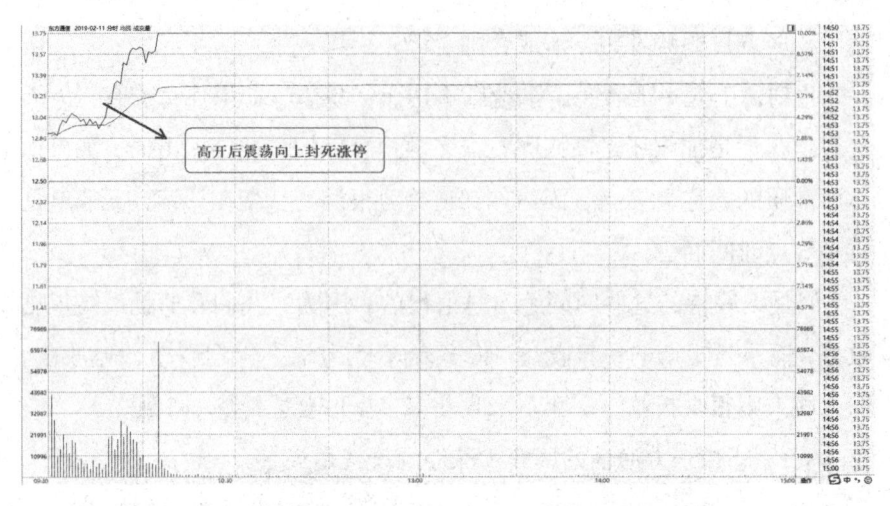

图案回顾点睛：2019年2月11日东方通信分时图

来个涨停突袭，这味道非常好。本质就是前期跌多了，一旦找到做多的机会，就出现逆转。短期跌得幅度够，前面有开始止跌的信号，本身是前期强势龙头股，三个因素结合，做多机会一来，涨停反攻就很自然了。这个反攻涨停，按照我们的逻辑，就是短期买点。哪怕买在涨停时！

（3）感知风范股份的博弈：对比涨停反攻逊色点，不过反攻还有空间。

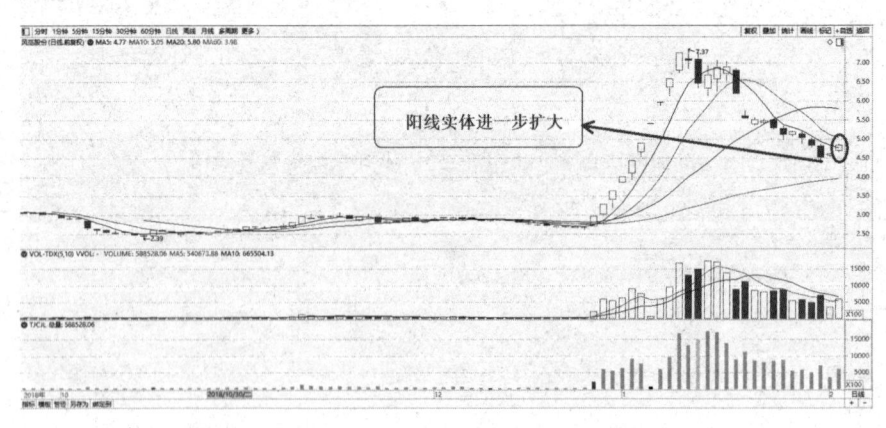

图案回顾点睛：2019年2月11日风范股份日线图

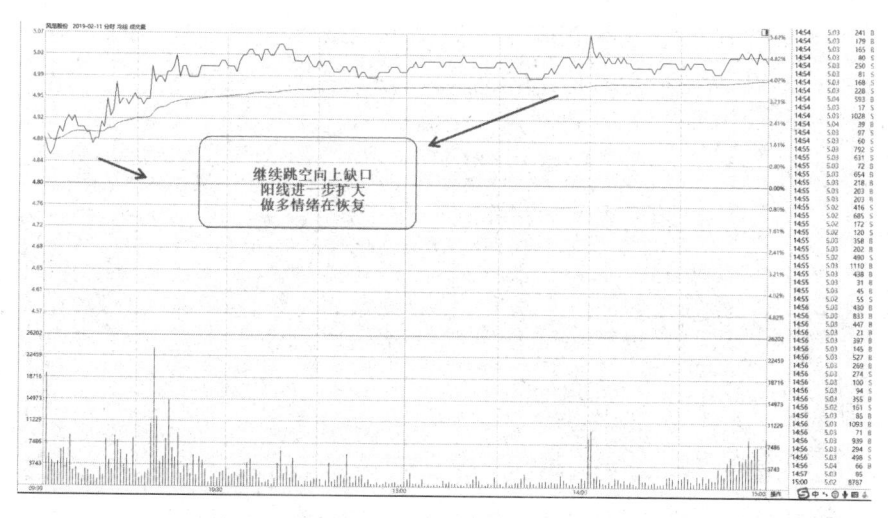

图案回顾点睛：2019年2月11日风范股份分时图

阳线实体进一步扩大，说明反攻力度在加强，不过没有涨停，这反攻力度显然也不够强劲。

接下来的波动很大程度上跟随市场类似标的股的走势，同时要结合对它本身主题的理解去把握。比起涨停反攻，肯定不是最好的买点。但对于做反攻而言，目前这位置也还具备进一步反攻的空间。

（4）感知新疆交建的博弈：基本面决定图形类似策略会不同。

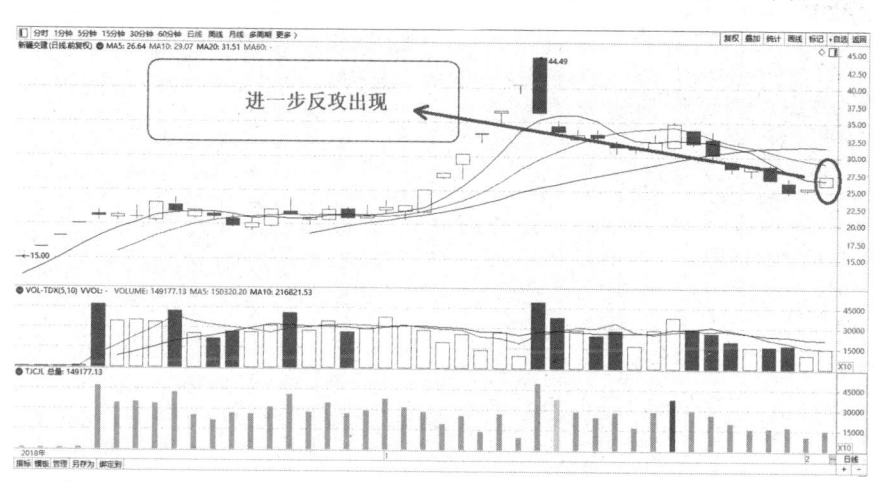

图案回顾点睛：2019年2月11日新疆交建日线图

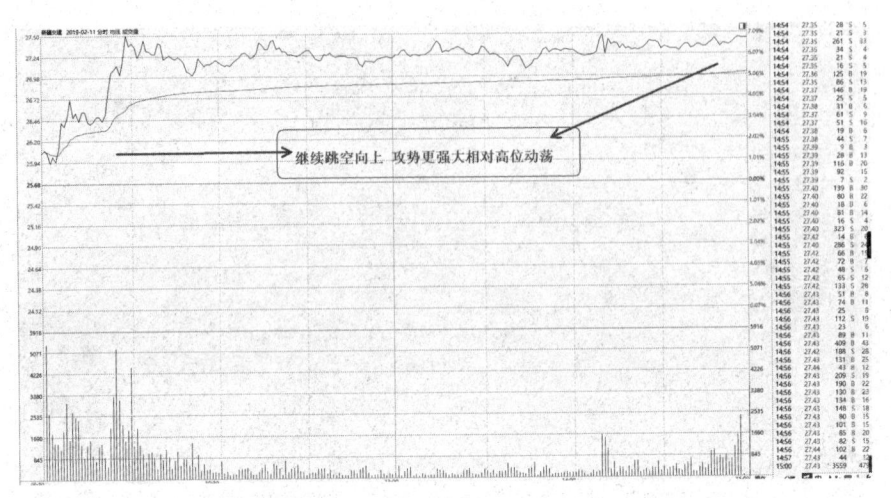

图案回顾点睛：2019年2月11日新疆交建分时图

对基本面有负面看法的个股，出现一般力度的反攻，参与意义不是很大，就算参与也是极小仓位参与，有所为有、有所不为才是在市场长久生存的王道。

这里的新疆交建就属于该类情况，虽然攻势更大点，但毕竟没涨停，那就不是最强状态，更多欣赏就行了。很多时候，类似的图形，不同的基本面，操盘策略也必然是不一样的。

（5）感知粤传媒的博弈：哪怕反攻弱点基本面更强也促使其更有反攻价值。

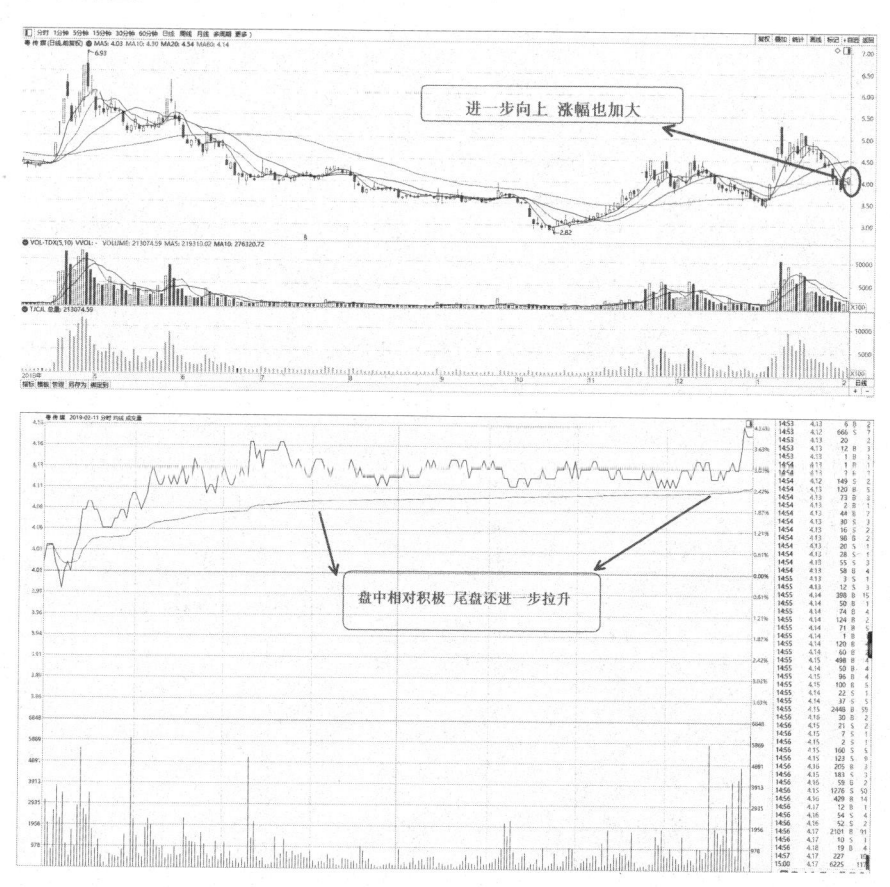

图案回顾点睛：2019年2月11日粤传媒日线图和分时图

粤传媒的基本面要比新疆交建更有看头。哪怕这里的反攻力度初期看上去没新疆交建那么强。但基本面更具优势，因此，反倒可以让它成为更值得博弈反攻的品种。

记住，基本面一定是选择标的的第一位，"成长为王，引爆为辅，博弈融合"。"成长为王"是放在首位的，你就应该知道它的分量。

第十一章　看清两热点崛起的博弈

11.1 操盘日记（2019-2-12）

看清两热点崛起的博弈　持续逼空拿下 2700 点

大家好，我是牛散大学堂的校长吴国平。2019 年 2 月 12 日的市场如近期我的思路一样，延续逼空的一种格局。我一直都反复强调在这个区域一定要有仓位，有仓位我们才能够分享到整个市场持续逼空带来的收益。

名称	最新	涨跌	涨幅	总手	金额	开盘	最高
上证指数	2671.89	+17.99	+0.68%	1.84亿	1567亿	2654.03	2674.48
深证成指	8010.07	+91.02	+1.15%	2.59亿	2085亿	7915.06	8027.63
创业板指	1332.27	+16.17	+1.23%	5870万	584.7亿	1316.91	1336.14

图案回顾点睛：2019 年 2 月 12 日指数涨幅对比图

我 2 月 11 日也谈到了连续中大阳线之后，要关注的一大战略就是接下来崛起的持续大热点。2 月 12 日上证指数涨幅相对比 11 日要小一些，但也是震荡上扬的，涨幅接近 0.7%。创业板指数依然还是比较强劲，涨幅超过一个多点。

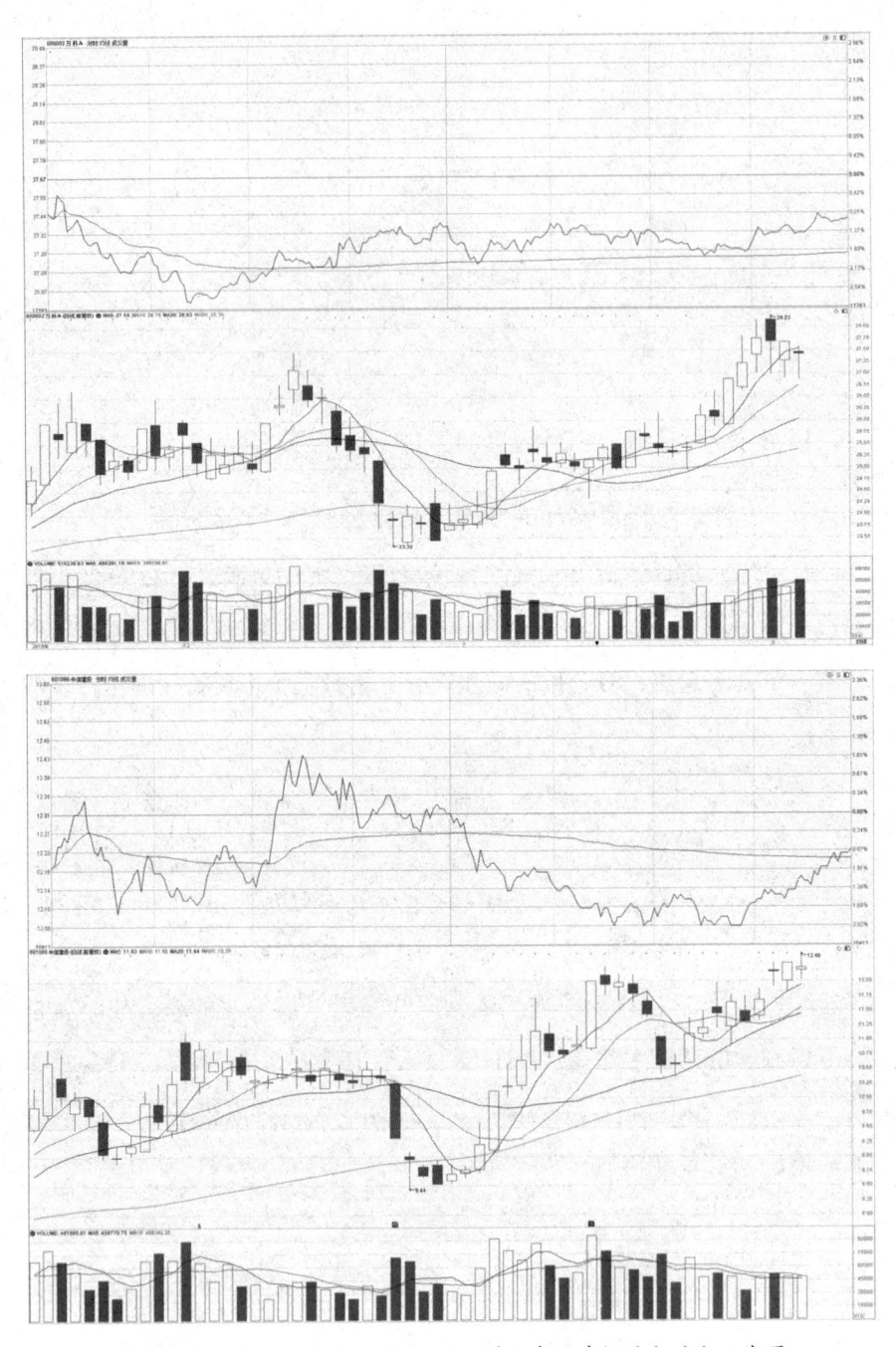

图案回顾点睛：2019年2月12日万科和中信建投的分时和日线图

我们拆开来看指数持续逼空的背后，2月12日上证指数涨幅相对创业板少一点的很关键的原因是不少上证50的个股出现了动荡。比如说证券龙头中信建投，出现了一个"十"字星，2月12日还是微调的。还有很多地产股如万科、保利也纷纷出现了动荡调整，包括茅台，也微跌一个点。

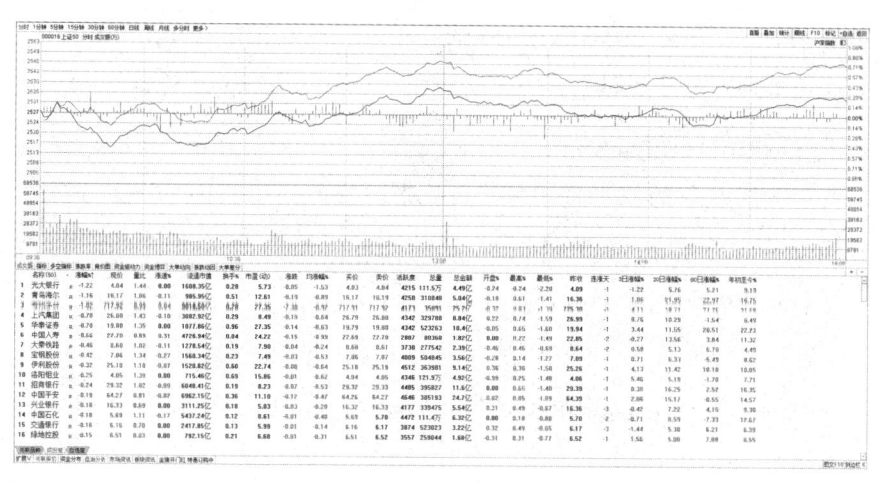

图案回顾点睛：上证50分时图和50部分品种动荡状况对比图

很多上证50的个股2月12日纷纷调整，根源在哪里？根源就是这一段时间的持续上涨使得一些个股积攒了很多的获利盘，在市场持续逼空的过程当中，会有获利资金想去做差价。做"T"导致了2月12日一部分上证50的个股出现动荡调整。就算如此，很有意思的是上证50指数最终还是收了一个小阳线，也就是说整个指数依然保持持续逼空的格局，这种持续逼空最厉害的地方在于它会形成一个良性循环，就是说有一些个股2月12日是动荡调整的，第二天它马上又可以往上突围，而2月12日突围的第二天它可以进入调整。也就是说市场形成一种交替进行推动上行的格局。从目前市场的盘面来看，已经形成这样一种良性循环了，这个趋势已不可挡。

欣喜的是，我2月11日也谈到了，我们要关注的是接下来要持续、突围而出的这种热点。2月12日我发现两个突围而出的热点，也要引起关注。第一个OLED，就是柔性面板。这个板块其实属于科技细分领域衍生出来的细分行业了，前期有相当一段时间很多人对这个行业的态度是偏负面的，现在市场回暖过程当中得到一定的修正，而这个修正2月12日变成了持续爆发的一种行情，有相当部分的个股出现了涨停的走势。这个板块我觉得有点意思，就是因为它相对来说出乎市场的预料，往往越是出乎市场预料的，越容易形成一定的持续行情，我觉得还可以去跟踪，但是具体操作上如果现在进去的话，有点难度，这个需要有相当的超短线水平的投资者才可以去把握。另外一个板块，我觉得这个板块相对来说可能会更容易把握一些，整个生物医药板块也突围而出。

【学习延伸突破小细节】

前段交易时间生物医药板块伴随着很多的利空背景打压之后，市场出现回暖。我相信这次的再突围预示着这个板块迎来一个阶段性的、比较不错的、持续性的行情的概率是比较大的。所以我觉得在生物医药板块里面应该还有深度挖掘把握的机会，甚至是给到大家潜伏或者是跟进的这样一个机会的。我觉得这个板块比起OLED，第一，它范围更广；第二，相对来说我觉得把握更容易一些，因为在整个生物医药里，相对中线来说，很多个股我觉得也是具有相当的价值的。

【温馨小提示】

生物医药毕竟也出了像长生生物这种黑天鹅的个股，所以在把握过程中需要一定的功底，我觉得需要加强对基本面的研究，避免黑天鹅是把握生物医药股的一个基本原则。

【国平回顾小感悟】

这里的思考，其实就是我很擅长的透过盘面细节按逻辑去思考未来演绎，我一直强调很多东西都在细微之处，因为我自己看盘的时候，很多时候就有这样的体会。这里谈到的OLED板块后面阶段性也成为市场最大的亮点之一,而且我们当时去调研的香山股份也因为涉及这个主题,最终被市场成功挖掘出来,阶段性也出现一波凶悍翻倍上涨行情。要更多理解调研时的所想所看,可以去看看我们"帮您调研"等系列产品,会让人更立体地去认知一家上市公司。

【调研简介】

2月12日有些个股是我刚才谈到了属于蓄势状态的。如果说明天又爆发的话,尤其是那些有一定想象空间的个股,我觉得这种接力过来,那就非常漂亮了,我还蛮期待的。所以说到这个,我觉得大家又要留意我之前谈到的"四大金刚"里面的一些相关个股了。

我觉得"四大金刚"里有一个板块——文化传媒。这个板块2月12日有部分是蠢蠢欲动的,表现不错,在接下来能不成为我所说的持续亮点的一个板块,大家去研究一下。我个人觉得这里面存在这样的一种可能性,有这样的一种概率。

另外一点就是次新板块,因为每一波行情的背后都离不开次新的身影,不论近端次新还是远端次新,我觉得在接下来我们都要留意相关的次新个股持续爆发的一种机会。尤其是接下来业绩上面有可能超预期的这种次新个股,更是值得我们接下来去把握的重中之重。所以我觉得次新也是一个不错的细分领域。

除此之外,2月12日某种意义上来说有相当一部分群体表现不错,但它归类到超跌低价板块,因为超跌低价对应的是前期跌得非常惨的个股。为什么超跌低价2月12日开始有部分出现集体躁动,很大原因是什么?其实是对前期跌得比较厉害的一种修复。虽然这种修复涨起来,貌似对前期跌幅来说不算多,但是对于目前整个情绪的一个影响会带来非常积极的一种效应,大家的情绪会慢慢从很悲观,到情绪稳定,甚至不断升温,有利于行情向纵深发展。所以我觉得超跌低价的集体的一种躁动,其实对整个情绪的提升很有帮助。

当然还有一个科技板块，像科技 2 月 12 日的小分支 OLED。我相信将来科技还会有分支的，比如说新能源是不是一个不错的分支？这也是我在思考的，当然还有其他的衍生。所以科技中各个分支一旦有持续性的热点崛起的话，市场的良性博弈格局就形成了。

可以说 2 月 12 日出现了"两个突围而出"，这是一个好的开始。

股指目前到了一个什么样的阶段？说白了就是一个持续逼空的阶段。接下来我觉得博弈进入到比较简单的一种状态了。就是说在这个位置，因为整个形势已经形成，就如 2 月 12 日有些上证 50 的个股走势一样。要不就形成一个强势震荡；若明天继续大踏步向上的话，很有可能形成逼空的走势，而逼空的走势很有可能迅速把 2700 点拿下了。

2700 点是什么位置？刚好对应的是 2018 年 10 月 19 日那里开始的一个阶段性的高点。我觉得这一次的逼空第一目标肯定是要先收复 2700 点的。2018 年 10 月 19 日，跳空向下的高点。我觉得这个是大概率的事情。一旦修复完之后，会开始动荡，然后再往更高的目标走，我觉得整个剧本可能会往这方面去演绎。

至少从目前来看，从 2 月 12 日的这种盘面最后的一个博弈状态来看的话，我觉得大家记住的一是市场已经开始进入一个良性循环的状态；二是我所谈到的持续热点已经崛起有两个好的开始；三是接下来还会有更多我们持续去挖掘把握市场轮动的机会；四是不用纠结股指，股指很有可能让你持续跌眼镜。跌掉眼镜什么意思？就是很有可能持续逼空，先拿下 2700 点。这就是我对当下市场的一个整体思考，希望大家在把握上结合我的思路，积极把握这些阶段性的机会，我觉得是非常重要的。

最后做一个简单介绍：2 月 12 日开始将隆重推出"国平实战博弈论"分享课程。这个课程涉及股票、期权、期货，课程内容全部来源于我们实战案例的分享，而不是纸上谈兵。我相信如果你用心去听，并结合我的文章去理解，将会大有收获的。比如说现在这个阶段，实战当中我们是怎么思考的，我们是怎么去做的，有什么样的案例。我觉得透过这些，对你把握市场是非常好的一个提升。所以为了帮到更多的中小投资者，我们隆重推出这样一个课程，这里面也包括期货，因为我前面谈过 2019 年 1 月我们期货也有一倍多的收益，期权是也超过一倍多的收益。

这个课程将会成为一个固定的栏目，随着行情的推进，我们希望推出此类实战的课程，伴随大家更好地去把握市场，希望大家能够踊跃参与、订阅我们的课程，把握 2019 年我们期待的一个博弈新牛市，一起把握更精彩的明天。

【国平回顾小感悟】

博弈里涵盖的范围很广，因为这样视野才能更全面，思考也才能更深入，股票、期权、期货等，每一个都有思考点，融合起来，自然也就得对市场理解，当然，这里难点在于怎么知行合一，同时有策略，比如期权和期货有些就可以采取定投的模式，股票为重心，组合推进。当然，如果团队中有特别突出的可以每个板块都独当一面，那自然可以全面出击，但就算如此，兵力安排上也必然是有所侧重，我们肯定是股票最重，其余配置，一般投资者也应该是这样的。

博弈牛市

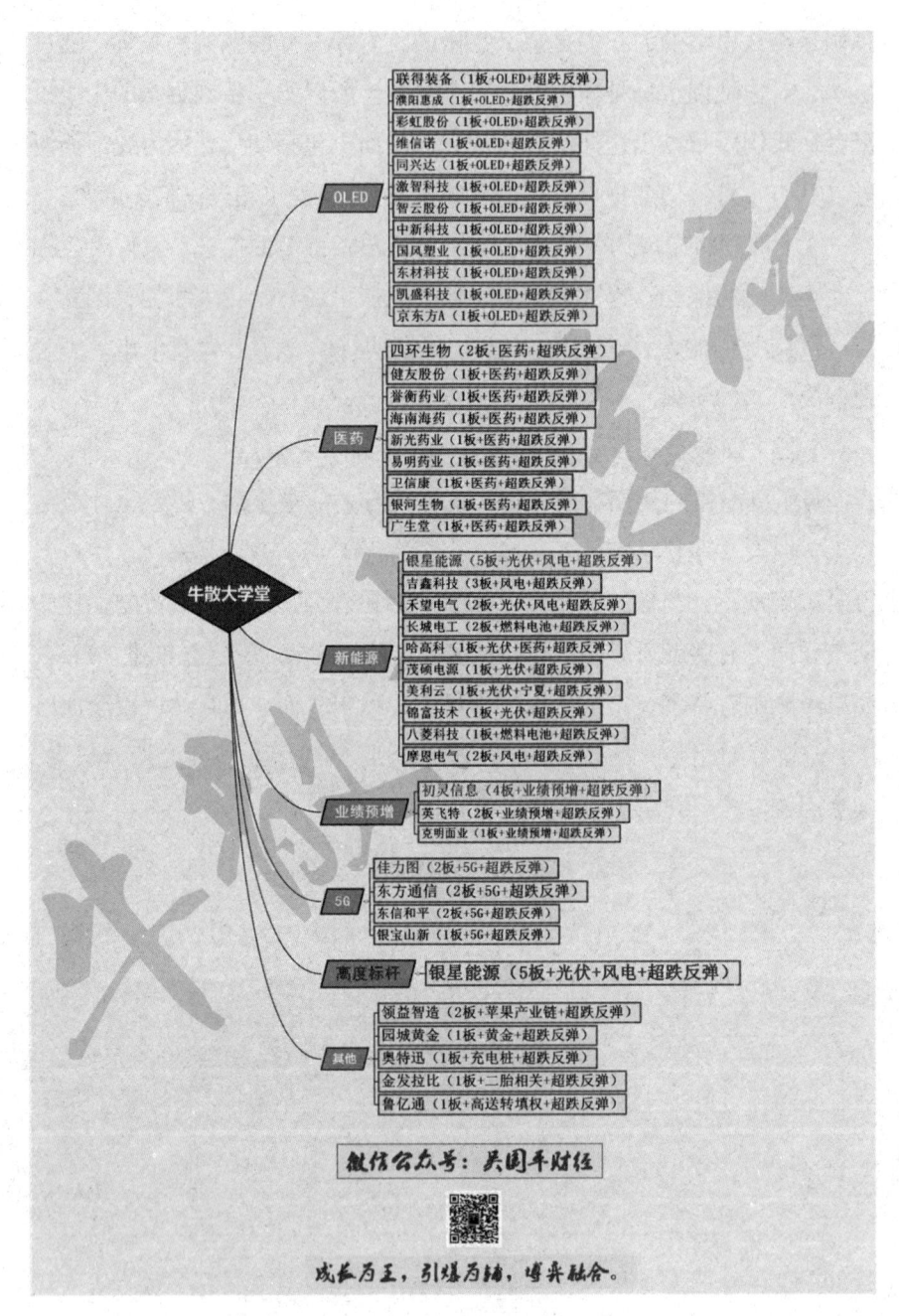

牛散大学堂

OLED
- 联得装备（1板+OLED+超跌反弹）
- 濮阳惠成（1板+OLED+超跌反弹）
- 彩虹股份（1板+OLED+超跌反弹）
- 维信诺（1板+OLED+超跌反弹）
- 同兴达（1板+OLED+超跌反弹）
- 激智科技（1板+OLED+超跌反弹）
- 智云股份（1板+OLED+超跌反弹）
- 中新科技（1板+OLED+超跌反弹）
- 国风塑业（1板+OLED+超跌反弹）
- 东材科技（1板+OLED+超跌反弹）
- 凯盛科技（1板+OLED+超跌反弹）
- 京东方A（1板+OLED+超跌反弹）

医药
- 四环生物（2板+医药+超跌反弹）
- 健友股份（1板+医药+超跌反弹）
- 誉衡药业（1板+医药+超跌反弹）
- 海南海药（1板+医药+超跌反弹）
- 新光药业（1板+医药+超跌反弹）
- 易明药业（1板+医药+超跌反弹）
- 卫信康（1板+医药+超跌反弹）
- 银河生物（1板+医药+超跌反弹）
- 广生堂（1板+医药+超跌反弹）

新能源
- 银星能源（5板+光伏+风电+超跌反弹）
- 吉鑫科技（3板+风电+超跌反弹）
- 禾望电气（2板+光伏+风电+超跌反弹）
- 长城电工（2板+燃料电池+超跌反弹）
- 哈高科（1板+光伏+医药+超跌反弹）
- 茂硕电源（1板+光伏+超跌反弹）
- 美利云（1板+光伏+宁夏+超跌反弹）
- 锦富技术（1板+光伏+超跌反弹）
- 八菱科技（1板+燃料电池+超跌反弹）
- 摩恩电气（2板+风电+超跌反弹）

业绩预增
- 初灵信息（4板+业绩预增+超跌反弹）
- 英飞特（2板+业绩预增+超跌反弹）
- 克明面业（1板+业绩预增+超跌反弹）

5G
- 佳力图（2板+5G+超跌反弹）
- 东方通信（2板+5G+超跌反弹）
- 东信和平（2板+5G+超跌反弹）
- 银宝山新（1板+5G+超跌反弹）

高度标杆——银星能源（5板+光伏+风电+超跌反弹）

其他
- 领益智造（2板+苹果产业链+超跌反弹）
- 园城黄金（1板+黄金+超跌反弹）
- 奥特迅（1板+充电桩+超跌反弹）
- 金发拉比（1板+二胎相关+超跌反弹）
- 鲁亿通（1板+高送转填权+超跌反弹）

微信公众号：吴国平财经

成长为王，引爆为辅，博弈融合。

市场轮廓脉络梳理——2019年2月12日

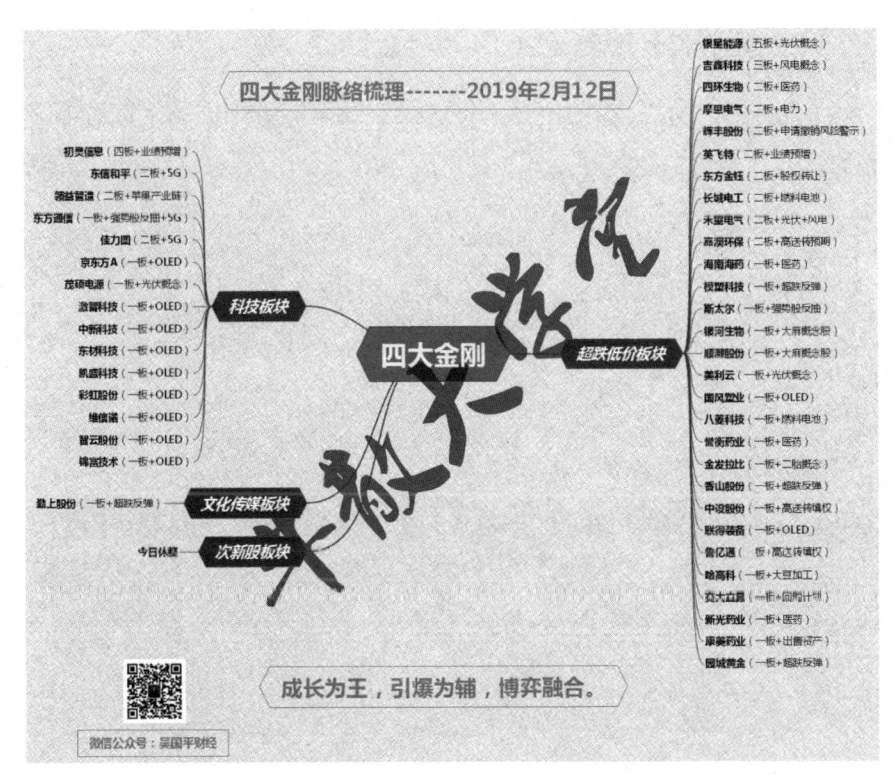

第十一章　看清两热点崛起的博弈

四大金刚脉络梳理——2019年2月12日

11.2 操盘实战博弈（2019-2-12）

（1）感知中信建投的博弈：每一根 K 线博弈细细去品，背后都很精彩。

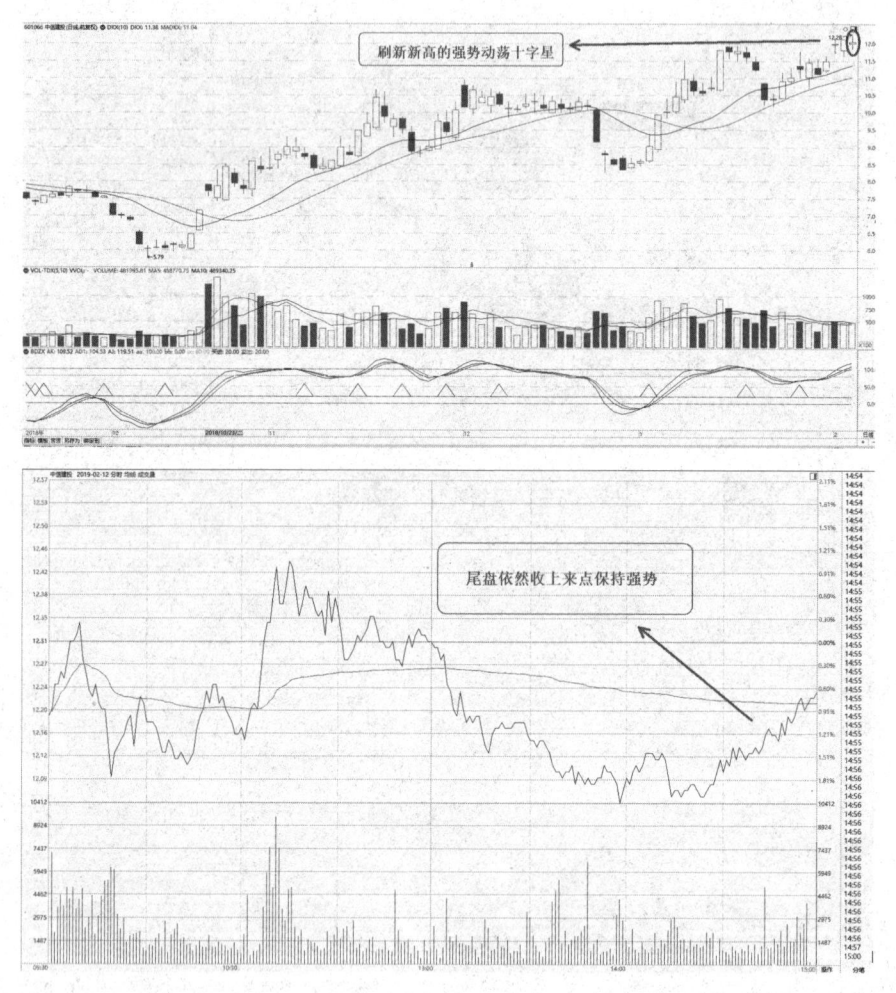

图案回顾点睛：2019 年 2 月 12 日中信建投日线和分时结合图

图形已经突破，保持强势运行，无非就是进一步换手，洗干净浮筹而已，此时要做的就是耐心等待，等待市场最终形成合力上攻。很多人很担心强势震荡最终会导致下跌。这逻辑很有问题。你想，强势震荡最慌的是谁？是空方啊，一直强势动荡跌不下去，空方本来就没优势，这样下去能消耗得了吗？反倒是多方，保持淡定，随时可以进一步给予致命一击。空方最终反倒可能被逼疯，崩溃变成多方是太正常了。

博弈本来就犹如两军对垒，斗智斗勇，很精彩，每一根K线如果细细去品，你都能感知到背后的那种有趣的博弈！

（2）感知东方通信的博弈：连续涨停背后的逻辑和方法你要好好学习。

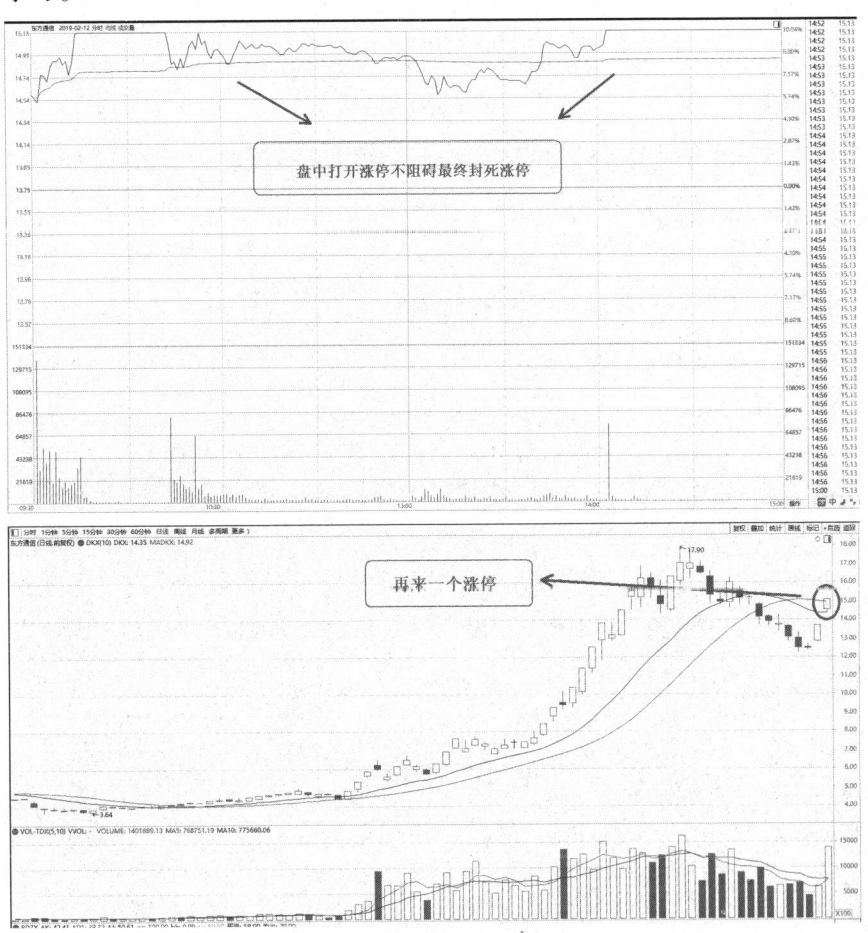

图案回顾点睛：2019年2月12日东方通信分时和日线结合图

最强的涨停反攻带来的就是连续涨停，什么叫强者恒强，这里做了最好的诠释。

问题是你敢在前面第一个涨停买吗？现在第二个涨停来了，你还敢买吗？如果你有逻辑，你就一定敢。如果你只是凭感觉，就一定会乱来，追涨杀跌，很盲目，赚到也只是运气。我们要做到的是，有实力。

我们总结市场的博弈，细微中、实战中感知，那么你就自然会蜕变。

少走弯路，少交学费，多赚钱的最好方式就是不断让自己变得强大。

我们的股威宇宙，我们的所有内容，就是你强大自己的最好武器，记住，好好学习，天天向上，才有蜕变的未来！

（3）感知风范股份的博弈：虽然继续向上但显然不是最强模式。

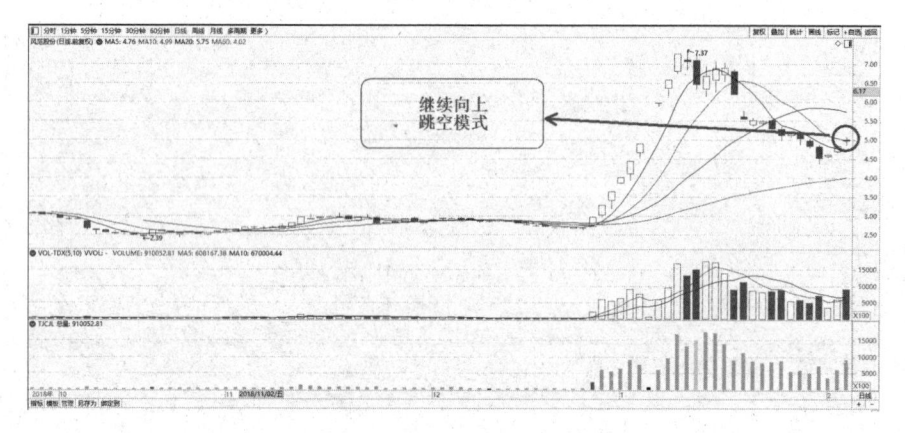

图案回顾点睛：2019年2月12日风范股份日线图

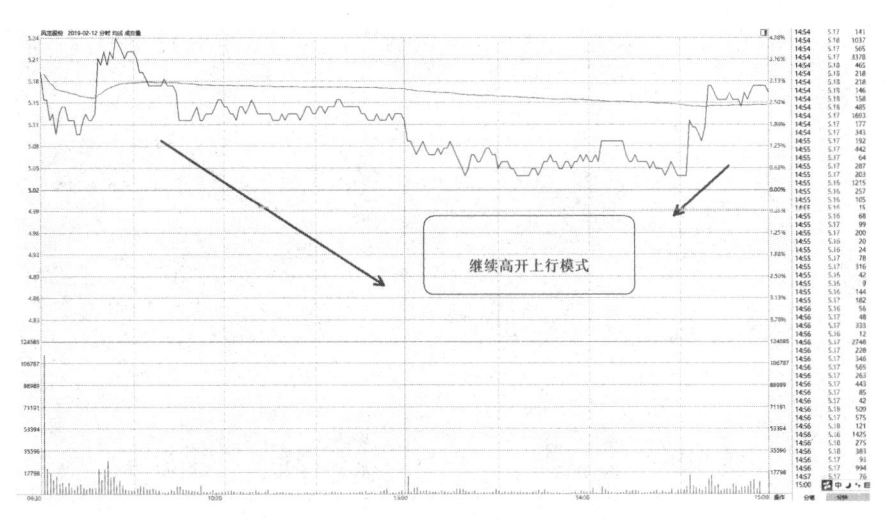

图案回顾点睛：2019年2月12日风范股份分时图

风范股份的继续高开上行，虽然算强，但对比涨停反攻，显然是逊色的。所以，这里其实可上可下，关键看大环境，大环境好大概率上，反之，还要反复。

这样的机会，其实要抓起来不是那么确定，为何？我强调做反攻要做最强的，比如涨停。否则就是纯基本面结合的博弈，那就是另一个范畴了。最终看基本面，就不需要过度纠结技术。风范股份显然还是要多结合点技术的。

（4）感知新疆交建的博弈：早晚分时的拉升无非是让图形更好看而已。

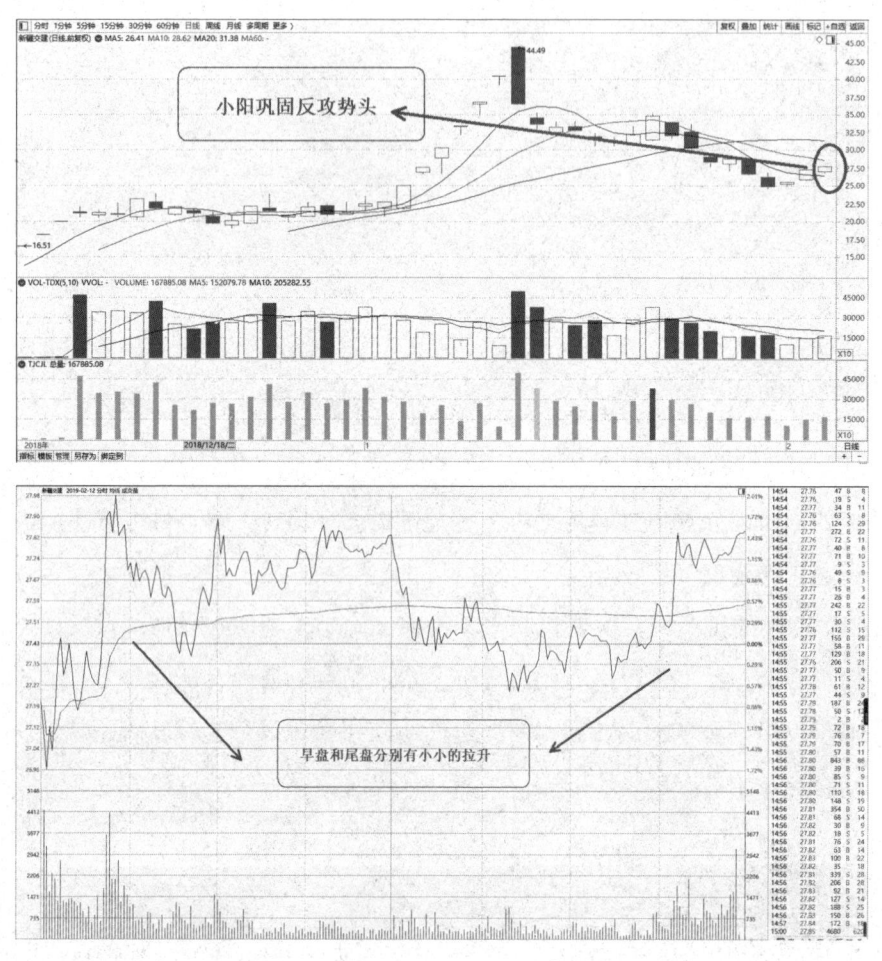

图案回顾点睛：2019年2月12日新疆交建日线和分时结合图

早盘和尾盘的拉升，无非更多是在技术上形成更好看的图形而已。目的也是比较明确的，就是希望这里能多折腾几下。

还是原来的逻辑，有所为有所不为，要参与也是适当。不过，对于盘面的细微波动，我们可以多点总结，多感知，以后类似波动总是有启发的。

（5）感知粤传媒的博弈：尾盘突袭的意义更多是为更大反攻做好图形。

图案回顾点睛：2019年2月12日粤传媒日线和分时结合图

一直强调，粤传媒的基本面要好于新疆交建。尾盘突然拉升，很显然是想用最小代价带来最大效果。

尾盘拉升，很多时候都是接下来随时动荡的前奏。不过，这里大环境是反攻，可以理解为更多是希望图形可以强势点，利于接下来的反攻。动荡就算有，也多是短暂的，大方向还是要做更高空间的反攻。不同环境，盘面状况必然是有不同的解读，我们一定要懂。

第十二章 一定要清楚的最新大思路

12.1 操盘日记（2019-2-13）

如期再逼空拿下 2700 点后一定要清楚的最新思路

名称	最新	涨跌	涨幅	总手	金额	开盘	最高
上证指数	2721.07	+49.18	+1.84%	2.44亿	2071亿	2674.52	2727.08
深证成指	8171.21	+161.14	+2.01%	3.18亿	2670亿	8029.97	8191.98
创业板指	1357.67	+25.40	+1.91%	7237万	753.0亿	1335.16	1362.64

图案回顾点睛：2019 年 2 月 13 日指数进一步逼空推进对比图

我相信 2 月 13 日的市场让很多人如我 12 日所谈到那样子，大跌眼镜了。我 2 月 12 日说到市场在那个位置，多方很有可能出其不意，长驱直入，直接拿下 2700 点，又被我说对了。当然这个"对"的背后是有逻辑的。

市场本身出其不意拿下 2700 点，上证指数涨幅接近两个点，涨了 1.84%，创业板也继续涨了接近两个点，可以说这段时间市场充斥着这种逼空的气息。我相信 2 月 13 日这样站上 2700 点之后，肯定让很多人开始回忆昔日的牛市味道了。当没涨起来的时候，我拼命跟大家说接下来要有机会了，没有什么人相信，但当市场慢慢走出来的时候，你不信也得信。

对于前期在拼命看空或者是清仓的投资者来说，现在到了这个阶段应该是比较尴尬的，当然很多已经崩溃了。接下来他们会怎么样？我说过，他们最终会空翻多的。我相信 2 月 13 日这样一上去，已经有部分人缴械投降了，而这就是博弈。

【国平回顾小感悟】

那时候，我记得很清楚，哪怕就是这样再逼空推进了，还是有很多人没意识到市场悄然发生逆转，还是沉浸在空方的情绪中，反而更担心接下来可能出现暴跌走势。这样的人，本质上就是没有建立对市场理解的体系，很盲目，没有逻辑，只有结论的人群属于羊群，最容易被市场带到坑里，这里看空的人往往最终涨到最后突破 3000 点往更高方向走的时候，也是最容易成为空翻多买、最终再被坑的人群。

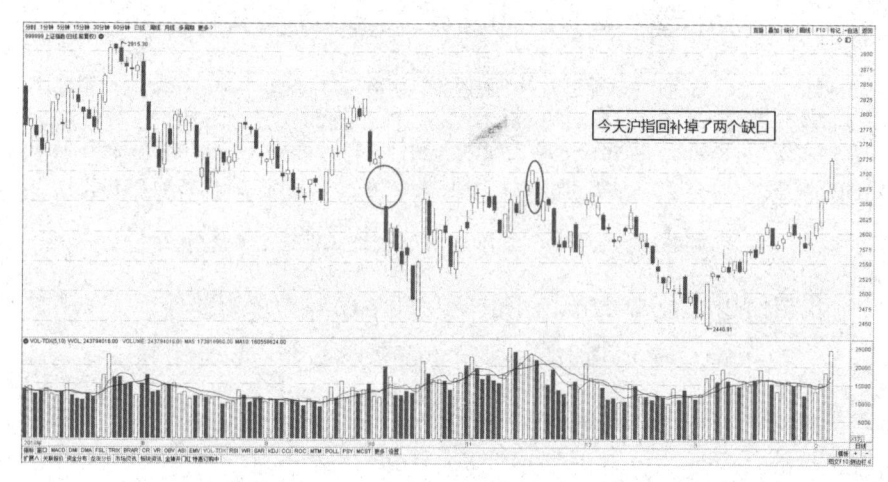

图案回顾点睛：2019 年 2 月 13 日上证指数进一步逼空日线图

这种持续逼空走到现在，我们 2 月 12 日也谈到了，特别是沪指站上 2700 点，2 月 13 日刚好回补 2018 年 11 月 19 日的跳空向下缺口，这个缺口在我昨天的"国平实战博弈论"中也探讨过了。同时我们也看到 2 月 13 日把 2018 年 10 月 10 日的跳空向下缺口也回补掉了，两个缺口都补掉了。

现在还有一个缺口没补的，就是在上方 2018 年 9 月 28 日留下的 2821 点的跳空向下缺口，目前还有一百点的空间，你说要短期马上回补，我认为这个概率还是比较小的。虽然现在整个趋势是逼空的格局，但是现在多方经历了近期的持续逼空后，说真的能量也消耗比较多。这个时候再来一个持续的中阳，然后把2821点回补上，我觉得这个概率是非常小的。我们不妨看看2月13日推动市场上涨的主要因素是什么？

我们可以看到2月13日上证50表现很精彩，比如我一直谈到的中信建投，2月12日我在实战博弈课程里面谈到的，作为伏笔，有些时候市场要攻击的时候，它可以作为一个助攻的角色，而2月13日就很漂亮地做了一个助攻，大涨近7个点，也带动了整个券商板块，它自己也再次刷新历史新高。整个局面目前来说多方把控得非常好，当然2月13日没封死涨停，那也说明在往上冲的时候，很显然也是遭到了一些获利盘的阻击，毕竟现在都是盈利的。所以我们可以揣测，像这些券商这一次是起到一个非常有力的助攻作用，那么在接下来的上攻过程当中，最大的问题就是获利盘对它的阻击。

【国平回顾小感悟】

中信建投这里的突破大涨非常好地验证了前期我对它一路看好的思路。这思路得到最好的验证，进一步说明逻辑只要通了，市场自然就会如预期呈现出来，我们要做的，就是看准逻辑，知行合一，自然大成。

因为现在有很多获利盘，所以接下来合理的运行模式应该是呈现一种动荡。我觉得初期可能是一个强势动荡，因为整个趋势已经形成，一下子要中阴线杀下来难度也很大。就像前两天的贵州茅台，2月12日就是在一根中阳线之后出现动荡，涨了五个点之后动荡跌了一个点。我觉得2月13日很多这种上证50权重股中阳线之后，接下来合理的走势很有可能就是小阴线的动荡，我觉得这种概率是存在的，所以我们不得不防。

【温馨小提示】

我们要有一种防范风险的意识，就像开车一样，加速的时候要小心谨慎，还有必要适当的减一减速，这才是最好最安全的，所以行情有进有退才是健康的市场节奏。

减速的话很多人就会说是不是会有一个回撤，我觉得如果真的回撤，既然已经拿下了 2700 点，市场无非就是有一个回踩确认 2700 点的动作出现，这个动作是合理的。所以我个人是觉得如果近期有可能出现动荡的话，极限也就是回撤到 2700 点附近，当然不一定能够回到那个位置，但是我觉得短期而言很有可能就是演绎这样一种格局。

好了，经历了 2 月 13 日中阳线之后，我们要看的是还有没有一些做多的力量可以给多方助攻，比如说像地产股、万科、保利地产，我看了一下，它们目前还是没有实质性的突破，包括一些银行股，虽然小阳向上走，但现在整体也还是动荡。

所以，如果多方还要继续发力的话，可能就要在权重股领域做文章了。就目前来说，我觉得轮动的格局是有可能性的。市场目前更有可能进入到动荡的过程当中，即小阳小阴这种演绎模式，我觉得反倒成为了一种大概率。也就是说接下来市场可能动荡，可能出现小阳或者动荡出现小阴，这都是非常合理的。

有一点我要提醒大家，市场透过近期的板块效应酝酿着更多的轮动机会。比如说，第一，2 月 13 日依然是市场瞩目的持续热点——OLED，京东方继续涨停，很多涉及 OLED 的个股持续涨停，这个板块依然激发了市场的人气。

生物医药，2 月 13 日依然是市场热点之一，虽然它的持续性、它的强度比起 OLED 要逊色一些，但正是因为如此，接下来这个板块反倒酝酿着更多轮动的机会。

【学习延伸突破小细节】

持续热点需要新的力量，看到像5G、人工智能等等涉及科技类板块的个股出现了非常漂亮的一个猛攻的态势。也就是说整个市场现在轮动的格局已经彻底打开，换句话说，这种格局就奠定了接下来市场局部会持续活跃的一个主基调，这点大家要有非常清晰的认识。同样在之后的行情，可以理解到市场的这种行为。

大家想一想，你看这段时间，连京东方这样的个股都能持续涨停，连工业富联在2月13日也涨停了，这也说明这波资金来者不善。

伙伴们，我们也要意识到，接下来在来者不善的博弈过程当中，局部的动荡跟机会一定是并存的。动荡，像2月13日的中兴通讯一样，盘中涨停，尾盘砸开了，其实某种意义上来说也是有担心动荡的资金做了一个这样的一个动作。所以从这些细节中我们能感知到，接下来上了2700点之后，一定会迎来局部不少个股动荡，同时也有不少个股依然精彩的一种格局。

但我想告诉大家，整体来说市场依然还是值得我们积极参与的这样的一个阶段。接下来就是八仙过海各显神通，说白了接下来你要抓到好的机会，就得提升自身能力，一定要加强能力。前段时间是一个闭着眼睛"抢钱"的行动，那么接下来我们要去"抢钱"的话，就得加强博弈的能力。我们最希望看到的是在博弈当中前行的一种格局。

市场经历了2月13日拿下2700点的状态之后，接下来大家要有局部出现动荡的风险意识。

从整个局势来看，多方依然是牢牢把控整个局面的。我觉得短期无非就是坏一点的结果——小阴，好一点的结果——小阳。但是局部的板块会轮番上演精彩，可以说接下来会进入到一个真正的板块轮动的"抢钱战役"当中。希望大家在这个过程当中积极做好对市场的研判，做好对各方面内容的一个梳理，然后积极参与到我们接下来的轮动战役、"抢钱"的过程当中来。

总之，市场经历了近段时间的上涨，整个大的格局已经初步奠定。既然舞台已经搭好，剩下就是各路神仙轮番精彩上演了。

【学习小总结】

指数是进入到一个短期小阳小阴的阶段，回撤的极限位置我也已经谈到了，大概可能短期是那个位置。至于说短期它再上攻的空间，开启小阳模式的话，也就再往上冲一冲。

不管如何，精彩的未来已经展现在我们的眼前。对于那些空方而言，他们可能很多人现在也在期盼着来一个明显的调整，让他们上车，但是市场有些时候不一定会给你这样的机会。不给你这样的机会最终的结果就是演变成强势动荡。这是我提出小阴、小阳的逻辑就在于此了。至于说局部的机会我们要努力去把握，这里面依然存在着非常多的阶段性去把握的一个机会。

2月13日我就分享到这里，明天我们再会。

【国平回顾小感悟】

伴随着市场中阳推进逼空，有一点是要清晰的，就是这舞台不经意就搭建起来了，就算要再跌，由于惯性等原因也不会那么快，更何况行情刚起来，更是小概率，所以这也告诉我们，就好像股票从底部刚开始躁动起来，你根本不需要太着急去做波段，因为就算惯性，也还有空间去值得期待，若还有更多其他积极因素，不经意就会促成一个逆转。

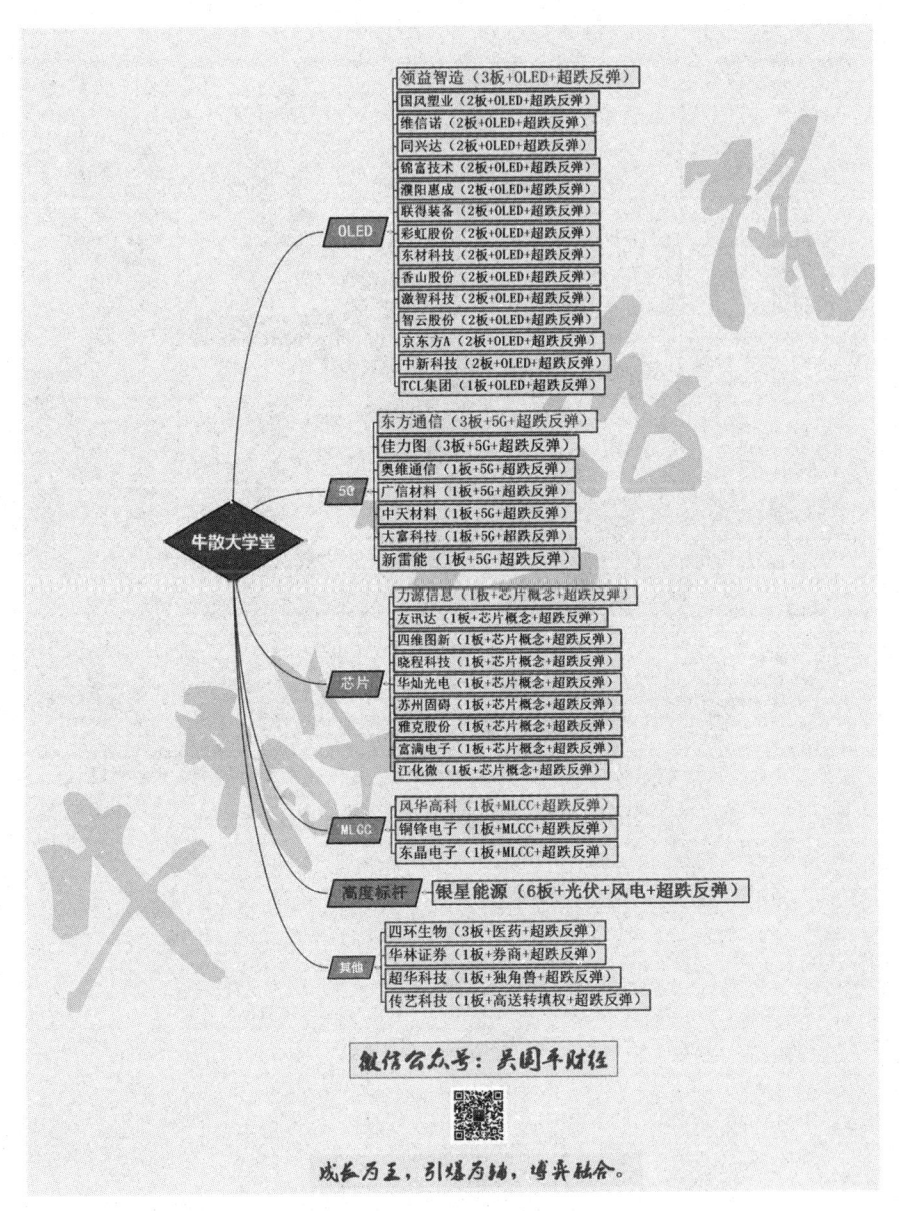

第十二章 一定要清楚的最新大思路

牛散大学堂
- OLED
  - 领益智造（3板+OLED+超跌反弹）
  - 国风塑业（2板+OLED+超跌反弹）
  - 维信诺（2板+OLED+超跌反弹）
  - 同兴达（2板+OLED+超跌反弹）
  - 锦富技术（2板+OLED+超跌反弹）
  - 濮阳惠成（2板+OLED+超跌反弹）
  - 联得装备（2板+OLED+超跌反弹）
  - 彩虹股份（2板+OLED+超跌反弹）
  - 东材科技（2板+OLED+超跌反弹）
  - 香山股份（2板+OLED+超跌反弹）
  - 激智科技（2板+OLED+超跌反弹）
  - 智云股份（2板+OLED+超跌反弹）
  - 京东方A（2板+OLED+超跌反弹）
  - 中新科技（2板+OLED+超跌反弹）
  - TCL集团（1板+OLED+超跌反弹）
- 5G
  - 东方通信（3板+5G+超跌反弹）
  - 佳力图（3板+5G+超跌反弹）
  - 奥维通信（1板+5G+超跌反弹）
  - 广信材料（1板+5G+超跌反弹）
  - 中天材料（1板+5G+超跌反弹）
  - 大富科技（1板+5G+超跌反弹）
  - 新雷能（1板+5G+超跌反弹）
- 芯片
  - 万源信息（1板+芯片概念+超跌反弹）
  - 友讯达（1板+芯片概念+超跌反弹）
  - 四维图新（1板+芯片概念+超跌反弹）
  - 晓程科技（1板+芯片概念+超跌反弹）
  - 华灿光电（1板+芯片概念+超跌反弹）
  - 苏州固锝（1板+芯片概念+超跌反弹）
  - 雅克股份（1板+芯片概念+超跌反弹）
  - 富满电子（1板+芯片概念+超跌反弹）
  - 江化微（1板+芯片概念+超跌反弹）
- MLCC
  - 风华高科（1板+MLCC+超跌反弹）
  - 铜锋电子（1板+MLCC+超跌反弹）
  - 东晶电子（1板+MLCC+超跌反弹）
- 高度标杆
  - 银星能源（6板+光伏+风电+超跌反弹）
- 其他
  - 四环生物（3板+医药+超跌反弹）
  - 华林证券（1板+券商+超跌反弹）
  - 超华科技（1板+独角兽+超跌反弹）
  - 传艺科技（1板+高送转填权+超跌反弹）

微信公众号：吴国平财经

成长为王，引爆为辅，博弈融合。

市场轮廓脉络梳理——2019年2月13日

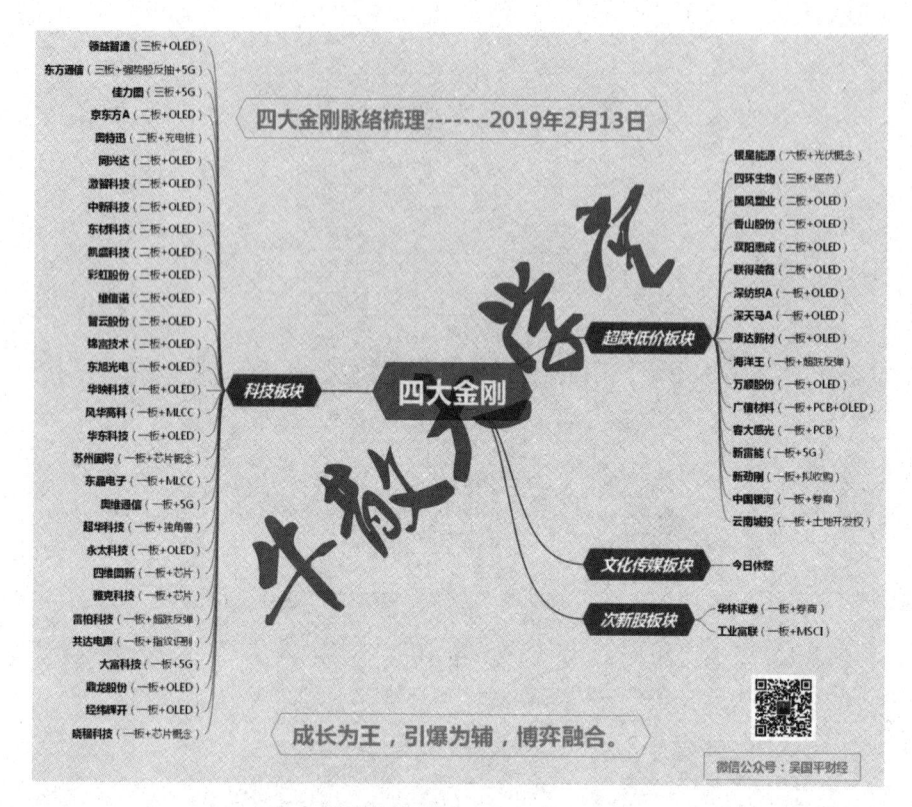

四大金刚脉络梳理——2019年2月13日

12.2 操盘实战博弈（2019-2-13）

（1）感知中信建投的博弈：顺势而为，进一步向上拓展空间。

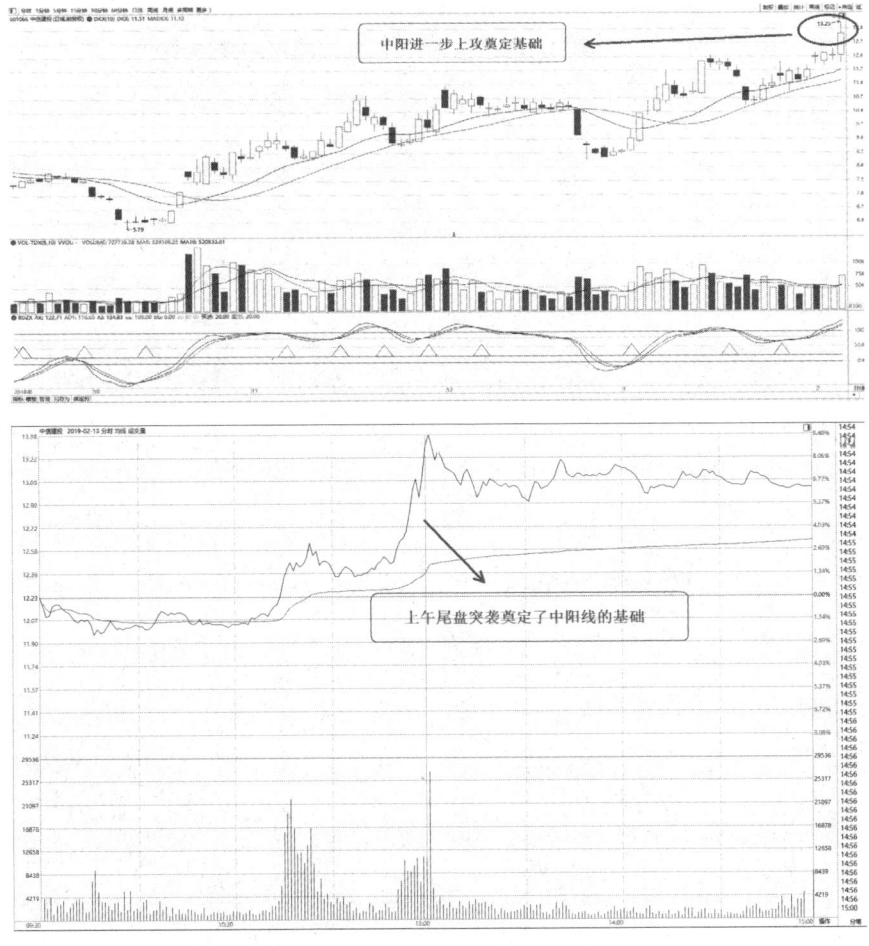

图案回顾点睛：2019 年 2 月 13 日中信建投日线和分时结合图

当一个趋势形成，强势动荡洗礼后，只要稍微再一发力，就很容易形成合力，进一步拓展空间，如果是上升趋势，那就是进一步上攻了。

中信建投这里，表现就淋漓尽致。上午尾盘稍微发力，很容易上攻上去，下午剩下时间巩固就可以了，等于是又拿下一个高地。这样累计下去，必然会让空方越来越崩溃，最终一发不可收拾。

此时，要做的事很简单，就是顺势而为！

（2）感知东方通信的博弈：反攻过程同样可以三板成妖。

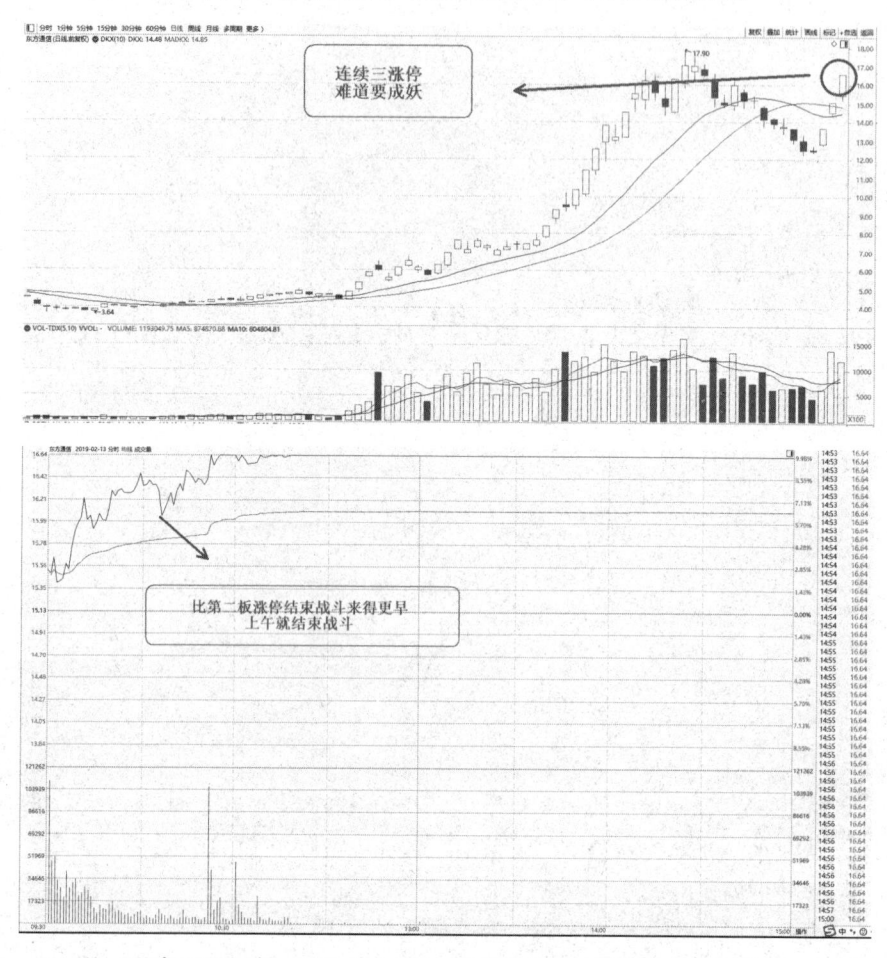

图案回顾点睛：2019年2月13日东方通信日线和分时结合图

第一个涨停如果你不够勇气参与，第二个涨停你依然迷茫，第三个涨停的时候你必然抓狂。反过来，一开始如果思路就很清晰的话，知道反攻最理想的模式就是抓涨停，因为最强，强者恒强。

如果你有总结，有学习，有思路，其实这一切你就会觉得很自然。哪怕持续第三个涨停，其实看清楚本质，你就懂得，这里也依然是加仓点。

因为短期大逆转的势已经形成，这势不可挡带来的就是机会。第三个板比第二个板来得更快就是一个很好的明证。很多时候，"妖股"就是透过持续涨停来实现的，尤其不经意"三板"，往往就是"妖"的特征之一。

（4）感知风范股份的博弈：不跌也是一种强势，等待进一步的方向选择。

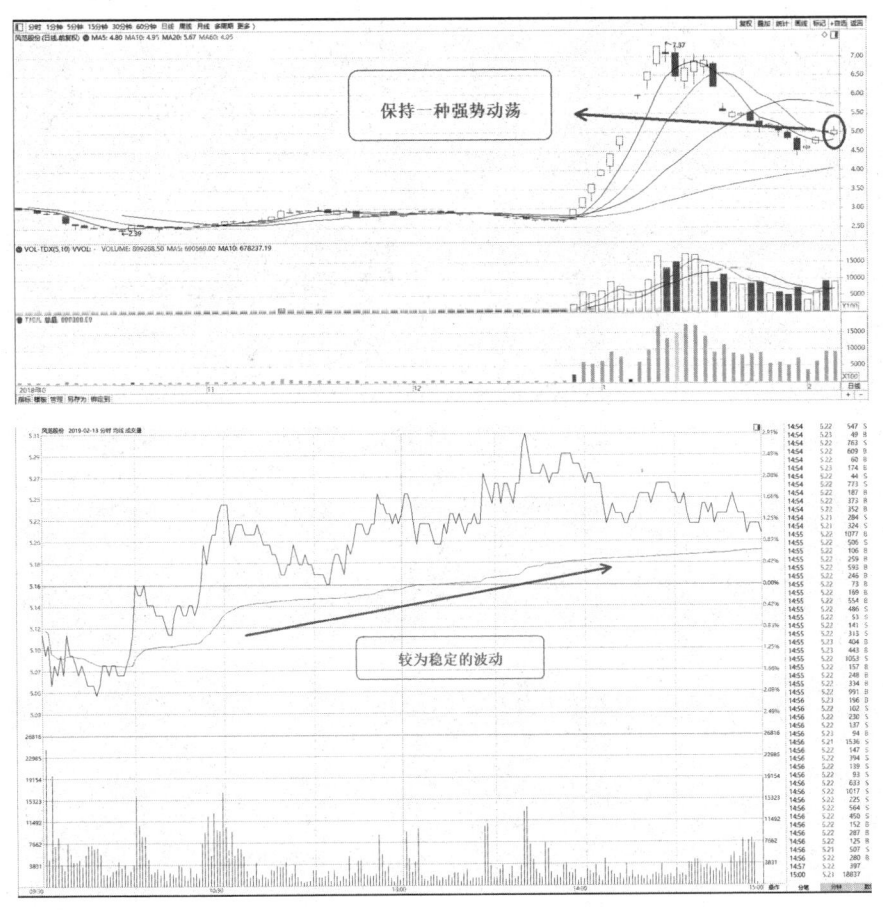

回顾点睛：2019年2月13日风范股份日线和分时结合图

保持相对稳定的波动，只能说明这里有一定的承接力，但还不能说明这里就一定会引发进一步大的反攻，这还需要市场等因素配合。

做这类反攻，我们的思路是不见兔子不撒鹰，最安全最有效率的方式是等实质大反攻才跟上。否则维持布局，更多是建立在你对它基本面和市场未来整体走势等因素有信心的基础上，做出的一种选择。

就本身的博弈而言，这里更多是在等待进一步的方向。

（4）感知新疆交建的博弈：进一步扩大战果靠投机突袭。

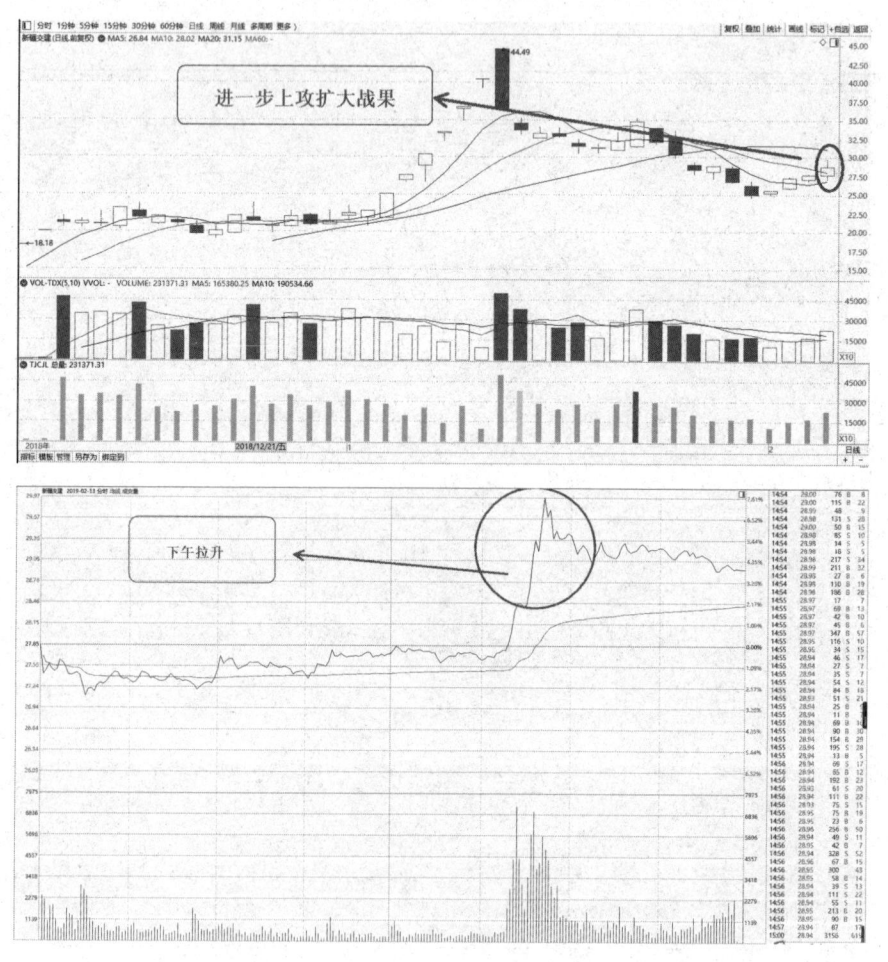

图案回顾,点睛：2019年2月13日新疆交建日线和分时结合图

股性比较活的时候，哪怕基本面一般，市场一稳定，总会有投机性资金参与一把。新疆交建的进一步反攻发生在下午，类似突袭，其实也是投机，这样的机会，我以欣赏为主。主仓位一定是在自己熟悉有基本

面支持的品种上。

当然，我们可以感知这盘面的技术状态，参与其中懂得做差价就是。

（5）感知粤传媒的博弈：尾盘突袭后不跌就是转变为强的一种特征。

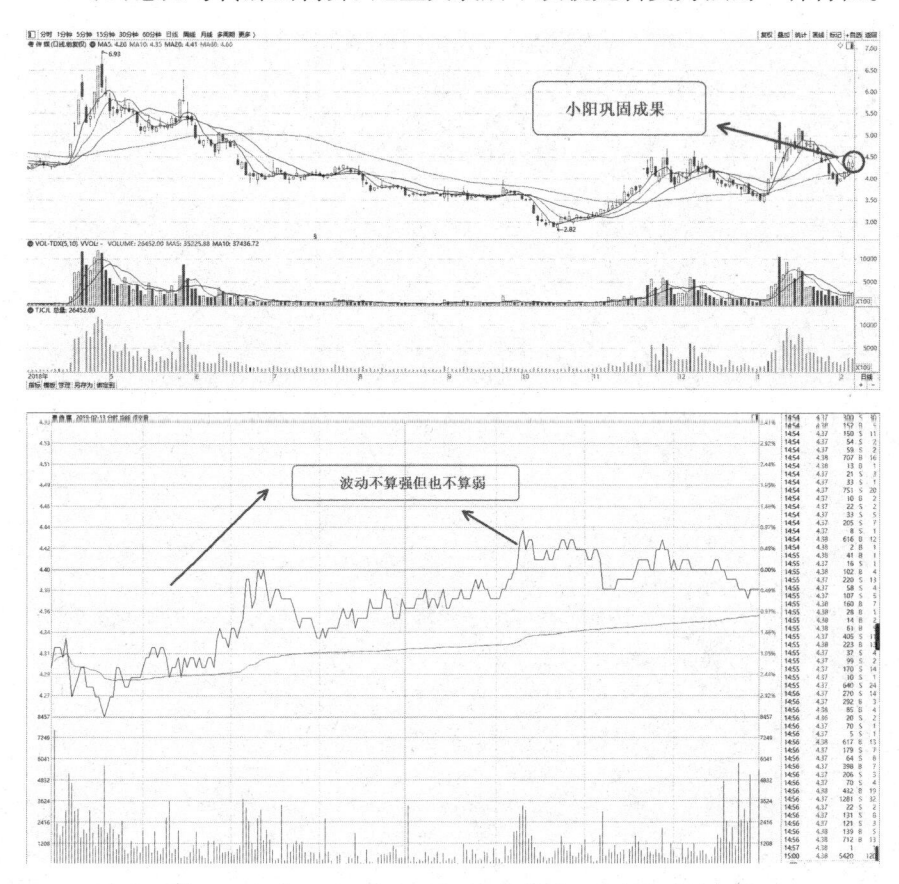

图案回顾点睛：2019年2月12日粤传媒日线和分时结合图

前一天明显尾盘突袭，2月13日能巩固成果不跌就已经说明强势了，这是好事。

盘面的演绎就是强弱不断转变，原来弱，慢慢变强，总是可以透过蛛丝马迹感知到的。关键是对于基本面你有底的话，技术上的波动，其实就是一种进一步的验证而已。相互验证最终是可以形成合力的。

第十三章 下一热点剑指何方必须清楚

13.1 操盘日记（2019-2-14）

果然小阴小阳稳推进　多头下一热点剑指何方你必须清楚

名称	最新	涨跌	涨幅	点手	金额	开盘	最高
上证指数	2719.70	-1.37	-0.05%	1.97亿	1703亿	2715.54	2729.46
深证成指	8219.96	+48.75	+0.60%	3.10亿	2472亿	8182.32	8260.33
创业板指	1361.94	+4.27	+0.31%	6755万	688.3亿	1357.78	1369.78

图案回顾点睛：2019年2月14日指数涨跌综合对比图

2月13日我说大盘如期逼空站上2700点后的最大可能会迎来小阴小阳的波动格局。好了，2月14日果不其然收出了一个小阳线，你也可以说是小阴线。怎么理解呢？上证指数实际收盘价低于2月13日的收盘价，但是因为2月14日是低开，收盘价又高于2月14日的开盘价，所以看上去又像小阳线。不管如何，小阴小阳线的预判跟2月14日的实际情况算是很贴切了。

2月14日整体是一个相对窄幅波动的状态。波动不算很大，波动不大的背后能看出一些端倪，这也让我对接下来市场演绎格局有了新的思考。我们不妨可以看一下，2月13日谈到的两个标的，中信建投和中兴通讯。

【学习延伸突破小细节】

我们可以从盘面发现，中信建投没封住涨停，这是一些获利盘的正常动作，包括中兴通讯尾盘涨停被砸开也是如此。2月14日显然验证了我的思路，全天都是调整状态。但是大家发现没有？虽然它们是调整的，但这个调整幅度很小，2月13日一个大阳线，2月14日像中兴通讯连一个点的跌幅都没有，中信建投的跌幅也不到两个点。说白了，多方依然牢牢地把控着整个局面。比如说有些人想等它调整下来再逢低介入，很显然2月14日这种幅度根本就没给他们什么机会。多头已经把控着市场的节奏了。

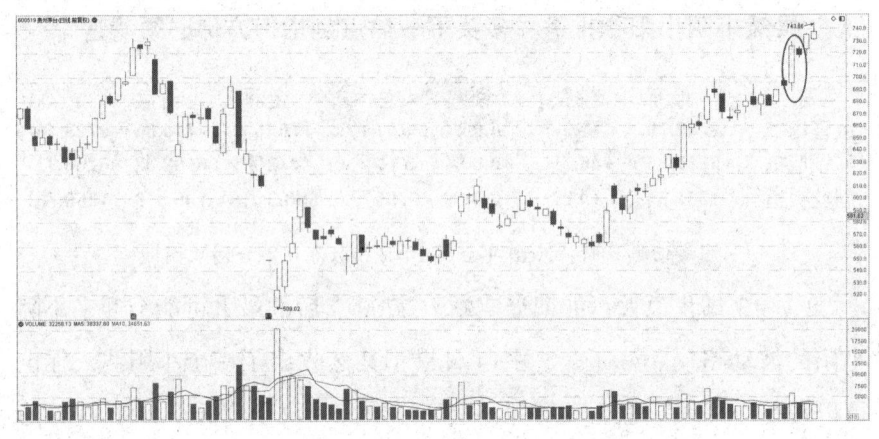

图案回顾点睛：2019年2月14日贵州茅台日线图

这又让我看想起了2019年2月12日跟大家分享的贵州茅台，大阳之后出现小阴线，然后是出现了一个小中阳又一个小阳线的走势。接下来中信建投跟中兴通讯的走势，我觉得可以参考贵州茅台2月19日的小阴线后面的走势。

如果真的是这样，市场会产生什么样的格局呢？我还仔细研究了一下，2月14日像万科、保利表现比较平稳。整体来说，2月14日很多权重个股都属于一个强势震荡的运行格局。我的感觉这种格局就是很多空方想变多方，都在等着市场跌下来，逢低买进去，但是多方就不太愿意把这样的机会给到空方。你想象这些权重股获利盘那么多，真的要跌一跌的话，至少你要把一个中阳线一半的涨幅跌掉，这样才算是一个像样的调整。但我研究了这些相对有影响力的权重个股，没有一个是这样的走势，都是类似强势运行格局。这也就预示着整个多方的实力还是非常的强劲。换句话说，现阶段依然是安全的，只是说现在的涨速比前期的涨速稍微缓慢了一些，就像2月13日我比喻的一样，车开得太快了就要适当减速，但适当减速并不代表不前行。小阴小阳，也可以让重心继续上移，这是最强势的一种体现了。

当然也有一种就是横盘震荡，明后天就会揭晓小阴小阳带给市场最终的一种方向性演绎了。究竟会怎么样？我们再看一下整个市场2月14日的热点表现。首先近期市场最大的热点就是OLED柔性面板，其实这个主题跟近期很多手机厂商宣布2019年正式推出柔性面板手机的事件是息息相关的，所以一下子引爆很多相关个股。有些个股已经连续好几个涨停板，甚至带动了京东方A这样的大盘股，2月14日盘中一度都是涨停的，2月14日最终收盘涨六个多点。所以，这个板块的整个氛围比较热烈。既然市场能够挖掘出来，那很显然这里面龙头个股阶段性肯定翻番，我觉得这个是基本目标。就好像之前的5G龙头东方通信一样，低点到高点，不是翻番那么简单了，直接从4元涨到18元多，然后休整了一下。

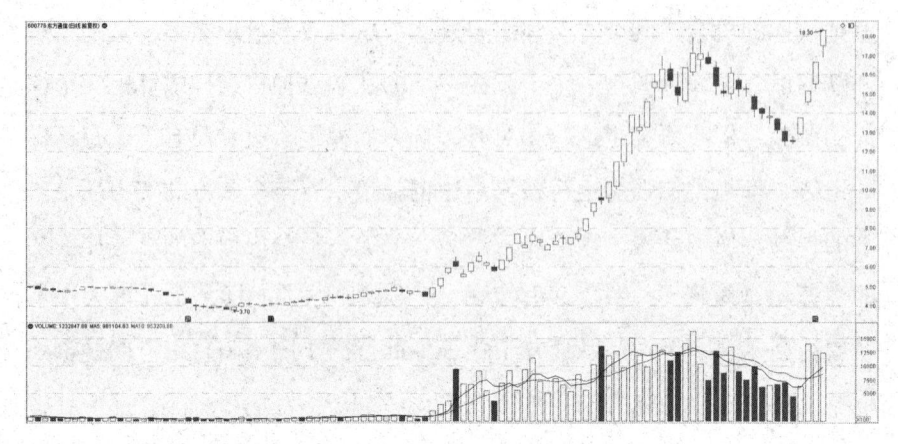

图案回顾点睛：2019年2月14日东方通信连续涨停日线图

说到东方通信，这是我们之前阶段性挖掘出来的一个龙头品种，相信之前看过我文章的人应该有印象。而且在高位18元多的时候我曾经提醒过大家，它可能会迎来一个调整。当然我说调整的时候还补充了一句话，就是如果你能忍受阶段性二三十个点的回调，你拿着也没关系，因为就这个行业整体来说，我认为还是可以持有的，我的意思就是东方通信最终还是有可能刷新高点的。

好了，到了2月14日我当时的研判和预判又再次验证了，为什么？因为2月14日是东方通讯第四个涨停板，从低位涨上来，刚好刷新了高点，站上了18.3元，而且是封死涨停的。这个动作也从一个侧面反映出整个科技板块，这些细分行业的发展趋势是势不可挡的。

当然这个主题跟科创板的设立是息息相关的，所以科创板设立之前，围绕着科技板块的各种细分行业进行一种跟进，我觉得这种大概率都是赢的。从2018年到现在，5G赚得盆满钵满，中兴通讯2月13日刷新高点，2月14日又轮到东方通信了。我不是说现在大家还拼命去买5G，5G毕竟之前已经积累非常大的涨幅了。它们越是往上，接下来动荡的幅度越会加剧，这点大家也要有心理准备。

市场涌现出OLED热点，这些也从一个侧面反映出市场科技衍生的点在扩散，这是好事，我的研判就是进一步扩散。我们不妨看一看人工智能、新能源，盯紧人工智能龙头之一的科大讯飞，看看它的动向会对你未来把握行情有帮助。科大讯飞也是大中阳线之后一个小阴线，符合我刚才说的这种健康调整。还有宁德时代，是属于新能源的。2月14日宁德时代大涨近四个点，盘中涨幅五六个点，再涨一涨，就要刷新高点。

大家可以发现目前的整体态势有点势不可挡，这点大家一定要清清楚楚。很多人常说"看趋势"，但问题是，很多人只是看跌的趋势，或者差的股票的趋势，对于那些好的行业，反而忽略了它们的趋势。其实它们不经意中已处于上升趋势了。如果你身在其中，就是牛市；你没在其中，那就是熊市。

回到我们市场接下来的热点，除了科技，还有其他新兴产业也是一个大的框架。

2月14日我们也发现新兴产业里面，像知识产权也出现了明显的异动。以光一科技龙头为代表的个股2月14日都普遍大涨，光一科技最终是封死涨停的。

【温馨小提示】

热点往纵深方向延伸。这也证实了我们2月13日谈到的一个逻辑，第一，指数上涨速度会降低；第二，接下来确定的是板块的轮动。这一块延伸是确定的，大家安心做多。

从时间周期来看，目前也还没到真正要转折的时候，至少在"两会"之前都应该是相对安全的。整体来看，现在市场财富效应是非常明显的。

问题是什么？问题是你能不能找到接下来崛起的板块？说白了需要挖掘亮点的眼光，否则你有可能出现盲目的追高，从而陷入动荡的局面。

有些品种你现在拼命去追高的话，一不小心就追到一个阶段性的高点，而这个高点就好像之前的东方通讯一样，也不是说没有机会解套，但你可能要忍受几十个点的回调，忍受几个月的动荡（我觉得未来博弈的过程当中是存在这种可能性的）。很多人别说忍受几十个点的动荡了，十个点的动荡都忍受不了。所以接下来整个市场的博弈渐渐会趋于复杂，但依然还是多方把控的一种格局。

2月14日看完整个盘面，包括一些关键性的品种，我的感觉是什么呢？

首先，多方不太想让空方有明显调整的上车机会。就2月14日的指数来说，上证指数2700点，盘中回调最低也就到2707点。2月13日我谈到的市场如果真的要调整的话，极限就在2700点附近，这里讲到的2700点附近其实也暗含着有可能击穿2700点。但2月14日最低点2707，很显然是比较强势的。当然不排除后期动荡的过程当中也有可能再次考验2月14日的低点，但这个都不重要，重要的是我发现2月14日很多个股，它不太愿意给一些还没上车的人上车机会，这是一个很有意思的现象。

第二点就是板块的机会依然还是比较突出。

部分风险个股开始有所体现。比如说2月14日跌停的个股——嘉澳环保，这个我看了一下，是属于前期涨得多、2月14日明显获利回吐的，这很正常，对于市场来说不是本质性的影响。

总的来看，上证50虽然2月14日和2月12日都是一根小阳线，但2月12日的阳线比2月14日的要强。2月12日是比前一天的收盘价高的小阳线，后面第二天走出涨幅接近两个点的中阳线；2月14日没有走出那一天类似的走势，2月14日实际上是跌了0.17的一个假阳线。两者看上去类似，但实际有区别。按照我的逻辑，如果接下来市场再往上一层楼，上证50继续出现小阳线的话，大概率也是在一个点以内。假设接下来还是收阳的话，创业板反倒有可能日内涨幅超过1%的。因为这段时间创业板是领头羊，它是比较强的。

这就是我2月14日的一个思考，希望带给大家有益的帮助。这段时间我们的预判可以说是神准，除了运气的成分之外，我相信大家有目共睹的是我的"国平博弈论",它在市场中得到淋漓尽致的展现。

希望大家多支持多转发,让更多人能够分享到我们的思想,然后让更多的人跟我们一起前行,把握更精彩的明天。

【国平回顾小感悟】

客观来说,2019年开局我的研判真的是精准,到了此时,更是有阶段性开始步入化境的味道,中信建设连细微的波动都基本能预测准,东方通信的再爆发也在预料之中,OLED板块的持续性也如期演绎。此时,不论是股指,还是具体板块,甚至个股,你都基本能运筹帷幄,你懂这是什么感觉吗?人在这时候是很容易飘飘然的,要说我没有,那是假的,我也有。但那个时候,整体还是非常清晰的,知道该怎么去面对,毕竟早已经是老兵了,什么风雨没见过,更辉煌的状态我都经历过,所以也就慢慢平和下来了。不过,回头来看,那时候展现出来的一种境界,就是比较好的状态,类似的状态肯定不会经常有,一旦来临,就要懂得好好珍惜,好好运用,这样才能利益最大化。犹如一般人一样,当你状态好、好运来的时候,你加大力度干就是了,抓住一波大机遇,就可以为后面更多的精彩奠定好坚实的基础啦。

博弈牛市

四大金刚脉络梳理——2019年2月14日

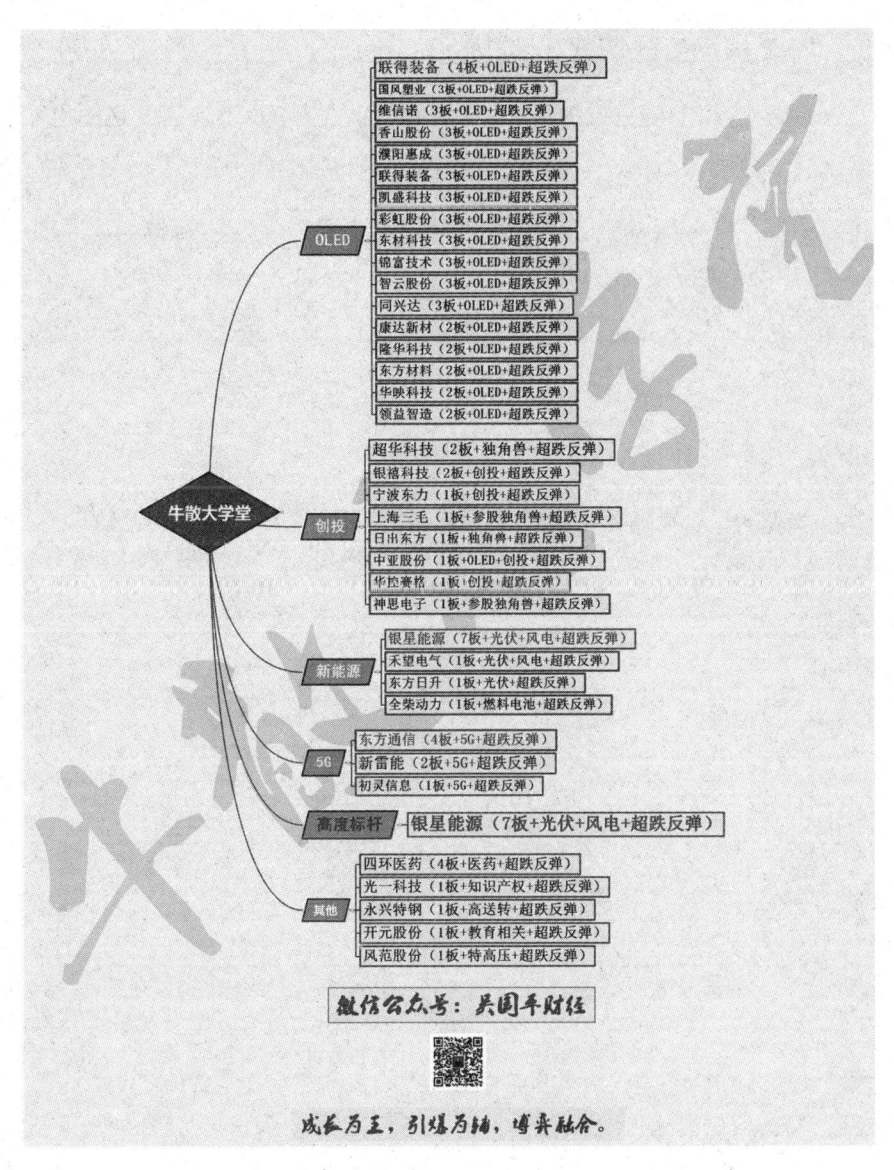

第十三章 下一热点剑指何方必须清楚

```
                    ┌─ 联得装备（4板+OLED+超跌反弹）
                    ├─ 国风塑业（3板+OLED+超跌反弹）
                    ├─ 维信诺（3板+OLED+超跌反弹）
                    ├─ 香山股份（3板+OLED+超跌反弹）
                    ├─ 濮阳惠成（3板+OLED+超跌反弹）
                    ├─ 联得装备（3板+OLED+超跌反弹）
                    ├─ 凯盛科技（3板+OLED+超跌反弹）
         ◆ OLED ────┼─ 彩虹股份（3板+OLED+超跌反弹）
        /           ├─ 东材科技（3板+OLED+超跌反弹）
       /            ├─ 锦富技术（3板+OLED+超跌反弹）
      /             ├─ 智云股份（3板+OLED+超跌反弹）
     /              ├─ 同兴达（3板+OLED+超跌反弹）
    /               ├─ 康达新材（2板+OLED+超跌反弹）
   /                ├─ 隆华科技（2板+OLED+超跌反弹）
  /                 ├─ 东方材料（2板+OLED+超跌反弹）
 /                  ├─ 华映科技（2板+OLED+超跌反弹）
/                   └─ 领益智造（2板+OLED+超跌反弹）
◆ 牛散大学堂
\                   ┌─ 超华科技（2板+独角兽+超跌反弹）
 \                  ├─ 银禧科技（2板+创投+超跌反弹）
  \                 ├─ 宁波东力（1板+创投+超跌反弹）
   \── ◆ 创投 ──────┼─ 上海三毛（1板+参股独角兽+超跌反弹）
    \               ├─ 日出东方（1板+独角兽+超跌反弹）
     \              ├─ 中亚股份（1板+OLED+创投+超跌反弹）
      \             ├─ 华控赛格（1板+创投+超跌反弹）
       \            └─ 神思电子（1板+参股独角兽+超跌反弹）
        \
         \          ┌─ 银星能源（7板+光伏+风电+超跌反弹）
          ◆ 新能源 ─┼─ 禾望电气（1板+光伏+风电+超跌反弹）
                    ├─ 东方日升（1板+光伏+超跌反弹）
                    └─ 全柴动力（1板+燃料电池+超跌反弹）

          ◆ 5G ─────┬─ 东方通信（4板+5G+超跌反弹）
                    ├─ 新雷能（2板+5G+超跌反弹）
                    └─ 初灵信息（1板+5G+超跌反弹）

          ◆ 高度标杆 ── 银星能源（7板+光伏+风电+超跌反弹）

                    ┌─ 四环医药（4板+医药+超跌反弹）
                    ├─ 光一科技（1板+知识产权+超跌反弹）
          ◆ 其他 ───┼─ 永兴特钢（1板+高送转+超跌反弹）
                    ├─ 开元股份（1板+教育相关+超跌反弹）
                    └─ 风范股份（1板+特高压+超跌反弹）
```

微信公众号：吴国平财经

成长为王，引爆为辅，博弈融合。

市场轮廓脉络梳理——2019年2月14日

165

13.2 操盘实战博弈（2019-2-14）

（1）感知中信建投的博弈：顺势要有大格局，小动荡就是图更大未来。

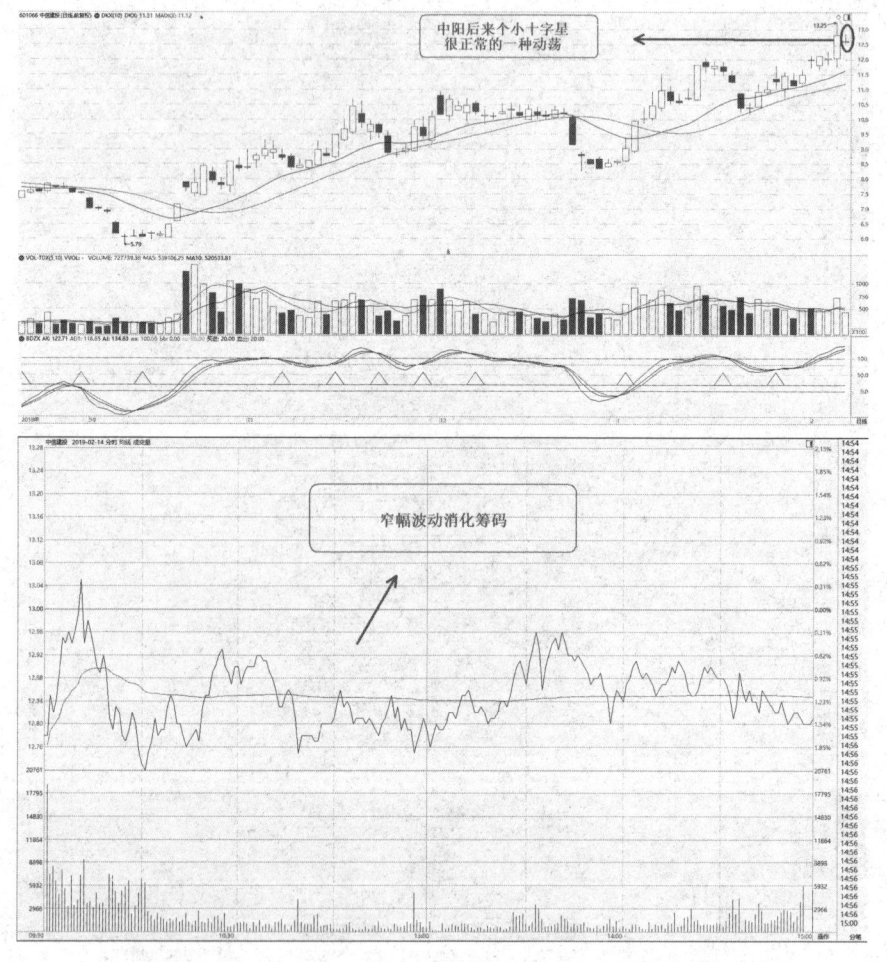

图案回顾点睛：2019年2月14日中信建投日线和分时结合图

中阳上攻，然后继续动荡。很多时候，这其实就是一种巩固。攻击过程中，保持好节奏，自己不乱，最终一定是对方乱。

这里的多空博弈就有这样的味道，多方很扎实，一步一个脚印，空方则反复后退，越退自然也会越乱，最终一定是崩溃。

只要巩固好，每拿下一个高点，别着急，等势到，顺势而为自然会有更好的结果。这样，就可以做到用最少的兵力取得最大的成果，而且特自然。

我们此时一定要有大格局，大部分散户就是在反复动荡的过程中，被三振出局的。其实更多是人性，总想追求更快的，但最终欲速则不达，反倒自己折腾掉很多利润，最终一无所获，不如顺势而为最终蜕变。

（2）感知东方通信的博弈：4连板刷新前期高点的能量和意义都很强大。

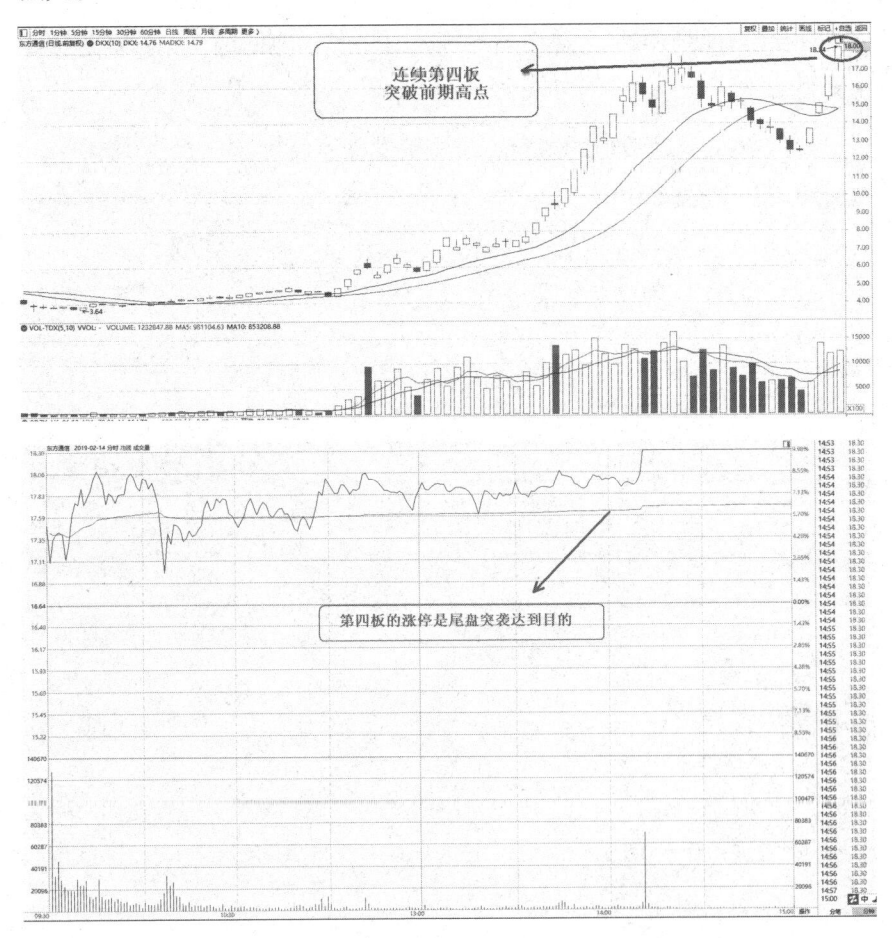

图案回顾点睛：2019年2月14日东方通信日线和分时结合图

果然是三板成"妖",反攻也能做得那么凶悍,成"妖"后继续涨停,迎来第四个涨停。

这第四个涨停发生在下午,虽然有点尾盘突袭的味道,但关键是这位置持续涨停带来的震撼效应是很强大的,尤其是刷新前期高点的第四个涨停,这意义也是非凡的。

此时,一定要注意顺势而为,同时更重要的让市场的情绪充分释放,多方会疯狂释放做多能量,空方则会疯狂释放崩溃能量,这也就决定了当下一定是非常精彩的。

只要没有明显回撤,盘中没有蛛丝马迹显示要回调,那就坚定做好大波段。

(3)感知风范股份的博弈:质变引发涨停反攻。

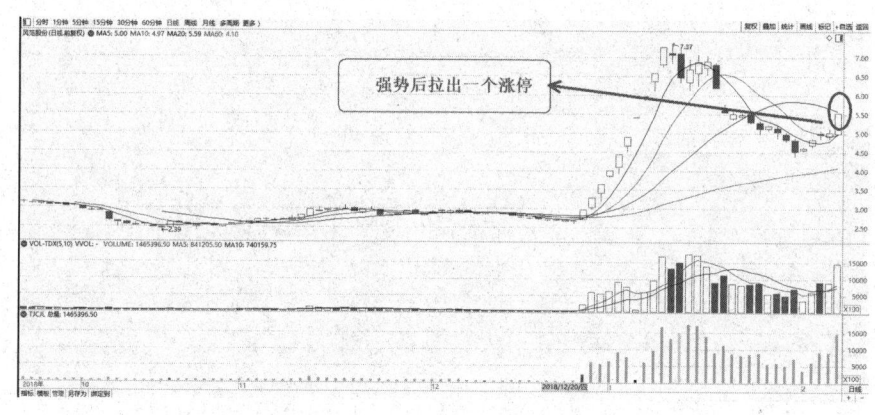

图案回顾点睛:2019年2月14日风范股份日线图

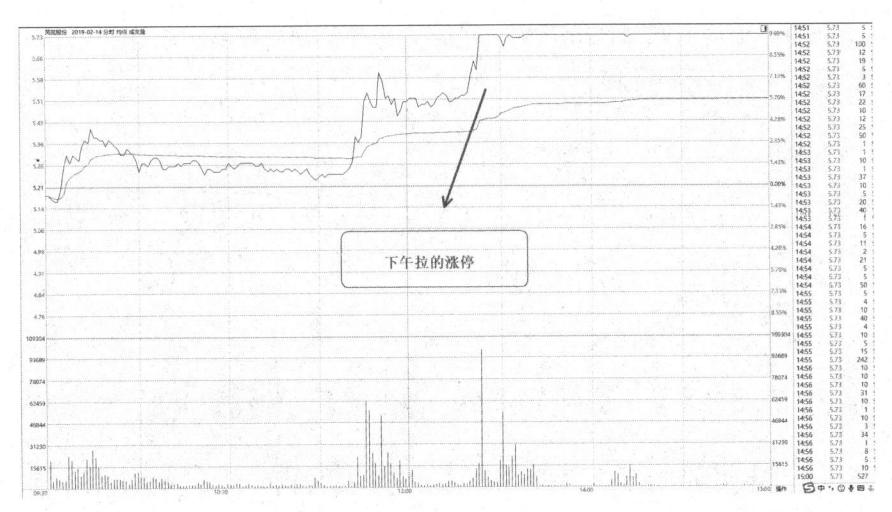

图案回顾点睛：2019 年 2 月 14 日风范股份

前面谈到，只要不跌就是一种强势，然后结合各种因分时图素等质变，而且最好的策略就是等质变反攻涨停时。

这里果然来了个质变涨停。这里的质变涨停当然跟市场当时的情绪比较不错，尤其类似东方通信都四个涨停了，最终形成合力带动有很大关系。

就炒短线而言，其实这反攻涨停也是一个买点，以为质变了，惯性肯定是有的。

（4）感知新疆交建的博弈：理解交易性价值就好。

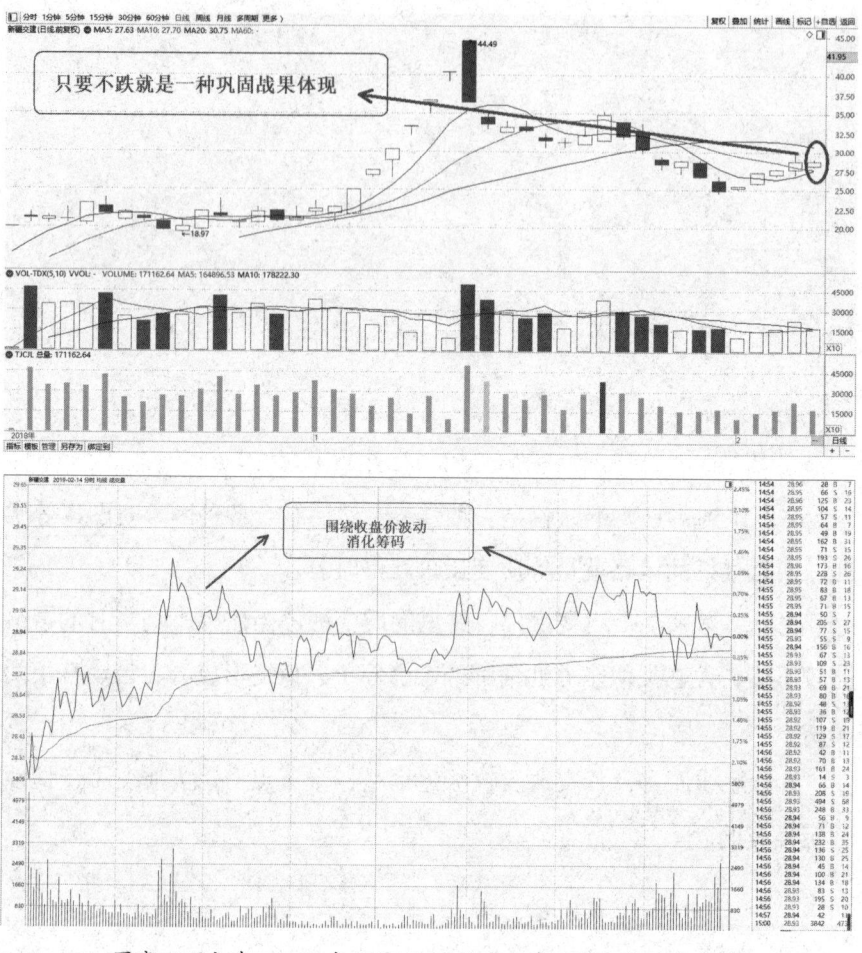

图案回顾点睛：2019年2月14日新疆交建日线和分时结合图

2月13日突袭，2月14日也是一种巩固。就技术上来说，这还是一个多方把控的盘面，可以顺势继续短期做多。只是基本面上来看，这个品种更多目前也是交易性价值，投机博弈而已。

什么是交易性价值，可以去看我原来出版的"吴国平操盘论道五部曲"中的《把握价值》。面对交易性价值，我们要遵循的技术就是控制好仓位。成长为王才是我们的第一要义，切记。

（5）感知粤传媒的博弈：博弈是需要耐心的，带上影的上攻就是多方把控的盘面。

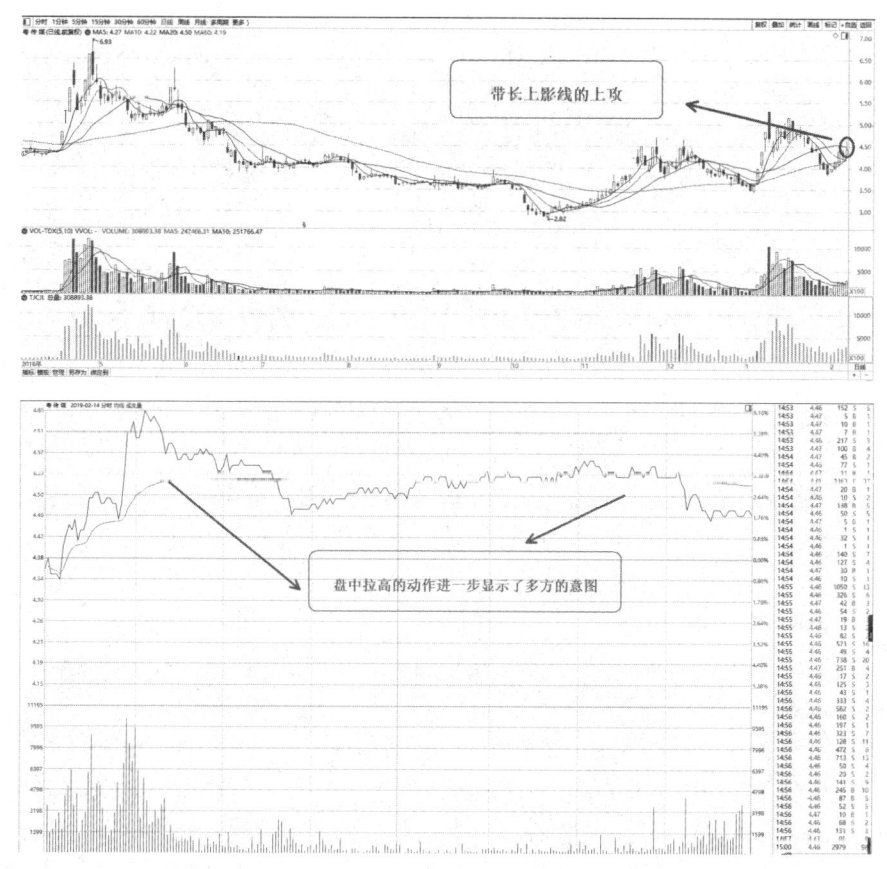

图案回顾点睛：2019年2月14日粤传媒日线和分时结合图

有积极的上攻动作，盘中拉升，说明一切都还是掌握在多方手中。剩下就看怎么磨掉空方的问题，同时怎么更好组织多方攻击的问题。多方的意图很清晰，我们要做的事情也很明确，可以顺势，等更大的质变。

很多时候，博弈就是如此，看透了，剩下无非就是怎么更有耐心等发动最后的攻击，迎来最后的胜利。

不管如何，记住，这都是需要一个过程的。耐心点，自然就有巨大的收获。

第十四章　一次难得的上车机会

14.1 操盘日记（2019-2-15）

给你一次难得的上车机会

2月15日的市场用开车的比喻来说，确实是出现了一种减速的行为。当然我预期减速是以小阴小阳的方式去演绎的，但事实就好像开车一样，用脚踩刹车减速的时候，力气稍微大一些，刹过头了。不经意间上证指数2月15日就跌了一个多点，减速力度稍有一点大。

名称	最新	涨跌	涨幅	总手	金额	开盘	最高
上证指数	2682.39	-37.31	-1.37%	1.96亿	1698亿	2712.79	2715.63
深证成指	8125.63	-94.33	-1.15%	3.07亿	2485亿	8198.45	8223.64
创业板指	1357.84	-4.10	-0.30%	6802万	678.7亿	1360.76	1371.96

图案回顾点睛：2019年2月15日指数综合对比图

我之前说如果这波会调整，最多也就回撤到2700点附近，那么今天最低到了2679点，比我心目中预期的最低位置稍微多了那么一丁点。这是我2月15日对市场指数总的一个感觉。那么为什么2月15日会出现这样的一种状态呢？核心原因是我一直关注的权重类个股，你看我一直有说的中信建投还是保持比较强势的震荡，这个大家可以看得到，另外中兴通讯2月15日红盘，依然很强势。

图案回顾点睛：2019 年 2 月 15 日中信建投日线图

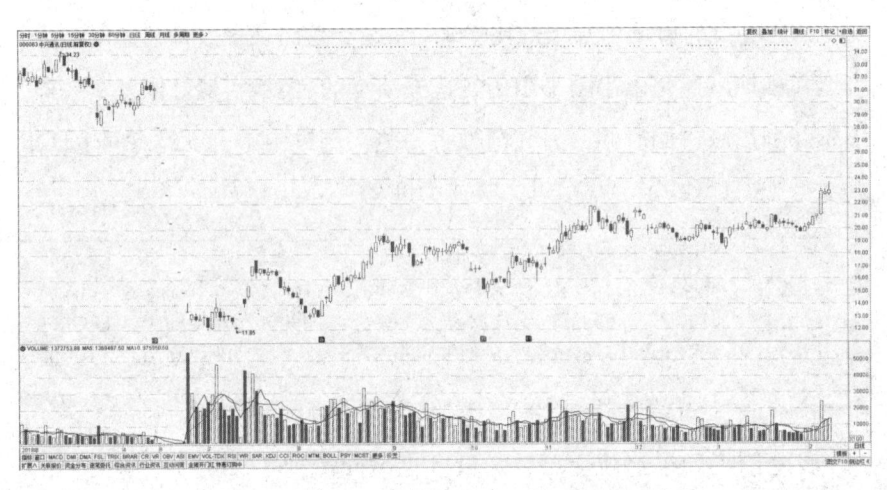

图案回顾点睛：2019 年 2 月 15 日中兴通讯日线图

2 月 15 日导致市场刹车力度稍微大了一点的板块是银行、保险和地产。这几个板块我之前给大家分享的时候说过，他们到了一个相对密集的成交区，一旦遇到阻力的时候，很容易被空方发挥一下，所以最终导致了 2 月 15 日的这种状态，这是我的一个理解。当然就整体而言，不论银行、保险还有地产，它依然还是在成交密集区之间反复震荡，整体态势还是健康的，阶段性的上升趋势没有被破坏，包括上证指数也是如此。

这个时候就有一个很有意思的问题，对于前期踏空的资金而言，2月15日这样刹车给到机会上车了，你敢上来吗？这个问题我相信很多人也在思考，但我相信很多空方在前期逼空的时候一个劲想上车，但是现在真的给他一点机会，刹车下来的时候，我相信他们未必又敢上车。为什么？涨的时候受不了，想上车，一旦看到跌了，又觉得或许还有可能更低，这就是一种非常复杂的人性弱点。

那么好了，我觉得这个弱点其实也会给市场博弈资金发挥的空间。如果我们定义这是一次力度稍微大一点的刹车的话，当然这个仅限在一些权重类的个股上，事实上创业板2月15日是非常符合我的整个博弈逻辑的。大家看一下创业板指数，2月15日仅仅是收出一根小阴线，客观的看创业板依然是多方在把控局面。说白了它就是不愿意让一些踏空资金进来，只愿意让踏空资金进权重股，但是恰恰有一些权重股又是那些空方最不想进的标的，所以很尴尬。想进的又不一定给你很好的回撤低点。

【国平回顾小感悟】

逼空上行，一旦动荡，试问你敢上车吗？指数如此，个股更是如此。很多人有时候没买前说等突破就跟，一旦突破时，一开始没跟上，后面一动荡，其实又前怕狼后怕虎，最终也不敢跟。根源在哪里？在于对市场、对板块、对个股的理解不够深入，如果都深入进去了，试问你怎么可能不够大胆去跟进呢？所以，我们市场博弈的勇气和胆量绝非来自一时的冲动，一定是来自对市场的深刻理解和洞察力，这非常非常重要。说白了，不懂得武装好自己，又想在市场成为赢家，这不是痴人说梦又是什么呢？很多人只喜欢看到结果的观点，但你不懂得理解好结果推敲的过程和逻辑，除非你交给别人去运作，否则只是靠自己，最终也战胜不了人性的弱点，因为你本身根本无法承载未来啊。这也能很好解释为何很多人哪怕听人说未来会如何，也觉得挺对的，但最终自己操作的时候，哪怕人家说的是对的，也没赚什么钱，或者还亏钱了，本质上就是自己根本无法驾驭那种正确的理念啊。所以，我们牛散大学堂投资者教育的使命任重道远，我们的股威宇宙要努力让做大做强。

我们再看一下2月15日中小创的一些热点的情况，你会发现很有意思，OLED依然是一枝独秀，很多个股已经四板五板了。整个板块的轮动炒作势不可挡，依然在演绎当中。另外一点，这段时间猪肉的个股也是非常之厉害的。大家看一下，牧原股份也创了历史新高，2月15日是涨停创历史新高。

【学习延伸突破小细节】

从侧面说明了一个道理，其实有些时候你只要选对一个行业。你要是在风口上，猪都能飞起来。2019年是猪年，猪概念股确实是飞起来了。所以有些时候就看你用什么样的思路去面对市场。

接下来的演绎模式，我个人的看法是创业板非常健康的小阴小阳，这种博弈是接下来整个中小创继续向上拓展空间的需要。换句话说，接下来还会有更多的热点崛起。事实上2月15日科技细分领域的一些热点也如我所预期的崛起了，比如说人工智能。我的"国平实战博弈论"里面也谈到了科技衍生的人工智能等等会崛起，2月15日像赛维智能等等为代表的人工智能标的，纷纷出现了一个涨停的走势。

这是一个好现象，只要持续出现更多类似的热点，资金就会轮番进行炒作。那么接下来我相信这种态势还会扩散，我们要重点围绕新兴产业这个细分领域去把握机会。

接下来我比较看好的还有文化传媒，还有部分业绩在未来可能持续增长的次新股领域的个股。说到次新股，不得不说起我的一个标的，也就是2019年1月我们调研的第一站，香山股份，这个也算是次新股。这支股如果大家去仔细研究的话，会发现很有意思，这一周连续四个涨停板。从四个涨停板中，大家应该就能感受到我们调研的威力了！这开年第一炮非常响亮，第一个调研的个股出现了四连板的状态，非常精彩，大家可以去回顾一下。

从现在板块而言，包括我们调研的个股，还包括我们现在对市场的理解来看，我们认为从2019年开始真的是要进入一个博弈新牛市的行情了。我在新牛市前面加了"博弈"二字，也就是说这段时间大家可以感受到的是有逼空，也有分化，也有动荡，其实未来这就是一个常态。

【学习小总结】

因为有博弈，我们市场整体的容量已经在不断壮大，它不像过去很小的一个市场，现在越来越大，所以市场会存在着这种分化。但这种博弈对自身把握能力的要求也会更高。

为什么我们那么坚定要去做好牛散大学堂呢？我们希望有更多的人能够跟随我们去理解这个市场；希望我们过去经历了风风雨雨的实战经验，还有梳理总结出来的"国平成长理论"等等，这些能帮到大家。其实从前期的研判也好，我们调研的标的也好，还有就是我们对市场的各种博弈、实战的思考，大家应该能感知到我们对市场的前瞻性和能量。这一点说是毫无疑问的，因为我们做的都是"马前炮"，不是"马后炮"。

总的来说，2月15日的市场我认为是给了一些想上车的人一次上车的机会，但是这个机会或许就这么一次。因为我个人是觉得如果这一次过了小阴小阳，即创业板小阴小阳、慢慢消化差不多后，应该还会延续前期的一个继续向上拓展空间的态势，当然也包括上证指数。上证指数经历了2月15日这种洗礼之后，我个人理解基本上也到位了。按照整个趋势的发展，我觉得接下来的市场，会延续前期的趋势，保持一定的速度，然后震荡向上。当然不排除在往上的过程中，还会有一些反复动荡的过程，但总的来说目前的整体趋势是阶段性向上的，板块是轮动去把握的，未来我们要用积极的心态去面对一个新的时期。

以上，就是我所定义的博弈新牛市，就分享到这，下周我们再会。

【国平回顾小感悟】

只要在风口，猪都能飞起来，2019年年初真的就是猪肉股都飞起来了，原因就是它们正好就是在风口上。另外，我们1月调研的上市公司香山股份，也碰到了OLED的风口，最终也飞起来了，连续涨停，非常精彩。很多时候，我们前瞻性的价值就在于，当风口没形成前，我们就懂得布局，剩下就是等待风口形成，最终获得巨大收获。要做到这点，就是要好好去感知我们的"九字真经"：提前、深度、坚持、大格局；还有"十二字真言"：成长为王，引爆为辅，博弈融合。

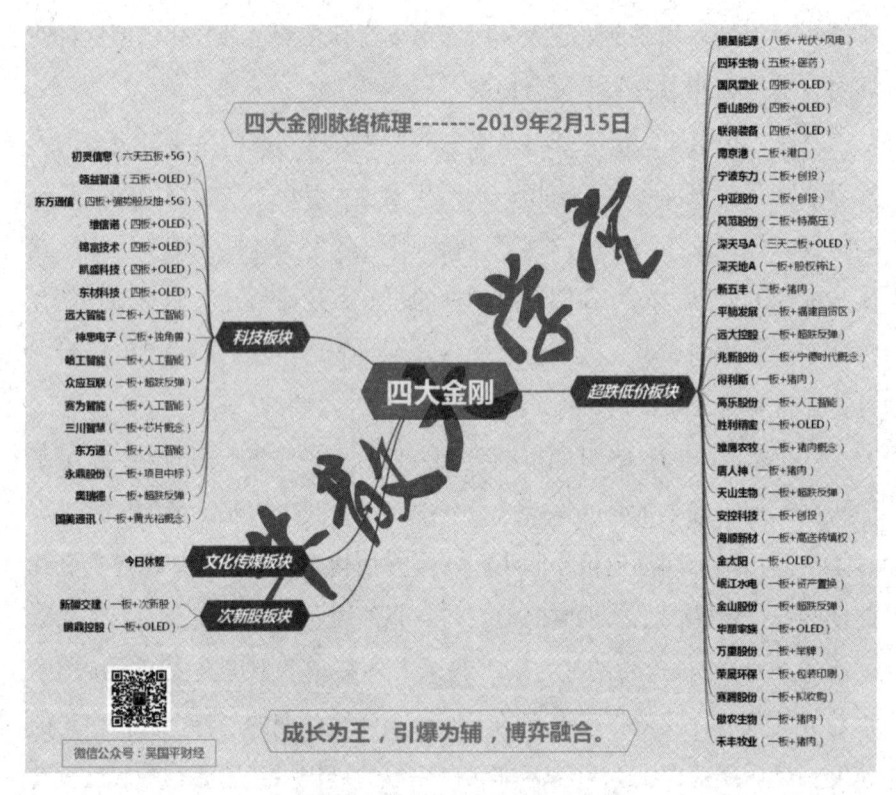

四大金刚脉络梳理——2019年2月15日

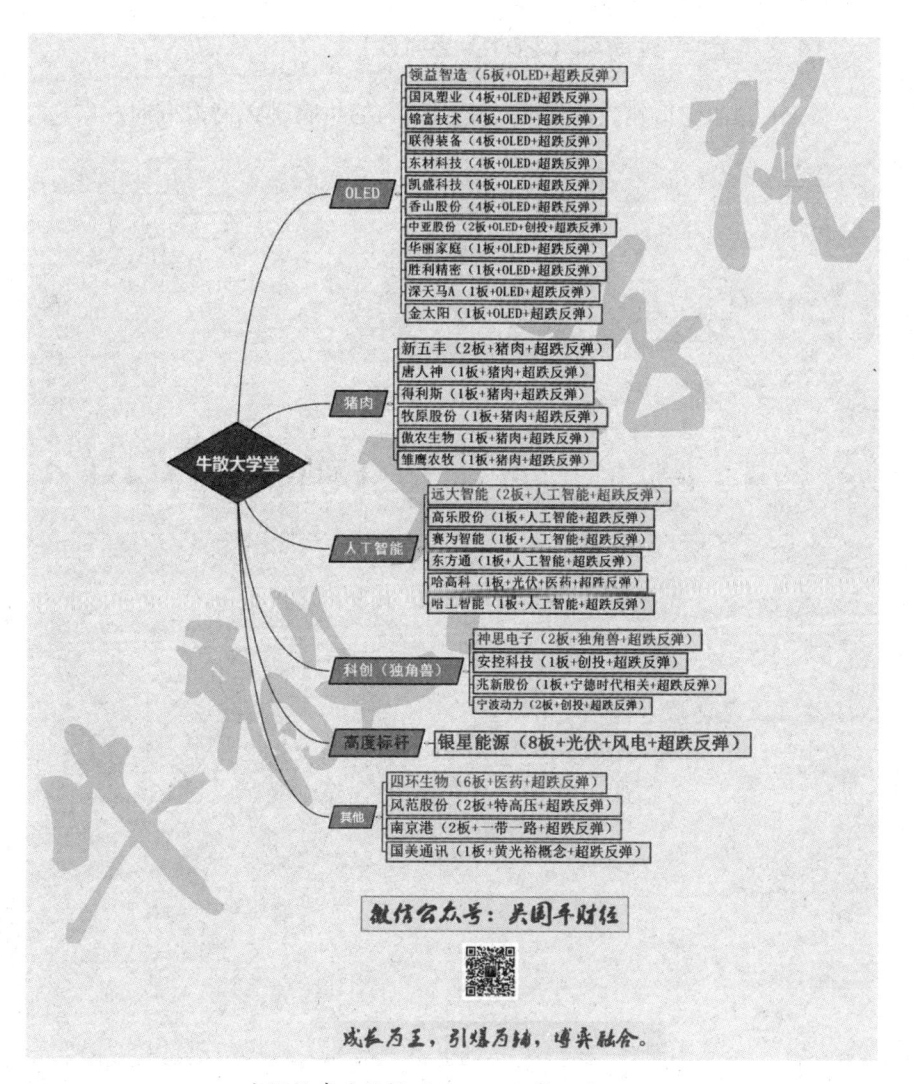

第十四章 一次难得的上车机会

```
                         ┌─ 领益智造（5板+OLED+超跌反弹）
                         ├─ 国风塑业（4板+OLED+超跌反弹）
                         ├─ 锦富技术（4板+OLED+超跌反弹）
                         ├─ 联得装备（4板+OLED+超跌反弹）
                         ├─ 东材科技（4板+OLED+超跌反弹）
                  ┌OLED─┼─ 凯盛科技（4板+OLED+超跌反弹）
                  │      ├─ 香山股份（4板+OLED+超跌反弹）
                  │      ├─ 中亚股份（2板+OLED+创投+超跌反弹）
                  │      ├─ 华丽家庭（1板+OLED+超跌反弹）
                  │      ├─ 胜利精密（1板+OLED+超跌反弹）
                  │      ├─ 深天马A（1板+OLED+超跌反弹）
                  │      └─ 金太阳（1板+OLED+超跌反弹）
                  │
                  │      ┌─ 新五丰（2板+猪肉+超跌反弹）
                  │      ├─ 唐人神（1板+猪肉+超跌反弹）
                  ├猪肉─┼─ 得利斯（1板+猪肉+超跌反弹）
                  │      ├─ 牧原股份（1板+猪肉+超跌反弹）
                  │      ├─ 傲农生物（1板+猪肉+超跌反弹）
                  │      └─ 雏鹰农牧（1板+猪肉+超跌反弹）
                  │
                  │      ┌─ 远大智能（2板+人工智能+超跌反弹）
【牛散大学堂】──┤      ├─ 高乐股份（1板+人工智能+超跌反弹）
                  ├人工智能┼─ 赛为智能（1板+人工智能+超跌反弹）
                  │      ├─ 东方通（1板+人工智能+超跌反弹）
                  │      ├─ 哈高科（1板+光伏+医药+超跌反弹）
                  │      └─ 哈工智能（1板+人工智能+超跌反弹）
                  │
                  │              ┌─ 神思电子（2板+独角兽+超跌反弹）
                  ├科创（独角兽）┼─ 安控科技（1板+创投+超跌反弹）
                  │              ├─ 兆新股份（1板+宁德时代相关+超跌反弹）
                  │              └─ 宁波动力（2板+创投+超跌反弹）
                  │
                  ├高度标杆── 银星能源（8板+光伏+风电+超跌反弹）
                  │
                  │      ┌─ 四环生物（6板+医药+超跌反弹）
                  └其他─┼─ 风范股份（2板+特高压+超跌反弹）
                         ├─ 南京港（2板+一带一路+超跌反弹）
                         └─ 国美通讯（1板+黄光裕概念+超跌反弹）
```

微信公众号：吴国平财经

成长为王，引爆为轴，博弈融合。

市场轮廓脉络梳理——2019 年 2 月 15 日

14.2 操盘实战博弈（2019-2-15）

（1）感知中信建投的博弈：中阳线内的折腾都无碍大方向。

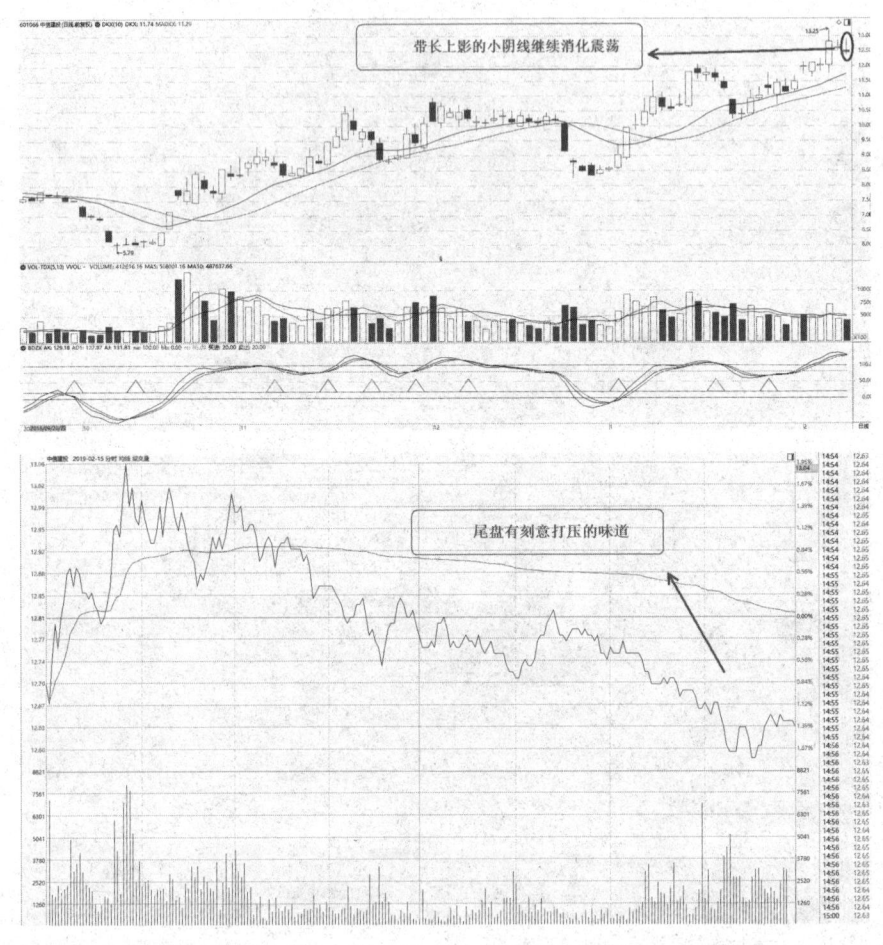

图案回顾点睛：2019年2月15日中信建投日线和分时结合图

有时候，大盘反杀时就是最好的观察一个股票是否足够强势的时候。这里的中信建投，显然不弱，跌也是尾盘打压，上午的盘面还保持着红盘的状态。中阳线没有被吃掉，就是一种强势了，中阳线内波动，再怎么折腾，都逃不了多方的掌控。还是那句话，顺势结合耐心。

操盘，很多时候都是一步一个脚印，量变到质变的过程。

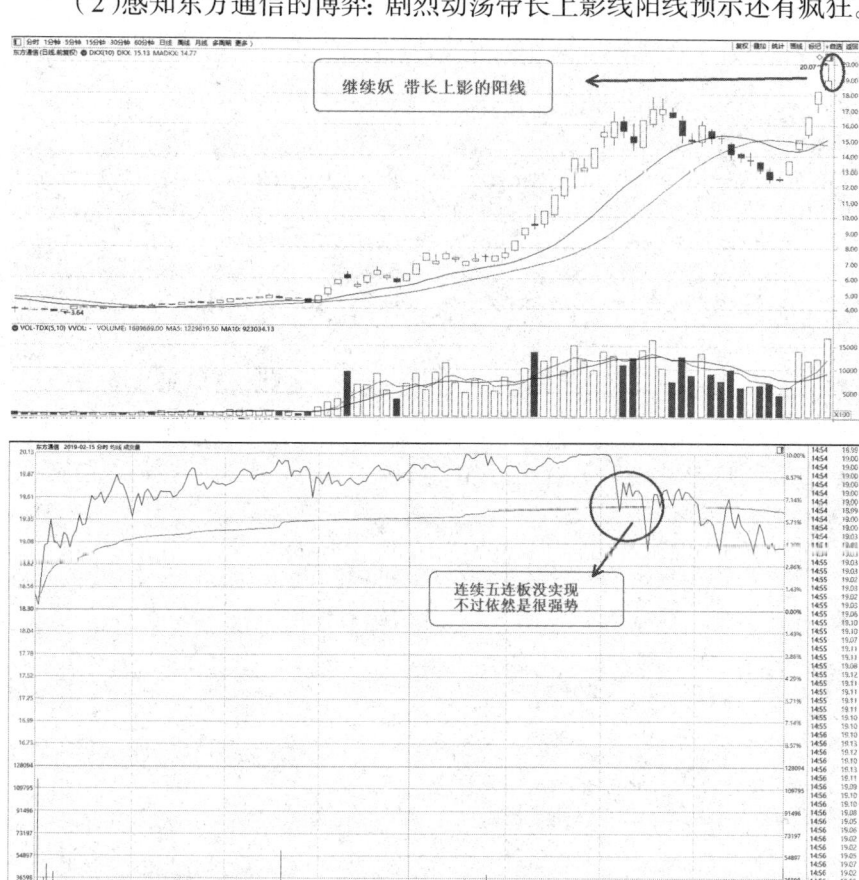

(2)感知东方通信的博弈：剧烈动荡带长上影线阳线预示还有疯狂。

图案回顾点睛：2019年2月15日东方通信日线和分时结合图

王者就是王者，哪怕大盘反杀动荡，依然强悍，盘中一度还冲击连续第五板。就算最终被打开涨停，结果依然是带长上影线的阳线。收盘价格比开盘价格要高，说明依然还是多方牢牢把持。这新高附近剧烈动荡出现带长上影线的阳线，接下来如何？其实，不妨进一步去看看我"吴国平操盘论道五部曲"里《把握形态》那本书，你就会更明白，此时就是继续顺势，而且很可能接下来随时进一步要疯狂的。因为，多方已经杀到疯狂，空方也被杀到崩溃，合力的情绪会更厉害的。

（3）感知风范股份的博弈：进一步涨停逆转就是要勇敢吃掉空方的模式。

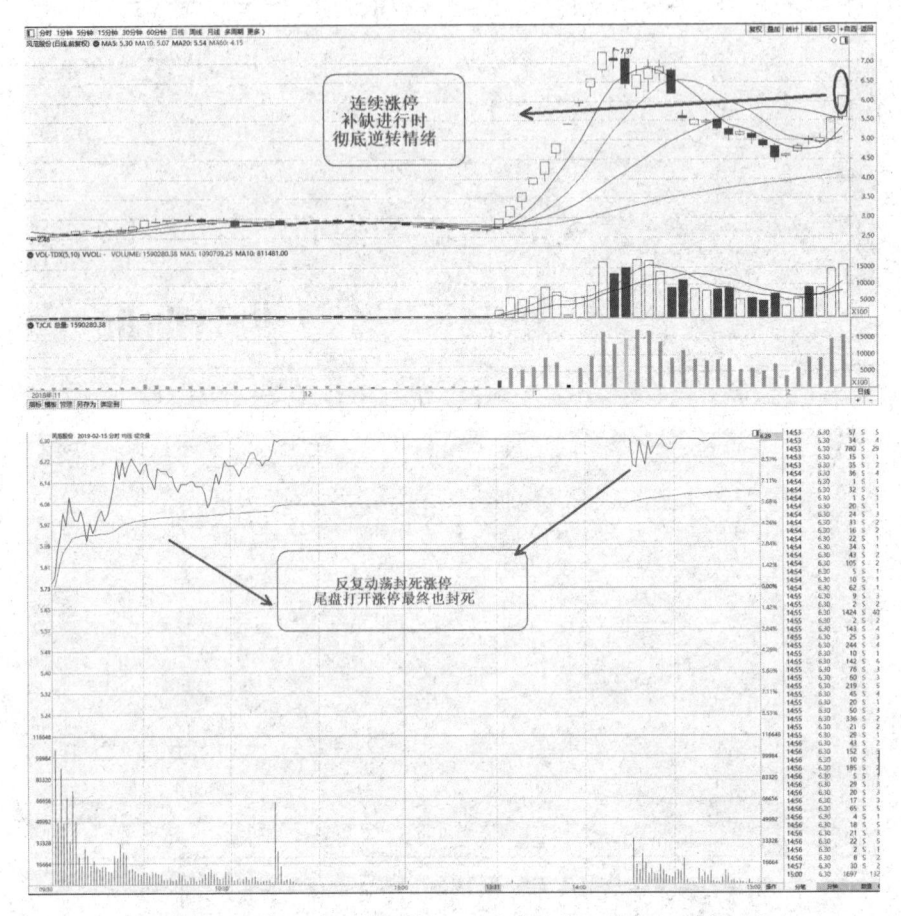

图案回顾点睛：2019年2月15日风范股份日线和分时结合图

当出现第一个涨停的时候，我说此时其实是最好的反攻出击点。大盘动荡，居然还敢再涨停，充分验证了反攻中一旦出现涨停反攻就是机会的逻辑。

敢于逆市继续涨停，也充分说明这里形势在悄然发生逆转。质变的态势进一步巩固，此时要做的，就是"大开杀戒"，保持多方态势，吃掉空方就是啦。

（4）感知新疆交建的博弈：连锁反应结合技术带来的涨停。

图案回顾点睛：2019年2月15日新疆交建日线和分时结合图

什么叫连锁反应？就是一种传导效应。当东方通信持续疯狂，风范股份连续涨停，新建交建哪怕基本面差，也很容易被情绪带动连锁反应，出现盘面上技术的升华，就是进一步攻击涨停了。

这里已经形成交易性价值，前面也重点谈了，就按照技术的方式去博弈就是了。

（5）感知粤传媒的博弈：不跌就是一种强势多点巩固，就会一条路向上。

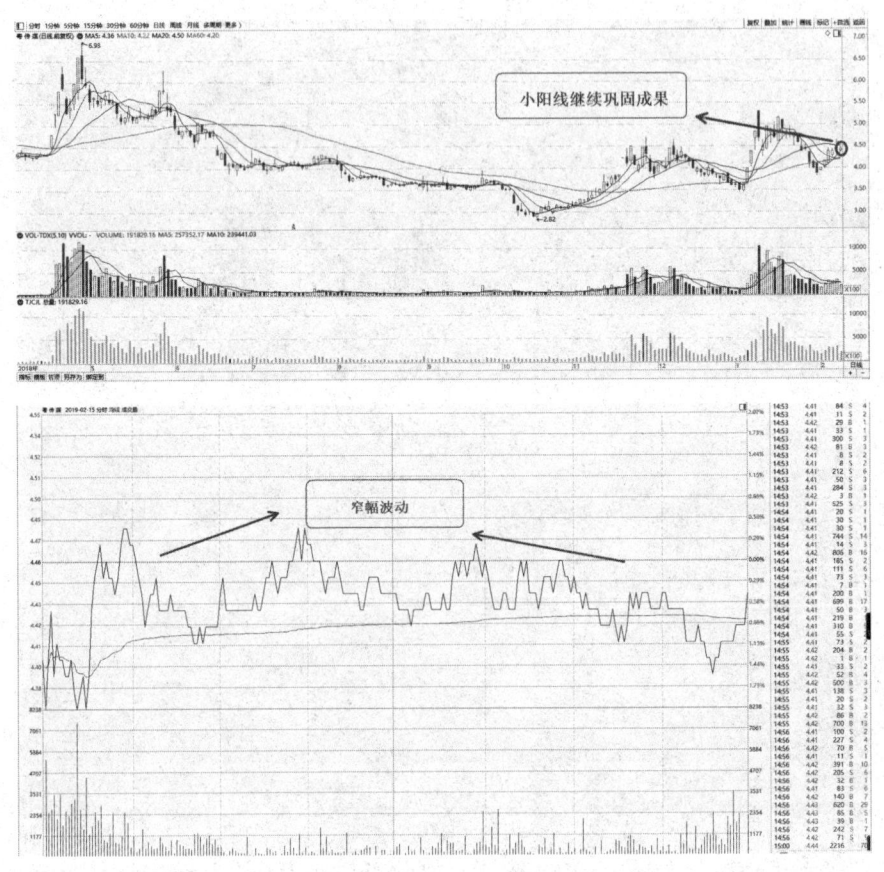

图案回顾点睛：2019年2月15日粤传媒日线和分时结合图

本身一直以来技术上相对不是特强势，这里突然崛起的技术基础不存在，不过大盘反杀，其能保持稳定，就已经是强势的一种体现。这里多巩固下，那么剩下的就一定是华山一条路向上啊。

第十五章　解读最大阳线

15.1 操盘日记（2019-2-18）

反攻以来单日最大阳线背后的博弈大解读

	代码	名称	涨幅%	现价	最高	涨跌
1	999999	上证指数	2.68	2754.36	2754.36	71.97
2	399001	深证成指	3.95	8446.92	8446.92	321.29
3	399005	中小板指	4.25	5540.07	5540.07	226.08

图案回顾点睛：2019年2月18日指数对比图

2月18日的市场非常精彩，股指方面，上证指数创下自2440点低点上涨以来的单日最大涨幅，收涨2.68%。创业板指数更是逼空推进，涨了4%，也创下了低点反攻以来最大的单日涨幅。

那么这要怎么理解呢？大家记不记得我上周分享的一个核心观点，也是我文章的标题——给到你难得的一次上车机会。上证指数上周是出现了一定的回撤，而且回撤到2700点下方。我当时观点非常明确，这波调整已经基本到位，而且在2700点以下不会停留太长的时间。2月18日的市场大家有目共睹，指数开盘价就在2699点，然后直接震荡上扬，最终收了一个光头光脚的大阳线，上证指数和创业板指都是如此，盘面非常精彩。

这背后一个核心点其实是市场的多空博弈到了新阶段。

【学习重点】

因为上周上证指数日内出现回撤的时候，对于空方来说，就是最后一根救命稻草，很多人就觉得这肯定是新调整的开始。

这一次多方继续出击，就好像一个拳头稍微收回来一点点，然后猛一出击。那好了，2月18日空方可以说是溃不成军，股指创下单日最大涨幅正是这样的体现。如今多方继续向上猛攻，有不少空方已经没办法，只能是空翻多。如此一来，两股力量促使整个市场进一步向上突围，而这个突围的走势也进一步奠定了阶段性的上升趋势和行情向纵深方向发展的格局。

透过2月18日的盘面K线，我们看一些关键性的标的是如何演绎的。我们一直谈到的中信建投，2月18日依然是大涨接近七个点，它依然还是保持非常好的多方趋势，而整个券商板块2019年是一个非常好的助攻角色，呈现一个大涨的态势，对整个市场的人气起到了很好的推动作用。

另外一点，上周所说的空方力量，不论是地产、保险，还是银行基本上都是收出了阳包阴的走势。上周我谈到在成交密集区出现一定的动荡是健康的，2月18日又纷纷出现阳包阴。

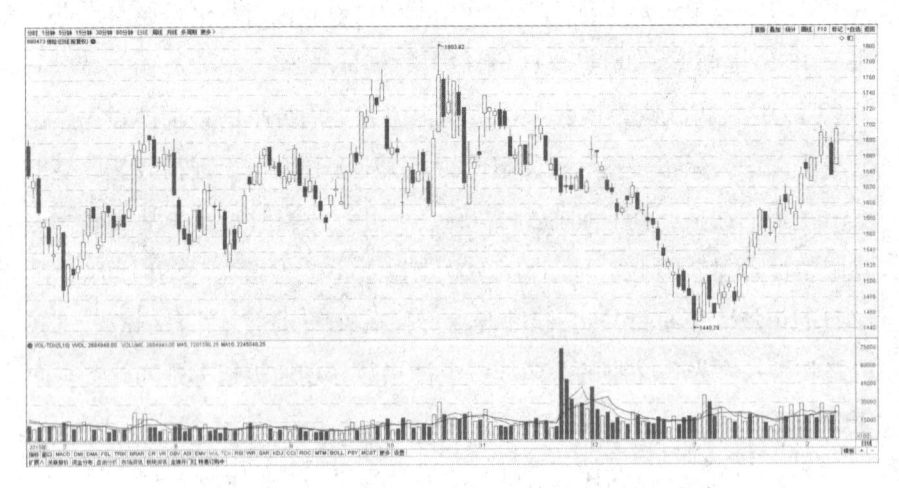

图案回顾点睛：2019年2月18日上证指数指数走势

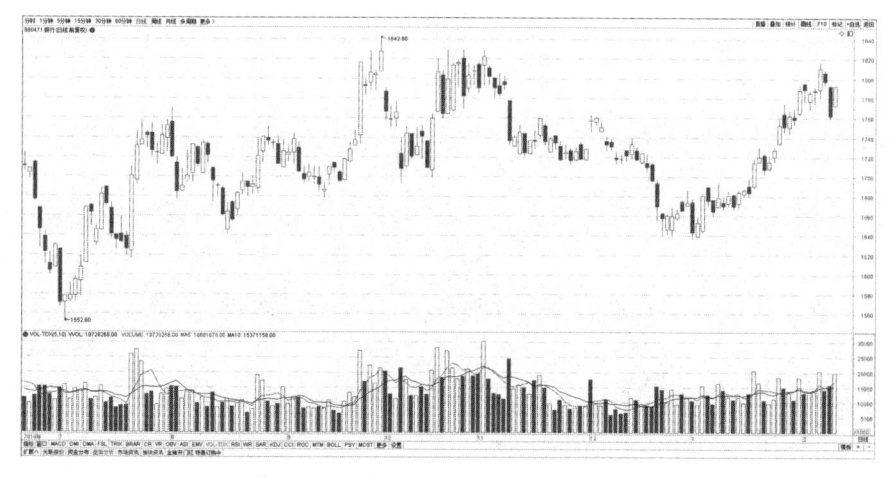

图案回顾点睛：2019年2月18日保险和银行指数走势

接下来我们要观察的一个点就是这部分力量能否持续向上。如果一旦持续向上，突破这个成交密集区，那么很有可能会推动市场进一步逼空。事实上我们A股市场走到现在，比如说上证指数其实也到了一个逼近前期下跌过程中的成交密集区的位置了，也就是2750点到2850点区间阶段性的小成交密集区。换句话说，接下来我们要纵深继续向上拓展空间，也需要类似刚才所说的这些关键性的品种向上突破，如果它们向上突破了，我们的指数一定也能够进一步向上突围，所以前期小的成交密集区是我们接下来关注的一个点。

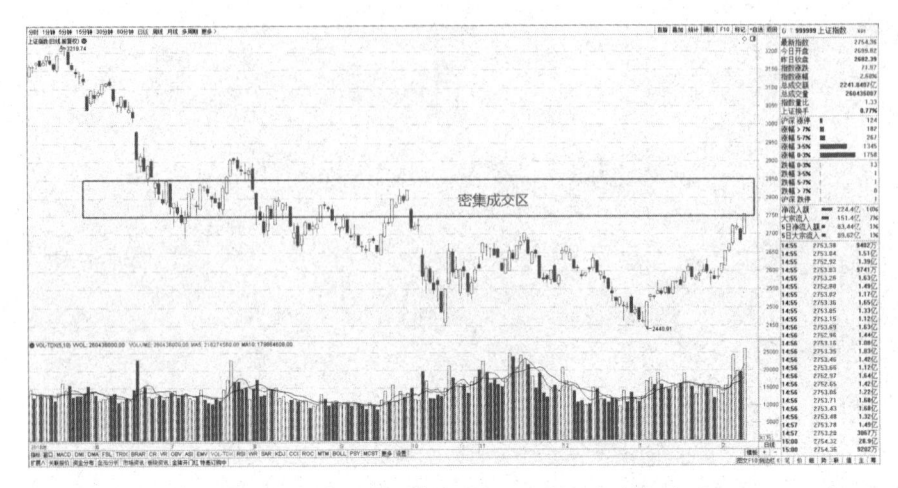

图案回顾点睛：2019年2月18日上证指数日线图

  我们再回到创业板。上周我就说了，其实创业板本身没有给到太多人上车的机会，因为上周五的走势就是一根小阴线，符合我们前期对市场整体的判断，小阳小阴，小阳小阴之后继续向上拓展空间的走势，2月18日一根大阳线说明市场最大的机会就在中小创的个股。而中小创个股2月18日又出现了集体躁动，不给空方上车的机会。这个时候对于空方来说是非常着急的，简直就是不知所措了！之所以会出现这种局面，换句话说，在低位的时候也就是给你机会上车的时候你不珍惜，等到现在涨上来的时候，你想上车，不好意思我不让你上车。

  那么最终他们会不会上车，我告诉大家，他们最终一定会上车的，只是说最终上车的位置比起他之前心理预期的位置要高得多，甚至上车的时候也就是迎来动荡的时候。以上证指数为例，一旦突破了成交密集区就很有可能迎来一个小的动荡。创业板指数在往上突围的过程当中，比如逼近1500点的时候，肯定也会有一定动荡的可能性的。那么这个动荡也就会给到一些前期空方上车的机会，但是上了车他就可能面临风险了。

  "998"行情我是亲身经历的，也是我人生一个很重要的转折点。

那个时候 998 点开始股指逼空推进，到 1300 点的时候很多人没上车，等到动荡的时候，有些人上车了，然后又被洗出来了，然后又涨上去，又不上车，到了最后追涨杀跌。"998"行情那波大行情，很多人最后还亏钱，原因无非就是追涨杀跌，该上车的时候没上车，该下车的时候没下车，最终节奏没把握好，结果就非常可悲了。其实这段时间的行情演绎让我有种历历在目的感觉。当然指数肯定不可能复制过去，完全复制是不太可能的。因为我之前谈过了，现在的整体规模跟过去是不可同日而语的。但是我提醒大家有局部的一些行业，局部的个股一定是会复制类似过去的这种走势的，好像现在市场虽然走到现在，现在这个位置对股指而言熊了那么多年，现在可以说是刚刚出现一个牛市的气息，实际上有一些行业早就已经牛气冲天了。

【学习延伸突破小细节】

我们可以看到，比如很多的科技细分板块，像 5G，也是我们前期挖掘出来的一个标的板块，比如说东方通信 2 月 18 日又是涨停的，涨停封死在 20 元。回头来看，它之前最低的时候是 3.7，是在 2018 年 10 月，到现在也就不到半年的时间，其实也就四个月。大家有没有感觉，熊市跟牛市的周期跨度是不是非常快？

昨天好像还是熊市，今天就变成了大牛市。很多科技股其实也是如此，但没有表现得那么疯狂，可至少也是有几十个点这样的空间。

当然还有一些行业，比如说我上周也谈到的猪行业，虽然周末也有三全食品的利空消息，但是整个猪行业优质的上市公司早就已经进入牛市周期了，像牧原股份 2 月 18 日依然还是迭创新高，这个新高不是阶段性的新高，是历史新高。所以市场一直都有机会，只是说你的研究方向有没有捕捉到这些东西而已。有一句话，我一直反复强调的："眼中有积极，眼中有美好，那你的未来就一定有积极，也一定会有美好。"

市场现在这样震荡逼空上扬走出来了，我们的研判得到了极大的验证，我们感到非常开心的。当然我们也知道对于市场而言任重道远。未来整个牛市的话只是刚刚开始，未来还有很长的路要走，未来当然也会面临很多的问题，因为整个制度也好，未来科创板推出的影响也好，很多很多的因素未来都会影响到市场阶段性的一种波动。但有一点我很有信心也是确定的，就是只要我们对于未来充满希望，只要我们未来能够努力地去让自己变得更强大，我相信机会一定是留给有准备的人的，我们创办牛散大学堂，其实就是一直在等待，一直在为未来做准备。

现在其实从某种意义上来说，也是我们要开始逐步变得更强大的时候了，因为行情也是给到我们这样一个机会。我们衷心希望有一直跟进我们，认可我们的朋友们，加紧壮大资金，该学习的请学习，该上车的跟随我们上车。我相信一定会有更多的精彩呈现在我们的眼前。

【学习小总结】

大阳线其实是奠定了阶段性多方的胜利果实。这种大逆转，进一步的大阳线肯定就像开车一样，前期稍微降了一点速，现在又稍微加一下速的话，这个惯性肯定是比较强的。

接下来我们要关注的点就是，第一个要有更多的持续热点或者新的一些热点出来；第二个权重板块能否在这种趋势之下进一步突围。

对股指而言，可能延续目前整个逼空震荡上扬走势。当然我们要有一个心理准备，就是进入新成交密集区后可能迎来的动荡。就整体而言，这是我前期谈到的，目前依然还是可以积极去做多的一个阶段，还没有阶段性转折信号出现。现在我们要做的就是拥抱当下，把握当下，积极准备迎接更美好的未来。

好，这就是我今天给大家分享的。

第十五章 解读最大阳线

【国平回顾小感悟】

一根中大阳线就很容易改变市场的方向，尤其是关键时刻。这里当时就是类似这样的关键时刻，出现这样一根中大阳线，就是一种出其不意，当然如果你仔细去品味，就会发现，这也是本身博弈发展到当时的一种正常状况。那时候要做的事很简单，就是抓住主要突围力量，比如当时券商中信建投，还有 5G 等突围力量，顺势，收获就是惊人的。

四大金刚脉络梳理——2019 年 2 月 18 日

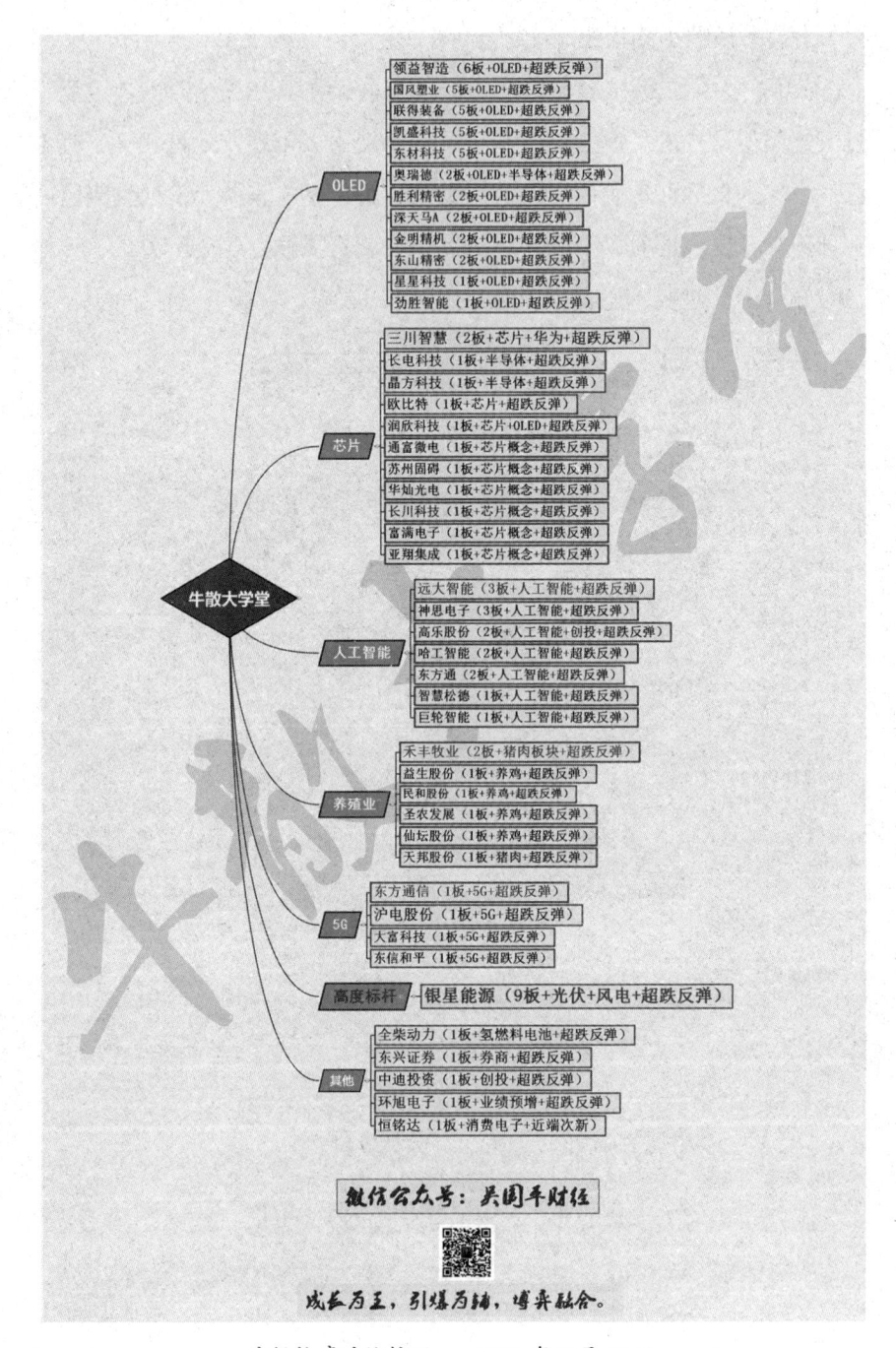

牛散大学堂

OLED
- 领益智造（6板+OLED+超跌反弹）
- 国风塑业（5板+OLED+超跌反弹）
- 联得装备（5板+OLED+超跌反弹）
- 凯盛科技（5板+OLED+超跌反弹）
- 东材科技（5板+OLED+超跌反弹）
- 奥瑞德（2板+OLED+半导体+超跌反弹）
- 胜利精密（2板+OLED+超跌反弹）
- 深天马A（2板+OLED+超跌反弹）
- 金明精机（2板+OLED+超跌反弹）
- 东山精密（2板+OLED+超跌反弹）
- 星星科技（1板+OLED+超跌反弹）
- 劲胜智能（1板+OLED+超跌反弹）

芯片
- 三川智慧（2板+芯片+华为+超跌反弹）
- 长电科技（1板+半导体+超跌反弹）
- 晶方科技（1板+半导体+超跌反弹）
- 欧比特（1板+芯片+超跌反弹）
- 润欣科技（1板+芯片+OLED+超跌反弹）
- 通富微电（1板+芯片概念+超跌反弹）
- 苏州固锝（1板+芯片概念+超跌反弹）
- 华灿光电（1板+芯片概念+超跌反弹）
- 长川科技（1板+芯片概念+超跌反弹）
- 富满电子（1板+芯片概念+超跌反弹）
- 亚翔集成（1板+芯片概念+超跌反弹）

人工智能
- 远大智能（3板+人工智能+超跌反弹）
- 神思电子（3板+人工智能+超跌反弹）
- 高乐股份（2板+人工智能+创投+超跌反弹）
- 哈工智能（2板+人工智能+超跌反弹）
- 东方通（2板+人工智能+超跌反弹）
- 智慧松德（1板+人工智能+超跌反弹）
- 巨轮智能（1板+人工智能+超跌反弹）

养殖业
- 禾丰牧业（2板+猪肉板块+超跌反弹）
- 益生股份（1板+养鸡+超跌反弹）
- 民和股份（1板+养鸡+超跌反弹）
- 圣农发展（1板+养鸡+超跌反弹）
- 仙坛股份（1板+养鸡+超跌反弹）
- 天邦股份（1板+猪肉+超跌反弹）

5G
- 东方通信（1板+5G+超跌反弹）
- 沪电股份（1板+5G+超跌反弹）
- 大富科技（1板+5G+超跌反弹）
- 东信和平（1板+5G+超跌反弹）

高度标杆
- 银星能源（9板+光伏+风电+超跌反弹）

其他
- 全柴动力（1板+氢燃料电池+超跌反弹）
- 东兴证券（1板+券商+超跌反弹）
- 中迪投资（1板+创投+超跌反弹）
- 环旭电子（1板+业绩预增+超跌反弹）
- 恒铭达（1板+消费电子+近端次新）

市场轮廓脉络梳理——2019年2月18日

15.2 操盘实战博弈（2019-2-18）

（1）感知中信建投的博弈：渐渐加速度，随时致命一击。

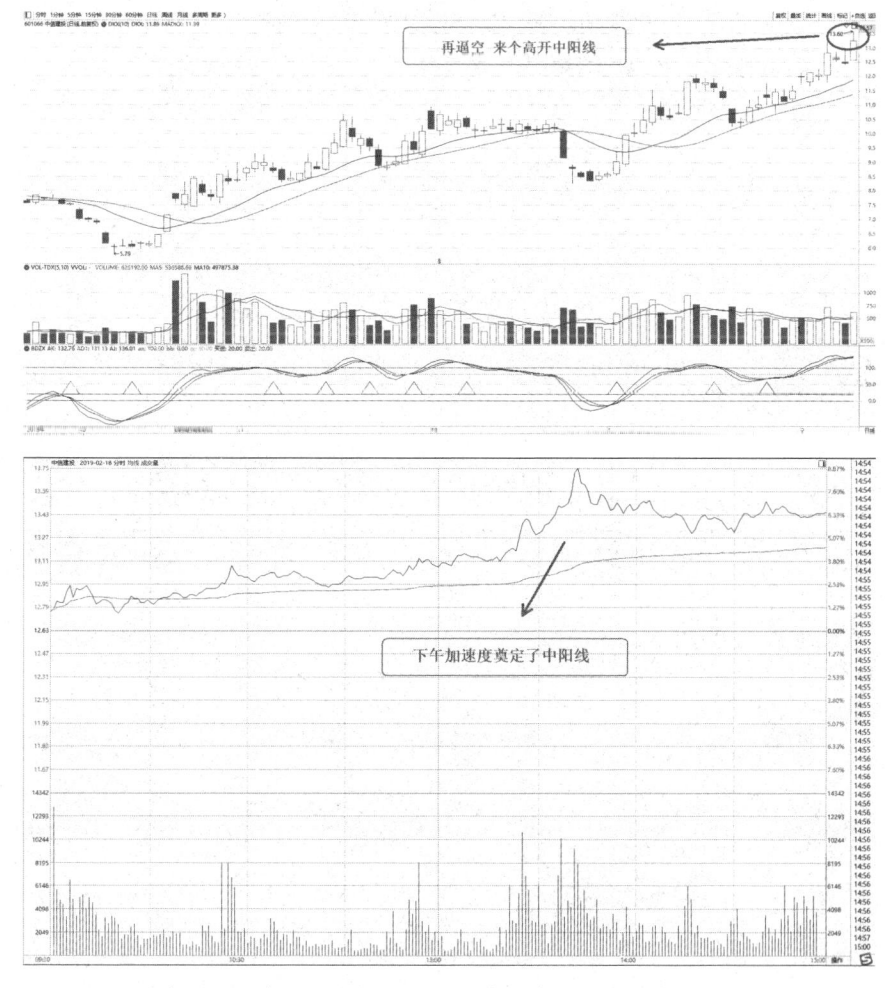

图案回顾点睛：2019年2月18日中信建投日线和分时结合图

突破悄然加速形式，趋势渐渐加强，空方越来越没辙，越后退自然越恐慌。

市场博弈就如战场，很多时候都是要致对方于死地，尤其是趋势渐渐形成的时候。经历了前面反复历史高位动荡的蓄势，重心还能不断悄然上移，本身已经说明多方在渐渐发力，现在无非就是差一个重磅出击而已。

这里，下午加速度的走势，其实已经可以理解为是一种提前预演了。

（2）感知东方通信的博弈：涨停再突破，疯狂很自然。

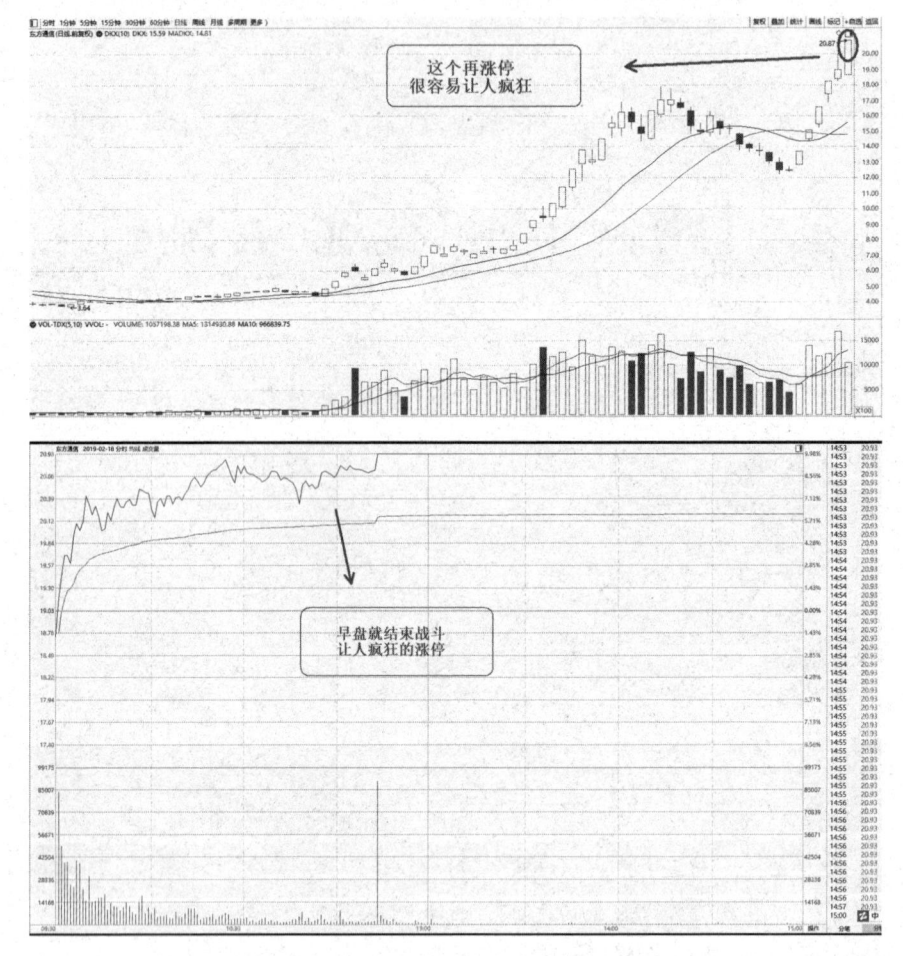

图案回顾点睛：2019年2月18日东方通信日线和分时结合图

不得不说，这个涨停相当振奋人心，前一天还是刚突破前期高点冲高回落，2月18日就强势继续上攻封死涨停。一是进一步验证了我们的长上影战法在强势突破阶段的有效性，另外就是这里很好地借助了市场当时中大阳线的势。

人一旦情绪起来，势如破竹是很自然的事情，剩下就是结合交易的价值，结合技术，去吃机会了。

（3）感知风帆股份的博弈：剧烈动荡分歧加大，感知次龙头的味道。

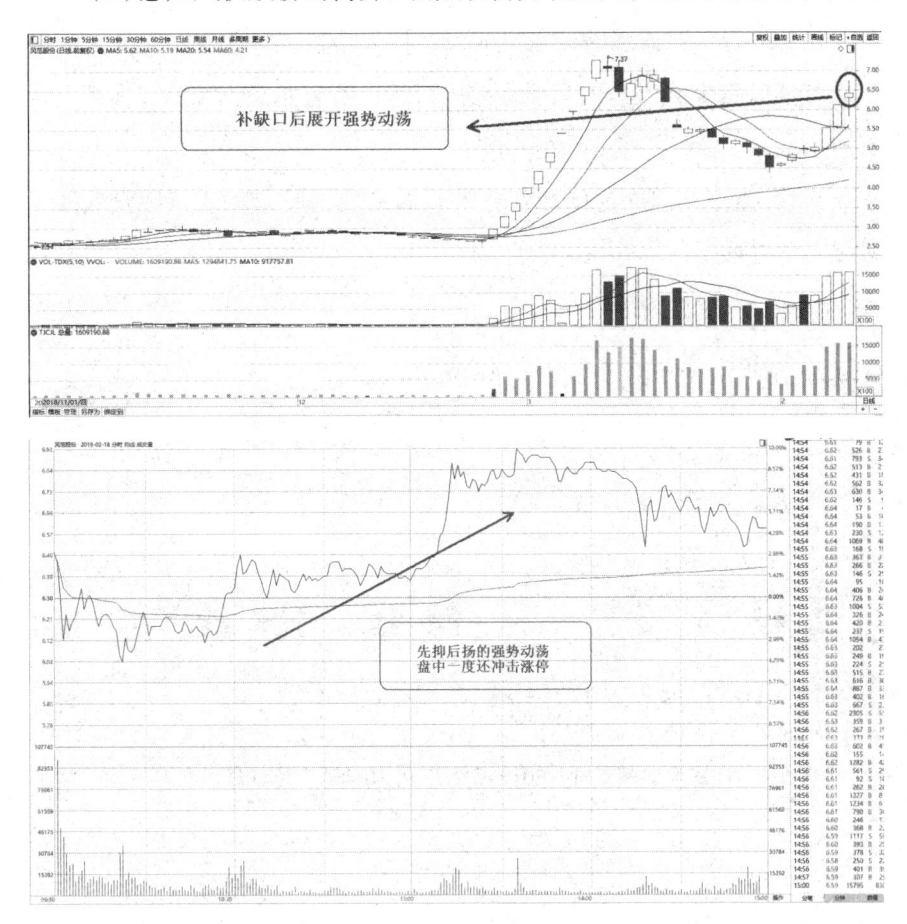

图案回顾点睛：2019年2月18日风帆股份日线和分时结合图

因为同期有个东方通信，相当疯狂，某个层面上，肯定也能对它的波动带来相当刺激作用。这就是市场环境好的背景下，有类似龙头个股出现的状况下，很容易就出现一批跟风的标的。此时，风范是有跟风的味道。当然，前期它一度也是细分龙头。所以，这背后也有本来的主导因素在。

就本身的盘面来看，全天动荡，整体向上，说明分歧加大，但趋势不改，反弹依然在进一步延续，此时要做的更多依然是顺势，局部仓位有能力的可以做些"T+0"的动作。

总的来看，对比当时的东方通信，你就会发现，龙头和次龙头的区别，其实就是那么大。但只要你在风口里，管它龙头不龙头，你都一定是有收获的。

（4）感知新疆交建的博弈：基本面一般的股票反攻持续没涨停，就要见好就收。

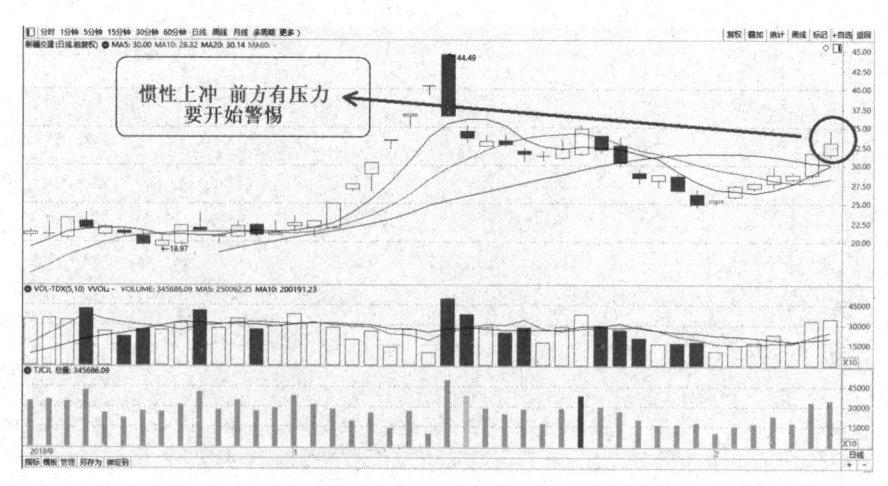

图案回顾点睛：2019年2月18日新疆交建日线图

第十五章 解读最大阳线

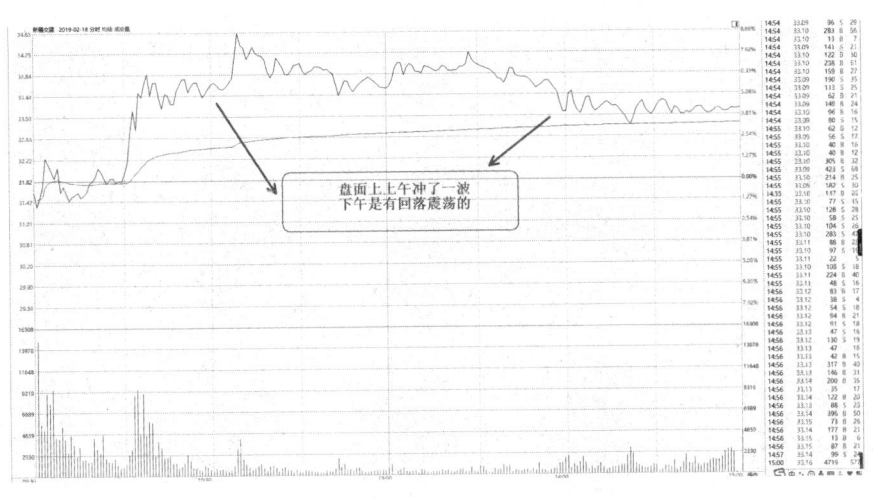

图案回顾点睛：2019年2月18日新疆交建分时图

惯性的一种上冲，此时力度不算大，更多也是跟随市场的一种行为。要看懂接下来波动的本质，前面已经反复强调过，就是要看清基本面的本质，这样的基本面本质肯定是无法长久支撑此次的反攻，因此，没有涨停的反攻，就样的要见好就收，或者更多继续保持欣赏就好。

（5）感知粤传媒的博弈：稳步推进，看准了的就要坚持下去。

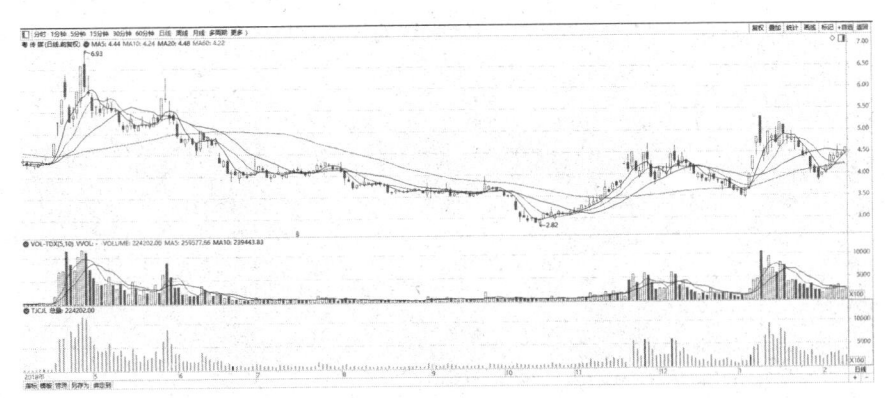

图案回顾点睛：2019年2月18日粤传媒日线图

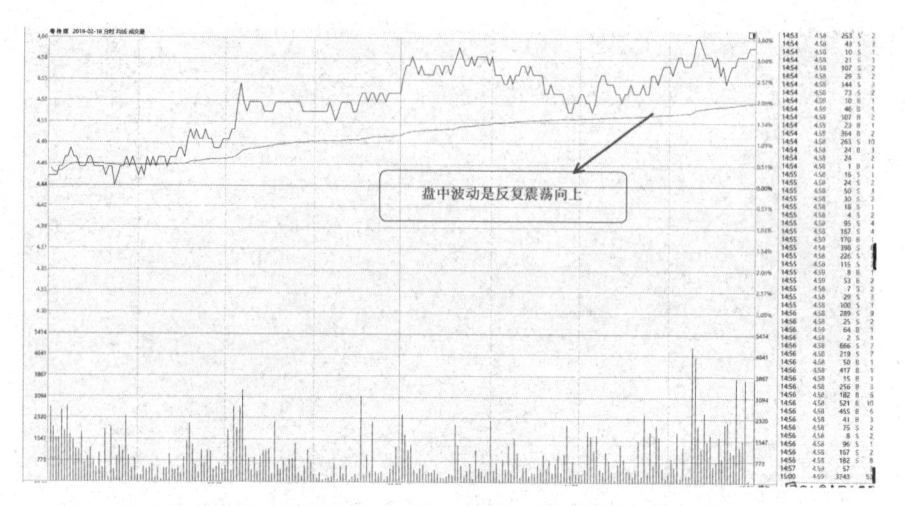

图案回顾点睛：2019年2月18日粤传媒分时图

继续小阳推进，图形依然还是不错，只是差一根中大阳线。

这里基本面是有看点的，所以结合技术面，你可以理解为是一种更大攻击浪前的量变过程，稳步推进就是好事。

此时，多点耐心，是很需要的。看准了的，就要坚持下去。

第十六章 看清动荡"十"字星本质

16.1 操盘日记（2019-2-19）

近期难得一见现象 看清动荡"十"字星本质

图案回顾点睛：2019年2月19日上证指数日线图

2月19日的市场我们回头来看，博弈非常精彩。首先跟大家描述一下最终的博弈结果。可以发现，2月19日是这段时间第一次出现了跌的数比上涨的数要多的状态，但是股指却保持强势的动荡。上证指数最终收了一根假阴线"十"字星，稍微涨了一点点，而创业板收了一根小阴线。整体来说，2月18日是这波反攻以来创下最大单日涨幅的一天，2月19日很显然有我说的被迫空翻多的人进场了，空翻多之后，证指数很快又进入到了前期2750点到2850点之间的成交密集区。在这个区间，指数要往上突围的话必然会迎来动荡。这个动荡的意义何在？其实很简单，就是让现在一些空翻多的资金再次怀疑人生，这又是什么意思呢？

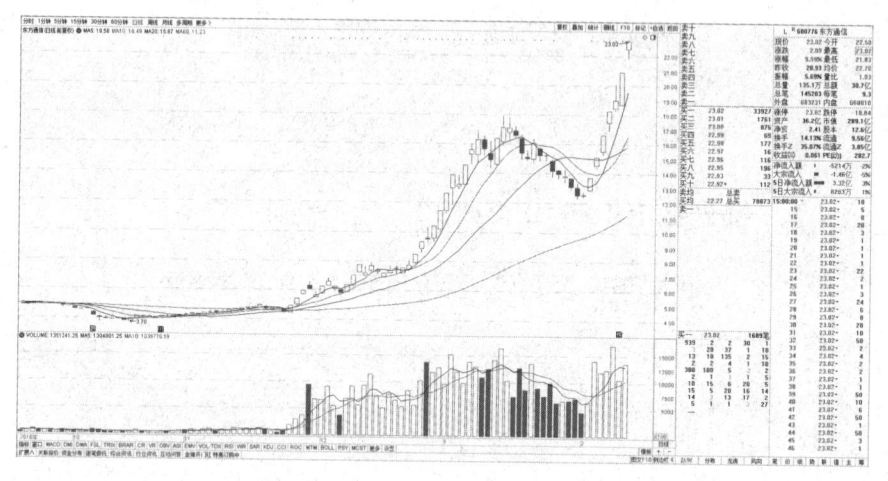

图案回顾点睛：2019年2月19日东方通信日线图

我又不得不讲一讲之前重点分享的案例——东方通信，当时我在它十几元钱一路上涨的时候给大家分享过一个思路。那个时候市场没有现在好，处于一个相对低迷的状态，我说低迷期就是最好的布局时机。就像东方通信在之前4元左右的时候，你一定要有仓位。因为你有了仓位，当一支个股突围向上的时候，你的心态是不一样的，比如说东方通信到了十几元钱的时候，因为你的底仓很便宜，这个时候你再加仓，再做点差价你都会非常从容。但反过来，如果你在相对低位没有仓位，现在它已经到了23元了，在这个时候你再去捕捉它的机会，你就会变得非常焦虑，为什么？因为你的成本是当下的，不像那些成本非常低的投资者，对于他们而言，哪怕东方通信明天来一个跌停，两个跌停对他们来说也没有什么太大的影响，无非就是少赚一点，他们的心态依然可以保持淡定。但是对于这个期间进去的，被迫空翻多的投资来说，别说一个跌停了，五个点他就受不了了。

所以你会发现2月18日市场出现大阳线的时候让很多投资者空翻多了，那么2月19日很显然盘中的动荡就加剧了。比如说有些个股可能盘中深调五六个点，这部分人可能又马上被迫砍仓。但是对于前期在2500点以下建仓成功的这部分投资者来说，2月19日的动荡会显得比较淡定，为什么？因为手中的筹码已经是获利的，面对这种五个点、六个点、七个点、八个点甚至十个点的调整都是非常从容的。2月19日的剧烈动荡说白了就是慢慢进入到了一个让前期的空方左右挨巴掌的状态了。前面一路空，走到现在很尴尬，进去的时候又遇到动荡，这个动荡又可能让他三振出局。

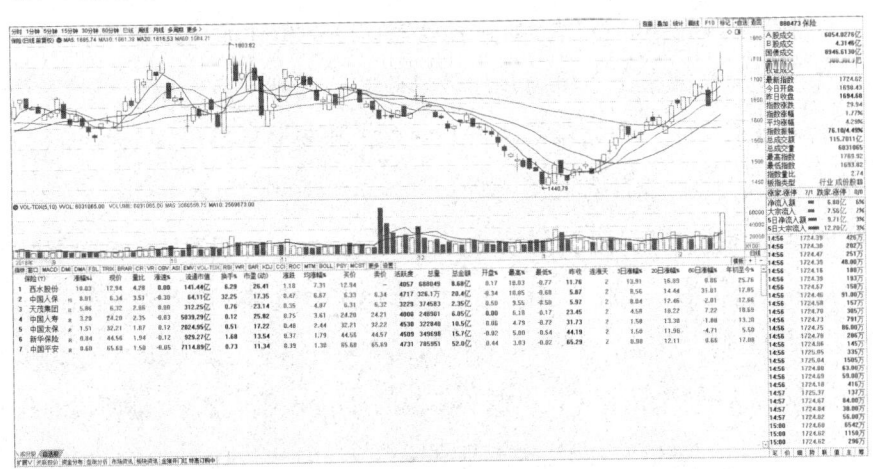

图案回顾点睛：2019年2月19日保险指数日线图

【学习重点】

我们客观地看一下2月19日动荡的本质，第一个我认为是要消化一下前期巨大的获利盘筹码，另外一个就是要让一些空翻多资金再次迷茫。那么我再看一下具体的关键性品种，比如说这天中国平安等保险股就都很有意思，包括一些银行股都纷纷出现了盘中大幅向上攻击，最终冲高回落的态势。这个在我的理解来说，很显然它就是在进一步消化成交密集区的套牢筹码。以中国平安为例，它 2 月 19 日最高冲到了三个多点，空翻多的资金追高冲进去的话，2 月 19 日肯定是又被套至少两个多点，2 月 20 日他可能就要考虑止损出局了。但如果是从低位一路拿到现在的，面对 2 月 19 日的冲高回落，他会非常淡定。

另外券商板块一些关键品种如中信建投，依然还是保持在标准的上升通道中，对于场外的资金来说，大部分人肯定是不太敢买的，为什么？因为天天这样涨，买进去稍微一个动荡跌五六个点就受不了了。就好像前期中信建投 1 月 22 日盘中走出接近跌停的走势，那时的洗礼就有点像高位进去的资金一样，最终会被市场的动荡洗出来，让他左右挨巴掌，然后继续延续它的这种趋势。

现在的博弈格局有点类似这种状态，金融板块的保险银行 2 月 19 日都属于冲高回落，我认为是比较健康的。另外一点，像地产股 2 月 19 日是比较弱的，但这种弱的背景之下，其实也是消化成交密集区的套牢筹码，2 月 19 日弱市场还能够保持相对强势的这种状态，本身也说明整体强势的格局是要延续的。2 月 19 日为什么有比较多的个股会出现下跌的走势？很简单，就是有相当多的资金选择在这个区域做差价。

换句话说，从 2 月 19 日的盘面格局来看，预示着 2 月 18 日的大阳线展开了接下来动荡，但同时趋势不改的演绎格局。用我之前所说的开车比喻，昨天最大单日阳线等于是减速后又再加速，这个时候就好像开车一样，持续加油门太猛的话，容易出事故。这个时候更多是要把握好方向盘，控制节奏，稳中求进应该来说是接下来主要的行情推进模式。

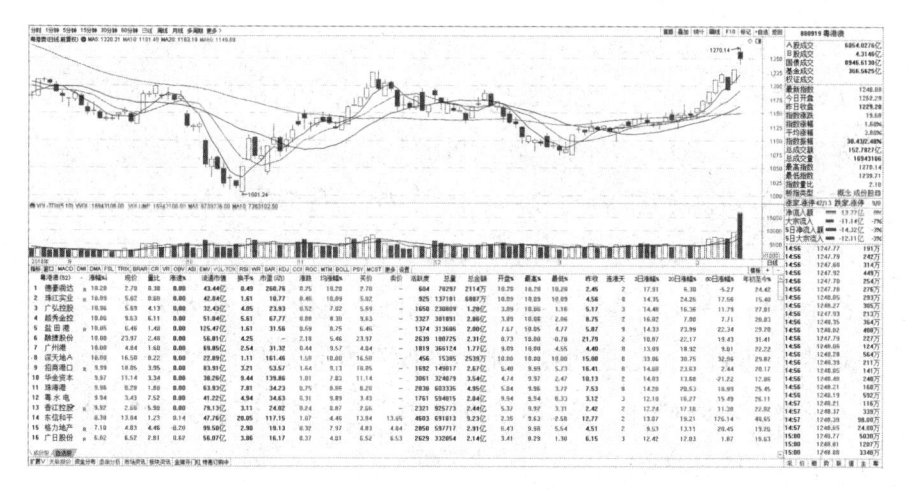

图案回顾点睛：2019年2月19日粤港澳板块指数和个股涨跌对比图

【学习小总结】

我们也看到热点板块是动荡的，当然也有一些涌现出来的新热点，像粤港澳大湾区概念2月19日是崛起了，这跟政策导向有关系，典型的事件性机会。当然从2月19日的盘面来看，我认为接下来持续性不会特别强，因为19日就有分化了。

另外近期以来最大的主线之一OLED板块，2月19日很显然分化剧烈，跟当下的博弈状态也很好地融合在一起。当然还有一些其他局部的科技衍生板块，在动荡中他们能够活跃也从一个侧面反映出当下资金的活跃度。

走到这个位置的时候，我们当然也要思考思考，因为近期媒体报道，现在民间配资又卷土重来，配资这一块繁盛的话，肯定会对市场带来一定的潜在反压效果。2月19日出现动荡，也是有一部分资金预期接下来再往上纵深方向发展的时候，可能会因为各路资金的性质导致一个比较复杂的格局。因为资金性质比较复杂，特别是有些配资的资金，它肯定是追求超短线收益的，这就意味着会加剧市场的波动，所以大家对此要有一点心理准备。当然2月19日这样一走完之后，对于场外还在观望的空方来说，依然还是没有太多机会上车，上周五上证指数也是出现跌了一个多点的情况，他们没机会上车，2月19日创业板小阴线上证指数也是"十"字星，你说有多少机会上车？但是你又要让它进来，最终实现空翻多，最好的策略就是在这个位置动荡消化一下，过后再次稳中求进，再次刷新2月19日的日内高点，往2800点进军。如果真的是这样走的话，那么我告诉大家真正的高潮应该是在逼近2800点，或者说是冲上2800点之后的时候。那个时候具体怎么演绎，我到时候再跟大家分享，至少到现在，从时间周期来看，还没到具体动荡转折的时候，目前的动荡还属健康。

当然进一步的思考，我希望大家好好关注我每周一期的"国平博弈实战论"，这是我最近推出的一档栏目，希望还没有订阅的朋友抓紧订阅，我相信对你把握实战会有很大的帮助。另外，我们的战略"抢钱"行动依然在如火如荼的进行当中，希望还没参与进来的，尤其是对把握未来自认为能力相对有限的朋友们，认可我们的话，抓紧参与到我们的战略中来。因为我们相信经历了这种上涨、未来分化波动过后，整个局面，尤其是一些局部会有很多精彩呈现出来的，但要把握这些局部的精彩，难度一定是比前期这种普涨的阶段要大得多，所以接下来更多的是会慢慢进入一种各显神通的状态。

我们要积极拥抱2019年开启的新牛市，此时此刻做好充分的准备，学习和理解每一天市场各路资金博弈的情况，做好各方面的梳理工作，最终我们才能够把握住属于我们的未来，把握住属于我们的大机会。好了，今天我们就分享到这，明天精彩的博弈实战论，不见不散。

【国平回顾小感悟】

市场方向选择，前行过程中的剧烈动荡，其实就是各路板块各显神通的好时机，因为市场没有短期杀跌的隐患，短期资金敢于兴风作浪，中长线资金更是会大胆坚定参与，一旦中短线资金都看中的板块，就极有可能成为飞跃的板块。因此，这时候多观察一些强者，其实一方面短线机会多多，同时局部肯定也是酝酿着更大的中线机会的。那时候，大金融、大科技的大逻辑其实也悄然在盘面中体现出来了。

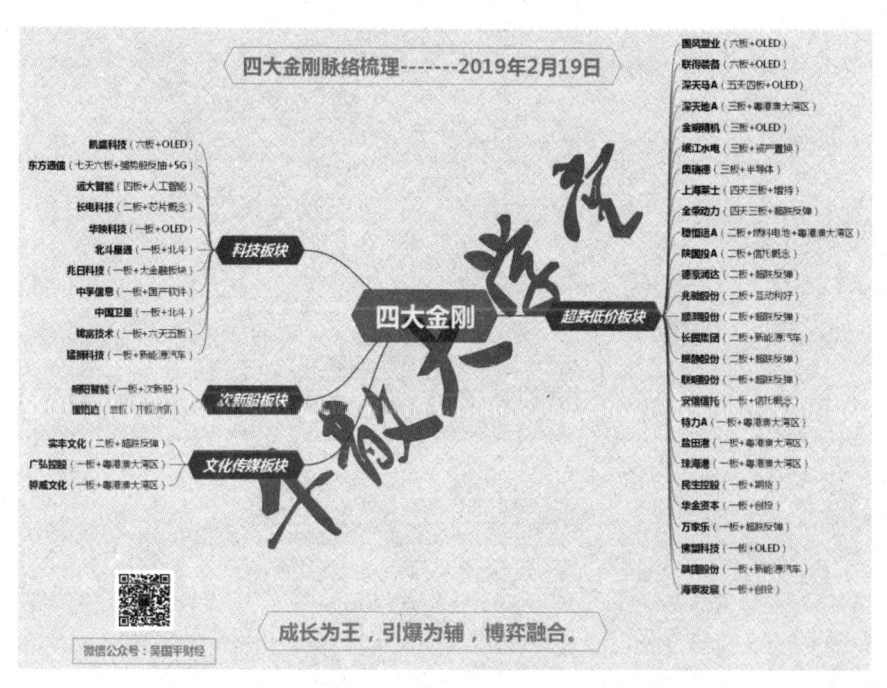

四大金刚脉络梳理——2019年2月19日

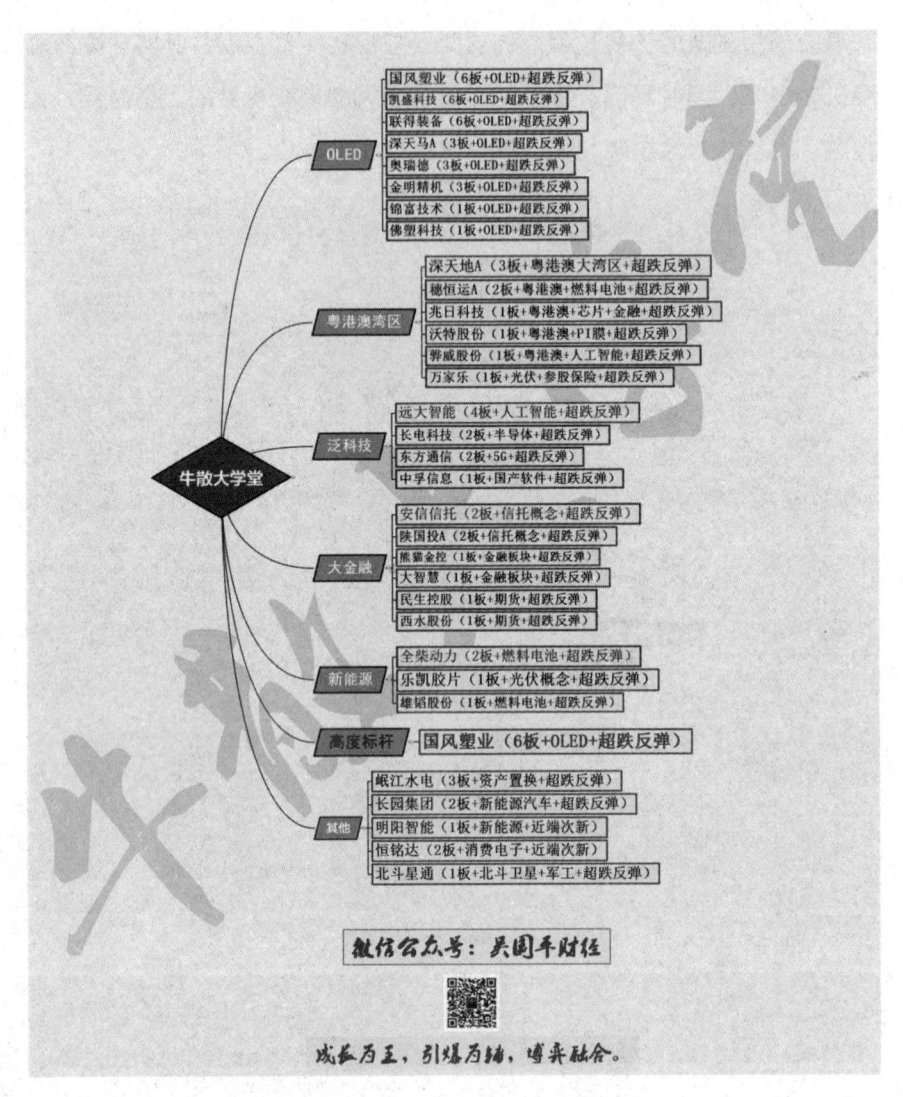

牛散大学堂

OLED
- 国风塑业（6板+OLED+超跌反弹）
- 凯盛科技（6板+OLED+超跌反弹）
- 联得装备（6板+OLED+超跌反弹）
- 深天马A（3板+OLED+超跌反弹）
- 奥瑞德（3板+OLED+超跌反弹）
- 金明精机（3板+OLED+超跌反弹）
- 锦富技术（1板+OLED+超跌反弹）
- 佛塑科技（1板+OLED+超跌反弹）

粤港澳湾区
- 深天地A（3板+粤港澳大湾区+超跌反弹）
- 穗恒运A（2板+粤港澳+燃料电池+超跌反弹）
- 兆日科技（1板+粤港澳+芯片+金融+超跌反弹）
- 沃特股份（1板+粤港澳+PI膜+超跌反弹）
- 骅威股份（1板+粤港澳+人工智能+超跌反弹）
- 万家乐（1板+光伏+参股保险+超跌反弹）

泛科技
- 远大智能（4板+人工智能+超跌反弹）
- 长电科技（2板+半导体+超跌反弹）
- 东方通信（2板+5G+超跌反弹）
- 中孚信息（1板+国产软件+超跌反弹）

大金融
- 安信信托（2板+信托概念+超跌反弹）
- 陕国投A（2板+信托概念+超跌反弹）
- 熊猫金控（1板+金融板块+超跌反弹）
- 大智慧（1板+金融板块+超跌反弹）
- 民生控股（1板+期货+超跌反弹）
- 西水股份（1板+期货+超跌反弹）

新能源
- 全柴动力（2板+燃料电池+超跌反弹）
- 乐凯胶片（1板+光伏概念+超跌反弹）
- 堆锂股份（1板+燃料电池+超跌反弹）

高度标杆
- 国风塑业（6板+OLED+超跌反弹）

其他
- 岷江水电（3板+资产置换+超跌反弹）
- 长园集团（2板+新能源汽车+超跌反弹）
- 明阳智能（1板+新能源+近端次新）
- 恒铭达（2板+消费电子+近端次新）
- 北斗星通（1板+北斗卫星+军工+超跌反弹）

微信公众号：吴国平财经

成长为王，引爆为辅，博弈融合。

市场轮廓脉络梳理——2019年2月19日

16.2 操盘实战博弈（2019-2-19）

（1）感知中信建投的博弈：得心应手向上推进两处，就等一个最佳时机。

图案回顾点睛：2019年2月19日中信建投日线和分时结合图

市场动荡，我行我素，继续强势推进，按照自己节奏继续前行。

慢慢地，你可以透过盘面的波动，感知到整个局面已经越来越被多方把控，此时无非就差一个更猛烈的加速度而已。这时候，对于多方而言，就是在等一个最佳时机。

稳中求进，慢慢来，一方面图形更好看，另一方面动荡中消化更多浮动筹码，接下来一旦发动猛烈攻击，必将更精彩，势如破竹。

（2）感知东方通信的博弈：十倍股目标，我们必须尊重疯狂的博弈。

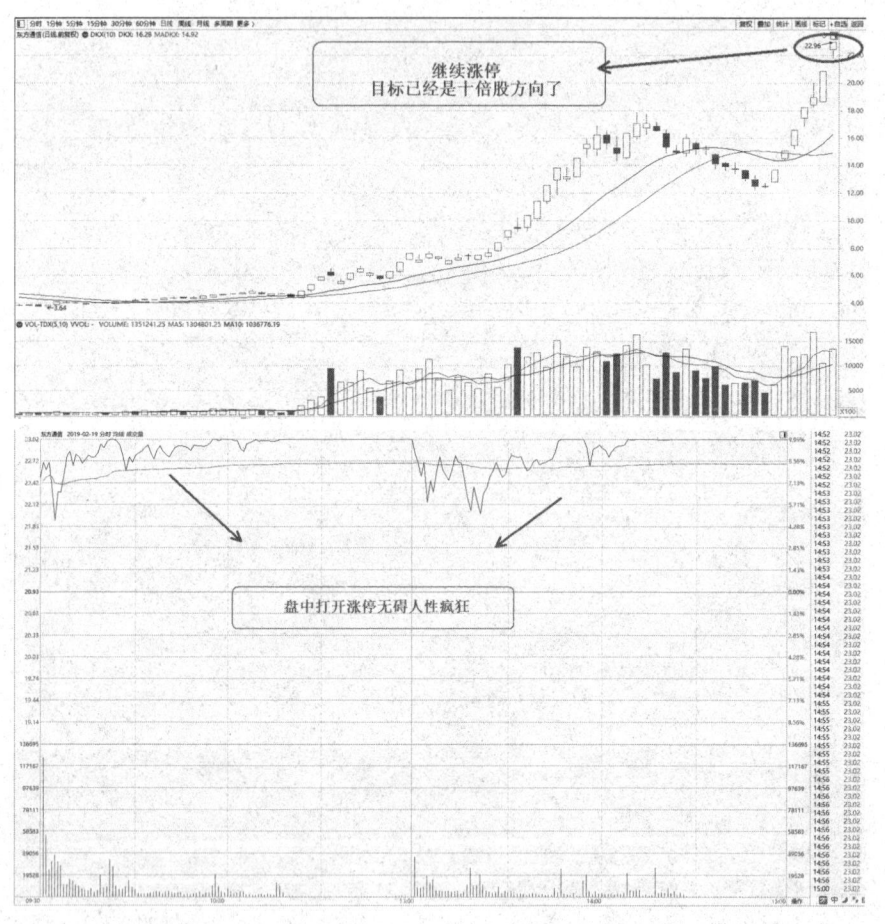

图案回顾点睛：2019年2月19日东方通信日线和分时结合图

形态的突破，持续的涨停，人们疯狂加持，此时资金已经让它无限放大对未来的欲望。

十倍股，就是当时这位置新的目标。不是不可能，一切皆有可能。一旦进入疯狂阶段，就是超出想象。我们必须尊重市场到最后阶段的疯狂博弈。

（3）感知风范股份的博弈：被带动的涨停也是一种弱转强技术机会。

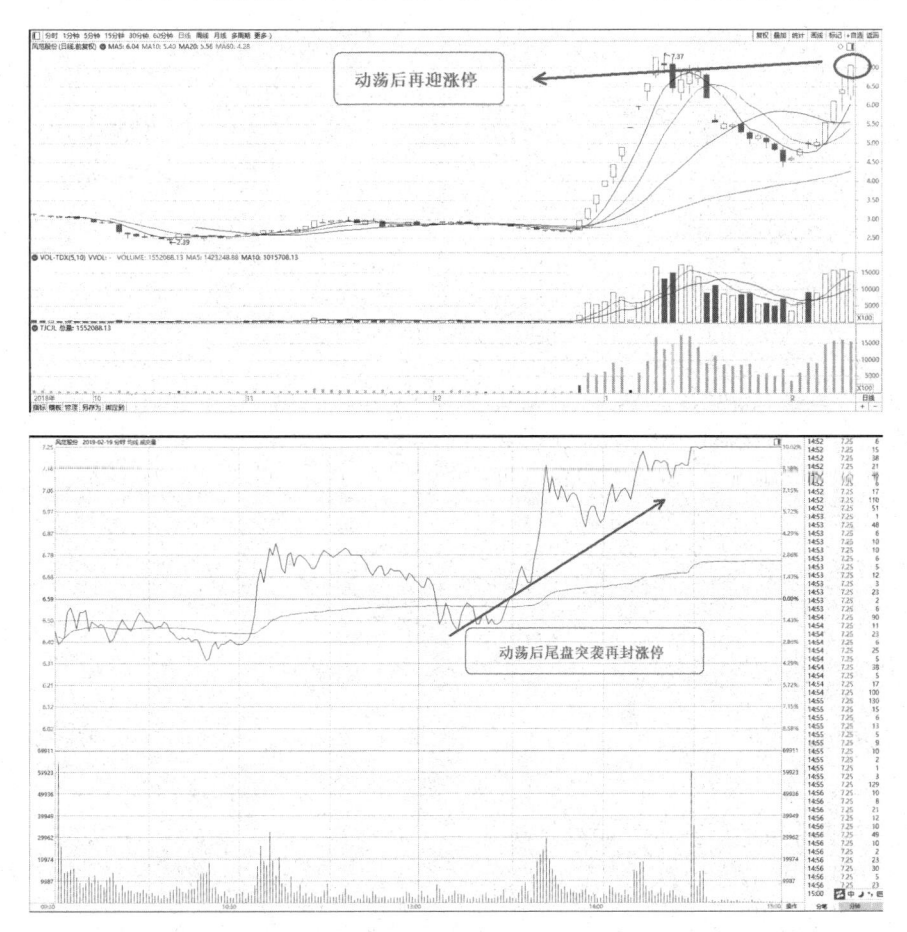

图案回顾点睛：2019年2月19日风范股份日线和分时结合图

不断被当时的龙头东方通信的涨停刺激，带节奏，最终自然也会达到一个量变到质变的过程，也跟上涨停了。

这种被带动的逆转，其实也是一种逆转，虽然没那么牢固，但也是一种市场机会。被带上去了，技术上也更好看了，基本上等于涨停突破了，也就自然又强化了本身反弹的能量。

弱转强，顺势，遵从好技术原则把握它就是。

（4）感知粤传媒的博弈：对比市场其他股票能否做到足够淡定非常难。

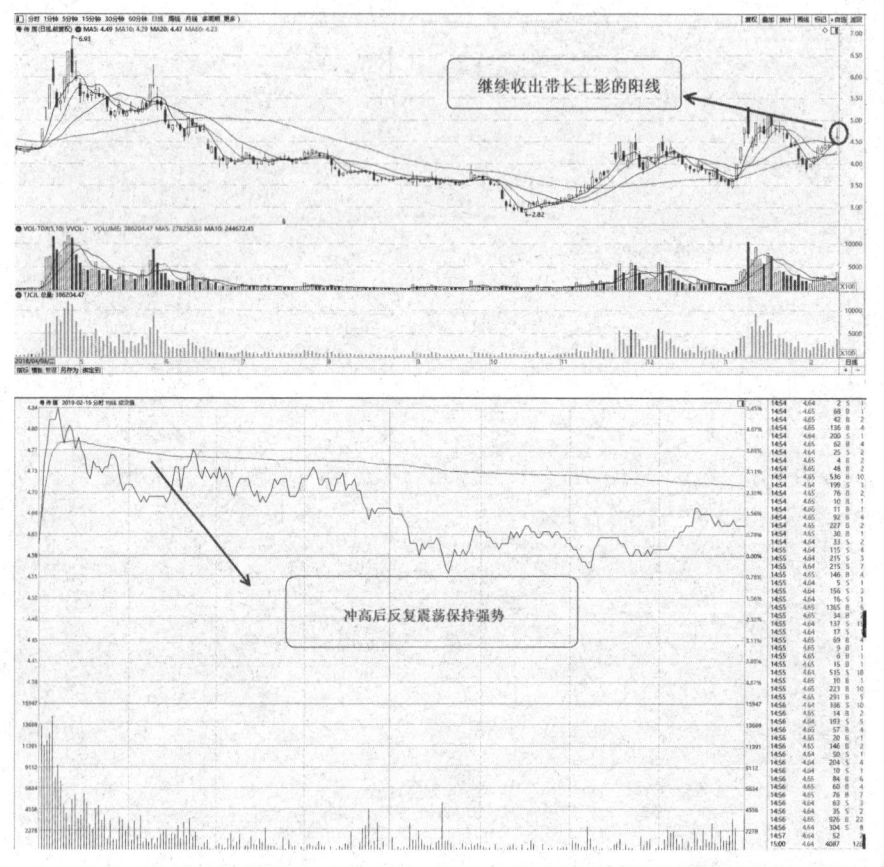

图案回顾点睛：2019年2月19日粤传媒日线和分时结合图

冲高了，说明有攻击的欲望。虽然整体依然没有大突破。但这一步步向上慢慢突围的姿态，本身也是一种渐进的状态，剩下就是一个引爆点而已。虽然暂时没法跟当时的东方通信和风范股份相比，但任何牛股都有个过程，不可能一蹴而就。所以，要大爆发，其实也需要耐心，这耐心能否做到，很多时候就是在你面对它，跟市场其他股票对比时，能否做到足够淡定。这是非常难的。

第十七章 准备迎接新热点

17.1 操盘日记（2019-2-20）

继续"十"字星就是稳中求进 动荡中准备迎接新热点崛起

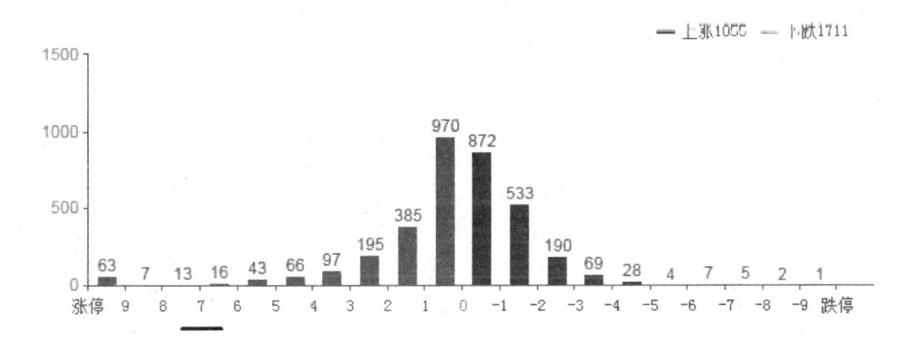

——上涨1055 ——下跌1711

涨停	9	8	7	6	5	4	3	2	1	0	-1	-2	-3	-4	-5	-6	-7	-8	-9	跌停
63	7	13	16	43	66	97	195	385	970	872	533	190	69	28	4	7	5	2	1	

2月20日的市场博弈依然还是非常的精彩。我看了一下收盘最终的博弈情况，2月19日跌的个股比上涨的要多，2月20日比2月19日好一些，最终基本上是涨跌持平。当然今天我们可以看到，如我这两天前所谈的那样子，市场进入动荡的过程当中必然会分化。可以发现，2月20日跌五个点以上的个股明显变多了，这从一个侧面说明市场持续逼空上涨到这个阶段，多空双方也博弈到了一个新的阶段。

我看了一下跌幅榜前列的个股，大部分都是前期涨幅比较厉害的个股出现了获利回吐。这种本质上来说也还是一个很正常的博弈现象。那么2月20日涨的个股有一些是强者恒强的，有一些是属于近期震荡之后突然发力上攻再起风云的，整体来说涨跌各有各的精彩。2月20日盘中出现了一波拉升接一波跳水，然后又一波拉升，我们来看看最终影响盘中大幅波动的核心关键性品种是什么？我19日说的关键性的品种，比如地产板块，20日很显然是对市场带来积极意义的，像万科、保利都纷纷上涨两个点以上。

【温馨小提示】

我们一直说的中信建投，大家可以看到它已经进入到一个持续逼空的状态，就是想买的人不敢买，或者是买了又很想尽快做一个短期差价，但是短期差价不会给到你利润丰厚的机会，就是这种慢慢涨，让前期看空的或者踏空的资金真的是有一种受不了的感觉。整体的这种态势依然还是多方把控的。这种持续逼空说白了也让很多的资金不得不缴械投降或者空翻多，毕竟中信建投从最低5元多到现在不知不觉站上14元，涨幅已经接近两倍了，这种涨幅也是惊人的。

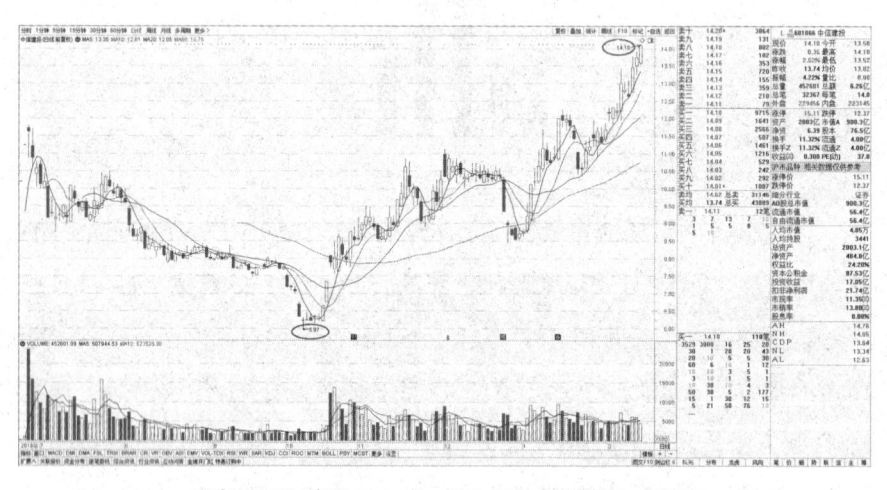

图案回顾点睛：2019年2月19日中信建投日线图

当然对比东方通信来说，也就是小巫见大巫了。我们之前在东方通信只有几元钱的时候就谈到了一个观点，我说5G板块未来至少会有一个涨幅十倍的个股。没想到没过多长时间，也就几个月，已经从最低3

元多涨到现在 25 元。说真的，没想到就是东方通信，如果东方通信涨到 40 元钱左右，基本上就实现十倍了。当然我明确告诉大家，至少阶段性短期就像这样持续上去的概率不会太大了。为什么呢？因为可以看到，2 月 20 日东方通信主要是尾盘拉升的。

【学习重点】

我原来给大家分享过，一般而言尾盘拉升封涨停的话，往往预示着阶段性有可能会迎来动荡。所以接下来东方通信再这样涨上去，大概率就会迎来短期的动荡，当然这个动荡不是最终的高点。

我觉得大的方向 5G 板块依然还是没有问题的。大家有没有发现这段时间市场比较活跃的一个很关键性的原因就是我们交易所监管层少了很多干预，或者说没有干预了。这对市场资金的活跃或者市场信心的提升无疑是有很大帮助的。这个也解释了节后东方通信敢连续涨停的一方面原因。

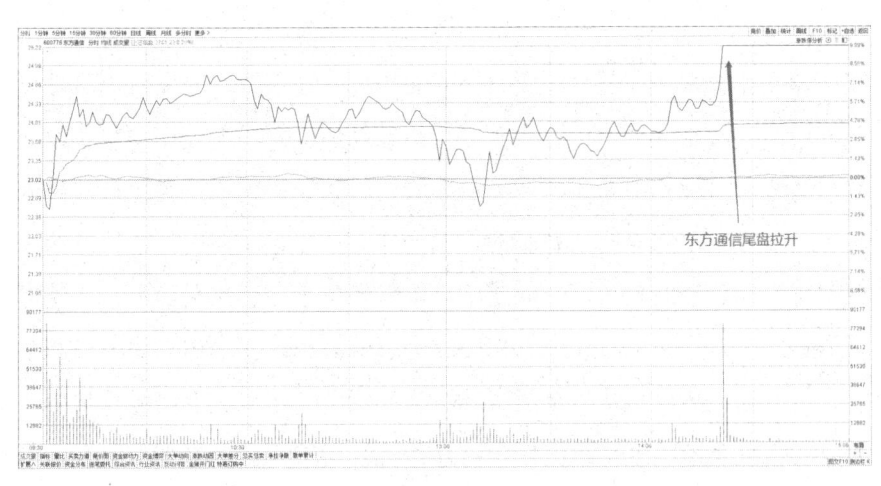

图案回顾点睛：2019 年 2 月 19 日东方通信分时图

通过东方通信 2 月 20 日尾盘拉升，我感觉接下来有可能 5G 这个板块或者东方通信龙头有可能会迎来动荡，但是这个动荡是不是预示着市场会进一步的动荡呢？我觉得不尽然。为什么会这样说？就像这两天一样，其实盘中有各类的个股动荡，但最终结果大家发现没有，指数都是收出"十"字星。换句话说，指数依然还是保持非常强势的运行格局。而这个强势的运行格局会让空方怎么想呢？我认为会让空方受不了，他老是想着跌下来有上车的机会，但就是不给你上车的机会。在这样的背景之下，当然会迎来一些空会翻多，有些多方的资金又可能会给一些空方压力，又会引发动荡，就像这两天有动荡的个股一样。

【学习小总结】

这个过程当中市场如果能保持轮动的话，那就会出现动荡，就像这两天要分化，有涨有跌，但是指数是强势。如果接下来东方通信动荡的话，只要有新的一些板块崛起，就是能接替他提升市场人气作用的地位，那么好了，市场是没有任何影响的。我认为从这几天的运行态势来看，这种概率应该是非常大的，我认为八成以上，大家拭目以待。接下来应该会崛起新的一些热点。

这两天市场会盘中有剧烈的动荡，就是因为有些涨的个股跌了，盘中这种剧烈的动荡导致有些资金担心会出现调整，所以才会呈现这种复杂的局面。我觉得接下来还会有这样的状况，但是只要前期调整比较充分的板块，出现一个明显的接棒动作的话，我觉得整个就会维持强势逼空的运行格局。跟我前期开车的比喻一样，现在车还在保持比较好的速度前行，也没有明显减速，但这个时候你要让车开得比较稳，最好的方式就是紧紧握住方向盘，让它稳中求进，就好像现在一样，稳就是两个"十"字星，然后再找机会适当地踩下油门，加一点速度都是安全的，所以我觉得将来整个格局应该是这样子的！当然我也提醒大家要有一个心理准备，就是盘中肯定会动荡，这个是不可避免的。

因为这两天已经出现这种格局了。也正如我这几天强调的一样，接下来就是各显神通了，要把握住阶段性更多的机会，真的就要靠这种前瞻性了，靠你更深入的对市场把握的能力等等。那么我待会儿会讲实战博弈论，里面会有一些案例分享，尤其是我们对短线的一些案例分享，比如说近期我们把握的，我可以告诉大家，是2月20日涨停的广电网络，这是我们短线资金把握的一只股。接下来怎么走，我们会结合市场博弈具体分析。另外潜伏的、轮动的，这些我们在实战博弈论里面也会有一些分享，我希望大家积极踊跃订阅，然后我到时候会给大家一些启发的。

现在整个市场经历了这一段时间的演绎，我认为整体局面依然还是比较健康的，大的方向依然还是震荡上扬，这个过程我们依然还是要保持一种积极的心态去面对，把握这当下难得的一个机遇。2019年我认为会开创一个新的历史的，正如我之前就说的一定会迎来、事实上现在已经悄然迎来一个我定义的"新牛市"，可能不经意的你会发现有些个股就变成牛股了，就好像之前我们分享的东方通信一样，我相信还有更多的"东方通信"在路上。当然我们需要投入更大的精力去研究，然后积极把握，也要把握好在前行过程当中的一种动荡，一种反复的复杂状况，这些都请大家每天及时收听或者收看我们的推送。前行路上我们一同努力。

接下来轮动的机会在哪里？我个人是觉得大家积极留意"四大金刚"里的机会。"四大金刚"是什么？老朋友应该很清楚。在这里面，接下来一定还有更多崛起的新面孔会展现在我们的面前，比如说科技的细分领域，比如说文化传媒的一些领域，比如说还有一些次新股的领域，甚至还有所谓的超跌低价领域里面的一些细分行业。我相信接下来在市场进一步博弈的过程当中，应该都会有轮番精彩演绎。那么我们做短线的资金要积极去把握，同时要提前部署的就去提前部署，在未来市场持续逼空的过程当中，我们能够让自己的利益最大化。这就是当下我围绕市场进行的一个思考。

【国平回顾小感悟】

市场上行过程中，出现"十"字星，涨跌都很明显的时候，试问，你此时如果获利丰厚，会选择获利离场还是继续坚守等更多利润呢？我想大部分散户，尤其是看重短期利益的，都很容易在动荡中被三振出局。

逻辑并不复杂，因为担心市场反杀，同时自己标的的涨幅比较厉害，比如我当时文章中谈到的中信建投和东方通信，试问有几个人能在这里依然坚持呢？我知道的情况是，很多人哪怕买了中信建投和东方通信，也是非常容易在上涨点或者动荡的时候选择卖出，美其名曰是"锁定利润"。但事实上，没看清本质状况或梳理清晰逻辑，所以，更多的机会根本无法得到，更多是随市场波动而采取相应策略，这样的模式，最终很难赚大钱的。

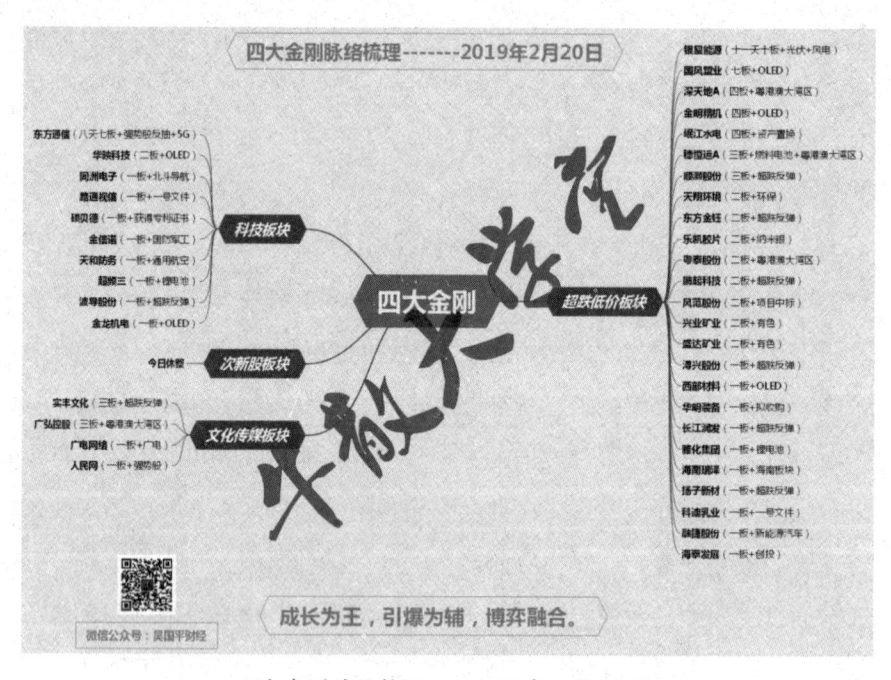

四大金刚脉络梳理——2019年2月20日

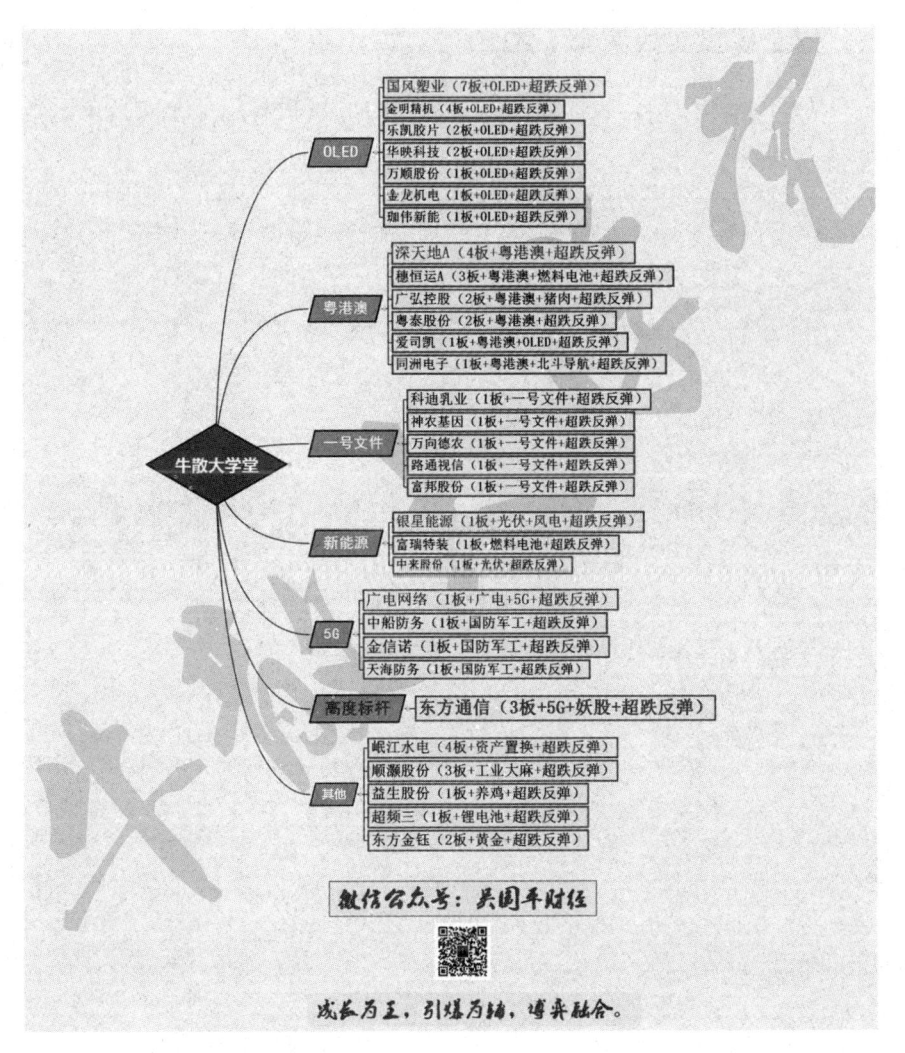

第十七章 准备迎接新热点

牛散大学堂

- **OLED**
  - 国风塑业（7板+OLED+超跌反弹）
  - 金明精机（4板+OLED+超跌反弹）
  - 乐凯胶片（2板+OLED+超跌反弹）
  - 华映科技（2板+OLED+超跌反弹）
  - 万顺股份（1板+OLED+超跌反弹）
  - 金龙机电（1板+OLED+超跌反弹）
  - 珈伟新能（1板+OLED+超跌反弹）

- **粤港澳**
  - 深天地A（4板+粤港澳+超跌反弹）
  - 穗恒运A（3板+粤港澳+燃料电池+超跌反弹）
  - 广弘控股（2板+粤港澳+猪肉+超跌反弹）
  - 粤泰股份（2板+粤港澳+超跌反弹）
  - 爱司凯（1板+粤港澳+OLED+超跌反弹）
  - 同洲电子（1板+粤港澳+北斗导航+超跌反弹）

- **一号文件**
  - 科迪乳业（1板+一号文件+超跌反弹）
  - 神农基因（1板+一号文件+超跌反弹）
  - 万向德农（1板+一号文件+超跌反弹）
  - 路通视信（1板+一号文件+超跌反弹）
  - 富邦股份（1板+一号文件+超跌反弹）

- **新能源**
  - 银星能源（1板+光伏+风电+超跌反弹）
  - 富瑞特装（1板+燃料电池+超跌反弹）
  - 中来股份（1板+光伏+超跌反弹）

- **5G**
  - 广电网络（1板+广电+5G+超跌反弹）
  - 中船防务（1板+国防军工+超跌反弹）
  - 金信诺（1板+国防军工+超跌反弹）
  - 天海防务（1板+国防军工+超跌反弹）

- **高度标杆**——东方通信（3板+5G+妖股+超跌反弹）

- **其他**
  - 岷江水电（4板+资产置换+超跌反弹）
  - 顺灏股份（3板+工业大麻+超跌反弹）
  - 益生股份（1板+养鸡+超跌反弹）
  - 超频三（1板+锂电池+超跌反弹）
  - 东方金钰（2板+黄金+超跌反弹）

微信公众号：吴国平财经

成长为王，引爆为辅，博弈融合。

市场轮廓脉络梳理——2019年2月20日

17.2 操盘实战博弈（2019-2-20）

（1）感知中信建投的博弈：感知当时的逻辑和思考才能真正做到坚持。

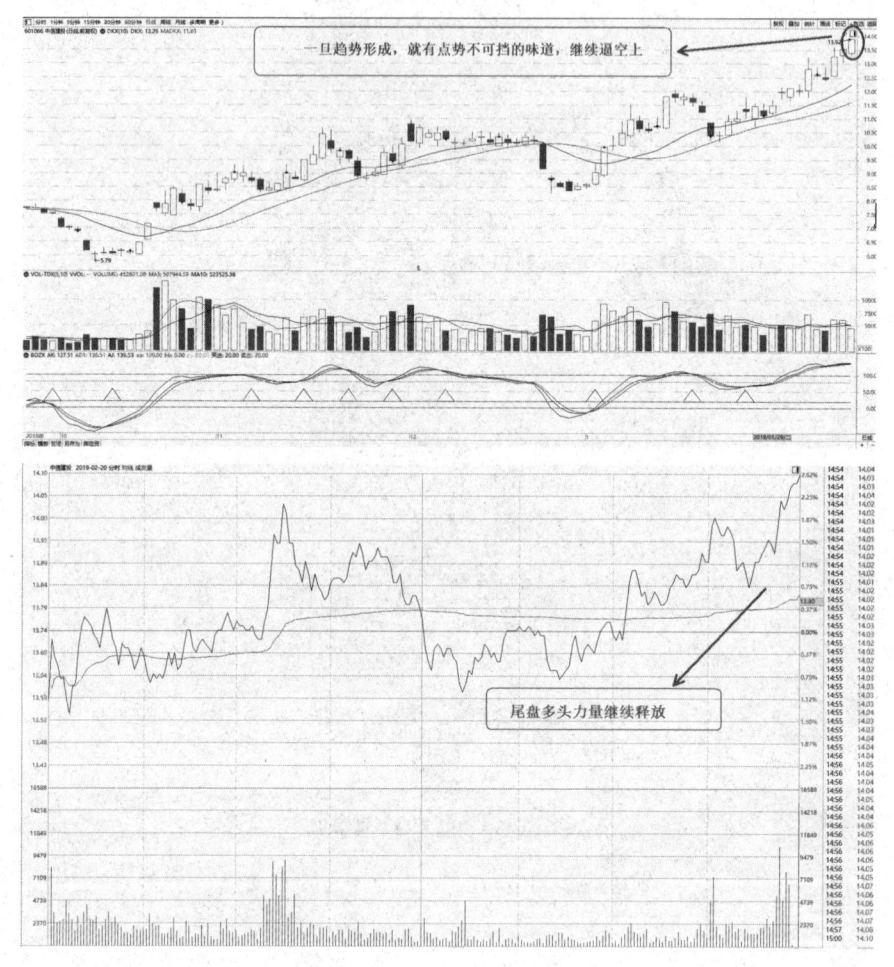

图案回顾点睛：2019年2月19日中信建投日线和分时结合图

回头来看，有时候你会觉得没什么。不过，你一定要好好感受当时我们经历的那种盘面感觉。分时图，很多时候就是要放大你在当时的情绪，结合日线图，再结合当时市场的状况，一般人不被市场影响是很难的。

要坚持住，关键就是要有我们这样的逻辑和思考。这就是你一定要去感知和学习的。

（2）感知东方通信的博弈：多种力量融合的博弈要抓住最关键逻辑和主要矛盾。

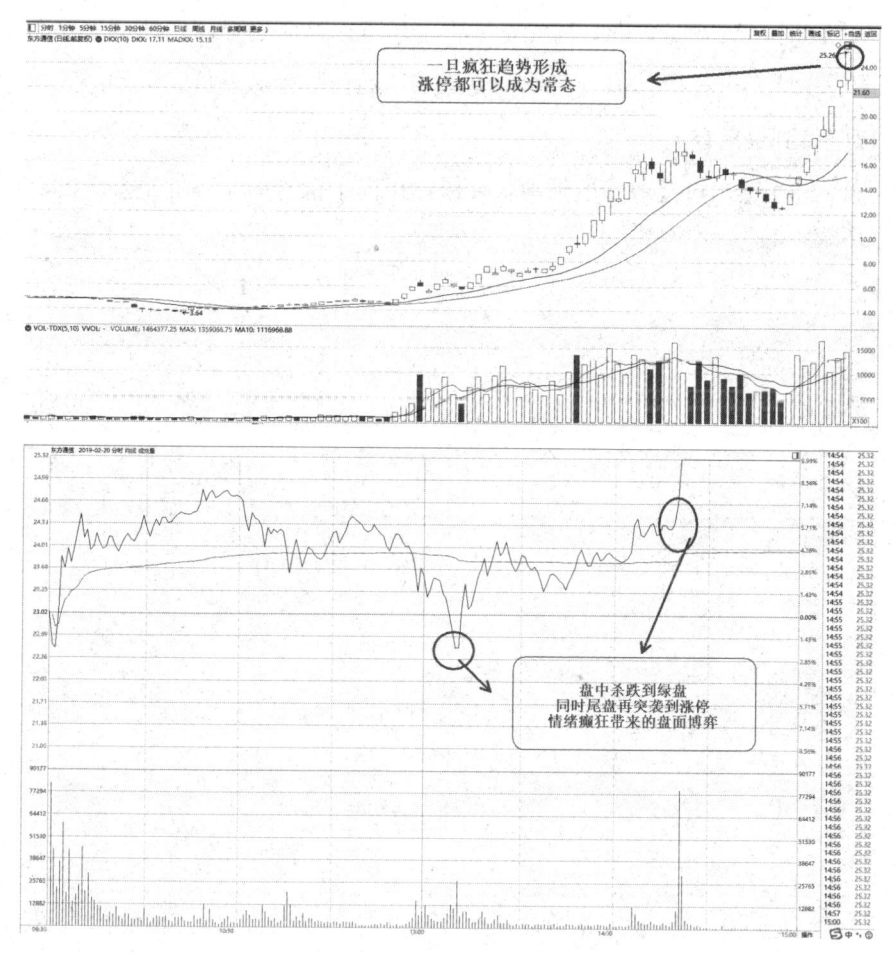

图案回顾点睛：2019年2月19日东方通信日线和分时结合图

当目标是十倍股的时候，同时本身又涨很多，再结合市场的动荡，试问，盘面博弈能不异常精彩吗？当然最终结果只有一个，要不就是能达到十倍股，要不就是夭折。这里多空双方会展开殊死搏斗，但这时候大概率是多方取得全面胜利。

倒不是说当时东方通信基本面有多大价值，而是那时候已经完全进入到一个比较疯狂的交易价值阶段，这时候看的是人性，人性的复杂无法估量。

同时，最关键的是此时要完全尊重技术，顺应趋势，抓住最主要的矛盾，博弈过程中，你自然就会更淡定，运行部分做差价，但不经意可以坚持到最后。

（3）感知风范股份的博弈：在风口里向上猛烈搏杀赢面是蛮大的。

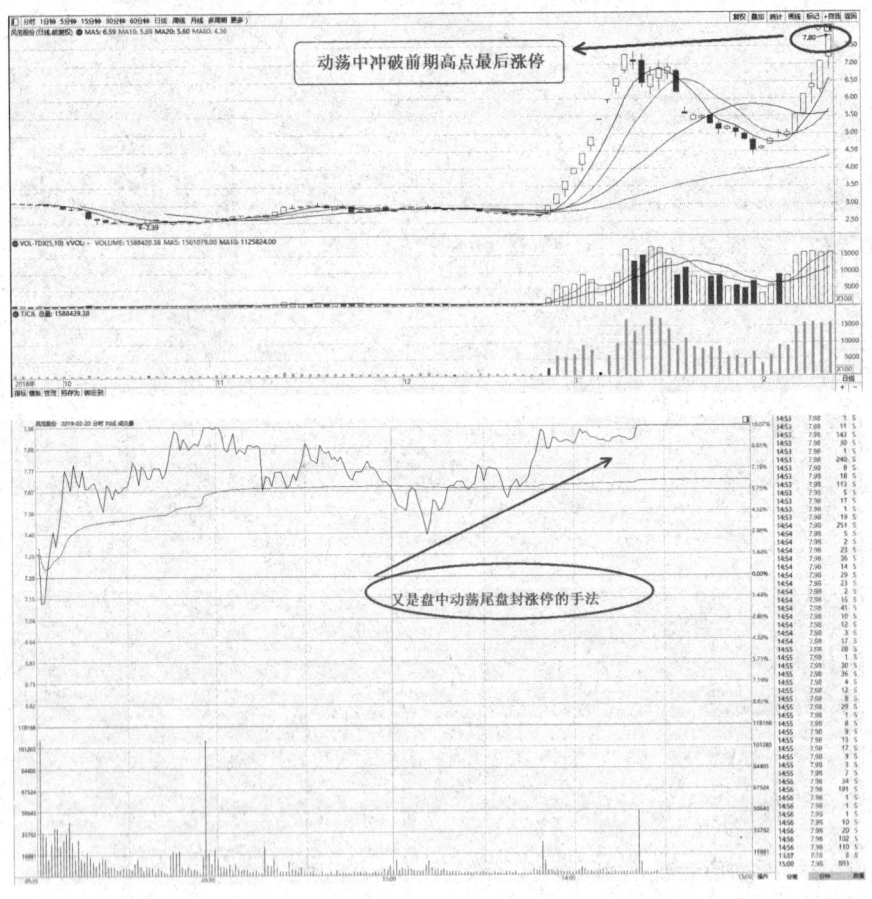

图案回顾点睛：2019年2月19日风范股份日线和分时结合图

这里的博弈，一方面是自然突破，另外更重要的是一种跟随动作。

有句话说得很对，一旦站在风口，猪都能飞起来。此时的风范股份，就有点像那头猪。盘中剧烈动荡，有人下车，更多是有人上车，因为趋势已经形成，风口也形成，因此资金就敢于向上搏杀。

说真的，这样猛烈的搏杀，顺应趋势赢面无疑是相当大的。

（4）感知粤传媒的博弈：稳步上升途中的跳空向下小缺口等于是送钱缺口。

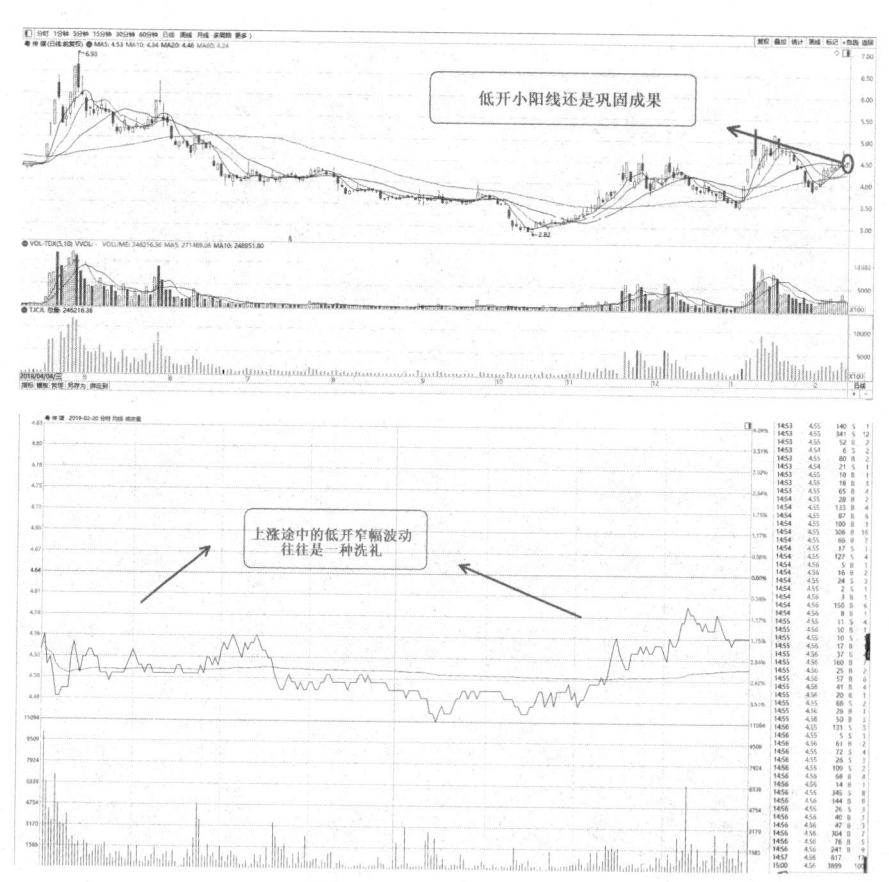

回顾点睛：2019年2月19日粤传媒日线和分时结合图

巩固成果，只要不杀跌，就说明前期稳步推进的策略是有效的。循序渐进的方式，是为了组织更猛烈的攻击。盘中波动出现跳空向下小缺口，上涨途中本质上就是普通缺口。普通缺口就意味着短期内一定回补，也意味着这样的调整需要敢于封底继续加仓，因为这就等于是送钱缺口。

第十八章　一根中大阳将要再插云霄

18.1 操盘日记（2019-2-21）

剧烈动荡后再逼疯你　一根中大阳将再插云霄

2月21日的市场依然是动荡激烈的一天，可以说是近三个交易日最激烈的一天。

	代码	名称	涨幅%	现价	最高	涨跌
1	999999	上证指数	-0.34	2751.80	2794.01	-9.42
2	399001	深证成指	-0.26	8451.71	8619.62	-21.72
3	399005	中小板指	-0.24	5552.57	5678.08	-13.37
4	399006	创业板指	0.30	1412.54	1452.39	4.16

图案回顾点睛：2019年2月21日各指数涨跌幅对比图

在盘中的时候，不论上证指数、上证50还是创业板，都纷纷刷新这波反攻以来的高点，非常精彩。那么刷新了高点之后，甚至创业板指数一度大涨三个点，就在这个时候市场发生了戏剧性的变化，出现在高点上反复动荡向下的一种走势，最终收出一根长长的上引线。你看创业板最终涨幅就是0.3%，从三个点变成涨幅0.3%，应该说回撤的幅度还是很大的。上证指数收出了一根小阴线跌0.3%，上证50也是类似的情况，跌了0.4%，可以说是近期这三个交易日的博弈又到了一个新的阶段。我们可以看到2月21日跌的又是比涨的要多，但很有意思的是，没有一只封死跌停的个股。接下来行情到底会何去何从呢？其实我近几天已经给大家指明方向了，我之前谈博弈的时候就已经给了大家一个明确的思路，就是市场会透过小阴小阳的动荡不让空方有太好的上车机会，更多的动荡在盘中解决。

2月21日动荡比较大，市场要消化更多的获利盘并且充分换手，所以刻意先拉一波，而且拉得比较厉害，纷纷上了反攻的新高，然后再顺势往下一洗，但最终的结果很有意思，股指依然还是没怎么跌，创业板还涨了一点点。

就整体而言，大家应该能感知到的是指数，包括很多个股依然保持一个强势逼空的格局。当然经历了这种猛拉又猛洗，很多人可能会受不了，被逼得有点发疯了。但正是因为这种剧烈的波动，我认为会给接下来进一步的上攻减轻很大的压力。这个位置毕竟也是前期的小成交密集区，反复动荡充分换手，一旦再向上的时候，原来已经换掉的那些阻力就不是阻力了，就变成一种势如破竹的上攻态势。所以我个人是认为从某种意义上来说，2月21日的动荡是为接下来进一步上攻做一次小小的试探性攻击。

那么我们看看关键性标的的状态，比如我们一直说的中信建投，2月21日依然是相当精彩。

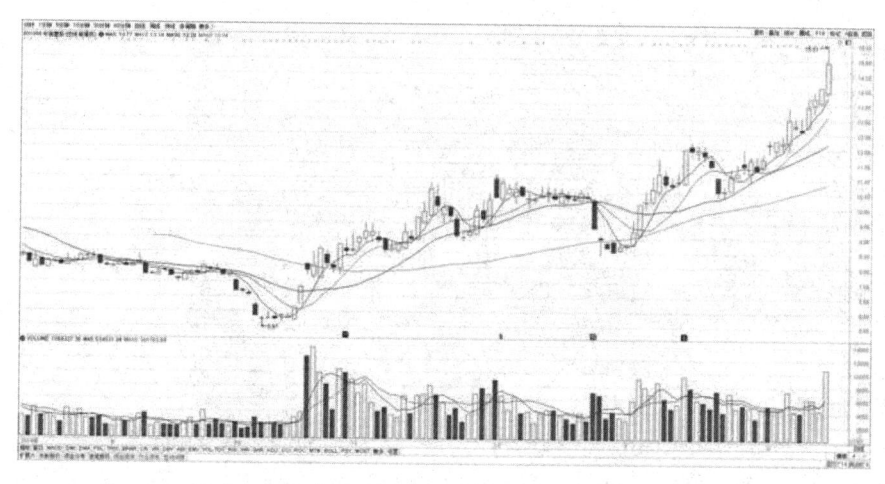

图案回顾点睛：2019 年 2 月 21 日中信建投日线图

【学习重点提炼加深印象】

2月20日特别是我在"博弈实战论"第二堂课里谈到的，中信建投现在的逼空进入了化境，化境就是比较高级别的了。大盘动荡它依然我行我素，逼空上涨，涨了6个点，非常精彩，这就是一种势不可挡的态势所形成的状态。同时也可以看到，2月21日的量能是近期的最高量能，很显然是有资金所为的。因为现在所有都是获利的，会有在这里去做差价的。接下来我个人是觉得它无非也就是维持前期的强势动荡，然后整体趋势不改的这种格局。

另外再看我们之前谈到的中兴通讯，2月21日也是一个中大阳线。

我记得在之前2月13日的时候，或者是2月14日分析中兴通讯的时候，说跟前期的茅台类似，你会发现消费版块休整后继续向上逼空，正是如此走出来了。那么中兴通讯的一个核心逻辑，当然是它目前在整个最大的主题5G里面，表现是市场合力推动而来的。我们现在回过头来看，其实5G在市场还没有见到2440点之前就已经展开行情了，所以他们是"春江水暖鸭先知"的，等到行情慢慢确定的时候，这个涨势就更猛了。

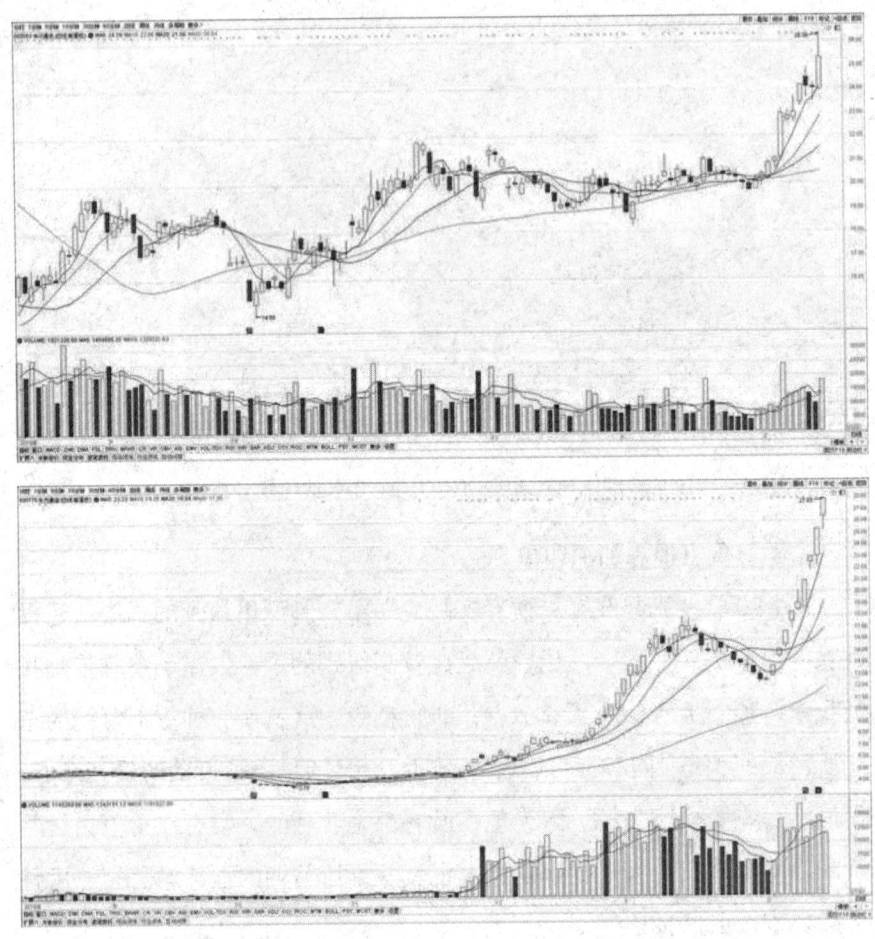

图案回顾点睛：2019 年 2 月 21 日中兴通讯和东方通信日线图

另外 5G 主题还有一个典型代表，也是我们前期重点挖掘出来的，近期展现在大家面前的"新宇宙"第一牛股——东方通信，2 月 21 日继续涨停，说明有些时候的疯狂是超出你的想象的。这个跟之前我们在做方大炭素的时候也是一样，没有人能完全判断出最高点。当你觉得它已经很疯狂的时候，惯犯会把它推到新的一个高潮，然后才迎来实质的动荡。我个人觉得东方通信有点类似的味道。但是不管怎么样，2 月 21 日涨停，收盘 27.85 元，对比前几个月 3 元多钱，涨幅接近八九倍。

八九倍涨幅意味着什么？这树立了市场阶段性的财富标杆，它已经完全超越了前期的方大炭素。从这样的一个对比来看，很显然这一波的行情我个人认为肯定会比方大炭素那一波行情要来得更猛烈。东方通信现在的意义在于给市场树立了一个强烈的标杆牛股。

当然现在它敢于持续逼空疯狂推进，无非就是赌十倍。我说过5G里面一定会有十倍个股。现在就是资金在赌它是短期实现还是先动荡之后实现的问题，那么现在很多资金敢去赌它短期实现，刚好现在交易所不再对这些所谓的涨幅过大的标的进行干预了，这与资金合力就会更加的疯狂。我还是要提醒大家，2月21日因为东方通信盘中依然如2月20日一样，有个急剧跳水。虽然最终封住涨停，但是盘中包括尾盘依然还有打开涨停的这种态势，这也从一个侧面说明那么多的获利盘，他们现在还是有非常强烈的兑现需求的。虽然疯狂会超出大家的想象，但我个人建议现在这个阶段，你只需要留有一点底仓，剩下的就是欣赏，记住设好你的止盈点，欣赏它的一种博弈局面。

【温馨小提示】

我们要思考接下来一定会迎来的动荡，一旦动荡的时候，市场会不会有新的一些接地性的标的涌现出来？从目前市场博弈的状态来看，就算没有，市场的资金也会合力创造一些类似这样的标的出来，当然阶段性你说有没有可能马上涌现出下一个东方通信出来，我觉得这种概率比较小，但是类似比较疯狂的标的，我认为接下来依然还是会有的，这个就是我们未来最大机会之所在。

那么现在的动荡可以做的是什么呢？正是我们更加好地去挑品种的时候，甚至是布局的时候，大家可以看看哪怕东方通信，它刚刚开始爆发之前的一种走势，特别是它刚刚突围的时候，是经历了一个相当低迷的阶段，比如说回到11月的第一个板之前，它的走势如何？

这其实就是一个圆弧底，挖了一个坑，当时根本看不出来它有后面那么厉害的走势，那几个涨停就是一个重要的开始。我们现在要寻找什么？就寻找类似处于这样一个阶段的个股，这样的话我们认为进可攻退可守。或者是说对于东方通信先拉了一波之后，处于动荡的前期那个格局，五六元七八元的时候，类似这样的标的也是我们当下重点去挖掘的。而不是说已经连板，六个板、七个板、八个板类似这些标的，反倒是在这个阶段，你可以考虑去欣赏，因为那些不属于一般投资者能把握的，那是属于超级游资，艺高人胆大才能去把握的，一般投资者一个不小心，就可能迎来比较大的一个阶段性动荡回撤。在这几天大家应该有所感觉，动荡过程中幅度很大。幅度大意味着什么？意味着我们要寻找那种提前布局，一旦市场轮动到那个热点，比如我们的"四大金刚"，那么可能你的这些标的就能腾飞起来，那个时候就非常潇洒了。现在市场有"标杆牛"，这是一个好现象，市场整体趋势没有任何改变，经历了这三天的动荡，依然还是保持强势的运行格局，我个人理解也是消化小的密集成交区的一种浮筹，这个本身也是市场的一种需要。

第十八章　一根中大阳将要再插云霄

说到这三天的走势，让我想起了我们 1 月调研的、近期也是非常牛的一只个股叫香山股份。

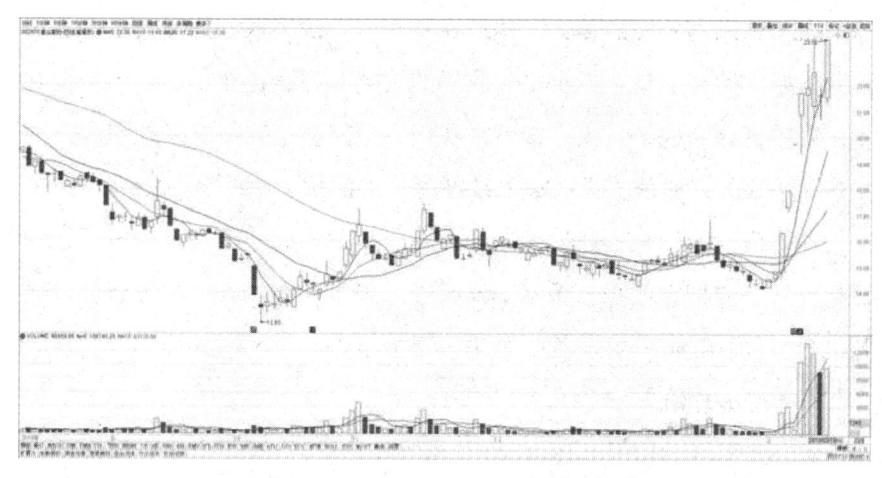

图案回顾点睛：2019 年 2 月 21 日香山股份日线图

大家可以看一下香山股份其实 2 月 21 日最终也是封死涨停的，但是涨停之前有四个板，之后有大概三天的剧烈动荡。大家感知一下，是不是有点类似现在股指涨了一段时间之后的、近期几个交易日的剧烈动荡？巧的是现在也是动荡了三天，是不是意味着接下来有可能第四天开始，会展开新的实质性上攻的一种走势？当然个股跟市场肯定是有差别的，但是他们的形态有部分是类似的，这就是需要我们去学习和感知的。

香山股份不愧我们前期用心调研的个股，很精彩，我们也在 2019 年 1 月的调研打响了第一炮。我相信一直有关注我们文章、关注我们分享的朋友们，这段时间应该是叹为观止的，不论是对 5G 的挖掘，不论是把握市场节奏的精准，还是策略上的一些思路梳理，我相信对大家应该会有实际的帮助。

总结来说，我们认为这波行情依然没有走完，正如我们 2 月 20 日"实战博弈论"里谈到的，如果真的有引发一定阶段性的拐点的话，可能是在 2 月底、3 月初。那个时候我们看看拐点，也就是时间周期，那个节点我们看看市场会怎么演绎，我们再探讨怎么去做的问题。总的来说我认为市场新的一个牛市行情已经展现在我们的眼前了，我们这个时候需要什么？我们需要坚定信念，然后在每一个阶段采取好的策略，一定要注意是好的策略，现在就是稳中求进的策略，那么这个过程当中把握好了，慢慢把这个战果扩大，接下来我们一定就会是变得越来越顺。

就好像东方通信一样，你如果在低位的时候就做顺了，后面说白了就是赚多赚少的问题，我们现在处在有点类似如此的阶段。做股票在一开始就一定要把它做顺，千万不要像现在很多踏空的人，一开始就没抓到机会，后面市场一动荡，就折腾来折腾去，这样只会令自己越来越被动。

【学习小总结】

就目前市场的情况，还处于比较空或者还没有醒悟过来的朋友们，尽快转移方向。这个就像做股票一样，你做多过程中一旦回撤到一定幅度的时候，你是不是要考虑认错？比如说八个点十个点这个是要考虑的。反过来说你做空的，你同样也要考虑认错，其实现在市场动荡的过程当中就是给到空方认错的机会，问题是最终它到底怎么去认错，怎么去空翻多？这个与不同的空方的资金，空方投资者的心态和思路有关系。至少如果是能够坚决认错，转移方向，我相信最终一定还是赢家。如果依然还是迷茫的话，我相信最终他只会越输越惨，这是必然的，这个也是我们博弈论的核心之一。

这段时间希望大家好好跟踪我们分享的一些课程与内容，积极去吸收，希望对大家的具体操作有帮助。我们所有的思考都来源于实战，这跟市场中很多的分析区别是非常大的。那么我也希望大家一定要抓住难得的历史机遇，跟随我们的步伐，我们一起把握2019年开启的一个新牛市。

最后我想说，剧烈动荡，最后的结果一定会把一部分人再逼疯，逼疯后也就是意味着接下来一定还会有中大阳线。这就是我2月21日最终给到大家的一个我的思考。

【国平回顾小感悟】

中信建投步步推进；中兴通讯和东方通信，前者稳步上攻，后者疯狂上攻；香山股份借助风口开始疯狂；大金融、5G、OLED等主题纷纷成为阶段性市场的风口，所以局部的猪就自然都飞起来了。此时，格局很重要，没有格局，很多思路就没法打开，只有打开思路，才能更好去抓住机会。否则这位置，很多时候就会被三振出局。在这里，要融入形态学，融入博弈论，融入龙头思维，只有如此，才能更清晰看待当时的格局。

四大金刚脉络梳理——2019年2月21日

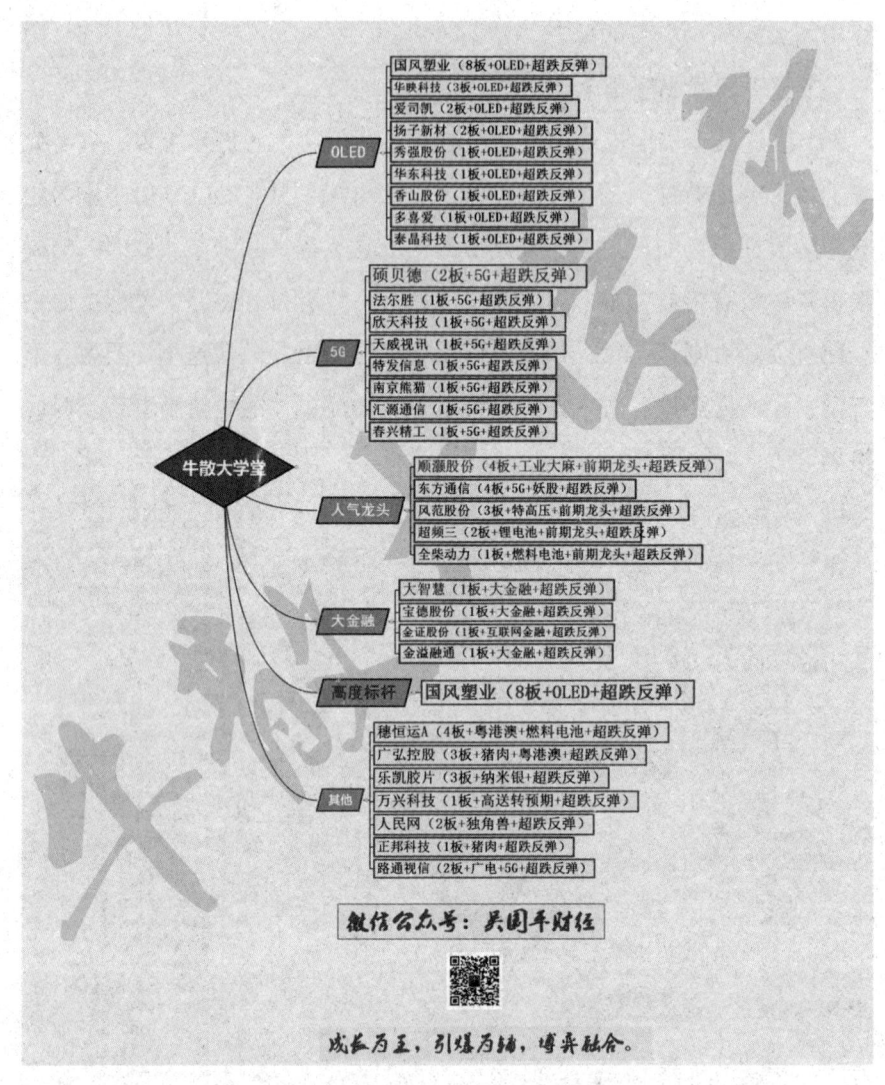

博弈牛市

牛散大学堂

OLED
- 国风塑业（8板+OLED+超跌反弹）
- 华映科技（3板+OLED+超跌反弹）
- 爱司凯（2板+OLED+超跌反弹）
- 扬子新材（2板+OLED+超跌反弹）
- 秀强股份（1板+OLED+超跌反弹）
- 华东科技（1板+OLED+超跌反弹）
- 香山股份（1板+OLED+超跌反弹）
- 多喜爱（1板+OLED+超跌反弹）
- 泰晶科技（1板+OLED+超跌反弹）

5G
- 硕贝德（2板+5G+超跌反弹）
- 法尔胜（1板+5G+超跌反弹）
- 欣天科技（1板+5G+超跌反弹）
- 天威视讯（1板+5G+超跌反弹）
- 特发信息（1板+5G+超跌反弹）
- 南京熊猫（1板+5G+超跌反弹）
- 汇源通信（1板+5G+超跌反弹）
- 春兴精工（1板+5G+超跌反弹）

人气龙头
- 顺灏股份（4板+工业大麻+前期龙头+超跌反弹）
- 东方通信（4板+5G+妖股+超跌反弹）
- 风范股份（3板+特高压+前期龙头+超跌反弹）
- 超频三（2板+锂电池+前期龙头+超跌反弹）
- 全柴动力（1板+燃料电池+前期龙头+超跌反弹）

大金融
- 大智慧（1板+大金融+超跌反弹）
- 宝德股份（1板+大金融+超跌反弹）
- 金证股份（1板+互联网金融+超跌反弹）
- 金溢融通（1板+大金融+超跌反弹）

高度标杆 国风塑业（8板+OLED+超跌反弹）

其他
- 穗恒运A（4板+粤港澳+燃料电池+超跌反弹）
- 广弘控股（3板+猪肉+粤港澳+超跌反弹）
- 乐凯胶片（3板+纳米银+超跌反弹）
- 万兴科技（1板+高送转预期+超跌反弹）
- 人民网（2板+独角兽+超跌反弹）
- 正邦科技（1板+猪肉+超跌反弹）
- 路通视信（2板+广电+5G+超跌反弹）

微信公众号：吴国平财经

成长为王，引爆为辅，博弈融合。

市场轮廓脉络梳理——2019年2月21日

18.2 操盘实战博弈（2019-2-21）

（1）感知中信建投的博弈：第一次冲击涨停被打开其实是能量加强的体现。

图案回顾点睛：2019年2月19日中信建投日线和分时结合图

持续强势，渐渐逼空，然后迎来第一次冲击涨停，涨停没封死，看上去有点弱，但事实上是变更强的体现。逻辑很简单，前面都只是稳步涨，现在开始加速涨，只是没封死涨停而已。不过你要清楚的是，既然敢于冲击涨停，就说明市场力量其实不是在减弱，相反是在增强。

第一次没封死，本质上无非是一种试探，后面肯定隐藏更大的攻击力量才是，这就是我们要认清的本质。

很多时候，切记别只看短期的表面，要看持续的整体。

（2）感知东方通信的博弈：继续涨停，此时要结合时间窗口来思考转折点。

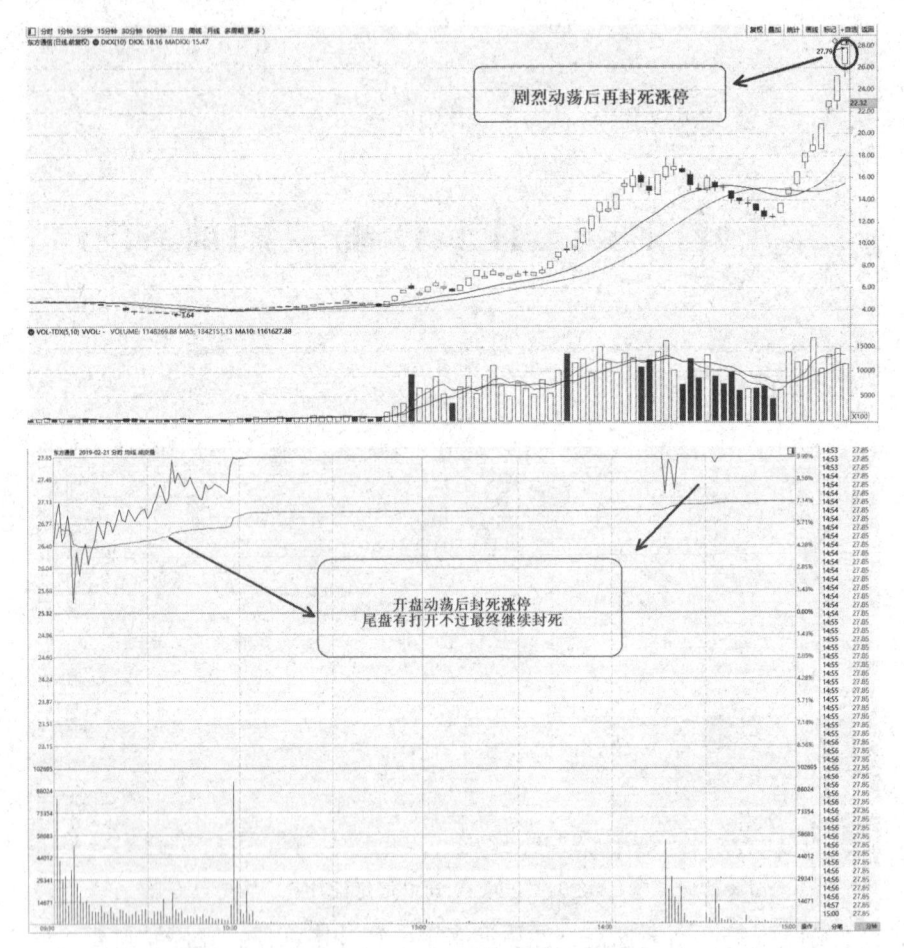

图案回顾点睛：2019年2月19日东方通信日线和分时结合图

目标继续往十倍股迈进，情绪疯狂盖过所有元素。当然，必要的动荡依然会有，毕竟获利盘极其丰厚，总有人想着提前下车。

技术上，这里要留意观察拐点的时间，就是要借助时间窗口，截至最近低点反攻向上疯狂以来已经 10 个交易日。13 个交易日是一个时间窗口重要拐点，所以，13 个交易日前后一天包括第 13 个交易日就是接下来关注的时间拐点。研究阶段性高点，除结合情绪，结合逻辑外，很多时候，我们也要结合时间窗口这个技术手段。

（3）感知风范股份的博弈：持续涨停更要清楚此时它的本质。

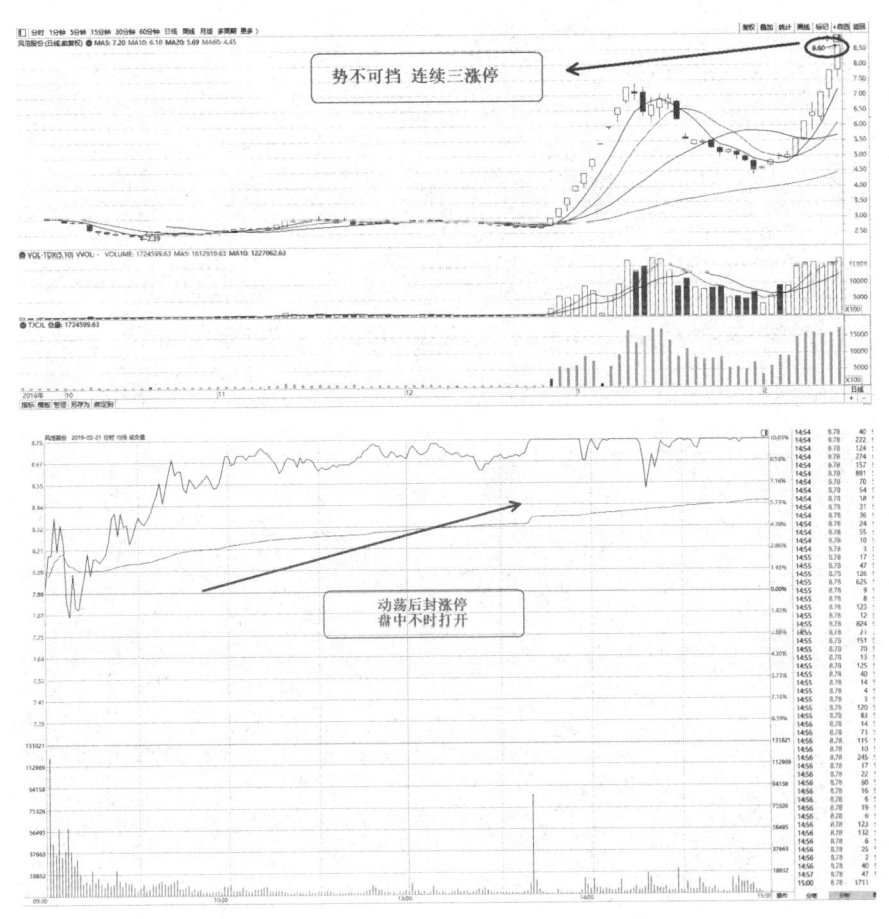

图案回顾点睛：2019 年 2 月 19 日风范股份日线和分时结合图

此时的风范股份，就是一味跟随当时的东方通信了。你会发现，跟得很紧，但细微处还是能发现区别，东方通信是绝对龙头，风范股份是次龙头。同样都是涨停，风范的涨停盘中频繁打开，就是一种相对较弱的表现。这时候，要清晰的是，一旦发现东方通信不再封住涨停，或者东方通信有开始转弱迹象的话，风范股份里的筹码一定要尽快先出来，因为它一定是更容易变弱的。说通俗点，接下来一旦出现转势，风范股份一定是最先跌停的。此时必须要在疯狂的同时留一份清醒。

（4）感知粤传媒的博弈：小中阳其实类似于涨停被打开能量加强的小型版本。

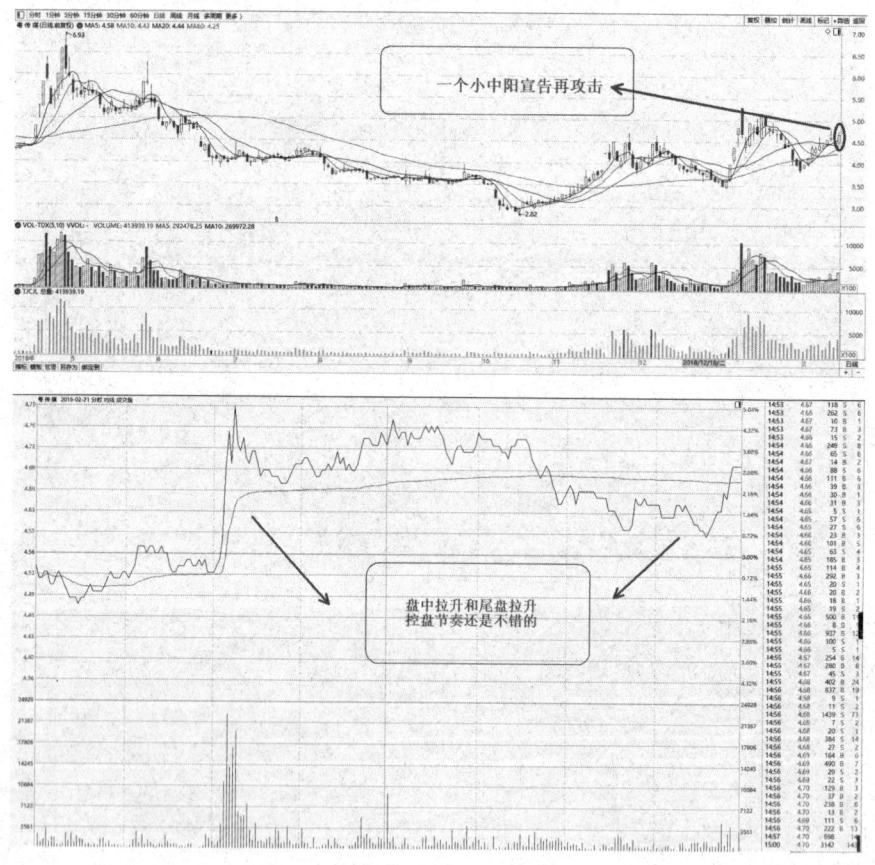

图案回顾点睛：2019年2月19日粤传媒日线和分时结合图

量变带来的渐进质变开始体现，出现进一步的强势上攻。图形越来越好看，突破前期高点也就指日可待。

盘面上敢于进一步上攻，也说明多方的力量在渐渐变得更强，同时，空方的力量在进一步减弱。质变都是需要一个过程的，就好像同期当时的中信建投一样，渐进的方式。

甚至到了最后，还要有一个冲击涨停的动作，哪怕被打开的涨停也是一个渐进加强的力量。这里虽然涨停没被打开，但盘面越来越强，盘中有明显上攻最终小回落，其实就是一个涨停被打开能量加强的小型版本。

第十九章　中大阳线再插云霄会再掀高潮吗

19.1 操盘日记（2019-2-22）

中大阳线再插云霄后会再掀高潮吗

我 2019 年 2 月 21 日文章的标题很鲜明——剧烈动荡后再逼疯你，一根中大阳线将再插云霄。如果大家完整地看了我 21 日的整篇文章，经历了 22 日的这种剧烈动荡，最终出现一根中大阳线再插云霄的走势，我相信你应该是会非常惊叹的。这就是我们的前瞻性，这也将我们的能力展现得淋漓尽致。我看到很多学员很惊叹，说简直神准，想不明白到底是怎么做的能够这样提前研判出来。我告诉大家，市场的风风雨雨我都经历过，也是经历了不断梳理，不断总结，不断蜕变，最终才建立了属于自己的一套研判系统。这个研判系统对一般的小散户甚至机构来说是无法比拟的，这点我真的不用谦虚。持续有关注我们观点的朋友应该能感知到我们的这股力量有多么强大。

我告诉大家，现在只是一个开始，不是一个阶段性的结束。很多人会有个问题，2 月 22 日一根中大阳线插云霄之后，行情会马上进入高潮阶段吗？待会听我分享完之后，我给你一个明确的答案。首先我们看一下，2 月 22 日一个精彩的板块——券商板块。我们 2 月 21 日已经谈到了中信建投，它现在的持续逼空已经到了化境的状态，也就是说非常流畅，非常自如的一种状态。在我的"实战博弈论"里面，我已经非常清晰地给大家描述了这个定义，也做了一个充分的对比。

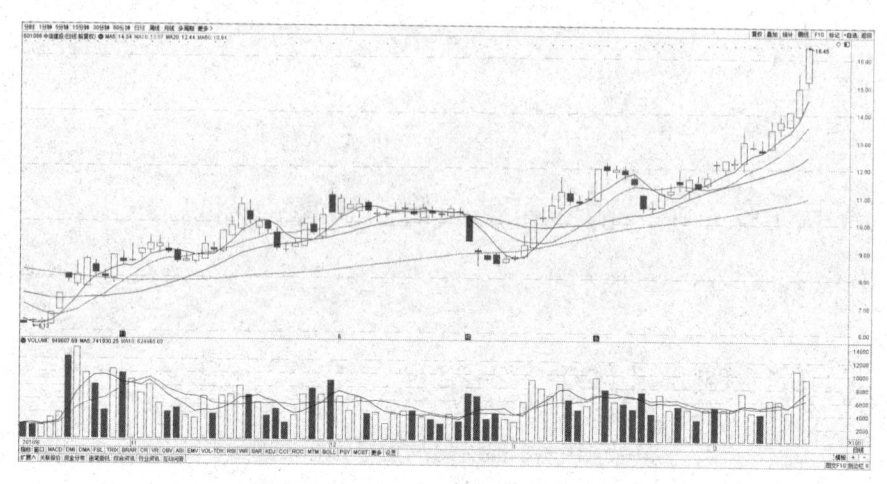

图案回顾点睛：2019年2月22日中信建投日线图

好了，2月22日它依然展现化境的能量，上午基本上已经封死涨停，涨了六个点，直接把它拉到16以上。你要知道它前期最低的时候只有6元，不知不觉涨了两三倍，当然它还不是阶段性这个市场最疯狂的，最疯狂的依然还是明星品种，股威宇宙第一神股——东方通信。

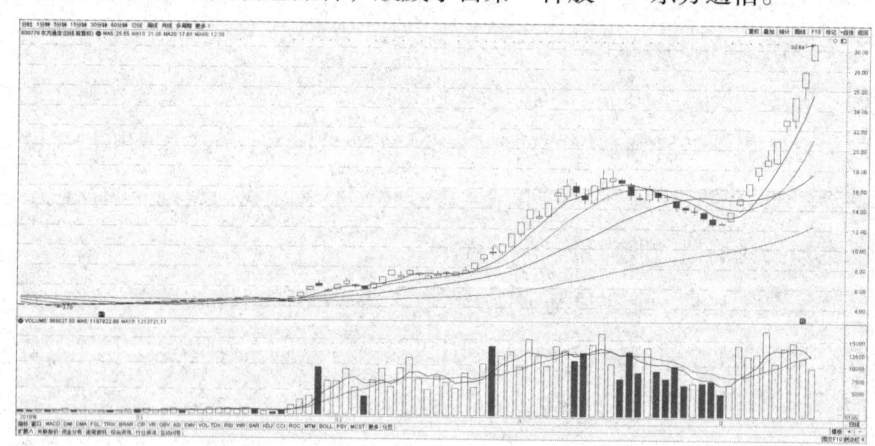

图案回顾点睛：2019年2月22日东方通信日线图

我21日谈到这个品种，它的持续上涨就是考验人性的。有些时候人的这种疯狂会超出你的想象，我相信22日依然是超出很多人想象的，东方通信继续封住涨停，站上 30 元，几个月之前最低才三元多，马上要变成十倍股了。当然我 21 日给大家分享的过程当中已经谈到了，这个标的现在就是一个标杆，我们有一点底仓，剩下欣赏就好了。这个阶段你要留一点利润给人家去把握，它现在已经到了一个癫狂的状态，这种状态一切皆有可能。但我也给大家分享过，它最终出现动荡的时候，我们要去观察市场有没有新的力量崛起能去接替它，这个我已经提前在思考了。

【学习延伸突破小细节】

关于这点我近期的一个思路是，如果接下来东方通讯持续上涨过程当中出现剧烈动荡，就必须要有一些接替的力量，这个力量在哪里？22 日我很欣喜地看到，其实有更多的力量已经在崛起了。换句话说，接下来就算 5G 的龙头东方通信出现一定的动荡，其实整个市场其他力量一定会平衡掉它。2 月 22 日中大阳线加剧了整个市场逼空的态势，多方可以说完全占据了优势。而对于空方来说已经彻底阶段性崩溃了，它能做的就是不断地退。

我认为有一个板块接下来值得大家持续去关注，比如说大家有没有关注到有个股这段时间挺有意思的，叫"人民网"。

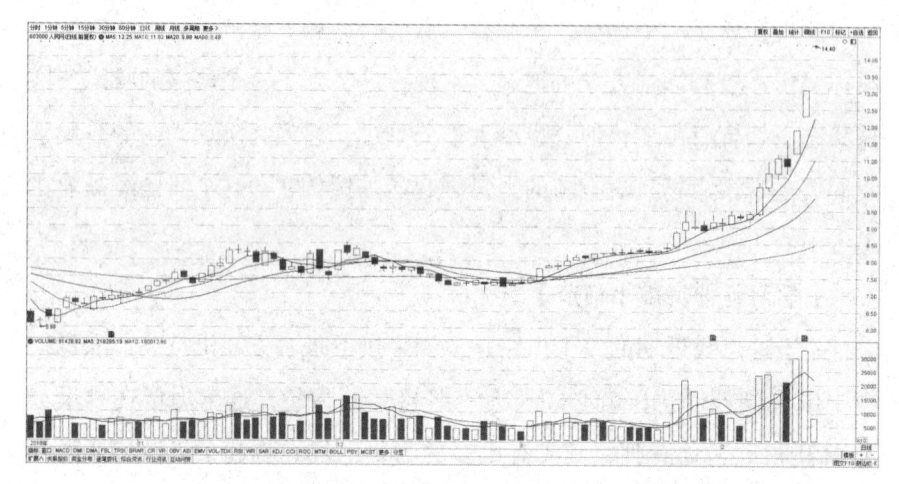

图案回顾点睛：2019年2月22日人民网日线图

人民网最低的时候2018年跌到大概六元钱，到2019年2月22日出现了一个缩量涨停，站上14元，涨停之前已经有两个加速涨停了。换句话说，近期连续出现了三个涨停板，这个板块它的衍生看来其实就是传媒。2月22日我看到整个文化传媒也出现了一种躁动，这个板块里面像新华网也跟进涨停了，还有其他的一些传媒股，整个板块至少有三个股是出现了涨停的，这符合我们对于一个板块能形成合力的重要基本要素。所以我觉得接下来依然值得期待，可能会有新的一些亮点出来。下个星期就看人民网能不能再板，如果真的能再板它一定还会引爆相关个股，继续比较不错的这种表现。这样子的话也就多了一份市场博弈的热点力量。

【学习小总结】

透过东方通信持续疯狂之后，就是它标杆作用竖起来之后，现在会有越来越多的资金敢于去追涨，甚至敢于去封板。东方通信它代表5G，也代表科技的细分领域。那么接下来我们依然要重视科技衍生的各种行业。

我相信这个标杆慢慢会带动更多的细分科技行业崛起。所以从这个角度来说，未来哪怕东方通信动荡，其他的能够接替的力量目前也已经在那里排队蓄势待发了。

我相信整个周末很多股民肯定要充分去做准备的，为什么？因为经历了2月22日的券商大面积的个股封板，中信建投带动板块个股逼近涨停或者封死涨停，很多人接下来一定会加速去参与"抢钱"行动了。我很早之前提出一个概念叫"抢钱"行动，现在回过头来说，非常贴合当下的市场。如果你一慢，就踏空。踏空之后，你就会非常的被动。被动之后一旦遇到比如说有一些个股又是相对纯投机的，一冲高的话你又接盘，你可能就是左右扇巴掌。在未来空翻多的过程当中，这种博弈格局应该是一个常态，就好像2月22日虽然整个市场最终是中大阳线蓄势，但是跌的个股也有不少。最大跌幅的还有六个多点，这说明现在这个市场的博弈越来越复杂。未来震荡上扬的过程当中，一定会有越来越多的这种现象呈现出来的。

回到我们现在市场本身，上证指数2月22日站上了2800点，也是这一段时间的一个反攻最高点。那么2800点我们可以定一个目标，首先前期我说过的，2018年9月28日的跳空向下缺口2821点，2821点再前面一点就是2018年8月1日的2824点，也就是说上涨到这个位置，就算惯性上冲也会拿下2824点或者是2830这个位置。拿下2830点肯定就要逼近2850点，2850顺势就会逼近前期我提出来的小成交密集区，一个阶段性的关键点位——2900点。

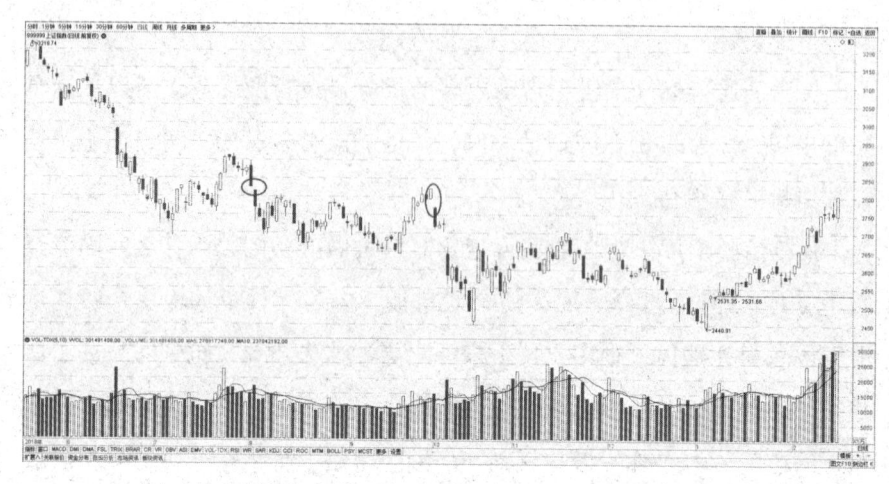

图案回顾点睛：2019年2月22日上证指数日线图

接下来整个格局可能就往这方面去演绎，当然阶段性首先要拿下2824点、2830点这个位置，然后慢慢动荡，才有可能往更高的方向进军。

从时间周期来看，下周后半周，尤其是3月1日之前，应该来说会是一个比较敏感的节点。从目前传出来的消息态势来看，大概率会有超预期的信息呈现出来，是有利于市场的。那么市场现在逼空走到那个位置的时候，就我个人的理解，接下来就会出现两种演绎格局。

这就又回到我一开始所说的，像2月22日的中大阳线逼空上涨，是不是马上进入高潮？我相信持"马上进入高潮"观点的人，大部分应该是属于熊市思维的。为什么呢？因为他们被熊市折磨得完全没有脾气了，稍微涨一点，他就没法淡定去看更长远的市场，已经觉得不可思议了。那么另外一点，此部分人群一定是没有对比历史高点跟当下的位置的一种格局。

看看上证指数的历史高点6124，对比现在的高点，你会发现此时的图形用一句诗来形容，"小荷才露尖尖角"。某种意义上来说，这个位置不是引发高潮的一个位置，只是说引发确定阶段性的市场趋势、让很多空方慢慢变成多方的一个位置。除非你是太容易兴奋的人，你就比较容易在此刻进入高潮。对于身经百战的人，有充分市场经验的人，他们看到的是一个新的开始。

那么临近我们说的节点位置，就像开车一样突然间又加了一点速，到逼近那个位置节点的时候，你考虑的无非是顺势再往上踩一踩油门，或者是说顺势再减减速，松松油门。如何让这个市场走得更健康，这是我认为接下来我们需要去考虑的一个点，这个我们下周再见分晓。

不管怎么样，我觉得这个阶段绝对还不是一个高潮的时候，它只是阶段性的一个小小疯狂。这个疯狂未来必定是一个大的博弈，新牛市的一个新开始，这就是我给当下的一个定义。

就如我近期反复强调的，对于还没转变思维的朋友们来说，希望大家及时转变，如果你没有及时转变，真的会重演过去我所经历的"998"行情，那种演绎的格局你不了解的话，不妨去听听我的实战博弈课，或者是这两天讲春季行情热点轮动的公开课，我相信对你整个理念的梳理能有非常大的帮助。

说到最后我想告诉大家的是，2019年到了现在大家要对未来充满信心。大家要知道，这一段时间外资持续流入的资金超过上千亿，这些资金不是说在里面做短线的，他图什么？他是图一个大的未来。上千亿的资金到了这个位置就选择套现吗？不可能，他肯定是有更高的目标，所以外资都已经看到未来了，我们自己难道还不能够看得比他们更清晰更长远吗？到了这个阶段，你一定要清楚的是未来要博弈新牛市当下就是一个新开始。当然未来肯定会越来越复杂，而这个上涨过程当中必然也会伴随着巨大的机会和风险，因为这个市场会越来越完善，越来越成熟，我们的整个市场会向越来越健康的方向发展，而健康的方向就是这段时间管理层他们所谈到的那个样子，激发市场活力，而且我觉得我前一段时间的三大呼吁，在这段时间已经能感受到在悄然落实了，尤其是我们当时谈到的少一点或者是不要对市场的这种交易行为进行行政干预，大家这段时间应该感受非常深刻。如果有像过去明显的行政干预的话，现在就不可能有类似东方通讯、中信建投这些个股，那么现在或者是前期就有很多上市公司都可能进入一个停牌核查的阶段了。我认为现在就属于一个交易层面，属无为而治，这对市场是一个非常好的推动，往健康发展的方向推动。

2月21日我们也从网上也看到了，现在监管层非常注重市场各种税费的减免，当然现在还没有谈到印花税的问题，但是从这个方向来看，未来是不排除的。而我在前期低迷的时候，曾经写过一篇文章，我做出一个呼吁，我说如果真的要减免印花税，最好的方式不是等到市场在不断跌的过程当中，而是市场出现明显好转的时候，锦上添花，对市场的这种振奋效果或者是进一步的提升效果才是最大的。所以不要因为现在市场好了很多，就把这种原来有可能要出台的对市场有积极帮助的利好政策封存，相反，我建议接下来还是需要积极去推动，你让市场感受到更多的暖意，这个市场真的就能够更有活力，就能够更健康，也就能慢慢步入长期新牛市。我坚信中国股市未来会步入这样一个阶段的，一切都只是刚刚开始。

那么阶段性的这种博弈，每天其实都挺精彩，都很复杂，我们也享受其中。我们会不断努力，帮助更多的信任我们的朋友，让他们的理念得到进一步的突破，帮助更多的中小投资者在未来市场前行的过程当中，把握属于自己的机会。

好了，今天我就分享到这。下周总的来说，关键节点是下半周，至于说上半周，顺势而为，积极把握阶段性的板块轮动机会。下半周究竟是适当的减速动荡还是进一步加速，我们不妨把这个谜底留到下半周，我们走一步看一步，到时再给大家揭晓。从目前的态势来看，首先第一目标，先拿下2830点，在当下这个市场顺势而为，2850点这个附近是可以期待的，而更多其他的复杂博弈，我们下周陆陆续续揭开。最终还要再强调一点，2月22日这种我们精准预判的中大阳线直插云霄，过后不是高潮。我要强调一下，这不是高潮，只是新的一个开始，充其量是阶段性的一个小小疯狂。我们一定要有三个字——"大格局"。好了，分享就到这，下期我们再会。

【国平回顾小感悟】

当时谈到中信建投的博弈进入到化境阶段，事实上那时候我对市场和局部的研判思考、操盘日记，何尝不也是进入到一个化境的状态。

四大金刚脉络梳理——2019年2月22日

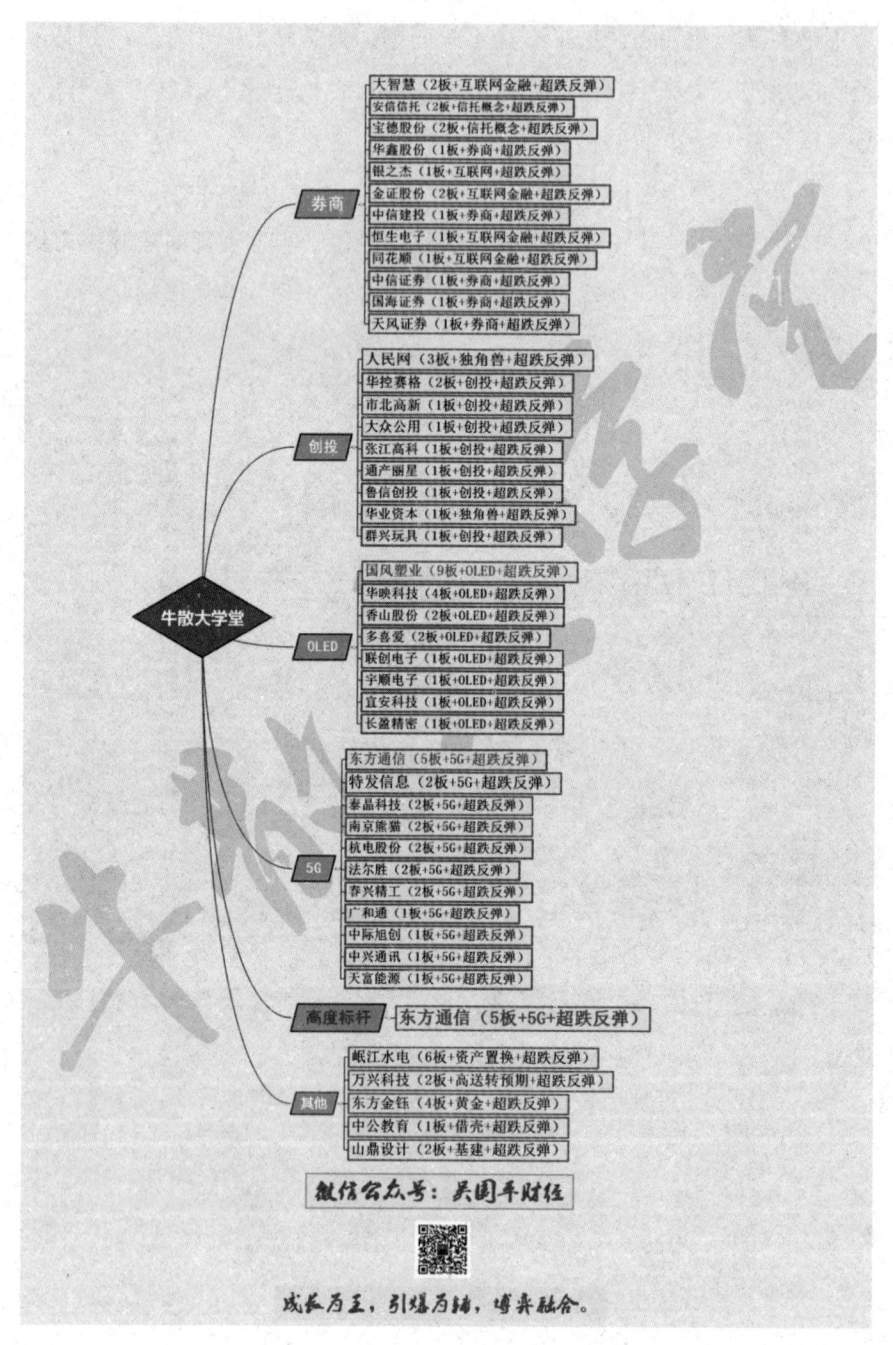

牛散大学堂

券商
- 大智慧（2板+互联网金融+超跌反弹）
- 安信信托（2板+信托概念+超跌反弹）
- 宝德股份（2板+信托概念+超跌反弹）
- 华鑫股份（1板+券商+超跌反弹）
- 银之杰（1板+互联网+超跌反弹）
- 金证股份（2板+互联网金融+超跌反弹）
- 中信建投（1板+券商+超跌反弹）
- 恒生电子（1板+互联网金融+超跌反弹）
- 同花顺（1板+互联网金融+超跌反弹）
- 中信证券（1板+券商+超跌反弹）
- 国海证券（1板+券商+超跌反弹）
- 天风证券（1板+券商+超跌反弹）

创投
- 人民网（3板+独角兽+超跌反弹）
- 华控赛格（2板+创投+超跌反弹）
- 市北高新（1板+创投+超跌反弹）
- 大众公用（1板+创投+超跌反弹）
- 张江高科（1板+创投+超跌反弹）
- 通产丽星（1板+创投+超跌反弹）
- 鲁信创投（1板+创投+超跌反弹）
- 华业资本（1板+独角兽+超跌反弹）
- 群兴玩具（1板+创投+超跌反弹）

OLED
- 国风塑业（9板+OLED+超跌反弹）
- 华映科技（4板+OLED+超跌反弹）
- 香山股份（2板+OLED+超跌反弹）
- 多喜爱（2板+OLED+超跌反弹）
- 联创电子（1板+OLED+超跌反弹）
- 宇顺电子（1板+OLED+超跌反弹）
- 宜安科技（1板+OLED+超跌反弹）
- 长盈精密（1板+OLED+超跌反弹）

5G
- 东方通信（5板+5G+超跌反弹）
- 特发信息（2板+5G+超跌反弹）
- 泰晶科技（2板+5G+超跌反弹）
- 南京熊猫（2板+5G+超跌反弹）
- 杭电股份（2板+5G+超跌反弹）
- 法尔胜（2板+5G+超跌反弹）
- 春兴精工（2板+5G+超跌反弹）
- 广和通（1板+5G+超跌反弹）
- 中际旭创（1板+5G+超跌反弹）
- 中兴通讯（1板+5G+超跌反弹）
- 天富能源（1板+5G+超跌反弹）

高度标杆——东方通信（5板+5G+超跌反弹）

其他
- 岷江水电（6板+资产置换+超跌反弹）
- 万兴科技（2板+高送转预期+超跌反弹）
- 东方金钰（4板+黄金+超跌反弹）
- 中公教育（1板+借壳+超跌反弹）
- 山鼎设计（2板+基建+超跌反弹）

微信公众号：吴国平财经

成长为王，引爆为辅，博弈融合。

市场轮廓脉络梳理——2019年2月22日

19.2 操盘实战博弈（2019-2-22）

（1）感知中信建投的博弈：情绪起来，涨停封死就是那么自然。

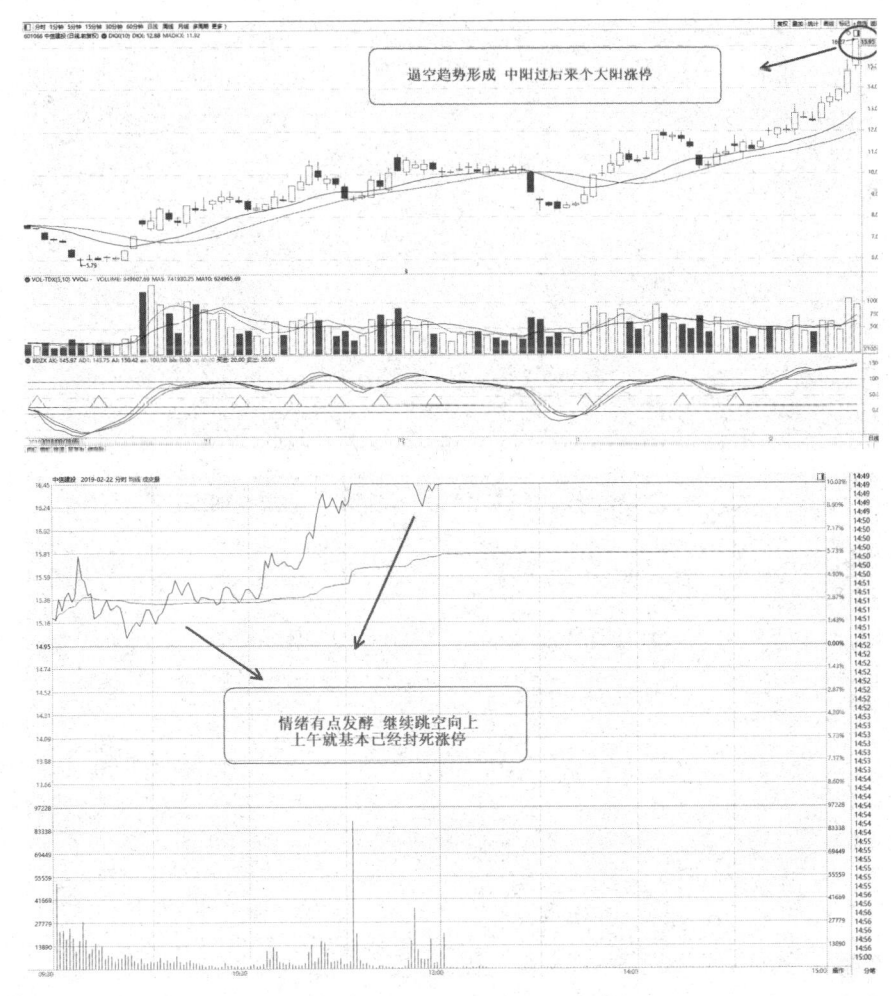

图案回顾点睛：2019年2月22日中信建投日线和分时结合图

情绪起来时，就是那么猛。前面一天是冲击涨停试探性攻击，这一次就是来真的。来得很快，但也很合理，毕竟前面已经积蓄了很久，反复上，不断量变。2月21日冲击涨停，其实就是质变的开始。这一个涨停，则实质性展开质变突围之路，很精彩。完全得益于情绪的反复发酵，带来的速战速决猛烈攻击。哪怕你是大盘股，到了一定阶段，一样可以那么猛。

（2）感知东方通信的博弈：继续涨停，此时需要的是顺势而为的胆大。

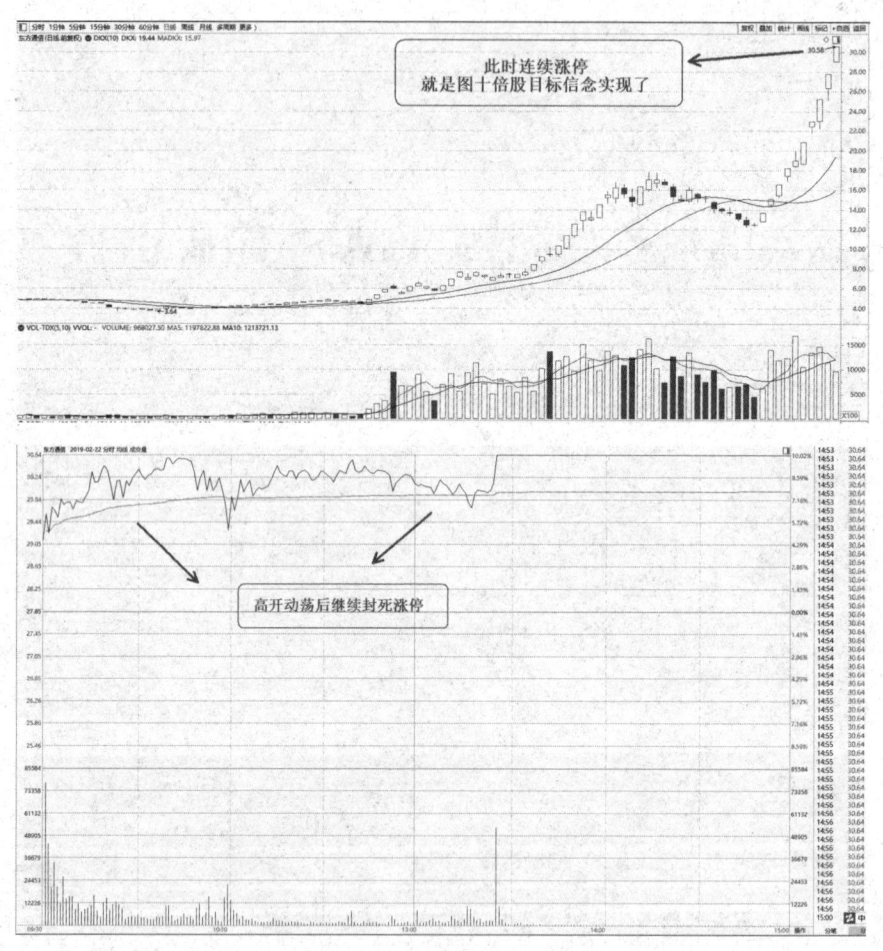

图案回顾点睛：2019年2月22日中信建投日线和分时结合图

目标锁定十倍，此时疯狂就可以发挥到极致。天天涨停，是人都会惊叹，可要的就是这效果。此时，完全就是一种交易价值的巅峰阶段。我们看到此时状况，顺势同时也要保持清醒，这绝对不是常态。一旦接近十倍，一定要懂得及时出局。此时已经不是靠基本面在支撑上涨了，一旦情绪亢奋结束，回落的幅度一定也是很大的。此时需要的是顺势而为的胆大。

（3）感知风范股份的博弈：连续四涨停尾盘突袭，此时更多是投机价值了。

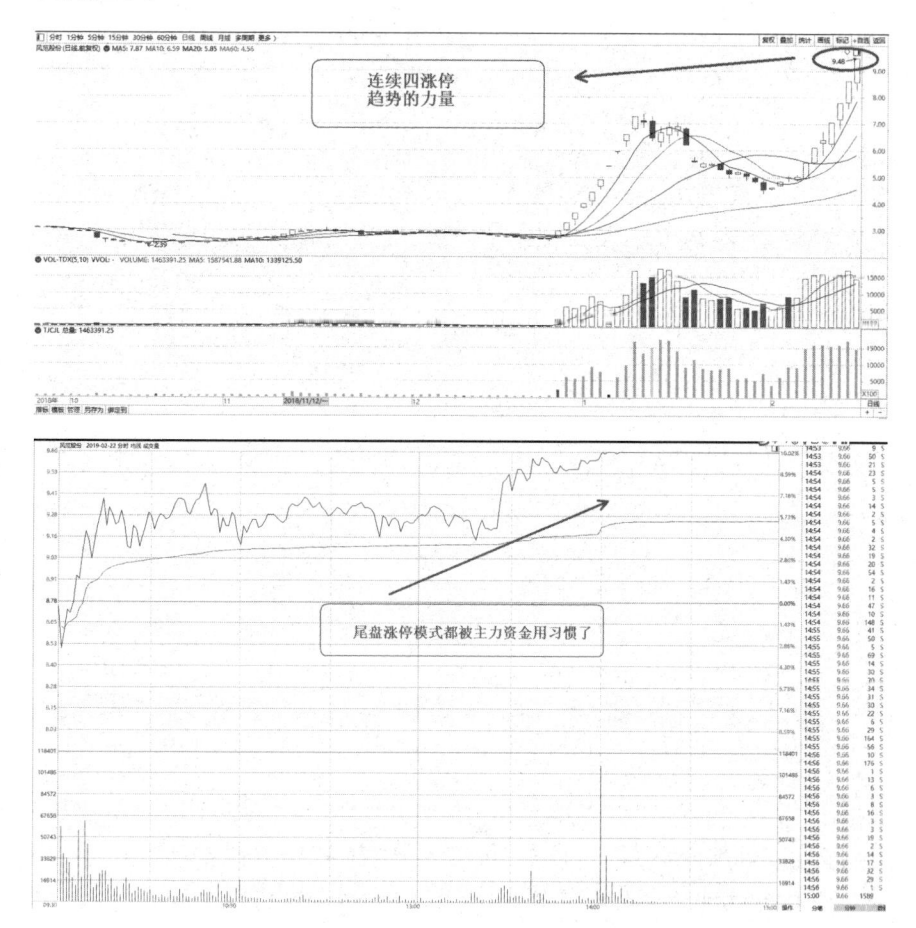

图案回顾点睛：2019年2月22日风范股份日线和分时结合图

此时的状态，就是亢奋。因为有龙头东方通信做榜样，跟进，就是天空无限高。但是，我们也可以看到，具体盘面细节上，更多是尾盘突袭涨停的模式。说白了都是那种投机资金，哪天东方通信彻底回调，它必然先跌。这里，也只是投机价值了，若还有筹码顺势准备随时做差价了解，没有筹码，欣赏就是。

（4）感知粤传媒的博弈：稳扎稳打的博弈是最舒服的，让你少交市场学费的方式。

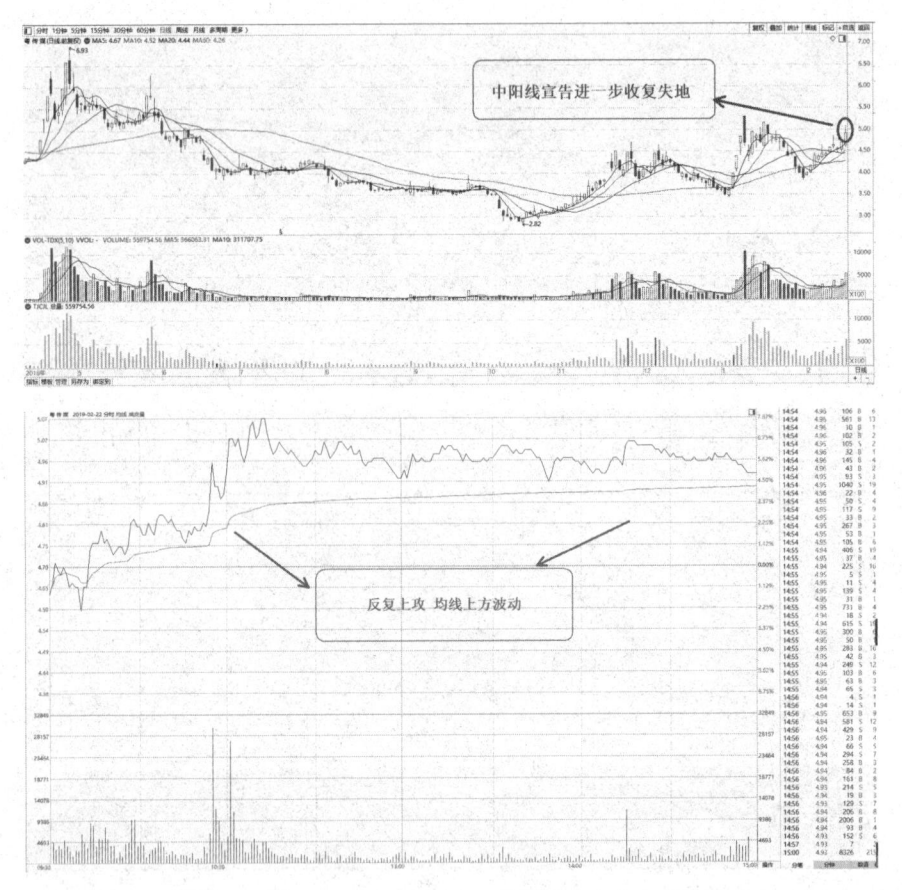

图案回顾点睛：2019年2月22日粤传媒日线和分时结合图

稳扎稳打进一步上攻拿下高点，这样的打法是最安全也最稳定的，更是最容易引爆更大能量的。大家要多记住这样的博弈过程，只有记住，融入血液，以后类似的博弈，你才能有第一感觉。什么是盘感？就是靠类似这样反复实战中总结融入自己的思维而来。

此时，如果你是学习者，你已经可以少走弯路了。我们思想的总结如果你吸收了，至少未来博弈，你就多一分坚定，少一分迷茫，自然也就多一份胜算，少交很多市场学费了。

第二十章 如期蜕变带来一根大阳线

20.1 操盘日记（2019-2-25）

如期蜕变创历史　一根大阳线惊醒梦中人

	代码	名称	涨幅%	现价	最高	涨跌
1	999999	上证指数	5.60	2961.28	2961.80	157.05
2	399001	深证成指	5.59	9134.58	9134.58	483.38
3	399005	中小板指	5.21	5985.31	5988.48	296.43
4	399006	创业板指	5.50	1536.37	1538.16	80.07

我觉得用"一根大阳线惊醒众多梦中人"来形容2月25日的状况是很贴切的。我上周跟大家分享的时候就着重谈到一点，现在不是高潮，而是一个新的开始。你怎么去看当下，跟你的格局有关。股指从2440点涨上来，到上周的时候，很多人就开始心慌了，认为随时有可能要面临一个明显的调整。我的观点一直都是非常鲜明的，这个阶段就是坚定顺势做多、把握精彩未来的时候。上周五的大阳线从某种意义上来说，它拉开了一个新未来的序幕。换句话说，我们一直坚定未来是一个新牛市，而现在这个阶段是属于新牛市的一个开始而已，所以我才不遗余力地给大家分享现在一切都只是刚刚开始的观点。

那么2月25日的一个大阳线，可以说完美地验证了我前期对市场阶段性的判断和总结，非常精彩。当然这根大阳线也跟我们国家领导人着重谈到"金融活、经济活"有关,这把我国金融市场的重要性提到了一个空前的高度。

> 习近平在中共中央政治局第十三次集体学习时强调,深化金融供给侧结构性改革,增强金融服务实体经济能力
>
> **金融活经济活 金融稳经济稳**
> **经济兴金融兴 经济强金融强**
>
> 新华社北京2月23日电 中共中央政治局2月22日下午就完善金融服务、防范金融风险举行第十三次集体学习。中共中央总书记习近平在主持学习时强调,要深化对国际国内金融形势的认识,正确把握金融本质,深化金融供给侧结构性改革,平衡好稳增长和防风险的关系,精准有效处置重点领域风险,深化金融改革开放,增强金融服务实体经济能力,坚决打好防范化解包括金融风险在内的重大风险攻坚战,推动我国金融业健康发展。
>
> 丝路基金有限责任公司党委书记、董事长谢多同志就这个问题作了讲解,并谈了意见和建议。
>
> 习近平在主持学习时发表了讲话。他指出,金融是国家重要的核心竞争力,金融安全是国家安全的重要组成部分,金融制度是经济社会发展中重要的基础性制度。改革开放以来,我国金融业发展取得了历史性成就。特别是党的十八大以来,我们有序推进金融改革发展、治理金融风险,金融业保持快速发展,金融改革开放有序推进,金融产品日益丰富,金融服务普惠性增强,金融监管得到加强和改进。同时,我国金融业的市场结构、经营理念、创新能力、服务水平还不适应经济高质量发展的要求,诸多矛盾和问题仍然突出。我们要抓住完善金融服务、防范金融风险这个重点,推动金融业高质量发展。
>
> 习近平强调,金融要为实体经济服务,满足经济社会发展和人民群众需要。金融活,经济活;金融稳,经济稳。经济兴,金融兴;经济强,金融强。经济是肌体,金融是血脉,两者共生共荣。我们要深化对金融本质和规律的认识,立足中国实际,走出中国特色金融发展之路。

我当时的点评也非常明确,政治高度决定我们未来的大格局。无疑2月25日的市场已经淋漓尽致地体现了一种未来的预期,而这个大涨创造了非常多阶段性的历史记录。

【学习重点】

再次刷新反攻以来的单日最大涨幅，不论是上证50、上证指数还是创业板，涨幅纷纷超过五个点。可以说熊了那么多年，这种涨幅是极其罕见的。从某种意义上来说，这样的涨幅也是对于前期不断持续逼空的量变到质变的一种反应。对于前期一直做空的资金而言，2月25日可以说是彻底阵亡了。

如果有关注期权市场，就知道2月25日期权2月的末日轮，最高涨幅居然有190倍，也就是说今天你1万元钱进去，190万出来，这理论完全可以做到的。

	代码	名称	涨幅%	现价	买价
1	10001711	50ETF购2月2800	19267	0.0581	0.0581
2	10001703	50ETF购2月2750	10475	0.0846	0.0846
3	10001699	50ETF购2月2700	3224	0.1263	0.1263
4	10001695	50ETF购2月2650	1227	0.1751	0.1751
5	10001713	50ETF购3月2800	759.4	0.1332	0.1332
6	10001469	50ETF购3月2794A	738.3	0.1358	0.1357
7	10001675	50ETF购2月2600	496.6	0.2130	0.2126
8	10001425	50ETF购3月2745A	495.9	0.1603	0.1601
9	10001705	50ETF购3月2750	494.0	0.1580	0.1580
10	10001619	50ETF购3月2700	382.6	0.1911	0.1911
11	10001424	50ETF购3月2696A	370.1	0.1871	0.1871
12	10001587	50ETF购3月2650	326.6	0.2500	0.2500

当然多一点的资金也不现实，因为它一天成交量也就几千万，容量有限。这个是极其特殊的案例——末日轮。当然有一些普遍的案例，像3月的这些做多合约，普遍涨幅一到五六倍，都是以倍数来计算的。因为25日市场揭开了一个新序幕，最重要是25日市场的涨幅惊人，所以期权市场淋漓尽致地把这种涨幅情绪放大了。我相信2月25日的小小历史，可能会让更多的人，尤其是没做过期权的人关注这个市场，大家会知道这是一个能以小博大的市场。这个会进一步加剧未来资金的流入，

不论是流入期权市场还是流入股票市场，都会形成一个非常好的良性循环，良性循环就真的拉开牛市序幕了。

2月25日这种大涨其实会出现一种情况，就是有一些小白或者入市不久的人，只经历过熊市，25日的大涨让他们也很慌，为什么？没见过。我能够理解，因为他们没有经历过牛市，没有经历过像我经历过的1000点到6000点的牛市，也没有经历过权证市场的疯狂，我非常能够理解。正是因为有很多小白现在无法理解当下的市场，他们出现了一种畏高的心态，我更加坚定的是市场接下来行情中期看好，哪怕短期我认为还是有空间，也还没走完。另外一点，经历了这样大涨之后，那些还没有关注股票市场的人又重新对市场进行关注，这个也是必然的。我相信25日很多媒体也好，各方面的渠道也好都会报道，互联网时代传递信息是非常快的。

2月25日大涨会让很多人燃起对股市未来的希望，这个也会为未来带来源源不断的增量资金，对股市持续形成良性健康发展提供有利的条件。我觉得一直跟随我的朋友们，请保持淡定。我们现在确实从最低到这个阶段收获颇丰，但是请不要太兴奋，而要保持淡定，因为路还很长，未来我们要去把握的机会还很多，我相信未来的机会远远超出你的想象。大家想一想25日期权市场这种极端的案例。虽然期权市场极端案例不会常常有，但是这预示着未来会有一种超越你想象的机会存在。市场存在这种征兆，不论是期权市场、期货市场，还是股票市场都将如此。

我们再看关键性的品种，我一直说的关键性品种，2月25日市场表现如何呢？第一，大家看看中信建投，一直有关注我文章的朋友们都很清楚，我可以说每个节点都会拿它来说对市场的影响，前段时间我明确指出它已经进入上涨化境，到了现在表现形式就是一字板，根本不给你买入的机会。在上周五涨停的背景下，2月25日再次一字板而且还是缩量一字板，这说明现在汹涌而来的资金势不可挡，多方完全把握局面，空方彻底阵亡。

2019年2月25日中信建投日线图

然后再看看我们率先挖掘出来的东方通信，上周都已经让大家目瞪口呆了，2月25日一开盘也是直接一字板，而且也是缩量，33.7元离十倍预期就只差一个涨停板了。

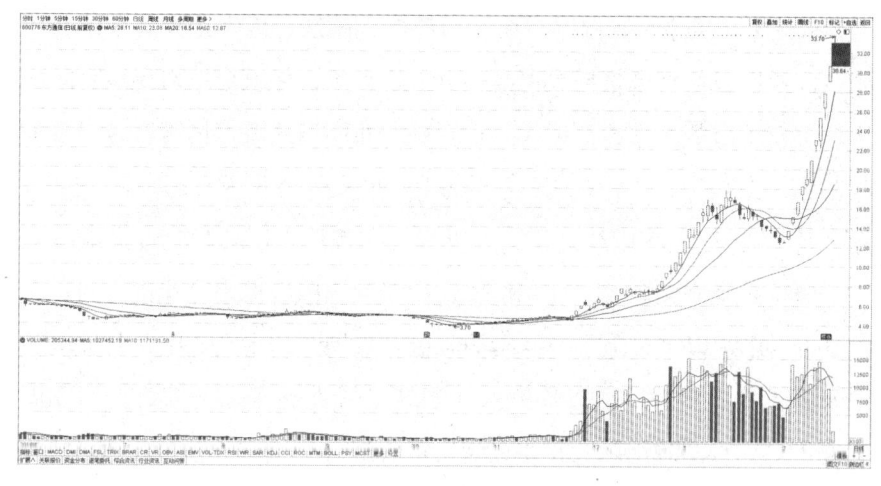

2019年2月25日东方通信日线图

这再一次证明了疯狂一旦来临，这种趋势是势不可挡的。包括在翻倍之前，我们就提前调研了前期文章里面谈到的香山股份。大家可以看一下香山股份 25 日也是缩量的一字板，这也是疯狂的体现。我们发现这样的标的不止这些，还有很多。有类似这种状况，说明现在的资金是坚决的，大家信念是统一的，这是机构的资金，可我觉得很多散户的资金是迷茫的。

【学习小总结】

之所以 2 月 25 日创出了熊市以来最大的成交量，两市成交上万亿，有一些是获利盘的回吐，当然我相信更多的是属于前期套牢盘的散户投资者在解套卖出。对他们而言，在这个阶段已经无法理解市场了，最好的方式就是先出来观望，但是现在这种趋势之下，如果市场继续涨，他们最终又会杀回来。这样的话 2 月 25 日出来的资金又成为接下来的增量资金，一定是会如此。所以 2 月 25 日这种上万亿的成交量，对于前期的获利盘也好，前期的套牢盘也好，都进行了一次充分的换手。尤其是 25 日这种跳空向上的大阳线，短期之内要回补，这个可能性是微乎其微的。

从技术角度来说，这是一个突破性的大阳线，或者是指明未来的大阳线。所以我们稍微格局看得高一点、远一点，你就会发现现在真的迎来一个新牛市的开始，请记住只是开始。我相信这波行情跨度时间会很长，超过过往历史。因为 2019 年年初至今已经创造了历史，周线七连阳，像 2 月 25 日这种大阳线的话，可以判断空方后半周要把整个失地打下来，概率是微乎其微的。换句话说，周线八连阳的概率是非常大的。自 A 股市场诞生以来，除了一开始的时候有过周线的十几连阳，此后这种记录还没有出现过，所以周线八连阳就是 A 股新开始的篇章。那么展望未来，机会是非常多的。我要提醒大家的是，接下来在前行的过程当中，尤其是 2 月 25 日上证指数 2961 点，接下来即将突破 3000 点，可能会出现回补 2018 年 6 月 15 日 3021 点这个缺口。这个缺口一旦回补完成，再往上的过程当中，我相信阻力是会逐渐变得明显起来的。因为那个位置就是比较大的成交密集区，这个我们在心理上要有一个预期准备。接下来冲上 3000 点后，很有可能会围绕 3000 点这个位置动荡，大家需要有心理准备。当然这个动荡不是阶段性见顶的一种波动，它更多的是为了未来更好的上涨做准备，所以我觉得目前这个阶段先顺势，同时我们不能低估有时候疯狂带来的力量。我不是说市场到 3000 点或者 3020 点就一定会见到阶段性的高点，而是说到那个阶段的时候你要小心一定的动荡。

不管如何，接下来我们研究板块跟个股是最重要的，我也发现这段时间上涨的过程当中，其实也有很多股票没有大的涨幅。这也预示着我们 A 股市场分化的格局依然是存在的。我们未来要精挑细选板块和个股。未来是一个新时代，制度也会不断完善，包括科创板的设立、注册制的来临，这些都意味着未来退市制度的完善，所以风险跟机会一定是并存的。

2 月 25 日大阳线的意义非常重要，它进一步确定了我前期的一些思考，确定了之后要做的当然就是撸起袖子干，大胆去把握更精彩的明天。这个过程我们需要付出更多的汗水，付出更多的努力，而不是说闭着眼睛去把握未来。你闭着眼睛把握未来就会像我过去所经历的那种行情一样，股指从 998 点涨到 6124 点，其实很多人在那个阶段也是没赚钱甚至亏钱的。市场毕竟是存在博弈的，有涨有跌，比如说这段时间涨得很猛的，有些人可能盲目去追逐，就很有可能成为阶段性的接盘侠。但是反过来说，有一些涨得不是很猛的，它可能在市场动荡的过程当中继续塑造财富效应。因为我们市场已经树立了标杆，东方财富已经接近十倍了，标杆在那里，市场的信心就有，动荡当中肯定也还会有财富效益，还会有资金敢于去追逐机会，这个是可以预判的。问题是你有没有能力去把握这个机会，包括期权市场，25 日这种财富效应必将会吸引更多的资金参与市场的博弈，这个也会带给市场很多波动的机会，所以机会是不缺乏的，问题是你准备好了吗?

这个市场很残酷，当然也有机会，关键就在于你自己，市场最终一定是少数人赚大钱的。请问你自己到底是不是站好队了，属于这少数人？我相信这一段时间有持续跟踪我文章听我分享的朋友们，如果你在行动上是坚定的站在我这边的话，其实你已经悄然迈入市场少数人之中了。

我还是那句话，不管你信与不信，我们坚信未来。我们现在依然是积极展开我们的"抢钱大行动"，我们也衷心欢迎那些认可我们的朋友们，积极投身到我们的行动中来，跟随我们一起把握既复杂又会更加精彩的新牛市行情。

这一切其实已经悄然展现在我们的眼前了。往往有些时候越是犹豫，你错失的机会或机遇的可能性就会越大，机遇是留给有准备的人的。还好我们一直都做好了准备，这一次我们能够大获全胜，阶段性很感谢前期我所付出的汗水。接下来我们不会骄傲，我们还会保持谦卑的心态，保持清醒的头脑，继续在这个市场里博弈，然后积极挖掘和分享，带领我们的朋友们，尤其是那些坚定跟随的朋友们占领一个又一个的山头。

好了，谢谢大家，我就分享到这，下期我们再会。

【国平回顾小感悟】

说真的，这个大阳线，让我当时的操盘也好研判也好，达到一个阶段性高潮。记得当时还有期权，一天几倍的感觉，你说痛快不？事实上，中国的证券市场结合期权等衍生产品来综合立体把握的时代到来了。不懂期权的也可以看看我出版和录制的系列期权书籍和内容，更欢迎来我们的"期权博弈研究所"深入学习了解，你不一定要玩期权，但你一定要懂些期权的基本知识，因为懂了，你才能更好地去把握和思考这市场。

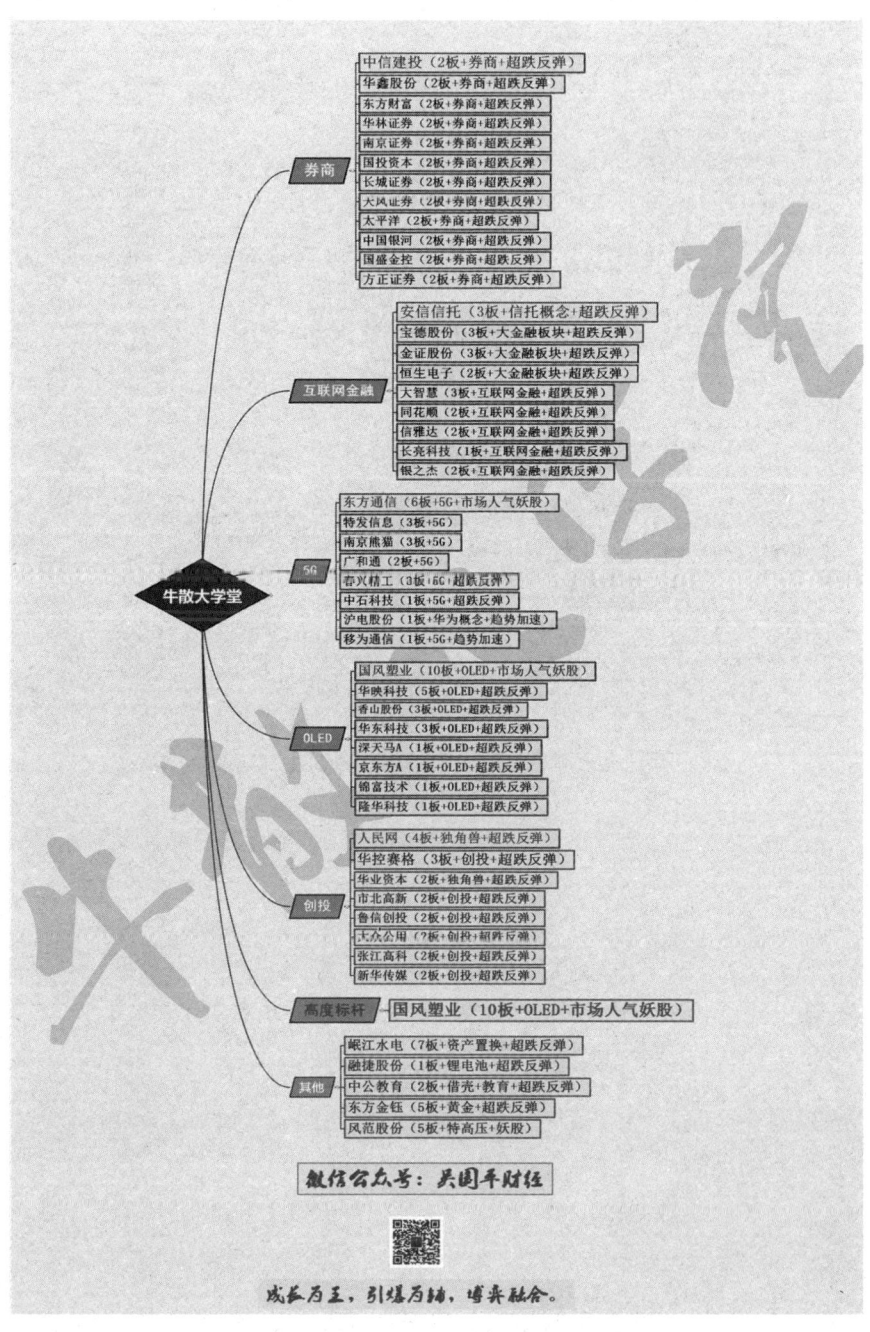

第二十章　如期蜕变带来一根大阳线

```
                           ┌─ 中信建投（2板+券商+超跌反弹）
                           ├─ 华鑫股份（2板+券商+超跌反弹）
                           ├─ 东方财富（2板+券商+超跌反弹）
                           ├─ 华林证券（2板+券商+超跌反弹）
                           ├─ 南京证券（2板+券商+超跌反弹）
              ┌─ 券商 ─────┼─ 国投资本（2板+券商+超跌反弹）
              │            ├─ 长城证券（2板+券商+超跌反弹）
              │            ├─ 大风证券（2板+券商+超跌反弹）
              │            ├─ 太平洋（2板+券商+超跌反弹）
              │            ├─ 中国银河（2板+券商+超跌反弹）
              │            ├─ 国盛金控（2板+券商+超跌反弹）
              │            └─ 方正证券（2板+券商+超跌反弹）
              │
              │            ┌─ 安信信托（3板+信托概念+超跌反弹）
              │            ├─ 宝德股份（3板+大金融板块+超跌反弹）
              │            ├─ 金证股份（3板+大金融板块+超跌反弹）
              │            ├─ 恒生电子（2板+大金融板块+超跌反弹）
              ├─ 互联网金融─┼─ 大智慧（3板+互联网金融+超跌反弹）
              │            ├─ 同花顺（2板+互联网金融+超跌反弹）
              │            ├─ 信雅达（2板+互联网金融+超跌反弹）
              │            ├─ 长亮科技（1板+互联网金融+超跌反弹）
              │            └─ 银之杰（2板+互联网金融+超跌反弹）
              │
              │            ┌─ 东方通信（6板+5G+市场人气妖股）
              │            ├─ 特发信息（3板+5G）
              │            ├─ 南京熊猫（3板+5G）
 牛散大学堂 ──┤            ├─ 广和通（2板+5G）
              ├─ 5G ───────┼─ 春兴精工（3板+5G+超跌反弹）
              │            ├─ 中石科技（1板+5G+超跌反弹）
              │            ├─ 沪电股份（1板+华为概念+趋势加速）
              │            └─ 移为通信（1板+5G+趋势加速）
              │
              │            ┌─ 国风塑业（10板+OLED+市场人气妖股）
              │            ├─ 华映科技（5板+OLED+超跌反弹）
              │            ├─ 香山股份（3板+OLED+超跌反弹）
              ├─ OLED ─────┼─ 华东科技（3板+OLED+超跌反弹）
              │            ├─ 深天马A（1板+OLED+超跌反弹）
              │            ├─ 京东方A（1板+OLED+超跌反弹）
              │            ├─ 锦富技术（1板+OLED+超跌反弹）
              │            └─ 隆华科技（1板+OLED+超跌反弹）
              │
              │            ┌─ 人民网（4板+独角兽+超跌反弹）
              │            ├─ 华控赛格（3板+创投+超跌反弹）
              │            ├─ 华业资本（2板+独角兽+超跌反弹）
              ├─ 创投 ─────┼─ 市北高新（2板+创投+超跌反弹）
              │            ├─ 鲁信创投（2板+创投+超跌反弹）
              │            ├─ 大众公用（2板+创投+超跌反弹）
              │            ├─ 张江高科（2板+创投+超跌反弹）
              │            └─ 新华传媒（2板+创投+超跌反弹）
              │
              ├─ 高度标杆 ── 国风塑业（10板+OLED+市场人气妖股）
              │
              │            ┌─ 岷江水电（7板+资产置换+超跌反弹）
              │            ├─ 融捷股份（1板+锂电池+超跌反弹）
              └─ 其他 ─────┼─ 中公教育（2板+信光+教育+超跌反弹）
                           ├─ 东方金钰（5板+黄金+超跌反弹）
                           └─ 风范股份（5板+特高压+妖股）
```

微信公众号：吴国平财经

成长为王，引爆为纲，博弈融合。

市场轮廓脉络梳理——2019年2月25日

四大金刚脉络梳理——2019年2月25日

20.2 操盘实战博弈（2019-2-25）

（1）感知中信建投的博弈：一字涨停就是一剑封喉。

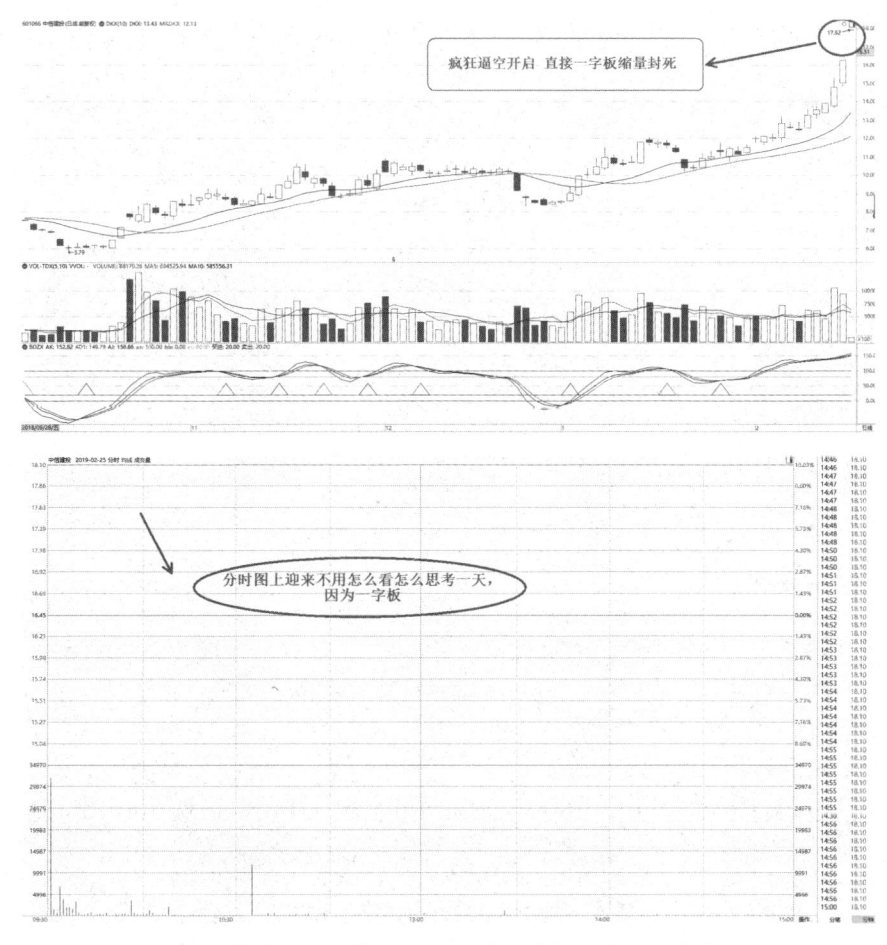

图案回顾点睛：2019 年 2 月 25 日中信建投日线和分时结合图

持续大涨，涨停后还来一个一字板涨停，气势十足。博弈到了最后，就是如此，一剑封喉。一字板涨停就有这样的味道。

所以，我们强调顺势而为，关键就在这里，因为一旦一剑封喉，你是对手盘的话，想跑都很难。

（2）感知东方通信的博弈：高潮迭起，最后静候物极必反。

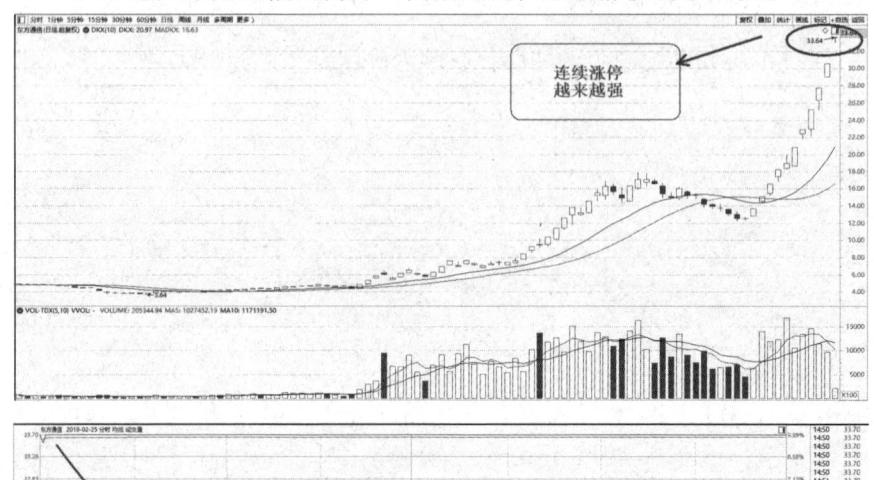

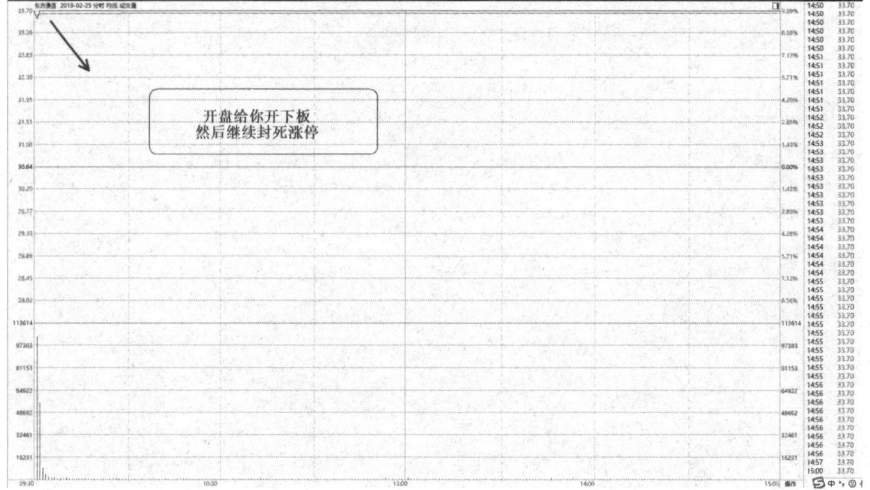

图案回顾点睛：2019年2月25日东方通信日线和分时结合图

一字板后盘中迅速打开然后再封死涨停。前面已经那么多涨停，本身已经是高潮了，此时再类似一字板封死涨停，就是高潮迭起的状态。这可以说，这已经是阶段性短期个股牛气冲天的最高境界。此时，我们更需要保持一份冷静，因为越是如此，越说明接下来一旦动荡，修整的力度也必然很大。

十倍股目标已经到了最后一步，也就是说下一个涨停就达到十倍股。此时，如果投入资金大的话，这个位置就要开始逐步撤离了。

为何一字封死涨停有抛盘打开，其实也已经是反映了这种心态，只是目前趋势的力量，资金的惯性，导致继续涨停。

这可以说已经是最后一个阶段，一旦达到目标基本就要开始调整。毕竟已经大幅度脱离基本面的炒作，市场情绪达到高峰后一定会有一个物极必反的走势！

（3）感知风范股份的博弈：缩量涨停更多是最后疯狂，随时要卖请牢记。

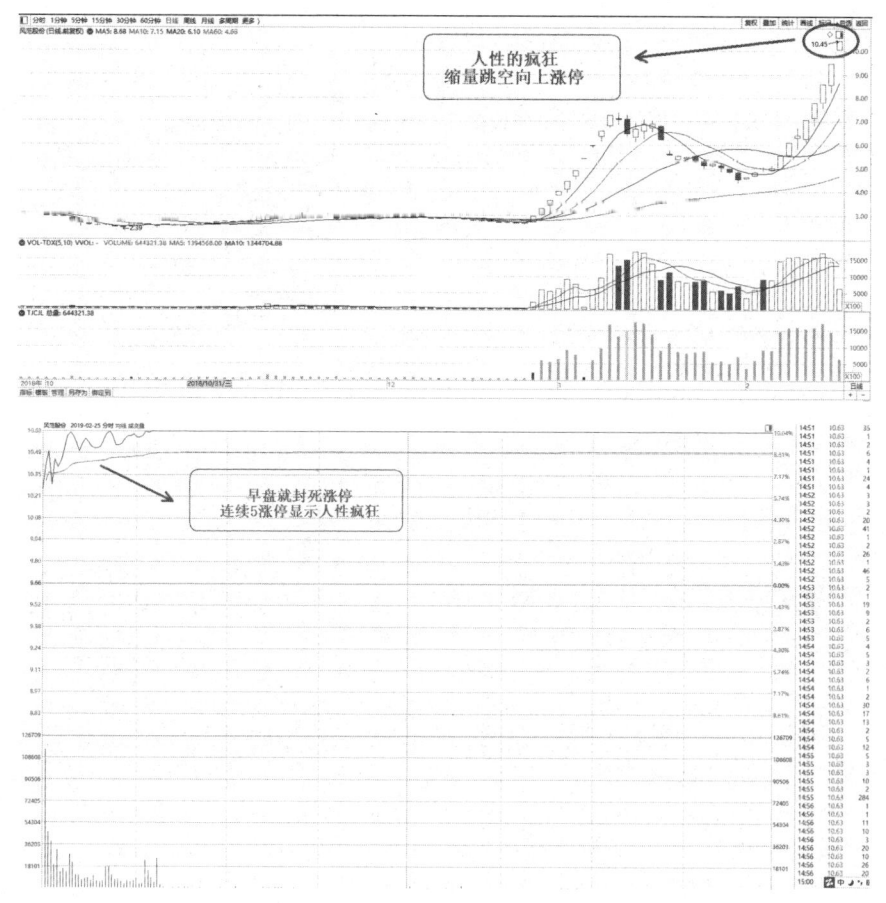

图案回顾点睛：2019年2月25日风范股份日线和分时结合图

此时，继续对比东方通信。东方通信大概率是最后一步，风范股份这个涨停显然比东方通信弱，虽然缩量涨停，但就是一种最后的跟随。大部分资金其实都在等最后这一步后的惯性，随时准备出逃。

个股前期累积的涨幅是惊人的，但贪欲是无限的，两者短期多方的力量占上风，但这些多方其实就是接下来随时可以转变为空方的人群，因此这里的缩量更多是最后疯狂。此时，随时要卖，这是疯狂中要牢记的原则。

（4）感知粤传媒的博弈：累积的量变带来第一个涨停哪怕反复打开都可以安心。

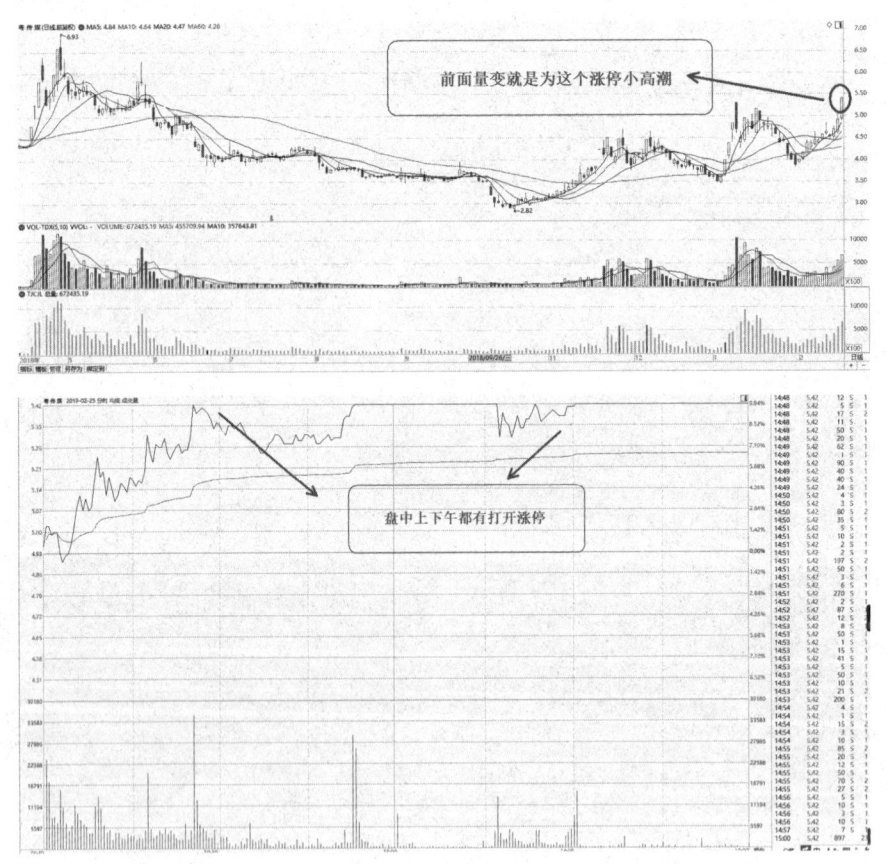

图案回顾点睛：2019年2月25日粤传媒日线和分时结合图

前面累积的量变，带来第一个涨停，虽然盘中不时有打开。但学过类似东方通信和风范股份等博弈过程的朋友，应该清楚，第一个涨停，哪怕是涨停最终被打开回落，其实都是好事。因为一切都是刚开始，质变刚开始，代表的是更多的机会而不是风险。

安心持有，顺应趋势，此时思路一定要清晰。

第二十一章　牛市思维下第一次分歧就是再猛攻前奏

21.1 操盘日记（2019-2-26）

谁在买谁在卖　牛市思维下第一次分歧就是再猛攻前奏

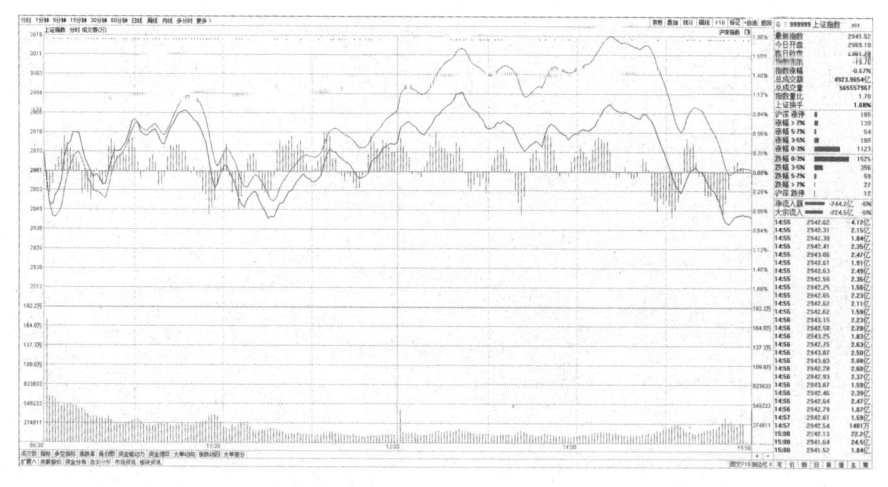

图案回顾点睛：2019 年 2 月 26 日上证指数分时图

2 月 26 日的市场动荡比较剧烈，整个市场出现了一定的分歧波动走势，怎么去理解？

【学习延伸突破小细节】

首先 2 月 26 日两市总成交额依然超过 1 万亿，而且 26 日的成交量对比 25 日还有所放大。其次，26 日市场最终是出现了冲高回落，冲高回落背后的含义是什么？无疑两个字——分歧。这个位置多空双方各执一词，空方认为这可能是新下跌的开始，多方则认为这可能就是一个正常的动荡。那么最终何去何从，我觉得大家要看清楚，并且要想明白一个问题。这两天上万亿的成交量，请问大家，谁在买，又是谁在卖？就是这个简单的问题只要吃透，我相信整个谜底你就能揭晓了，包括接下来市场博弈的运行格局，你可能也会更加清晰。

面对这两大上万亿的资金博弈，我来谈一下我的看法。这两天的市场状况让我身边很多中小散户朋友纷纷跟我说："这个市场太恐怖了，这个位置风险有点大。"这是很多一般投资者的看法，那么一些人对这段时间涨得比较好的标的，这两天选择了落袋为安。换句话说，有相当一部分中小投资者选择在这两个上万亿的交易日中采取卖出的策略。除了一般散户，一些游资也选择卖出，比如说像26日的东方通信，这波行情的第一神股。

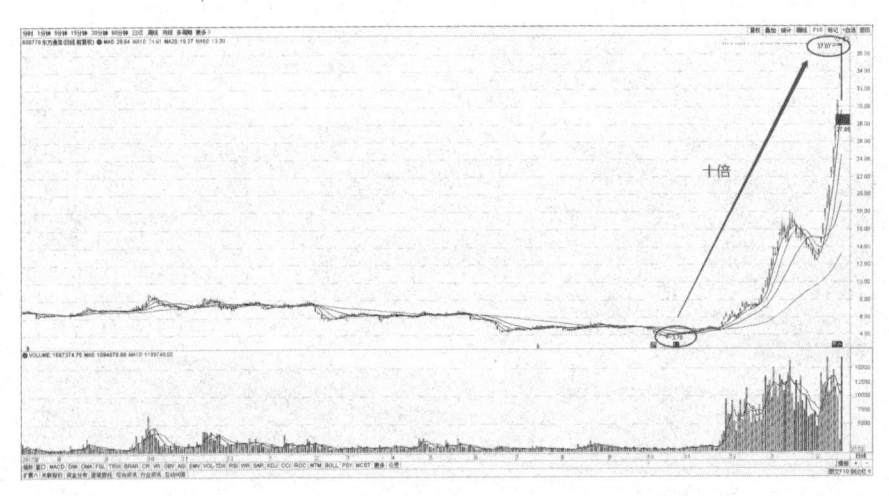

图案回顾点睛：2019年2月26日东方通信日线图

对于这个股票我之前也说了，到了最后它一定会出现回归。那么2月26日很明显，开盘涨停达到了阶段性的目标之后便开始了剧烈动荡，很有戏剧性，怎么理解？因为它最低是3.7元，现在达到了37.07元，刚好十倍涨幅。东方通信塑造的十倍股诞生后，最终选择了天地板，收盘的时候基本上接近跌停，很多人对此很恐慌。其实有什么需要恐慌的呢？我不是说对东方通信不需要恐慌，我是说对市场不需要恐慌。东方通信现在本身就是一种资金的博弈，这种走势应该早预料的到。另外一点，东方通信不是刚刚爆发，它是爆发了一段时间，持续逼空，最终出现了一种体现人性疯狂的走势。参与其中的资金应该早就预料到有一天会是这样的，这是很正常的。

【学习重点】

我在前期也谈过，有一天东方通信动荡的时候，市场接下来会如何演绎？大家翻一翻我之前的内容就知道了。这个时候接下来只要有新的热点能够冲掉东方通信杀跌带来的负面影响，这个对市场的影响就微乎其微了。当然2月26日刚刚开始出现这种状况的时候，会对市场形成一个冲击。2月26日选择卖出的部分主力一定也是之前获利丰厚的游资。有些散户2月26日有可能就成为了阶段性的接盘侠。

除了东方通信，类似个股2月26日也有挺多的，像风范股份、通产丽新等等，都是类似这样图形迭创新高不断加速的品种，然后2月26日纷纷都出现了天地板的走势。这些就属于游资跟散户之间的博弈，就是一些游资选择兑现，散户可能去接盘。这个"卖"很显然主要来自游资，当然不是目前影响主流的关键因素，它会影响市场的情绪，但不会影响到整个市场的发展脉络，影响市场脉络的是什么呢？

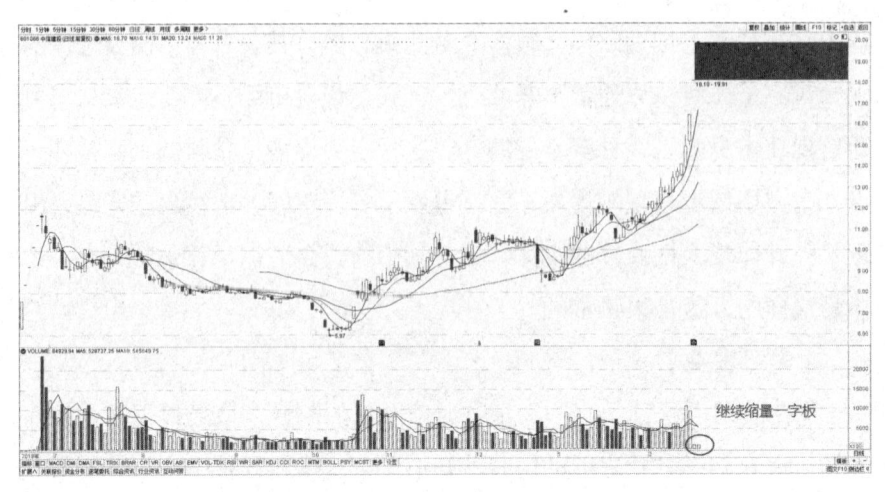

图案回顾点睛：中信建投2019年2月26日日线图

我们很清楚这波行情崛起是券商率先引爆的，券商板块在文章当中我们一直都有分享一个很核心的标的，就是中信建投。前段时间我说中信建投进入到化境，到了2月26日已经是连续涨停了，包括市场剧烈动荡，中信建投依然还是缩量一字板，这进一步奠定了它阶段性龙头的地位。当然2月26日大部分的券商个股出现了冲高回落，问题就来了，券商股跟东方通信有本质的不同。因为东方通信近期就是炒了好几波后的一种疯狂加速。券商之前也炒过，但是它现在这种再向上从某种意义上来说，是在牛市逼空过程当中的第一次分歧。

因为很多人觉得阶段性涨得比较多了，可能会见到高点，很多人都是这样看的，但事实可能不是这样子，最终如何还得市场说了算。

【温馨小提示】

从我个人的经验来说，我认为整个证券板块也是金融一个很重要的细分板块，"得金融者、得天下"，这波行情要继续向上拓展空间，必须要有金融的身影。所以我们完全有理由相信，接下来金融板块不会那么快止步，尤其是透过2月26日中信建投依然还可以缩量涨停的现象，我更加觉得这一次很有可能就是一次洗盘，接下来一旦结束分歧的话，它就会成为市场进一步突破上攻压力位的主要力量。2月26日肯定有很多持有券商板块个股的投资者抛售筹码，因为阶段性获利比较大了。这个分歧是很正常的，那么谁在买呢？大家要思考，包括中信建投，大家要思考谁在买？这些肯定不是一般的游资或者一般的散户所为，这些更多代表的是国家队的力量。我觉得未来一两天的时间这个分歧后的走向应该会见分晓。快的话，明天第一次分歧很有可能就会形成不可挡的态势，最终这里的买方力量可能会展现出他巨大的威力。接下来我觉得证券板块如果27日出现再上攻甚至阳包阴的话，整个板块的推动很有可能就会让整个市场往新的高度上推进，这是我的一个设想。

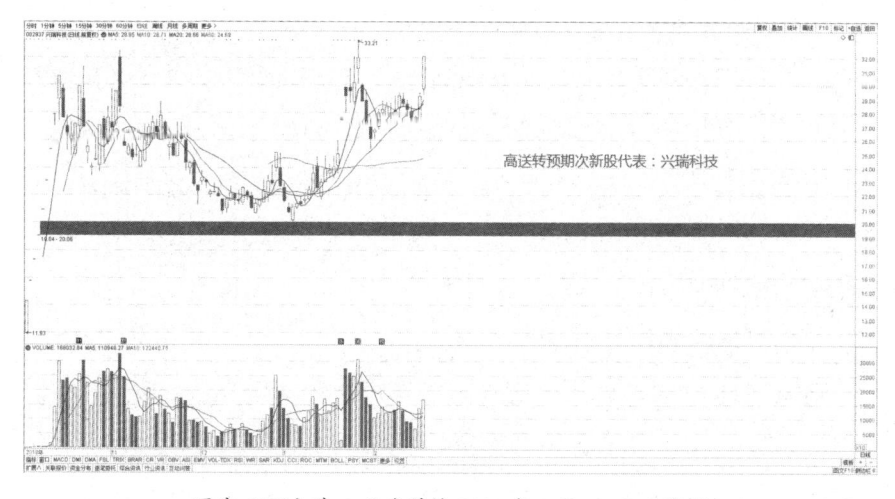

图案回顾点睛：兴瑞科技2019年2月26日日线图

另外一点，其他的热点也很重要。在2月26日市场动荡过程中，我发现像有一些有高送转预期的次新股，或者前期涨幅比较小的个股就出现了一种补涨行情。这也说明现在资金是没有闲着的，整个市场还是属于各路资金在持续流入的状态。这也解释了我刚才所说的"谁在买"的问题。我认为大部分主力资金还是属于持续买入的一个策略，只有小部分的，比如说原来涨幅特别高的像东方通信，这些可能有些机构选择了阶段性的抛售，但它不会影响整体的趋势。大部分散户在这个阶段，尤其是持有动荡的标的，选择落袋为安的比较多。这就解释了这两天上万亿成交量，"谁在买，谁在卖"的问题。我认为可能是一些中小散户在卖，大部分主流机构在持续进场，这就决定了我对这波行情肯定没有结束的判断。

我对当下的定义就是新牛市的开始，这开始仅仅是一个小小的开始。我认为2月26日的这种动荡无疑就是给一些还没上车但看好这波行情未来的资金上车机会。当然对一些空方来说，2月26日这种动荡也没有提供他太好的机会，为什么？像东方通信这种机会，你上车就是套，它已经很高了。对于那些动荡的个股来说，很多调整的幅度也并不是很大，并不能够特别吸引空方的资金。那么接下来怎么让他彻底空翻多呢？其实前期的中大阳线已经有很多空翻多了，但是这两天的动荡又让他左右挨巴掌。所以我个人感觉这两天那么大的成交量很多也是在积极换手。有一些板块尤其是证券，还有一些主要的热点板块都属于轮动机会，依然还是存在这种状态。我相信接下来整个大的方向还是动荡当中持续上扬，逼空的概率是比较大的，这是我个人观点。

【学习小总结】

既然2月25日拉开了一个大阳线，接下来应该不会平静的。行情只会像开车一样，惯性也会让接下来的波动保持在比较大的幅度，就像2月26日一样，波动其实不小，我觉得明天包括后天，阶段性整个波动都不会小。

但是我相信接下来可能多方会把这一次持续上攻行情进行到底，最终到了一个真正的成交密集区，就是我上次所说的3000多点的密集区，到时候再逼空上去，在更高的一点位置可能才会引发一个真正的动荡。慢慢指数呈现一种横盘也好，复杂波动也好的状态，那个时候才是真正呈现充分换手的状态，这是我当下对市场的一个思考。

接下来请大家密切关注"国平博弈论"的一些最新观点，我相信接下来还会有更多的精彩博弈呈现在我们眼前。希望我们接下来对未来的所有预判一如既往的精准,大家不妨继续拭目以待。

好,今天就分享到这,下期我们再会。

【国平回顾小感悟】

市场当时保持强势,分歧也加大,局部冰火两重天,有类似东方通信等完成十倍股使命后出现戏剧性的天地板,更有质变突围后持续疯狂的中信建投继续一字板,这些情况都在我当时研判中,符合预期的那种喜悦成就感,不言而喻。很多时候,阶段性的神准会出现在我这里,这得益于我们本身一直不断完善的体系,有逻辑,有思考,有深入,盘感有时就很容易出现惊人状态。

阶段性的神准状态对我不是问题,我们一直在完善的是如何更好保持中长期的神准状态,这就需要更多细节上的完善,同时持之以恒。资本市场最大的魅力在于,不管你是谁,对于未来而言,都还有很大的成长空间,一直在路上,风景总是不时有惊喜。希望大家能真正深入到这资本市场中来,有能力自己蜕变突围,没能力就跟随我们一起前行,把握精彩的未来。

牛散大学堂

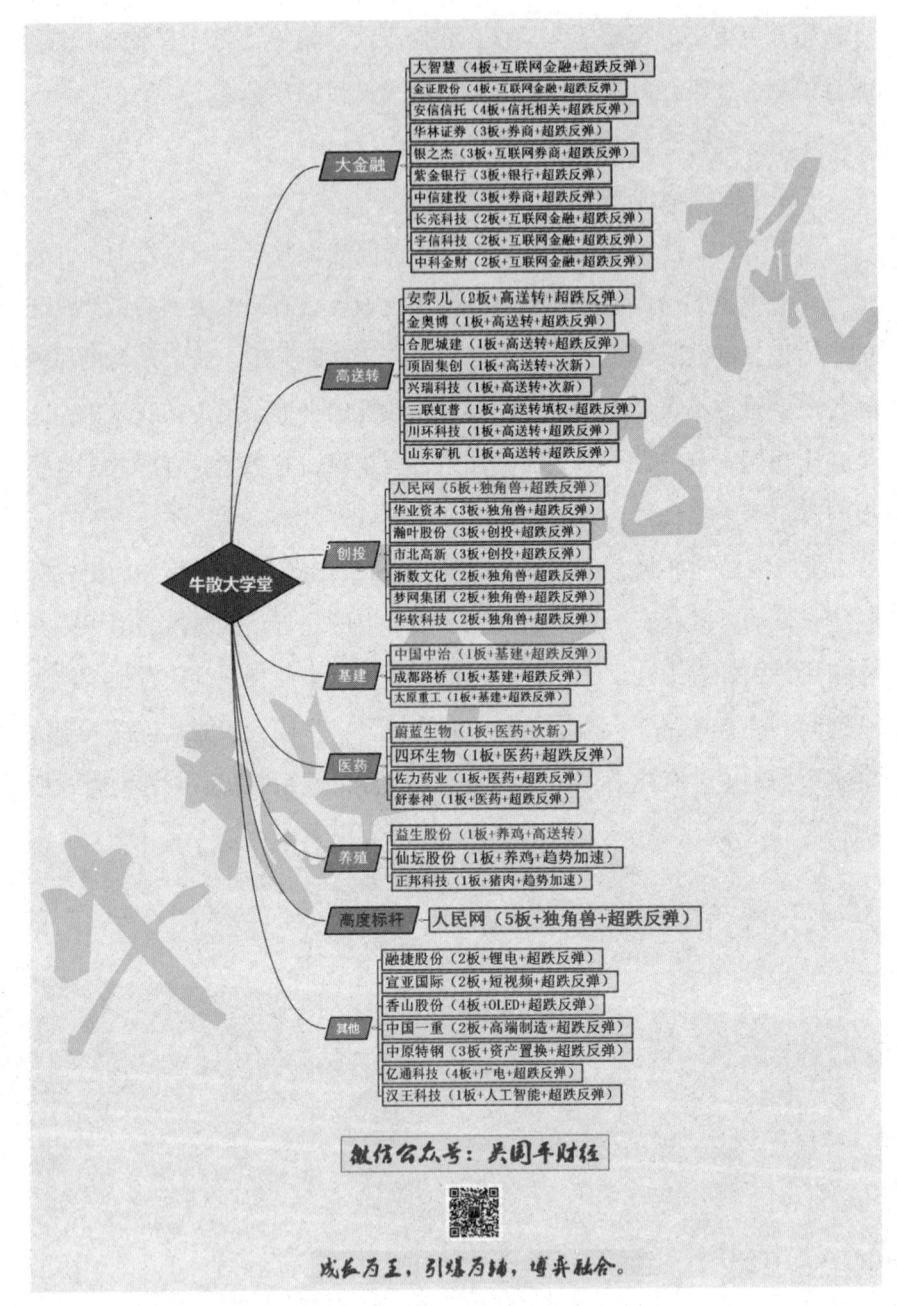

大金融
- 大智慧（4板+互联网金融+超跌反弹）
- 金证股份（4板+互联网金融+超跌反弹）
- 安信信托（4板+信托相关+超跌反弹）
- 华林证券（3板+券商+超跌反弹）
- 银之杰（3板+互联网券商+超跌反弹）
- 紫金银行（3板+银行+超跌反弹）
- 中信建投（3板+券商+超跌反弹）
- 长亮科技（2板+互联网金融+超跌反弹）
- 宇信科技（2板+互联网金融+超跌反弹）
- 中科金财（2板+互联网金融+超跌反弹）

高送转
- 安奈儿（2板+高送转+超跌反弹）
- 金奥博（1板+高送转+超跌反弹）
- 合肥城建（1板+高送转+超跌反弹）
- 顶固集创（1板+高送转+次新）
- 兴瑞科技（1板+高送转+次新）
- 三联虹普（1板+高送转填权+超跌反弹）
- 川环科技（1板+高送转+超跌反弹）
- 山东矿机（1板+高送转+超跌反弹）

创投
- 人民网（5板+独角兽+超跌反弹）
- 华业资本（3板+独角兽+超跌反弹）
- 瀚叶股份（3板+创投+超跌反弹）
- 市北高新（3板+创投+超跌反弹）
- 浙数文化（2板+独角兽+超跌反弹）
- 梦网集团（2板+独角兽+超跌反弹）
- 华软科技（2板+独角兽+超跌反弹）

基建
- 中国中冶（1板+基建+超跌反弹）
- 成都路桥（1板+基建+超跌反弹）
- 太原重工（1板+基建+超跌反弹）

医药
- 蔚蓝生物（1板+医药+次新）
- 四环生物（1板+医药+超跌反弹）
- 佐力药业（1板+医药+超跌反弹）
- 舒泰神（1板+医药+超跌反弹）

养殖
- 益生股份（1板+养鸡+高送转）
- 仙坛股份（1板+养鸡+趋势加速）
- 正邦科技（1板+猪肉+趋势加速）

高度标杆
- 人民网（5板+独角兽+超跌反弹）

其他
- 融捷股份（2板+锂电+超跌反弹）
- 宜亚国际（2板+短视频+超跌反弹）
- 香山股份（4板+OLED+超跌反弹）
- 中国一重（2板+高端制造+超跌反弹）
- 中原特钢（3板+资产置换+超跌反弹）
- 亿通科技（4板+广电+超跌反弹）
- 汉王科技（1板+人工智能+超跌反弹）

微信公众号：吴国平财经

成长为王，引爆为辅，博弈融合。

市场轮廓脉络梳理——2019年2月26日

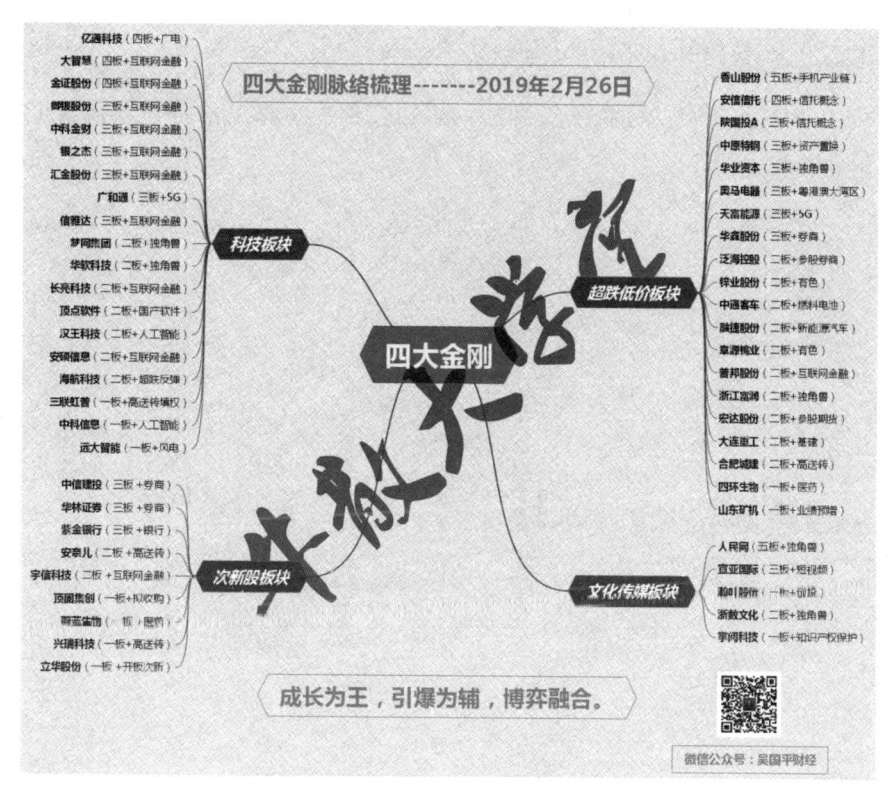

第二十一章　牛市思维下第一次分歧就是再猛攻前奏

四大金刚脉络梳理——2019年2月26日

21.2 操盘实战博弈（2019-2-26）

（1）感知中信建投的博弈：一旦质变停不下来的涨停，学习价值几百上千万。

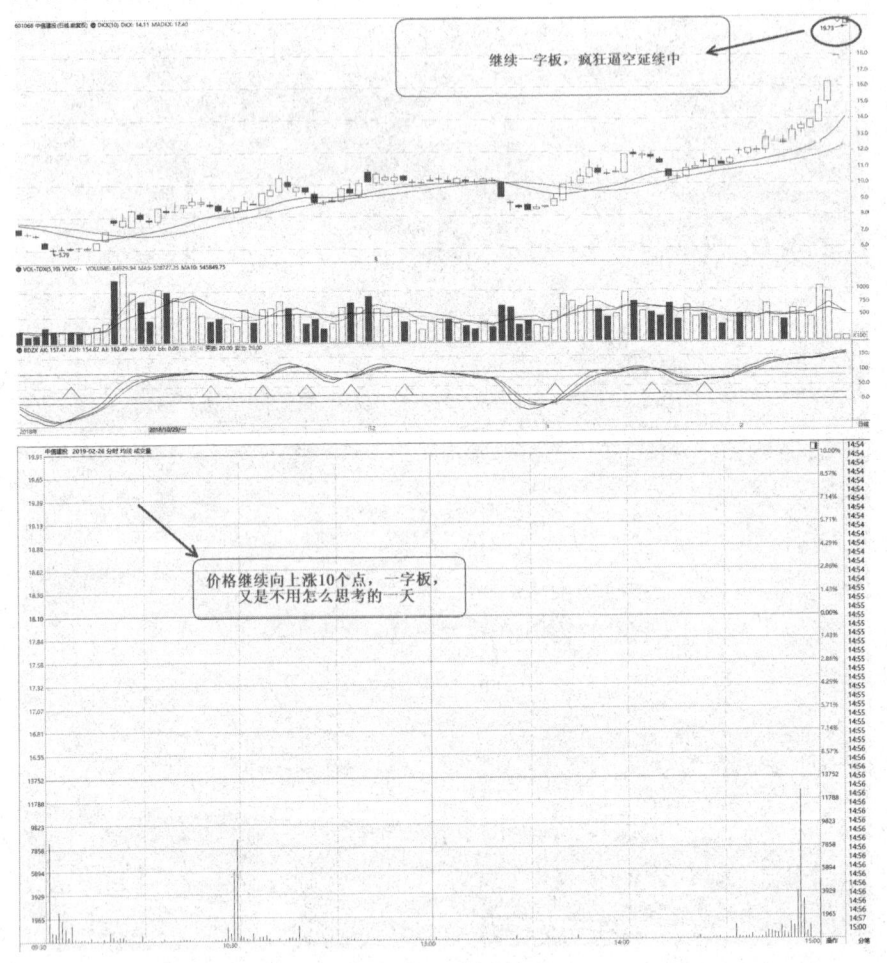

图案回顾点睛：2019年2月26日中信建投日线和分时结合图

前面经历了充足的量变，一旦质变，同时启动一字涨停，一时半会怎么可能停得下来？这就是大逆转带来的力量，突围带来的力量。如果你是做空者，此时就意味着完全崩溃。所以，博弈的过程，一定要有耐心，更要有信心，很多时候，我们等的就是这时刻。但大部分人，都会在这时刻到来前被市场洗礼下车。

我们不断总结，就是希望给到更多人启发。你的学习，不经意给你未来带来至少几个涨停的收获，这价值对于有些人而言，可能至少就是几百万甚至上千万的价值了。

（2）感知东方通信的博弈：完成十倍使命天地板反杀告诉你别成为那贪念严重的羊。

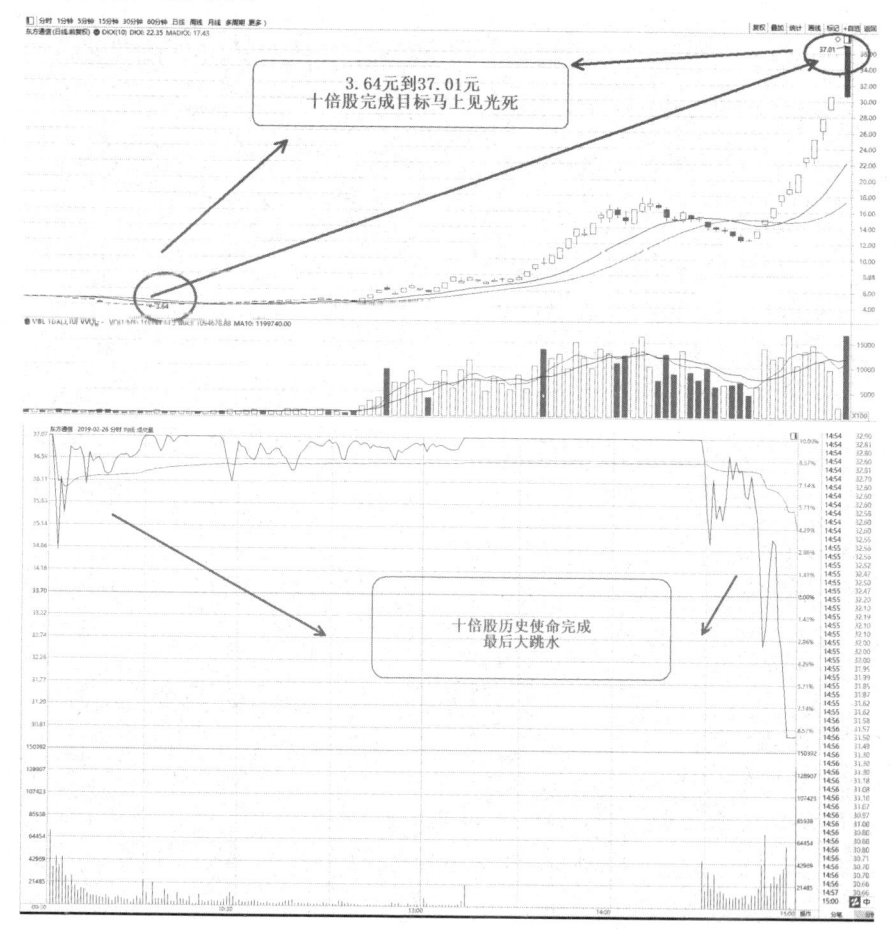

图案回顾点睛：2019年2月26日东方通信日线和分时结合图

持续涨停的尾声，最终的结果早就可以预料。完成了十倍股使命，仪式感达成，本身交易的疯狂状态，你不出，还等什么时候？所以，你会发现涨停区域不少资金疯狂出局，反复打开就是明证。情绪一旦逆转，反杀力量是极其巨大的，所以你可以发现尾盘打开涨停出现下杀动作后，就很容易形成羊群效应，最终直接跌停收市，这就是博弈的残酷。

回头来看，如果你懂得物极必反，懂得完成目标要收手，懂得市场极度贪婪时你要恐惧，你一定会果断早早卖出，心情淡定面对这后面发生的一切。

（3）感知风范股份的博弈：清晰的思考后你就知道一定要卖，然后选择更好的品种去把握。

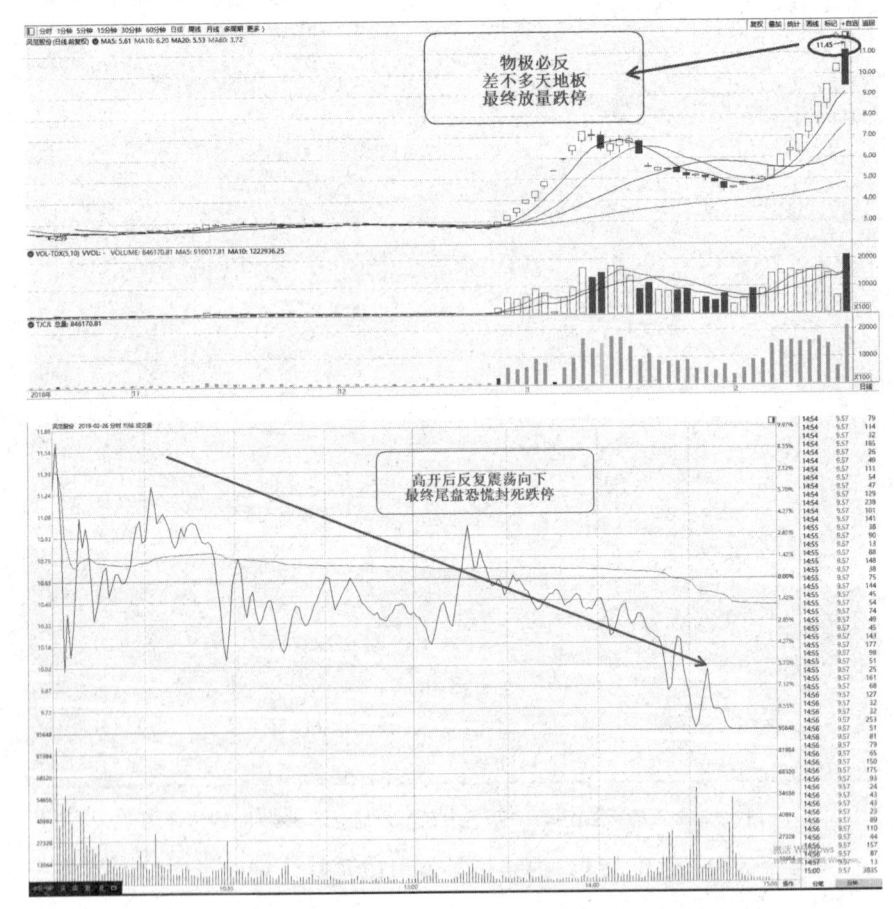

图案回顾点睛：2019年2月26日风范股份日线和分时结合图

前面说过，风范股份就是跟风，力量绝对没有东方通信那么强。所以，它都没触及涨停就开始反复动荡了，最终当然也毫无悬念跌停。

当然，这些如果你前面有思考它当下处于的阶段，你就会很清醒，该卖时坚决卖，然后寻找更有价值的品种去把握，这才是王道。

第二十二章　仙人指路

22.1 操盘日记（2019-2-27）

仙人指路　你还敢上车吗

2月26日我谈到牛市思维第一次分歧就是再猛攻的前奏，我们一定要认清楚当下谁在买，谁在卖。那么从27日的市场来看，接下来市场波动一定是比较剧烈的。

图案回顾点睛：2019年2月27日上证指数日线图

2月27日的波动依然比较大。上证指数一度刷新了日内高点，接近3000点的2997，最终出现动荡回落的态势。盘中博弈也非常精彩，充分的一轮换手，像前面我说的短期搏杀的资金成为接盘侠的个股27日是继续下跌的,包括东方通信、通产丽新等这类前期涨得很高的个股,都是 27 日下跌的主力。

【学习延伸突破小细节】

其实它们的下跌就是一种释放风险,透过下跌把市场情绪抚平,让大家慢慢恢复平静。

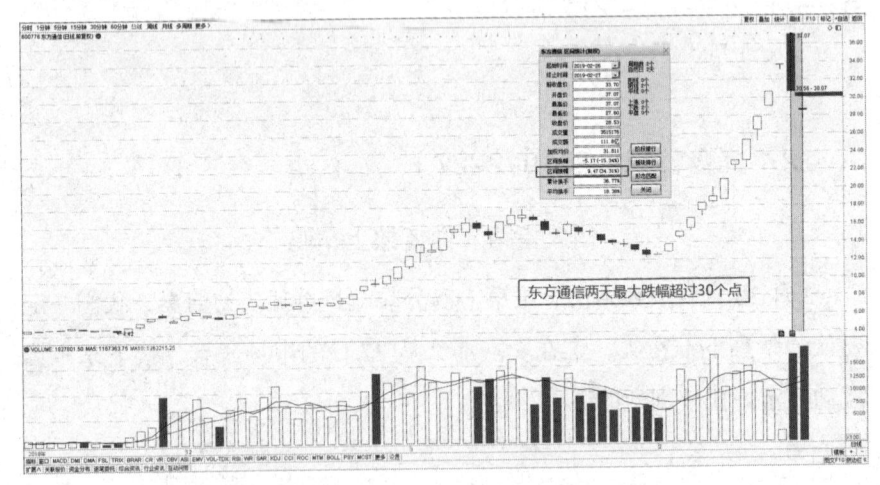

图案回顾点睛:2019 年 2 月 27 日东方通信日线图

市场上的个股通过这几天充分释放风险之后,接下来肯定还会活跃起来。通过这波风险释放,反而让整个市场向上的道路变得更好走,但我不是说现在去操作这些前期炒得很高的个股,这类股接下来不排除动荡,很可能有刷新新高的一种走势,但是这个不是当下我们关注的重点。

见顶或者是阶段性高位的妖股怎么动荡?不妨参考之前我们挖掘出来的方大炭素——上一个"股威宇宙"第一牛股,你就可以很清晰地感知其中的博弈了。方大炭素 2017 年 8 月 4 日见了一个高点,后面还刷新了高点,然后反反复复,最终见到整个比较高的顶部位置。

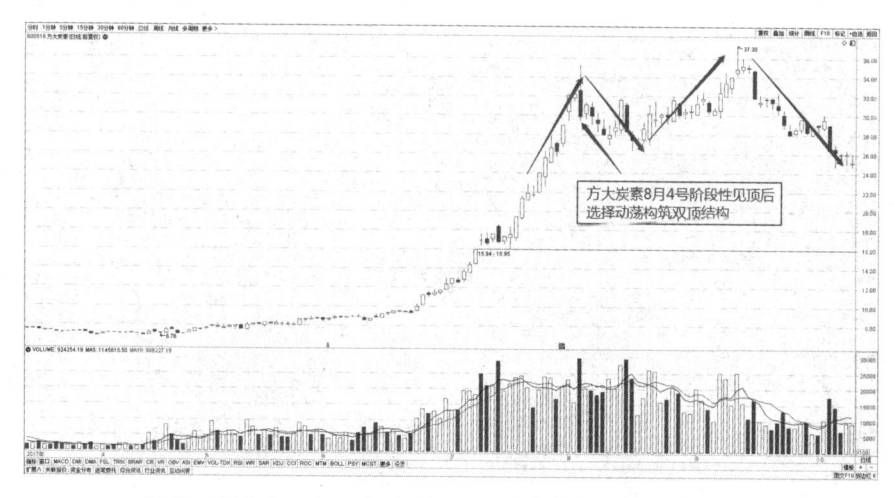

图案回顾点睛：2017年8月4日方大炭素阶段性高点日线图

换句话说这些已经过度透支未来的个股，可以说阶段性肯定不是我们要去把握的品种了，他们只是一些投机性的资金博弈在阶段性反复活跃的品种，不适合一般投资者。

我2月26日重点谈到的证券板块，我认为这个板块跟东方通信的区别在于，它是属于第一次牛市思维当中的一个比较重要的分歧。2月27日这种分歧依然在深化，龙头个股中信建投最终依然封死涨停，它的换手接近50%。50%接近中信建投新股上市之后开板的换手率了。换句话说，2月27日中信建投换了一大半，里面持股的筹码接下来何去何从，关键还要看整个证券板块未来何去何从。

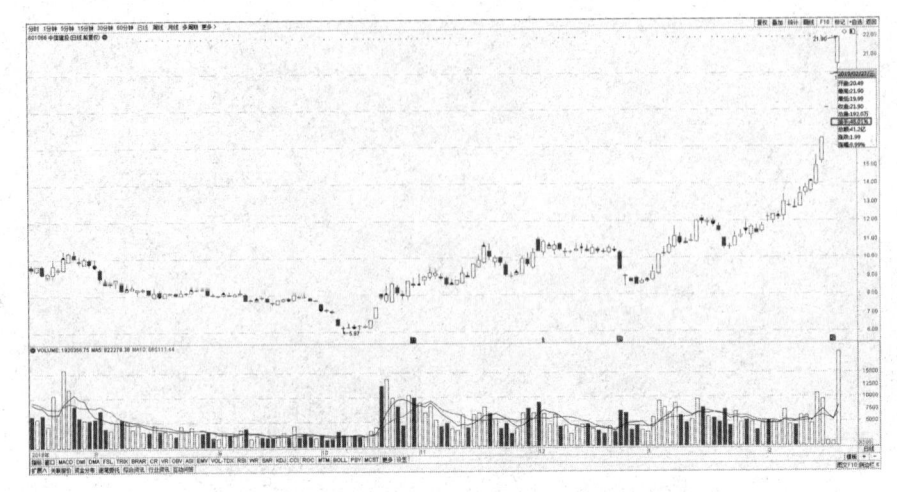

图案回顾点睛：2019年2月27日中信建投日线图

【温馨小提示】

中信建投这个位置存在一定的风险，从我们分享到现在，它是从6元涨到接近22元，肯定积累了很多获利盘，肯定存在动荡的风险。但是我想告诉大家，就整个证券板块大的趋势而言，我认为它还没有到一个阶段性比较明显的顶部区域。换句话说，中信建投或许将来有可能动荡，也有可能继续疯狂，但是整个证券板块在经过这两天的反复换手之后，接下来会充当冲关的一个重要力量。

我看了2月27日的证券板块，虽然有涨停的（好几只强者恒强的个股），跌得也不少，但是跌幅最大的也就两三个点，比起近期妖股的走势，这种跌幅是非常小的。妖股的话，跌停板，天地板，所以证券板块还是属于一种相对可控的范围。

所以我们该思考的是，为什么它们跌起来能相对可控呢？那就是有人卖有人买，你要理解清楚这个市场分歧背后的买卖关系，这是关键点。我昨天已经分享过了，这个位置就是一种动荡消化，未来我认为还会有向上拓展的空间，我是指金融板块，因为得金融得天下。

说到金融我也不得不谈谈银行股，银行股也是前段时间我一直谈到的，有一个关键性的品种叫招商银行。

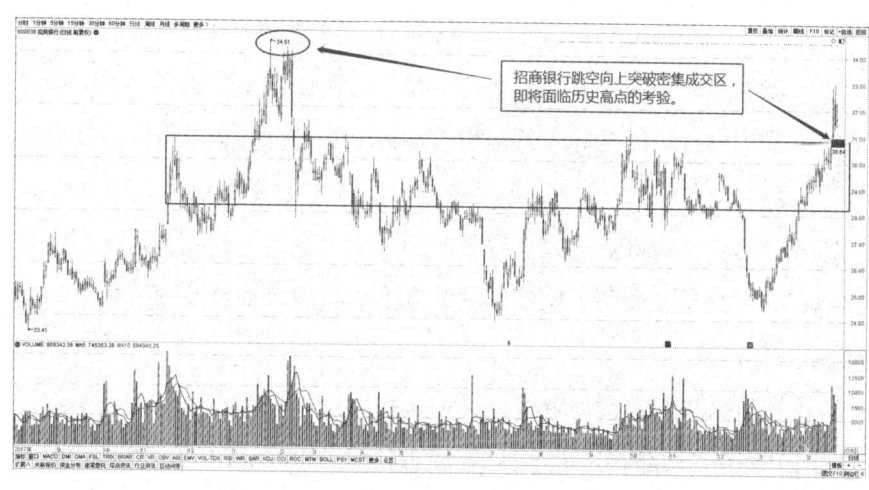

图案回顾点睛：2019年2月27日招商银行日线图

招商银行前段时间我们在分享的时候，当时是处于一个成交密集区的动荡区域。当时我谈到，如果接下来要引领市场的话，它必须要突破动荡区域，而这段时间已经突破了。突破之后，面临的问题是历史最高位。就是说，在2月27日收盘后，距离历史最高位，就差大概一个涨停板的空间。换句话说，接下来按照目前招行的趋势，未来是有大概率刷新历史高点的。那么如果股指继续要向上，这些金融个股我相信还会有表现，我也相信有一支银行类的个股刷新历史高点，更加能够激发市场的热情，或者吸引场外的资金，现在这一位置已近在咫尺了。

所以有一些关键性的品种，大家如果去梳理一下，其实会觉得他们真的是实力很强，相当优质的上市公司，包括中国平安，也很厉害，70元，离创历史新高也就差一个不到两个涨停板的空间。

2月27日我特地听了证监会易会满主席的首次讲话，印象深刻的有几点内容：

有一点谈到股市，说我们资本市场不仅是融资的市场，而且还是个投资的市场。这就是要关注投资者在投资股票市场里回报率的问题。我觉得很欣喜，这是很好的一个观点。

另外一点谈到在未来，特别是科创板，一定会影响二级市场。那么二级市场的预期管理是非常重要的。接下来科创板不会出现大水"漫灌的"方式来推进，而是有步骤地稳步推进，不是一下子上很多，然后对二级市场冲击非常大。我理解这也释放了一个非常好的信号。总的来看，我听完之后感觉很好。会议内容更多的透露出制度上的完善，还有各方面潜在的对交易、投资者比较好的制度上的突破政策，后面可能会陆续加强推进等等。

还有一点谈到了投资者教育会纳入国民投资教育。这就呼应了前段时间中国证券报说的，股市应该要成为国家的核心竞争力。既然要成为国家核心竞争力，当然要从国民教育开始。"牛散大学堂"也是做教育的，我觉得这是一个机遇，我们会珍惜当下，把握未来，跟市场一起前行。

现在我们认为是一个新的一个开始，点滴都能感受得到。你看这两天一动荡，非常多散户是很害怕的，这种怕其实就是一种博弈，就是对手盘特别想要的一种效果。比如说一只个股，你要它的筹码就只能用跌停板这种方式把它洗出来，最终迎来一波疯狂上涨，比如我们一直关注的中信建投，还记不记得？我们在12月24日，当时中信跌停板洗盘的时候，那时候价格还不到十元，洗完盘之后筹码收集差不多了，后面展开一轮又一轮的上涨，直至到最后进入化境。化境是什么？连续涨停了，相当精彩。所以这就是很多个股的一种博弈，像这两天一样，市场剧烈动荡，上冲下跳，但是大家发现没有，其实这两天都是在做什么？前一天大涨五六个点的大阳线，回撤一两个点的范围之内波动，就是一种强势的表现，非常强势的一种表现。很多个股也是通过拉高了，然后在上面宽幅动荡吸筹。拉高会产生什么效果？很多散户就觉得主力要出货，宽幅动荡会确信他有可能是出货，最终结果是什么？最终结果可能不是出货是继续吸纳筹码，就好像之前的中信建投一样，十元钱左右来了一个洗礼，洗礼之后收复失地，很多散户觉得太开心了，还能让我回本，全部筹码出来，出来之后10元钱附近洗一洗，一下子短期涨到20，到27日为止已经涨到21.9元了。

这就是整体运作的一种模式。我们完全有理由相信，就像市场这几年的这种动荡。我们学东西要学那个"神"，而不是"形"。神的话，这两三天的动荡其实就很类似，比如中信建投涨了一波之后的动荡，我觉得是非常类似的。很多个股在持续上涨之前，都需要来一些这种宽幅动荡，宽幅动荡一是消化浮筹，二是提升整个交易的成本，三是为未来上行减轻阻力。这些作为运作资金来说，是必须要考虑的问题。那么在这个过程当中，我能看到这样的一种状况，所以我27日明确指出的是，首先从市场的基本面，我的感觉是暖意的，对市场是有利的。另外从技术层面上来说，2月27日收出了一个带有一定长上影的小阳线，某种意义上来说，在我的整个技术体系里面这有点像"仙人指路"，指明了未来持续上涨的方向，它大概率还是会持续向上的。

而且我提醒大家，经历了这几天包括前期的主题、个股出现调整、券商动荡，还有其他品种也在那里蓄势，我的感觉是猛攻的这个环境很快就要到了，就是说大家请留意一下盘面。

【学习小总结】

第一，如果前期这些持续下跌的标的出现一定的企稳迹象，就是一个很重要的信号，说明有一些在局部里面的空方，它的力量得到遏制了，对市场做多是有利的，这是我们需要观察的一个盘面，这些前提厉害的个股有一定的止跌信号。第二，金融类的个股，不论是券商也好，银行也好，保险也好，只要有一个就行，不要全部，有一个能够持续向上发起攻击就好。第三，就是有新的主题热点能够持续活跃，新的主题热点比如说这段时间一直没什么表现的次新股，还有一些其他的主题，比如文化的，或者是科技的，类似有出现这种持续爆发板块效应的话，只要有一两个就行，我告诉大家这三点能够达成至少有两点，我认为2月27日形成的这个高点将很快会被市场所拿下。

换句话说，在我的整个体系当中，我认为经过了这两天的洗礼之后，接下来再猛攻的动作，随时有可能展现在我们眼前。一旦展现我上面讲到的几点盘面特征，只要符合两点，我觉得就有很大概率会形成一触即发猛攻的动作，这一点大家不妨拭目以待。

总的来说，市场上涨到这个位置，目前的分歧比较大，越是有分歧，好多人越是害怕，越是大家不知道该怎么办的时候。我相信接下来就是多方找准机会，迅速长驱直入，向上拓展空间的时候。我告诉大家，我相信3000点很快就有可能被踩在多方的脚下。这是我今天的思考。好，下期再会。

【国平回顾小感悟】

势头一旦形成，就有点一发不可收拾的味道。分化得也很厉害，东方通信等继续杀跌的要回顾类似过去方大碳素是怎么见顶的，以史为鉴是很有价值的。资本市场里，我们也必须反复拿过去的历史去思考未来，因为虽然很多事情不一样，但人的情绪变化是类似的，什么时候会很疯狂，什么时候会很崩溃，类似的情绪必然会带来类似的行为。

中信建投开始放巨量，很容易理解，毕竟市场有杀跌的品种，本身中信建投也出现巨大涨幅，获利盘很多，放巨量换手是很正常的一件事，最终的方向关键是看市场。市场我们明确会继续涨，因此中信建投大概率也还是要继续上。回头来看，博弈很多时候就是要看常识，看历史，这样自然很多局面就清晰了，把握起来也就更淡定了。

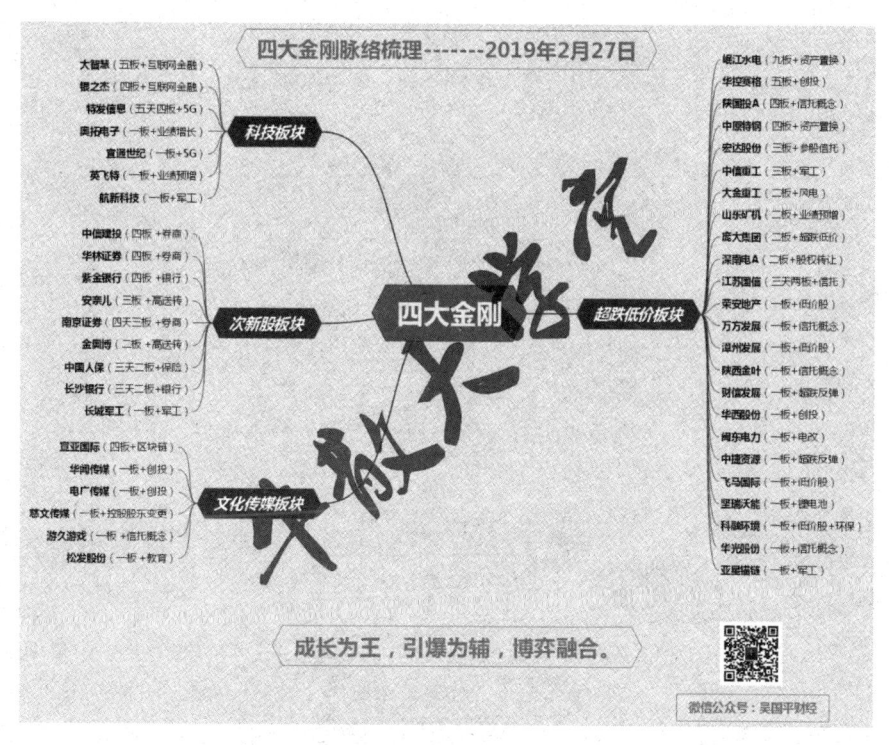

四大金刚脉络梳理——2019年2月27日

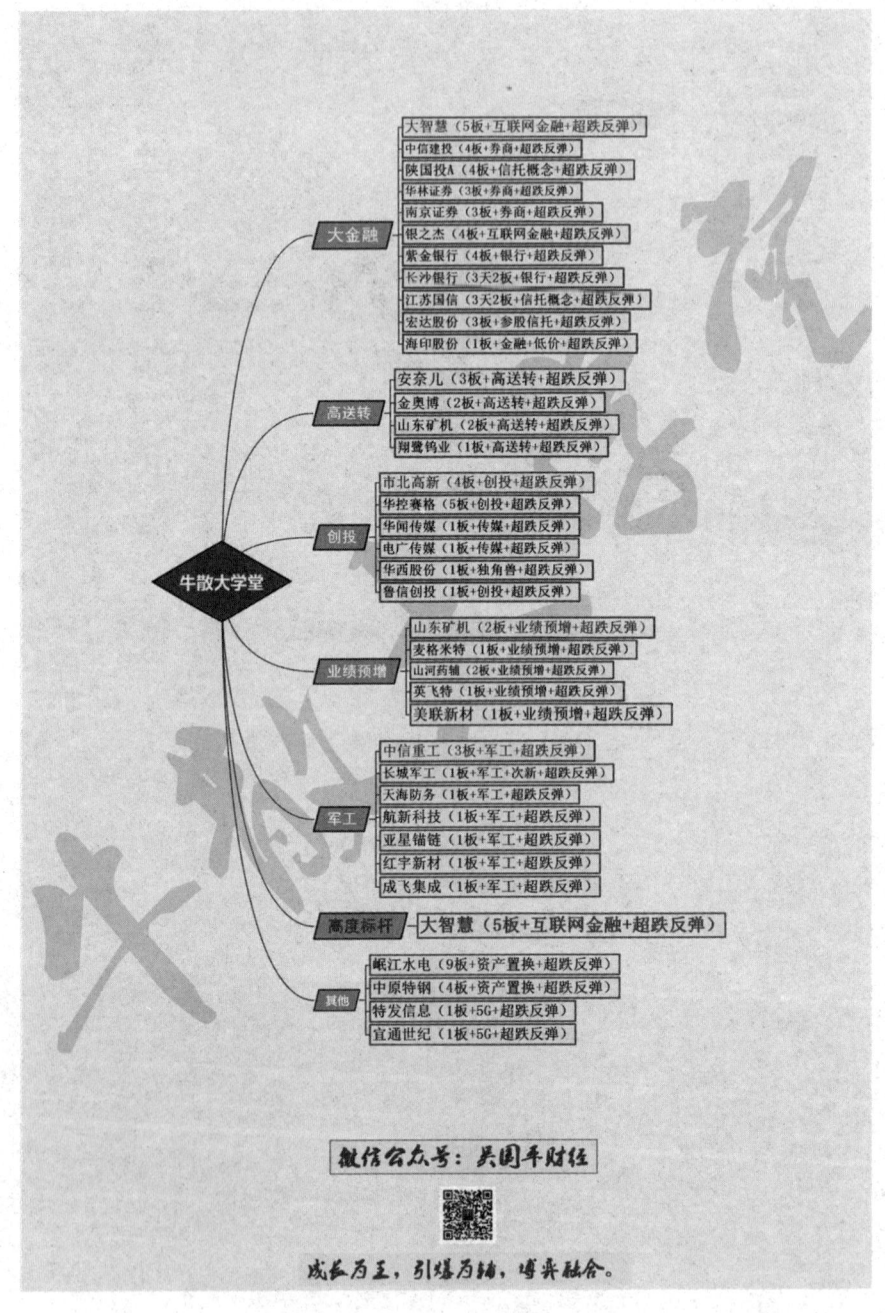

博弈牛市

```
                    ┌─ 大智慧（5板+互联网金融+超跌反弹）
                    ├─ 中信建投（4板+券商+超跌反弹）
                    ├─ 陕国投A（4板+信托概念+超跌反弹）
                    ├─ 华林证券（3板+券商+超跌反弹）
           大金融 ──┼─ 南京证券（3板+券商+超跌反弹）
                    ├─ 银之杰（4板+互联网金融+超跌反弹）
                    ├─ 紫金银行（4板+银行+超跌反弹）
                    ├─ 长沙银行（3天2板+银行+超跌反弹）
                    ├─ 江苏国信（3天2板+信托概念+超跌反弹）
                    ├─ 宏达股份（3板+参股信托+超跌反弹）
                    └─ 海印股份（1板+金融+低价+超跌反弹）

                    ┌─ 安奈儿（3板+高送转+超跌反弹）
           高送转 ──┼─ 金奥博（2板+高送转+超跌反弹）
                    ├─ 山东矿机（2板+高送转+超跌反弹）
                    └─ 翔鹭钨业（1板+高送转+超跌反弹）

                    ┌─ 市北高新（4板+创投+超跌反弹）
                    ├─ 华控赛格（5板+创投+超跌反弹）
           创投 ────┼─ 华闻传媒（1板+传媒+超跌反弹）
                    ├─ 电广传媒（1板+传媒+超跌反弹）
                    ├─ 华西股份（1板+独角兽+超跌反弹）
 牛散大学堂         └─ 鲁信创投（1板+创投+超跌反弹）

                    ┌─ 山东矿机（2板+业绩预增+超跌反弹）
                    ├─ 麦格米特（1板+业绩预增+超跌反弹）
         业绩预增 ──┼─ 山河药辅（2板+业绩预增+超跌反弹）
                    ├─ 英飞特（1板+业绩预增+超跌反弹）
                    └─ 美联新材（1板+业绩预增+超跌反弹）

                    ┌─ 中信重工（3板+军工+超跌反弹）
                    ├─ 长城军工（1板+军工+次新+超跌反弹）
                    ├─ 天海防务（1板+军工+超跌反弹）
           军工 ────┼─ 航新科技（1板+军工+超跌反弹）
                    ├─ 亚星锚链（1板+军工+超跌反弹）
                    ├─ 红宇新材（1板+军工+超跌反弹）
                    └─ 成飞集成（1板+军工+超跌反弹）

         高度标杆 ── 大智慧（5板+互联网金融+超跌反弹）

                    ┌─ 岷江水电（9板+资产置换+超跌反弹）
           其他 ────┼─ 中原特钢（4板+资产置换+超跌反弹）
                    ├─ 特发信息（1板+5G+超跌反弹）
                    └─ 宜通世纪（1板+5G+超跌反弹）
```

微信公众号：吴国平财经

成长为王，引爆为辅，博弈融合。

市场轮廓脉络梳理——2019年2月27日

22.2 操盘实战博弈（2019-2-27）

（1）感知中信建投的博弈：继续顺势很多时候需要点全局观和一点常识。

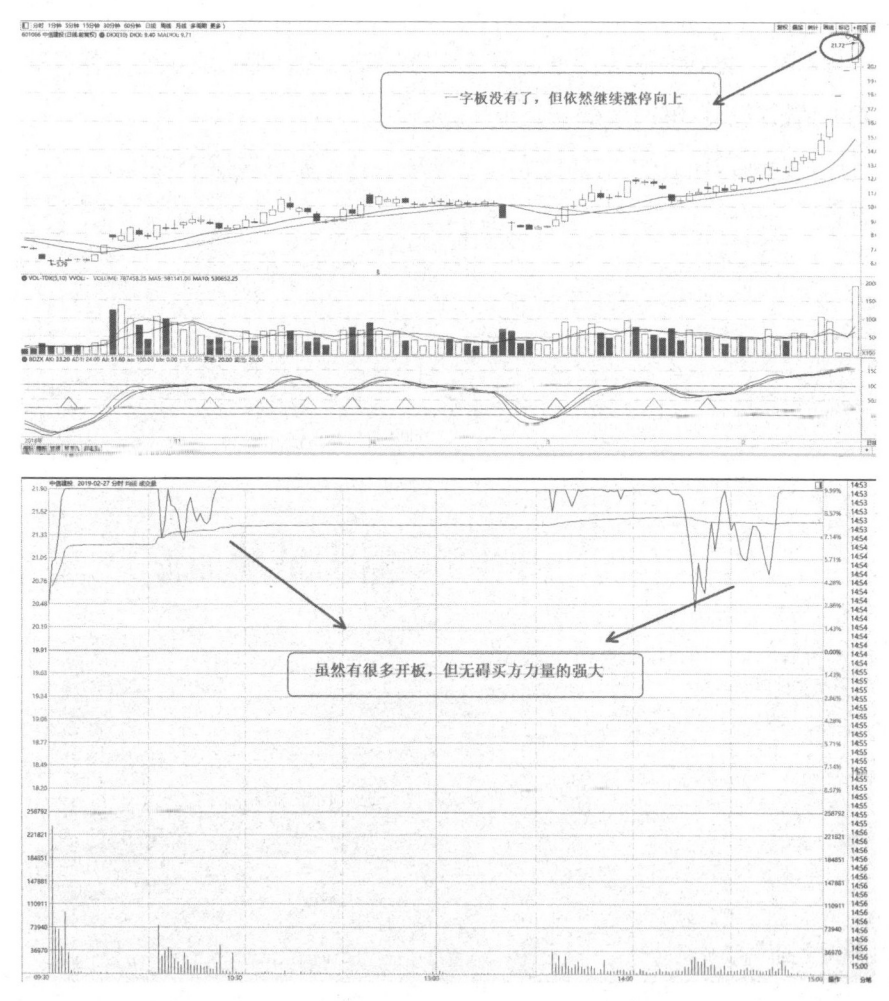

图案回顾点睛：2019年2月27日中信建投日线和分时结合图

打开一字板涨停，本身就意味着动荡，只是这动荡很强势，继续向涨停冲击，虽然不断打开，但最终封死，同时放出了天量，等于是新股刚上市一样，换手接近50%。

此时，记住，真正的顶部不是一蹴而就的，敢于那么大量在这动荡，本身说明充分换手，最差也还有最后一惯性上冲。

顺势！顺势！顺势！知行合一，很多时候是很难的，尤其是动荡剧烈成交量比较大的时候。此时就要有全局观，看看市场本身，如果市场本身看好，类似中信建投也是带指数的重要品种，那么常识告诉你，这就不是最高点。继续顺势就是了！

（2）感知东方通信的博弈：一旦离去就不要过多留恋。

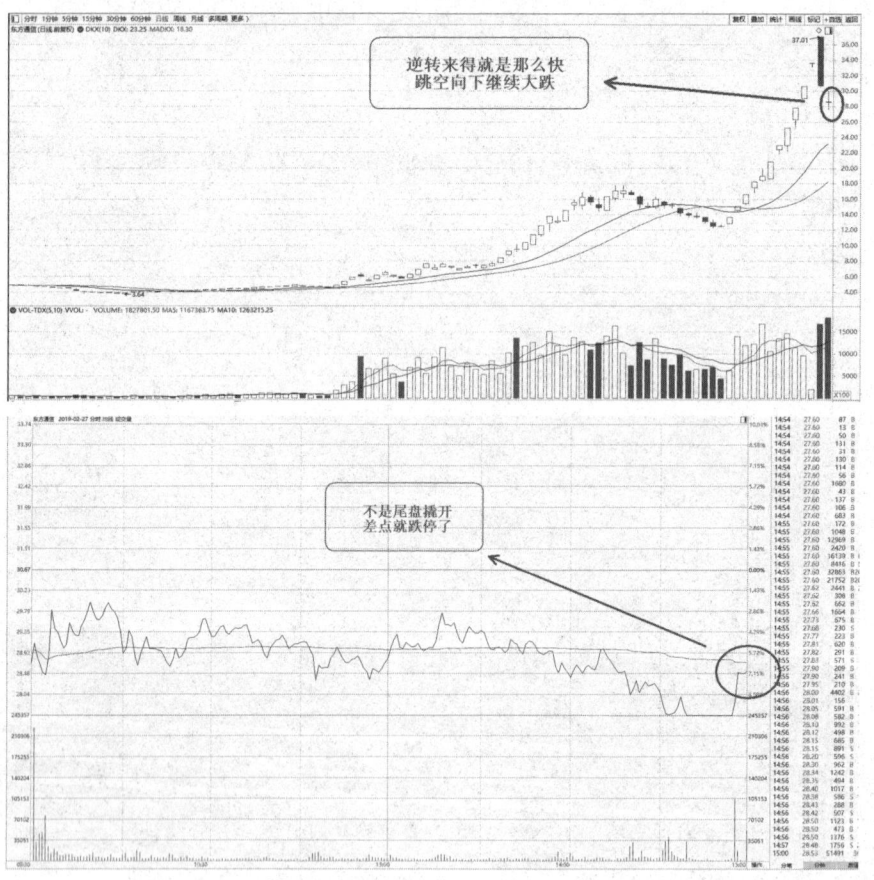

图案回顾点睛：2019年2月27日中信建投日线和分时结合图

天地板的走势，本身已经说明有巨大风险。因此，剩下的无非就是阶段性多点挣扎而已。天地板后短期必然要回避，记住！参与本身就是玩最后的疯狂，一旦离去，你就要果断和坚决。剩下的哪怕有反弹，也更多是欣赏就好。

（3）感知风范股份的博弈：以后少犯错误的最好方法就是记住这跌停的感觉。

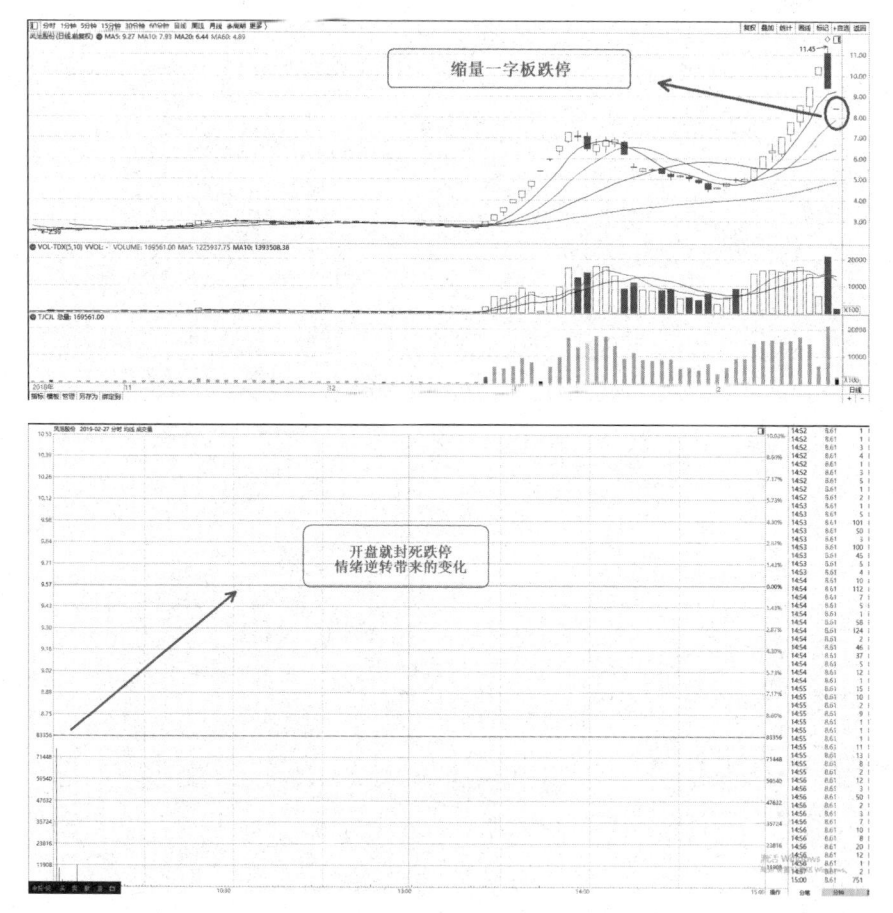

图案回顾点睛：2019年2月27日风范股份日线和分时结合图

风范股份是跟东方通信的，所以一旦逆转跌起来，自然更凶狠。做跟风票，记住，一有风吹草动就要逆转，速度一定要快。否则，后面被按死跌停出不来的滋味是相当难受的。这里的感觉你要记住，记住是让你以后别犯这样的错误。

第二十三章　三天内再猛攻

23.1 操盘日记（2019-2-28）

三天内再猛攻

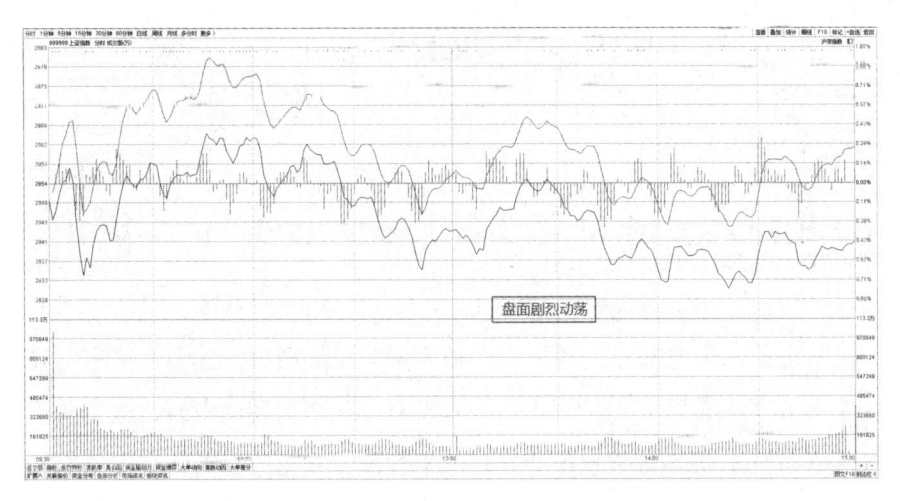

图案回顾点睛：2019年2月28日上证指数分时图

2月28日的市场仍处于一个强势动荡的格局。这几天市场处在动荡之中，期间波动幅度都很大。从个股盘面来看，波动就更剧烈了。很多个股是刚刚爆发，有一些个股则是高位收出天地板的走势，从涨停到跌停。这种博弈让很多人看得一头雾水，心惊胆战。接下来我给大家讲一讲。

那么行情现在处在什么样的一个阶段？我之前谈过的，2月底3月初从时间窗口角度来说，是一个很重要的拐点。这个拐点从2440点开始算起，2月28日是第34个交易日，是一个明显的时间窗口点。

【学习重点】

这几个交易日你会发现，在时间窗口的背景之下，市场没有做出一个明确的选择。我的理解就是说这个转折被市场消化了，市场最终挺住了，之后大概率是延续之前的趋势。当然现在还有一个节点就是3月1日中美贸易最终谈判结果的时间。

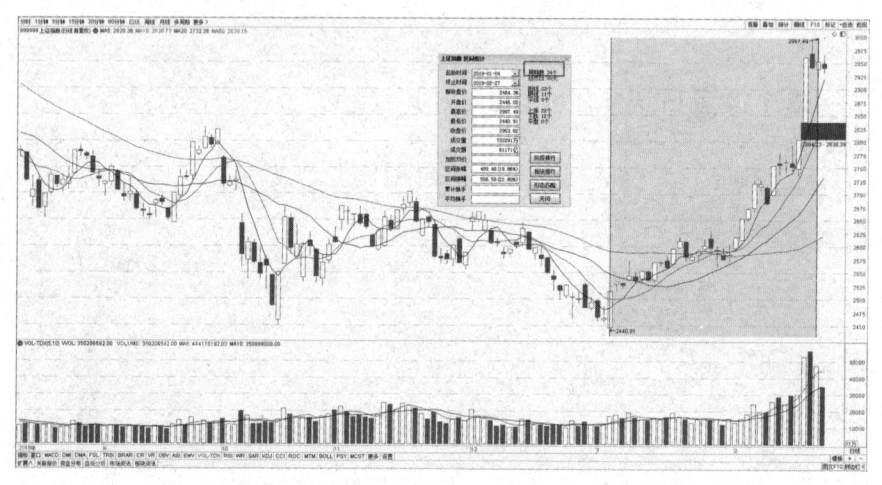

图案回顾点睛：2019年2月28日上证指数日线图

从前面的信息来看，我觉得"和为贵"是大概率，其实大家都已经有所预期了。最重要的是看接下来有没有一些超预期的东西，这是我们所要关注的。但不管是超预期还是低于预期，我觉得目前整个市场的趋势不会发生实质性的改变。换句话说，通过这几天时间窗口转折点的动荡，我个人感觉市场是挺过来了，挺过来就应该会顺应之前的趋势。

【学习延伸突破小细节】

我们继续再看看盘面，盘面就很有意思了。2月28日大金融板块，像券商的中信建投，2月27日放了巨量，28日出现动荡调整是很正常的，但有意思的是中信建投28日没有封死跌停，跌停后不久就打开了跌停，这说明有人出有人进。正如我27日所说的牛市思维中，第一次重要的分歧点进出频繁很正常，不过大家依然要思考这几天进资金的是谁，出资金的又是谁？我指的是金融板块，包括证券板块。

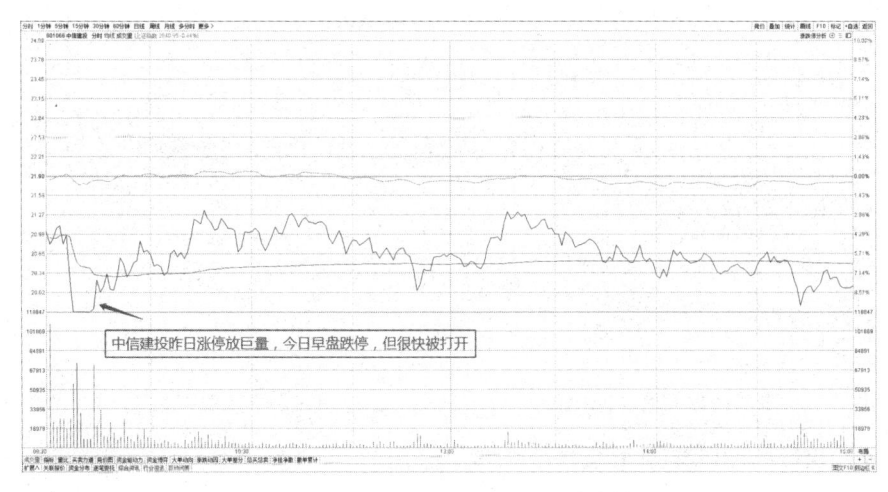

图案回顾点睛：2019年2月28日中信建投分时图

那么金融再放宽一点，我27日谈到了像招商银行这样的个股，包括中国平安这些都是属于再往上涨一涨就有可能创历史新高的品种，在2月28日市场剧烈动荡的过程中，它们依旧保持稳定。当然28日大家也可以看到一些空方的力量，比如创投概念，走出天地板的高新，为什么会这样呢？主要2月27日管理层也明确说了，接下来科创板不会大水漫灌，这意味着短时间内能真正上科创板的企业不会太多。

其实说白了这就是个概念，我之前也谈过科创概念本身对上市公司的发展不会带来立竿见影的效果，未来就算参股一些企业，也未必能上科创板。产业投资本身就是个周期比较长的事情，并且存在很多不确定性。另外就算上了也未必就有获得暴利的机会，所以本身来说我一直都认为科创板这个题材属于情绪炒作，来得快去得也快。

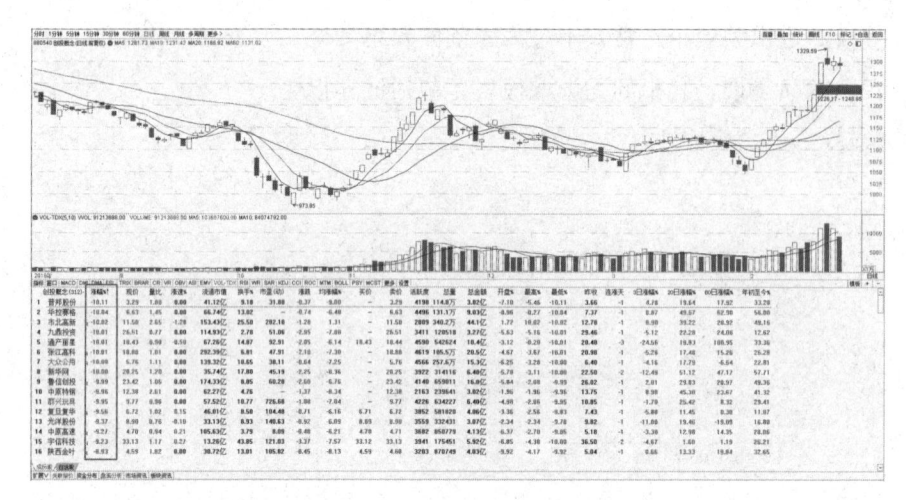

图案回顾点睛：2019 年 2 月 28 日创投概念指数和个股走势对比

这段时间凡是属于情绪炒作的板块和个股，其实都出现了剧烈动荡，包括大金融也有情绪炒作的成分，就是证券逼空引发投资者的情绪高涨，当然也有一部分是未来的预期。这些炒作迎来了剧烈动荡之后，我们要观察一个点，就是 2 月 27 日所说的炒作情绪能否趋于平稳。

【温馨小提示】

像 2 月 27 日的东方通信，它所处的 5G 板块是确定的，所以相对会比那些纯粹情绪推动的个股要平稳得多。如果接下来这些有未来预期的情绪炒作主题能够进一步稳定。同时新的一些热点崛起，并伴随着一些大金融的个股能够继续向上拓展空间，包括一些白马蓝筹个股，这样接下来整个行情的向上推进就十分值得期待了。

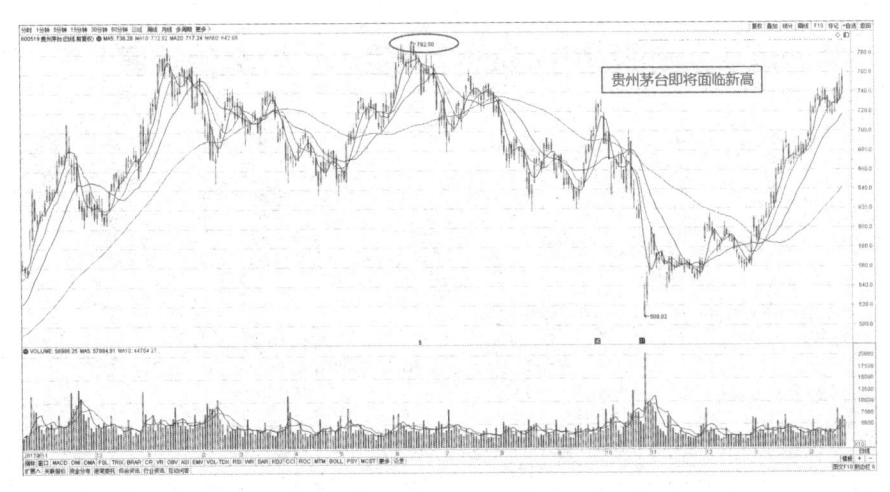

图案回顾点睛：2019 年 2 月 28 日贵州茅台日线图

说到白马蓝筹，不得不说的就是贵州茅台，它是逆市上涨的。可能很多人也没看到或者忽略了，其实贵州茅台再往上涨一涨也很容易就创历史新高了。大家发现没有，有一些优质个股现在不知不觉就有可能创历史新高了。我做一个大胆的假设，这些个股不管是招商证券、招商银行、中国平安还是贵州茅台，或者是其他任何一个类似这样有标志性意义的个股，如果它们率先刷新历史新高，那对整个资本市场生态健康的建设推动是很有帮助的。

易会满：培养资本市场的健康生态比什么都重要

2019年02月27日 17:47 新京报

易会满：培养资本市场的健康生态比什么都重要

新京报讯（记者 顾志娟）2月27日，证监会主席易会满在国新办新闻发布会表示，资本市场是大的生态，培养一个健康的生态比什么都重要。

面对从银行业到证券业角色转换的问题，易会满回应，银行业和证券业有很大区别，银行业从事的间接融资主要是看现在，资本市场的融资更多是看未来，所以才有估值、倍数和杠杆，并且带来一系列资本市场相应的创新业务。所以二者从出发点到最后的基本规则是不太一样的。"对我来说，到了证监会以后也会不断地学习，不断地研究。"

易会满表示，资本市场是一个生态体系，市场应该是依靠市场各参与者、调动市场各参与者，按市场规律来办事。能够培养一个健康的资本市场生态，比什么都重要，比专业显得更为重要。生态建设好了，资本市场的健康发展才有保证。

图案回顾点睛：易会满主席谈到的培养资本市场健康生态比什么都重要内容

2月27日管理层也谈到了很重要的一点，就是打造健康生态。健康生态一定是有价值投资参与，然后也有游资的情绪推动，这种生态才能够吸引各路资金源源不断地参与到市场中来，然后才有利于在这种博弈当中最终实现价值发现，最终看的还是价值和成长性，但是阶段性的起起落落你也要允许，因为市场本来就是一种博弈的环境。所以我觉得接下来行情再进一步有一些标志性的个股创新高，同时情绪推动的板块趋于稳定，慢慢有新的一些主题出来，那市场整体来说就又会往一个新的好的方向走。再结合我刚才说的时间窗口，这几天上万亿的成交量，每天充分换手，究竟是谁在买，谁在卖，挺过这几天的时间窗口，行情趋势仍会不变。

就目前来说，博弈状况越来越复杂，但复杂当中你会发现场外有一些看好未来的资金，或者场内坚定未来希望的持筹者，其实都在加紧做一些布局。所以我相信随着这几天的强势动荡临近尾声，我所谈到的再猛攻应该就要到一触即发的状态了。

【学习小总结】

猛攻的三个要点：一是近期炒作主题的剧烈动荡重新趋于平稳；二是大金融里面一定要有一个板块突围；三是新热点能够崛起，然后引导整个市场的情绪往更好的方向去发展。

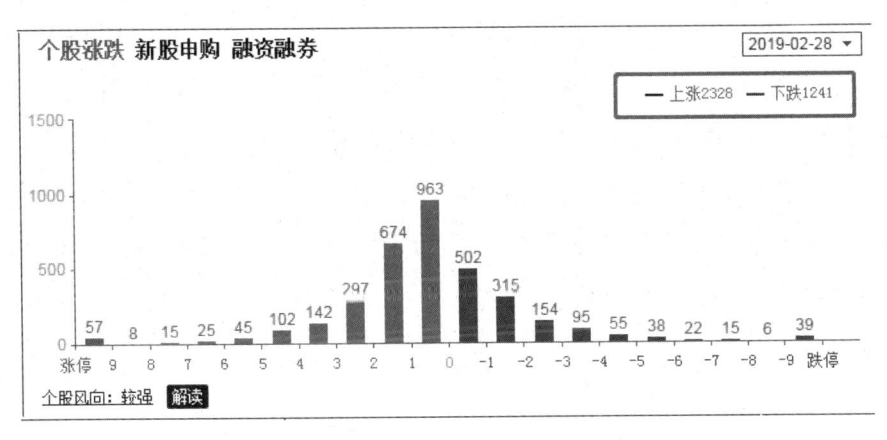

图案回顾点睛：2019年个股涨跌家数对比细分图

2月28日就股指而言，其实是一个强势动荡。因为上证指数虽然是跌了，但跌幅不大，创业板相反还涨了。整体两市最终的结果是涨的个股比跌的个股要多，这背后其实已经在悄然酝酿着我所说的再猛攻的动作。所以我觉得最快3月1日，最晚可能就是下周一，我个人是觉得发起一波站上3000点的再猛攻的动作应该就会展现在我们眼前。

再猛攻就指数来说一定是一个中阳线，我可以跟大家打一个小小的赌，就是未来三天之内，如果没有出现我所说的再猛攻动作的话，我愿意把我付费版的"国平实战博弈论"最新一期免费送给你，28日有看的朋友，你只要留了联系方式，就参与了这个小赌约。如果真的出现了，希望有关注我内容的朋友，对我做一个支持，订阅内容或者分享给你的朋友，让你的朋友来订阅我的"国平实战博弈论"，让我们的理念能够得到更好的传播，我相信这一定能够帮到更多人。

好了，今天我的分享就到这。三天内这个"小赌约"的结果一定会出来，不妨拭目以待。

【国平回顾小感悟】

动荡中的波动极其剧烈，中信建投那时候突然盘中跌停，你可以想象，那时候的情绪是有点剧烈的，要做到继续顺势是不是难度有点大？另外，有些题材类的股比如创投概念，出现大面积跌停，你想是不是更加容易扩散恐慌情绪？但就是如此，我当时却提出了三天内市场再猛攻的观点。背后的逻辑是什么呢？一时顺势的逻辑。

最重要的是当时既然前面已经有中大阳线，又在关键的 3000 点附近，就算出货，也势必要营造更好的局面才合适啊。这其实何尝不是一种常识啊！还有，狭路相逢，勇者胜，那时候的我，可以说就是一个勇者吧。

牛散大学堂

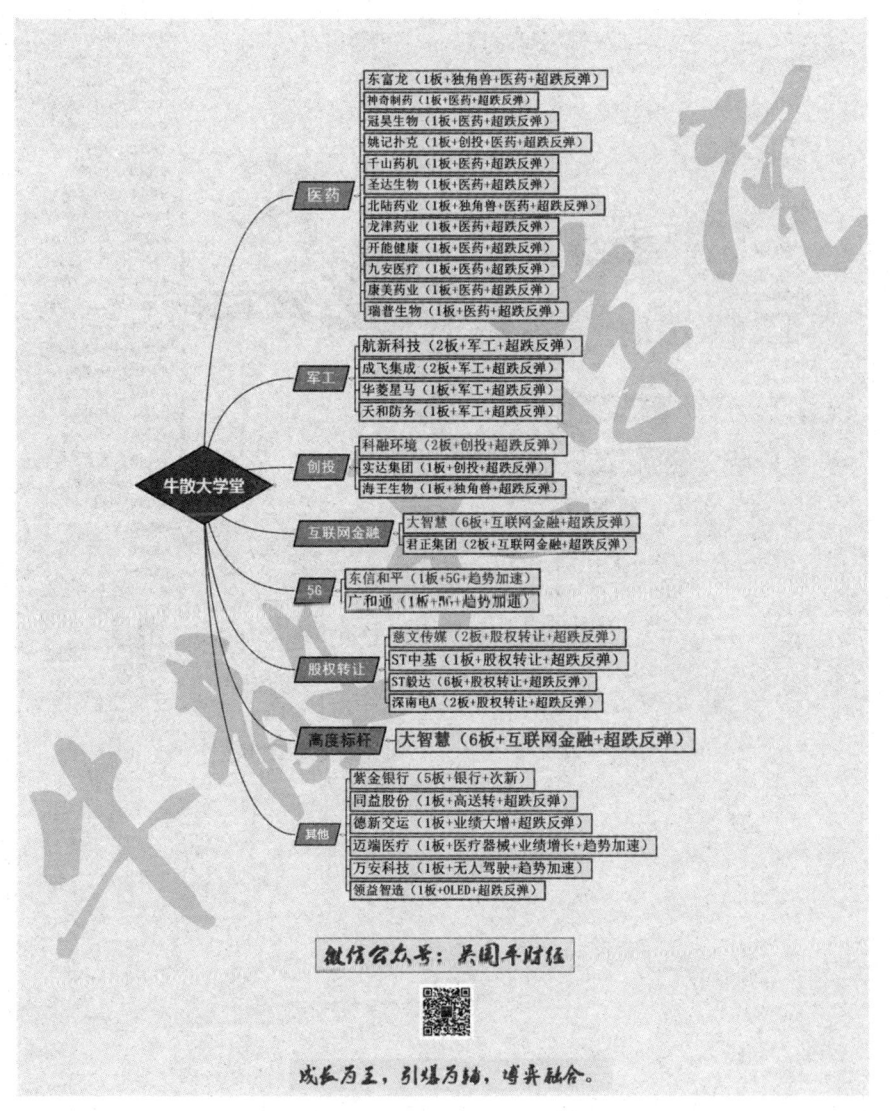

医药
- 东富龙（1板+独角兽+医药+超跌反弹）
- 神奇制药（1板+医药+超跌反弹）
- 冠昊生物（1板+医药+超跌反弹）
- 姚记扑克（1板+创投+医药+超跌反弹）
- 千山药机（1板+医药+超跌反弹）
- 圣达生物（1板+医药+超跌反弹）
- 北陆药业（1板+独角兽+医药+超跌反弹）
- 龙津药业（1板+医药+超跌反弹）
- 开能健康（1板+医药+超跌反弹）
- 九安医疗（1板+医药+超跌反弹）
- 康美药业（1板+医药+超跌反弹）
- 瑞普生物（1板+医药+超跌反弹）

军工
- 航新科技（2板+军工+超跌反弹）
- 成飞集成（2板+军工+超跌反弹）
- 华菱星马（1板+军工+超跌反弹）
- 天和防务（1板+军工+超跌反弹）

创投
- 科融环境（2板+创投+超跌反弹）
- 实达集团（1板+创投+超跌反弹）
- 海王生物（1板+独角兽+超跌反弹）

互联网金融
- 大智慧（6板+互联网金融+超跌反弹）
- 君正集团（2板+互联网金融+超跌反弹）

5G
- 东信和平（1板+5G+趋势加速）
- 广和通（1板+5G+趋势加速）

股权转让
- 慈文传媒（2板+股权转让+超跌反弹）
- ST中基（1板+股权转让+超跌反弹）
- ST毅达（6板+股权转让+超跌反弹）
- 深南电A（2板+股权转让+超跌反弹）

高度标杆
- 大智慧（6板+互联网金融+超跌反弹）

其他
- 紫金银行（5板+银行+次新）
- 同益股份（1板+高送转+超跌反弹）
- 德新交运（1板+业绩大增+超跌反弹）
- 迈瑞医疗（1板+医疗器械+业绩增长+趋势加速）
- 万安科技（1板+无人驾驶+趋势加速）
- 领益智造（1板+OLED+超跌反弹）

微信公众号：吴国平财经

成长为王，引爆为辅，博弈融合。

市场轮廓脉络梳理——2019年2月28日

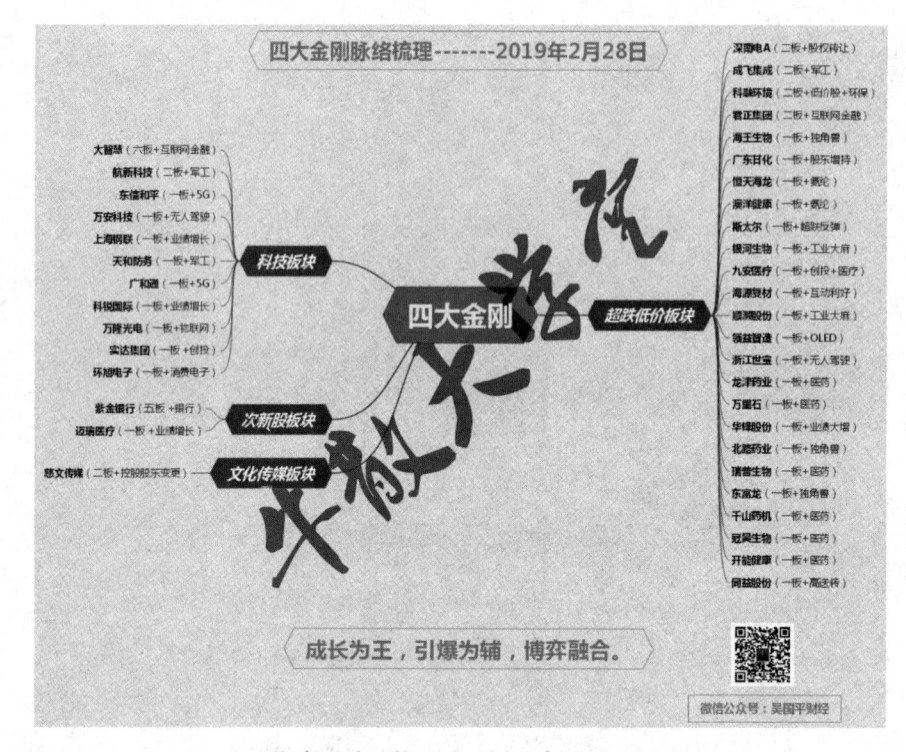

四大金刚脉络梳理——2019年2月28日

23.2 操盘实战博弈（2019-2-28）

（1）感知中信建投的博弈：看清反杀的本质，关键是逻辑要清晰。

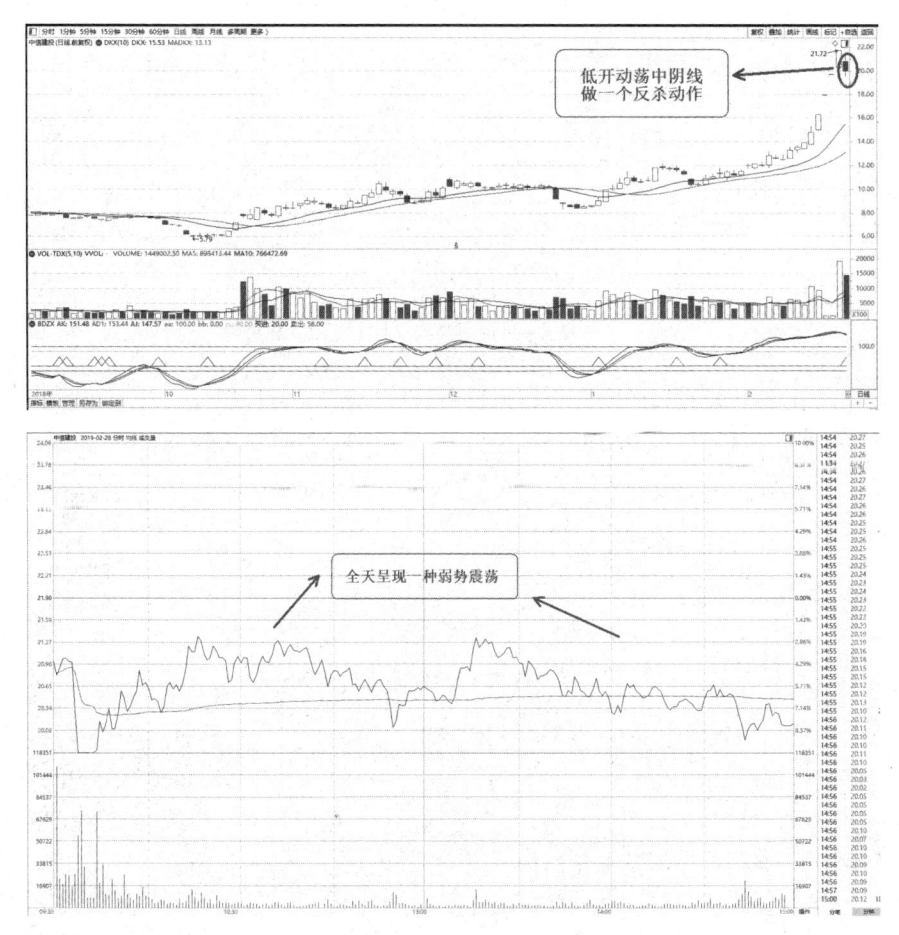

图案回顾点睛：2019年2月27日中信建投日线和分时结合图

前一天是巨量涨停，第二天来一个反杀大阴线。这是不是很难看，大家是不是觉得没戏了？这是一般人的主观印象。但你仔细思考一下，如果要不计成本出逃，第二天还会给你机会出来吗？会有人撬开跌停吗？很显然不会。有人敢于不断买，说明跟前一天敢于涨停买的资金是一路人，都是坚定看好的人群。至少接下来，它还有折腾的能量。还有一点，本身的趋势在那里，市场的大方向也没改变。逻辑没变，越动荡，越要有信心才是！

（2）感知东方通信的博弈：要学会大舍要放弃小得。

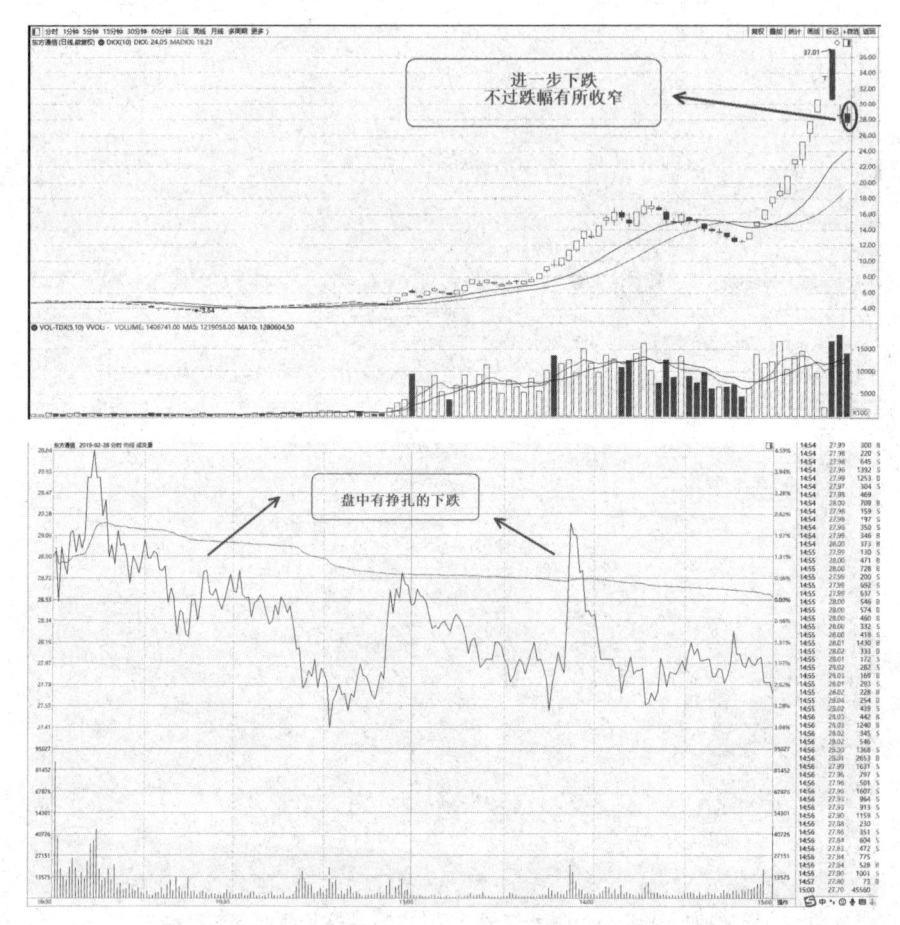

图案回顾点睛：2019年2月27日中信建投日线和分时结合图

东方通信毕竟是龙头，要持续大跌有难度。这里显然是有抵抗的动作，也可以理解为有资金想抢反弹的前兆。是，这里确实还有可能有机会。但你要记住，此时，你要懂得大舍和小得的关系。如果从大舍看，这里的机会哪怕舍去也是没关系的，因为毕竟现在更多是交易价值。如果从小得看，这样也确实可能酝酿反弹机会，这机会对比过去大的波动而言，显然就小了，还要吗，要思考清楚。

我们此时，更需要学会放弃小得而大舍，寻找下一个东方通信不是更有意思吗？剩下点尾声，还要来干什么呢？历史已经见证完，剩下最终是回归价值啦。

这里的搏杀思维都是非常精彩的总结分享，会让你有更清晰的思路和认识，蜕变突破就在这学习中。来源于实战的思考，一切都是价值。细微中才能体现伟大。

我们就是在做这样的一件事情，苦，并快乐着，帮助他人最终也一定会成就自己。我们的股威宇宙，我们的实战大系统，你会慢慢全面感知到，希望能给到关注投资的朋友们，一套真正有价值的系统内容。

我们牛散大学堂，我们市场的老兵，我们自己努力同时整合市场优质资源，一起为大家奉献最有价值的思想盛宴和大系统！